教育部新文科研究与改革实践项目支持教材
(项目号：2021140022)

高等院校特色规划教材

新能源技术与管理概论

主　编　赵晓丽　焦　燕
副主编　高　立　张素芳　李叶青

石油工业出版社

内 容 提 要

本书从技术和经济管理的学科交叉角度，对新能源发展现状、利用原理、关键技术、投资管理政策等方面进行了阐述。全书内容包括三部分：一是新能源的总体发展特征、发展现状及制度背景；二是典型的新能源技术和政策管理规定，包括风电、太阳能光伏发电、生物质发电、核电及氢能的技术原理、产业发展政策和投资规定等；三是与新能源发展密切相关的储能技术问题和相关政策。

本书适合高等院校学习和研究新能源发展问题的广大师生，并适合学术界或企业界对新能源发展问题感兴趣的相关人士阅读参考。

图书在版编目（CIP）数据

新能源技术与管理概论/赵晓丽，焦燕主编 . —北京：石油工业出版社，2023.2
高等院校特色规划教材
ISBN 978-7-5183-5847-2

Ⅰ.①新… Ⅱ.①赵…②焦… Ⅲ.①新能源-高等学校-教材 Ⅳ.①TK01

中国国家版本馆 CIP 数据核字（2023）第 020109 号

出版发行：石油工业出版社
　　　　　（北京市朝阳区安华里2区1号楼　100011）
　　网　　址：www.petropub.com
　　编辑部：（010）64256990
　　图书营销中心：（010）64523633　　（010）64523731
经　销：全国新华书店
排　版：三河市聚拓图文制作有限公司
印　刷：北京中石油彩色印刷有限责任公司

2023年2月第1版　2023年2月第1次印刷
787毫米×1092毫米　开本：1/16　印张：14.75
字数：375千字

定价：42.90元
（如发现印装质量问题，我社图书营销中心负责调换）
版权所有，翻印必究

《新能源技术与管理概论》
编写人员

主　编： 赵晓丽　中国石油大学（北京）经济管理学院
　　　　　焦　燕　青岛农业大学（青岛）资源与环境学院

副主编： 高　立　中国石油大学（北京）经济管理学院
　　　　　张素芳　华北电力大学经济与管理学院
　　　　　李叶青　中国石油大学（北京）新能源与材料学院

参　编： 孙　晖　中国石油大学（北京）新能源与材料学院
　　　　　王宇波　湖北工业大学经济与管理学院
　　　　　李　跃　山东工商学院煤炭经济研究院
　　　　　温洋洋　北京工商大学化学与材料工程学院

前 言

在全球气候变暖和"双碳"目标（2030年碳达峰、2060年碳中和）背景下，促进传统以化石能源为主导的能源系统向以新能源为主导的能源系统转变，已成为国家一项重要的能源发展战略目标。党的二十大报告指出，要"推动绿色发展，促进人与自然和谐共生"，强调要"加快推动产业结构、能源结构"等调整优化。其中，能源结构的调整优化是指具有清洁、低碳特征的新能源对煤炭等传统化石能源的逐渐替代。新能源的主要特征是清洁、低碳，主要包括风电、太阳能光伏发电、生物质发电等可再生能源发电的一次能源，还包括核电、氢能等二次能源，以及储能等可提供灵活性能源供给的辅助性能源。新能源的发展既和技术进步密切相关，也和管理制度紧密相连。来自企业的调查信息表明，在企业纷纷开展"双碳行动"的发展趋势下，企业需要既懂经济又懂技术的人才，而目前这样的人才却十分缺乏。本教材的出版将为新能源技术与管理领域交叉型人才培养提供有利条件。

本教材主要包括三部分内容：第一部分包括前三章内容，是对新能源技术和管理问题的总括性介绍，包括新能源的定义、种类及特征，新能源发展的环境价值和环境影响（由于对核电的环境价值存在争议，因此对于核电采用了中性的用词"环境影响"），发展新能源对保障能源供应安全的意义，新能源技术利用现状、新能源发展现状和影响因素等，并以可再生能源发电为代表重点介绍了新能源发展的相关制度背景。第二部分包括五章内容（第4章至第8章），分别是风电、太阳能光伏发电、生物质发电及炼制工程、核电、氢能。其中第4章至第7章主要集中在新能源发电领域，因为新能源发电是新能源利用的最重要途径；第8章主要介绍的是制氢、储氢和氢能的应用等问题，氢燃料电池发电内容介绍得不多，因为这方面的技术目前应用还比较有限。第三部分仅包括第9章内容——储能。在本教材各章的内容安排中又基本涉及两大类知识：一是新能源技术原理，二是新能源管理政策。为了使读者加深对书中内容的理解，本教材在有关章节中设置了专栏，详细生动地展示了与本书内容相关的背景知识。

本教材由赵晓丽组织编写，赵晓丽、焦燕担任主编，高立、张素芳、李叶青担任副主编。高立、张素芳分别承担生物质发电、可再生能源发电发展现状和管理制度方面的编写；

李叶青、孙晖主要承担新能源技术方面的内容编写；王宇波、温洋洋老师主要承担储能内容的编写；李跃承担氢能发展现状和相关政策规定的编写。

本教材在编写过程中得到了以下专家的指导和帮助，在此一并表示感谢（按照姓氏拼音首字母顺序排列）：

高文静	山西财经大学经济学院
郝春虹	内蒙古财经大学财政税务学院
刘向阳	银川能源学院商学院
唐　艳	新疆工程学院经济管理学院
汪　峰	重庆大学经济与工商管理学院
王正明	江苏大学京江学院
尹海涛	上海交通大学安泰经济与管理学院
张兴平	华北电力大学经济与管理学院
朱红桓	河南财经政法大学经济与管理学院

在教材编写过程中，我们参考了大量的文献资料，在此对相关作者一并表示感谢。本教材还受到教育部新文科研究与改革实践项目"生态文明与数字化背景下新经管创新型人才培养研究与实践"的资助，我们也对此表示感谢。

本教材涵盖技术与管理交叉类学科知识，涉及领域十分广泛，难免存在错误或不妥之处，还请同行专家和读者朋友多提宝贵意见，我们再版时将予以修订完善。

编者

2022 年 10 月

目 录

第1章 绪论 ·· 001
1.1 新能源的定义、种类及特征 ·· 001
1.2 新能源发展的环境价值及环境影响 ·· 002
1.3 发展新能源对保证能源供应安全的意义 ·· 015
思考题 ·· 018

第2章 新能源发展现状 ·· 019
2.1 世界及中国新能源资源禀赋特点 ·· 019
2.2 新能源发展趋势及利用现状 ·· 021
2.3 新能源电能转化技术现状 ·· 026
2.4 新能源发展的基本原则 ·· 043
2.5 影响新能源发展的因素 ·· 044
思考题 ·· 047

第3章 新能源发展的制度背景 ·· 048
3.1 中国新能源发展的主要法律法规 ·· 048
3.2 影响新能源发展的市场机制 ·· 056
3.3 影响新能源发展的价格机制 ·· 057
3.4 影响新能源发展的监管机制 ·· 058
3.5 影响新能源发展的运行机制 ·· 061
3.6 新能源发展国外制度差异和形成背景 ·· 062
思考题 ·· 065

第4章 风力发电 ·· 066
4.1 风力发电技术原理 ·· 066
4.2 风机结构 ·· 069
4.3 风电发展现状 ·· 071
4.4 风电发展的主要政策 ·· 075
4.5 风电项目投资建设规定 ·· 085
思考题 ·· 088

第5章 太阳能光伏发电 ·· 089
5.1 太阳能光伏发电技术 ·· 089
5.2 太阳能聚光型发电技术 ·· 093

5.3 太阳能光伏发电发展现状 095
5.4 太阳能光伏发电主要政策 096
5.5 太阳能光伏发电项目管理规定 102
思考题 103

第6章 生物质发电及炼制工程 104
6.1 生物质发电技术 104
6.2 生物质炼制工程技术 107
6.3 生物质发电及炼制工程发展现状 113
6.4 生物质发电和炼制工程的主要政策 128
6.5 生物质发电项目和炼制工程项目投资建设规定 134
思考题 139

第7章 核电 140
7.1 概述 141
7.2 核电技术 151
7.3 核废料处理技术 154
7.4 核电发展现状 156
7.5 核电主要政策 165
思考题 174

第8章 氢能 175
8.1 制氢技术 175
8.2 氢能的储运技术 181
8.3 氢能的应用技术 183
8.4 氢能发展现状 184
8.5 促进氢能发展的主要政策 187
8.6 氢能项目投资建设规定 192
思考题 197

第9章 储能 198
9.1 化学电源储能技术 198
9.2 其他储能技术 205
9.3 储能发展现状 210
9.4 促进储能发展的主要政策 215
9.5 储能项目投资建设规定 217
思考题 221

参考文献 222

第1章 绪论

1.1 新能源的定义、种类及特征

1.1.1 新能源的定义

《中华人民共和国节约能源法》中定义：能源，是指煤炭、石油、天然气（含页岩气、煤层气、生物天然气等）、生物质能和电力、热力以及其他直接或者通过加工、转换而取得有用能的各种资源。能源（energy source），作为现代人类社会和经济可持续健康发展的根本动力，已成为整个人类社会生存的物质基础，是国民经济发展的重要保证。能源可以被合理开发和有效利用，人均能源消费多少是衡量一个国家的生产技术和人民生活水平提高程度的重要指标。

第1章案例集

关于新能源，各国的说法不一，并没有统一定义。在2009年国家能源局编制的《新能源发展规划》中，把新能源界定为：以新技术为基础，已经开发但还没有规模化应用的能源，或正在研究试验，尚需进一步开发的能源，主要包括风能、太阳能、生物质能源等。需要注意的是，核能在许多国家已经规模化利用，属于常规能源范畴。2022年4月2日，国家能源局发布《关于印发〈"十四五"能源领域科技创新规划〉的通知》，要求：引领新能源占比逐渐提高的新型电力系统建设，并支撑在确保安全的前提下积极有序发展核电、推动化石能源清洁低碳高效开发利用。

全国科学技术名词审定委员会审定公布新能源的定义为：在新技术基础上，系统地开发利用的可再生能源。具体来说，新能源包括太阳能、风能、生物质能、地热能、核聚变能、水能和海洋能，以及由可再生能源衍生出来的生物燃料和氢气所产生的能量。

人类利用历史悠久的那些能源类型，由于社会的进步和科学技术水平的发展，使它们的开发利用水平重新站到一个新的平台上，利用价值被重新发现，因而这些古老的能源也被划到新能源的范围。在不同的历史时期和科技水平情况下，新能源也有不同的内容。比如，随着技术的进步和可持续发展观念的树立，过去一直被视作垃圾的工业与生活有机废弃物被重新认识，作为一种能源资源化利用的物质而受到深入研究和开发利用，因此，废弃物的资源化利用也可看作是新能源技术的一种形式。随着科学技术的发展，中国很多新能源随着利用的程度和比例的增加，也会变成常规能源，比如大中型水电。

1.1.2 新能源的分类

联合国计划开发署（The United Nations Development Programme）把新能源细分为以下三

大类：第一类为大中型水电；第二类为新可再生能源，包括风能、小水电、现代生物质能、海洋能、太阳能、地热能；第三类为传统生物质能。新能源概念具有时空特征，是一个发展中的概念，在历史的不同时期和地域，由于科学技术水平不同，新能源的内容也有着不同的内涵。根据中国现有的状况，新能源应该包括太阳能（太阳能集热、光伏发电、太阳能热发电）、风能、地热能、生物质能、海洋能、核能等，其中，生物质能还包括多种形式的能源，如生物质发电（生活垃圾发电、农林残留物发电）、生物燃料（生物质乙醇、生物质柴油）、沼气、秸秆致密等。

新能源按其形成和来源分类：（1）来自太阳辐射的能量，如太阳能、水能、风能、生物能等；（2）来自地球内部的能量，如核能、地热能；（3）天体引力能，如潮汐能等。

新能源按开发利用状况分类：（1）常规能源，如水能、核能等；（2）新能源，如生物能、地热、海洋能、太阳能、风能等。

新能源按属性分类：（1）可再生能源，如太阳能、地热、水能、风能、生物能、海洋能等；（2）非可再生能源，如核能等。

新能源按转换传递过程分类：（1）一次能源，直接来自自然界的能源，如水能、风能、核能、海洋能、生物能；（2）二次能源，如沼气、蒸汽、火电、水电、核电、太阳能发电、潮汐发电、波浪发电等。

1.1.3 新能源的特征

新能源并不是指新发现或新开发的能源，这里的"新"是针对被开发利用的程度而言的。新能源普遍存在如下特征：

（1）资源丰富，普遍具备可再生特性，可供人类永续利用。比如，根据《2021年全球可再生能源现状报告》，截至2021年底，全球累计风电装机量约743GW，光伏累计装机容量为760.4GW，但这远未达到风能和太阳能资源储量。

（2）能量密度低，开发利用需要较大空间。

（3）不含碳或含碳量很少，对环境影响小。

（4）分布广，有利于小规模分散利用。

（5）间断式供应，波动性大，对持续供能不利。

（6）目前除水电外，可再生能源的开发利用成本一般比化石能源高。

相对于传统能源，新能源普遍具有污染少、储量大的特点，对于解决当今世界严重的环境污染问题和资源（特别是化石能源）枯竭问题具有重要意义。同时，由于很多新能源分布均匀，新能源对于解决由能源引发的战争也有着重要意义。

1.2 新能源发展的环境价值及环境影响

1.2.1 外部性的概念及相关理论

外部性是指经济活动中某个人或者某个企业的经济活动对其他人或者其他企业造成了影响，但却没有为此付出代价或者得到利益。本书所说的外部性是指一种活动所产生的成本或利益未能通过市场价格反映出来，而是无意识强加于他人的，施加这种成本或利益的人并没有为此付出代价或者得到利益。外部性可以分为外部经济和外部不经济两种。外部经济是正面的、积极的、有益的外部性,即某人或者某企业的经济活动给社会上其他成员带来好处,但该人或该企业却不能因此得到补偿。外部不经济又称负面的、消极的或者有害的外部性,就是某人或者某企业的经济活动会给社会上其他人带来损害,但该人或该企业则不必为这种损害进行补偿。大部分外部性都具有公共性,不会因为部分人的消耗而减轻对其他人的作用,这种现象又被西方经济学家称为"不可耗竭性"。马歇尔在1890年问世的巨著《经济学原理》中首先提出"外部经济"和"内部经济"的概念,他是最早研究外部性的学者。外部性是指经济主体活动给社会带来了不利影响,并且没有承担消除这种不利影响的成本,从而引起私人成本与社会成本之间的差别(王海龙,赵光洲,2007)。外部性理论是现代经济学特别是新制度经济学的重要理论之一,西方经济学家对有关外部性问题尤其是环境外部性问题产生的原因、后果及解决方法提出了众多理论,其中,比较重要的理论是庇古的"庇古税"理论与科斯的"交易成本"理论。Robson 和 Turnot(1993)将发电的外部性进行了总结,认为电力产业外部性成本就是发电过程中与环境保护有关的成本,具体包括两方面的费用:一方面是环境的损失,也就是消耗的环境资源,包括污染所导致的环境质量下降和过分消耗自然资源所引起的生态环境的破坏;另一方面是环境污染导致的非环境方面的损失,例如有害物质对人体产生的健康损失、大气污染物排放带来的农业损失和建筑物的破坏等。20世纪70年代以来,外部性理论开始与生态经济学、环境经济学接轨。

福利经济学理论是与外部性相关的另一重要理论。资源环境的价值评估以福利经济学为基础。资源环境的变化可以通过商品价格变动对个人福利产生影响,即商品的价格下降或者上升时,就会引起个人福利的变好或变坏。当个人的收入不变时,假设其他商品的价格保持不变,当资源环境的改善降低某一种商品的价格时,购买相同数量的商品,其消费者剩余就会增加,福利就会增加;反之,个人福利就会降低。当个人的收入发生变化时,可以用补偿变化和等价变化来表示福利的变化。当资源环境变化引起商品价格下降时,补偿变化表示为获得较低价格商品的最大支付意愿,这个支付量等于在保持个人福利不变情况下价格降低带来的好处,当商品价格上升时,补偿变化表示为了防止福利变化,个人愿意接受的补偿意愿。电力产业污染物的排放作为一种公共物品,其带来的社会效益、环境效益为利益相关人群甚至是全社会成员共同享受。因此要实现社会福利最大化,应该尽可能地减少电力生产过程中的环境外部成本。

1.2.2 风电的环境价值

风电的环境价值,可通过其与燃煤电发电的碳足迹比较进行说明。碳足迹的计算方法包括生命周期法、投入产出法和混合生命周期法。生命周期法更适合微观系统的碳足迹核算,因此本书将运用生命周期法进行计算,模型为

$$E = \sum_{i}^{n} E_i = \sum_{i}^{n} \sum_{j}^{m} C_{ij} \times f_{ij} \tag{1.1}$$

式中 E——生命周期内总 CO_2 排放;

       E_i——第 i 阶段的 CO_2 排放;

       C_{ij}——第 i 阶段第 j 种材料的消费量;

       f_{ij}——第 i 阶段第 j 种材料的 CO_2 排放因子。

风力发电场按其生命周期可以分为风机制造与运输、风机安装与风电场建设(这一阶

段包括风电外送电网工程建设)、日常运行与维护、回收与掩埋处理等四个阶段,计算步骤按照图1.1所示。

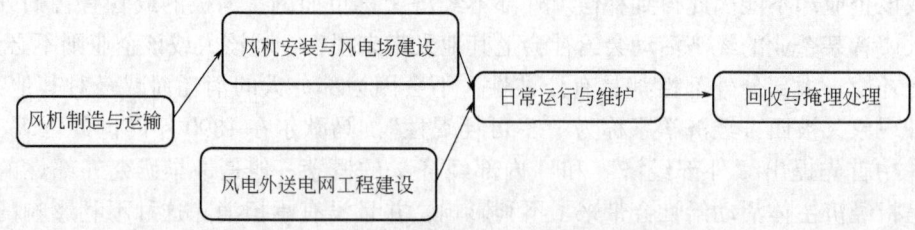

图1.1 生命周期法核算风电场碳足迹的步骤

通过分别计算风机制造与运输阶段材料消耗及 CO_2 排放、风机安装与风电场建设阶段材料消耗及 CO_2 排放、日常运行与维护阶段材料消耗及 CO_2 排放、回收与掩埋处理阶段材料消耗及 CO_2 排放,得到中国大唐扎鲁特旗49.5MW风电场碳足迹为12.51g/(kW·h)。其他文献计算得到的风力发电碳足迹的结果在 4.97~69.6g/(kW·h) 之间 (Wang and Sun, 2012; Li et al., 2012),其中计算结果在 4.97~20g/(kW·h) 之间的情况偏多。

根据类似的方法可以得到燃煤电厂的碳足迹。以某电厂为例,计算得到的燃煤电厂碳足迹为760.33g/(kW·h) [该电厂的发电煤耗为282.4g/(kW·h)];若以全国火电厂发电的标准煤耗为标准 [308g/(kW·h)],则中国燃煤电厂的碳足迹为824.15g/(kW·h)。其他文献计算得到的燃煤电厂的碳足迹为 730~1045g/(kW·h) (刘韵,2008;廖夏伟等, 2013),上述结果的差异主要是由电厂规模、燃煤效率差别等原因造成的。

1.2.3 光伏发电的环境价值

1. 基于全生命周期方法的光伏发电环境外部性分析

传统火力发电的污染物排放生命周期主要分为四个阶段:煤炭开采与运输阶段、火电厂建设阶段、火电厂运行阶段、火电厂废弃处置阶段。光伏发电相较于传统火力发电的特殊性在于,在电厂运行阶段(即进行光伏发电过程中)几乎不产生 CO_2、SO_2、NO_x、粉尘等主要污染物,因此其涉及的主要污染物排放的生命周期主要分为三个阶段:电池板生产阶段、光伏电厂建设阶段、光伏电厂废弃处置阶段,如图1.2所示。其中,电池板生产阶段又包括光伏电池板的生产和运输,光伏组件耗材的生产和运输,建材、水泥、铁、铝、钢等建筑原料的生产和运输。光伏电厂建设阶段又包括电厂及辅助设施建造、厂房的建设以及相关设备的安装。

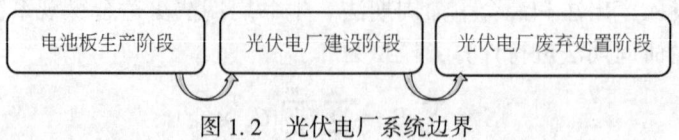

图1.2 光伏电厂系统边界

全国各光伏电厂的装机容量从1MW到60MW不等,装机容量为20MW的光伏电厂占大多数,所以本书选取装机容量为20MW的光伏电厂进行研究。青海省是全国光伏发电最多的省份,所以本书选取较为典型的青海省格尔木三期20MW并网光伏发电项目作为研究对象。光伏电厂的预计使用年限一般为25年,该电厂全年日照时间在3000h以上。该项目采用 80800 块单块容量为 250Wp（Wp 指的是标准条件下，即光照强度为 1000W/m² 时，光伏电池板的功率）的多晶硅电池组件，装机容量为 20.02MWp，年平均发电量和上网电量为 33395.1MW·h[1]。与燃煤发电生命周期污染物排放研究的对象一致，选取 CO_2、SO_2、NO_x 以及粉尘的排放量进行研究。

1) 光伏电池板生产阶段的污染物排放

光伏电池板生产阶段涵盖四个部分：工业硅生产、太阳能级多晶硅生产、多晶硅片生产以及光伏电池组件生产。接下来将对各个部分分别进行核算。

（1）工业硅生产中的污染物排放。生产多晶硅光伏电池板首先应生产多晶硅片，首要环节是工业硅的生产。对工业硅生产阶段污染物的排放情况已有成熟研究，所以本书在此阶段的数据直接沿用已有研究结果。根据傅银银（2013）的研究表明，每生产 1t 工业硅需要排放 39.44t 的 CO_2、0.24t 的 SO_2、83kg 的 NO_x 和 502kg 的粉尘。

（2）太阳能级多晶硅生产中的污染物排放。生产光伏发电的太阳能级多晶硅所采用的工艺大部分是改良的西门子工艺，该工艺的特点在于大部分物料可以循环利用。在生产多晶硅的化学反应中所产生的废气、废物主要是少量硅粉尘和少量氮氧化物。生产 1t 多晶硅产生 1.5kg 的硅粉和 0.57kg 的 NO_2，不产生 CO_2、SO_2（傅银银，2013）。同时，这个过程消耗大量的电能，这些电能主要由燃煤发电提供，所以这一阶段的污染物排放主要来源于高耗能的过程。根据傅银银（2013）的研究，生产 1t 太阳能级多晶硅需要耗电 115MW·h，根据计算，燃煤发电中产生 1kW·h 电的排放分别为 747.48g 的 CO_2、0.82g 的 SO_2、3.81g 的 NO_x、0.30g 的粉尘。据此，可以得到生产 1t 太阳能级多晶硅将排放 140.92t 的 CO_2、0.148t 的 SO_2、0.721t 的 NO_x 和 0.049t 的粉尘。

（3）多晶硅片生产的污染物排放。多晶硅片的生产主要是经过多晶铸锭和硅片切割两道工艺，多晶铸锭过程中的硅损耗可忽略不计，而切片过程中多晶铸锭向硅片的转化率约为 61.0%（傅银银，2013）。由于生产 1t 多晶硅片的化学反应过程共生成硅粉 10.74g、NO_2 24.57g，共消耗电能 10MW·h（傅银银，2013），计算可知生产 1t 多晶硅片将排放 7.47t 的 CO_2、0.008t 的 SO_2、0.038t 的 NO_x 和 0.003t 的粉尘。

综上所述，生产 1t 多晶硅片所排放的污染物统计如表 1.1 所示。

表 1.1　生产 1t 多晶硅片的主要污染物排放量　　　　　　　　　　单位：t

污染物工序	CO_2	SO_2	NO_x	粉尘
工业硅生产	39.44	0.240	0.083	0.502
太阳能级多晶硅生产	140.92	0.148	0.721	0.049
多晶硅片生产	7.47	0.008	0.038	0.003
合计	187.83	0.396	0.842	0.554

（4）光伏电池组件生产中的污染物排放。光伏电池组件生产的过程涵盖两个阶段：一是电池生产过程；二是电池组装过程。据傅银银（2013）的研究，在电池生产和电池组装过程中，1MW 多晶硅光伏电池需要消耗 3.06t 多晶硅片，耗电 155.46MW·h（包括生产光伏电池的耗电和生产光伏组件的耗电），可以生产 5400 块多晶硅电池组件，每块多晶硅电池

---

[1] 数据来源：北控绿产格尔木三期 20MW 光伏发电项目审定报告（https://max.book118.com/html/2017/0512/106333014.shtm）。

组件含有 0.57kg 多晶硅片，所以生产每块电池组件平均耗电 28.79kW·h。而所选取的研究对象青海省格尔木三期 20MW 并网光伏发电项目采用 80800 块多晶硅电池组件，需要多晶硅片 46.06t，耗电 2326.23MW·h。

光伏电池组件生产过程所产生的废气可以通过净化措施进行处理，固体废弃物也基本可以被回收利用，所以电池组件生产过程中所产生的大气污染也主要来源于其大量消耗电能的过程。结合本书对燃煤发电单位发电量污染物排放情况的核算，可以得到电池组件生产过程的污染物排放量。

综合以上四个环节的计算结果，可以得到 20MW 并网光伏发电项目的光伏电池板生产阶段的污染物排放量，这一阶段的污染物主要来源于多晶硅的生产过程和电能消耗的过程，核算结果如表 1.2 所示。

表 1.2　光伏电池板生产阶段污染物排放量　　　　　　　　　　　　单位：t

污染物	CO_2	SO_2	NO_x	PM（颗粒物）
排放量	10390.19	20.33	47.55	26.03

2）光伏电厂建设阶段的污染物排放

光伏电厂建设阶段包括光伏电厂设备运输和厂房建设两个部分，核算过程如下。

（1）光伏电厂设备运输中的污染物排放。由于青海省格尔木三期电厂全部采购物资的运输距离较难获得，铁路运输阶段的距离采用全国平均铁路货运距离 707km，公路运输阶段为格尔木市到光伏电厂的距离❶，具体数值为 25km。根据郭敏晓（2011）的研究，光伏组件的单个质量为 20kg，由于该项目所使用的光伏组件为 80800 块，所以总质量为 1616t。根据《20MW 并网光伏发电项目概算书》可知，该项目使用直流防雷汇线箱 280 台、直流配电柜 40 台、逆变器（SG630KTL）40 台、箱式变压器 20 台。按照郭敏晓（2011）的研究，以上设备的质量约为 12t。根据邰晔昕（2012）的研究，可以分别获得铁路和公路的单位运输距离污染物排放量，可以得出光伏电厂设备运输阶段的污染物排放量，计算结果如表 1.3 所示。

表 1.3　光伏电厂设备运输阶段污染物排放量（20MW 光伏发电项目）　　单位：t

污染物	CO_2	SO_2	NO_x	PM
排放量	17.06	0.10	0.08	0.06

（2）光伏电厂厂房建设中的污染物排放。在厂房建设阶段，土建工程量很小，污染物排放主要考虑来自混凝土和钢材料的生产过程。根据《20MW 并网光伏发电项目概算书》可知，该电厂的建设需要混凝土 8500m³、钢筋 380t。根据王腊芳（2012）的研究，生产 1t 钢筋排放 CO_2 2061.88kg、SO_2 2.01kg、NO_x 5.77kg 和粉尘 0.76kg。根据李小冬等（2011）对于混凝土材料生产过程污染物排放情况的研究，生产 1m³ 混凝土（混凝土等级按 C30 计算）排放 CO_2 废气 361.6kg、SO_2 废气 1.3kg、NO_x 废气 1.6kg、粉尘 3.2kg。据以上数据可以得到光伏电厂建设阶段污染物的排放量，计算结果如表 1.4 所示。

---

❶ 数据来源：京仪绿能格尔木三期 20MW 光伏发电项目顺利并网（http://www.ne21.com/news/show-53500.html. 2014.04.14.）。

表 1.4　光伏电厂建设阶段污染物排放量（20MW 光伏发电项目）　　　　单位：t

污染物	CO_2	SO_2	NO_x	PM
排放量	3857.11	11.81	15.79	27.49

3）光伏电厂废弃处置阶段的污染物排放

在光伏电厂的废弃处置阶段，主要活动是对光伏电池板的回收利用过程，污染物主要来源于电池板运输过程的排放。运输的目的地一般为距离较近的综合性城市，离格尔木三期 20MW 并网光伏电厂最近的城市即为格尔木市，废旧电池板采用的运输方式为公路运输，运输距离为 25km。根据郭丹（2016）的研究可知，光伏电池的回收比例在 90% 左右。根据前文可知，建厂阶段购置的光伏电池组件的质量是 1616t，则在废弃处置阶段需要回收的光伏电池的质量约为 1454.4t。结合鄯晔昕（2012）对公路运输单位距离污染物排放量的研究，可以计算出废弃回收阶段运输废旧光伏电池过程所排放的污染物。计算结果如表 1.5 所示。

表 1.5　光伏电厂废弃处置阶段污染物排放量（20MW 光伏发电项目）　　　　单位：t

污染物	CO_2	SO_2	NO_x	PM
排放量	1.09	0.01	0.004	0.002

4）光伏电厂生命周期污染物排放量核算

通过计算光伏电池板生产阶段、光伏电厂建设阶段以及光伏电厂废弃处置阶段的污染物排放量，可以核算得到 20MW 并网光伏电厂在整个生命周期阶段的污染物排放总量（表 1.6）。

表 1.6　20MW 并网光伏电厂生命周期污染物排放量

污染物	CO_2, t	SO_2, t	NO_x, t	PM, t	CO_2 排放量占比,%
电池板生产阶段	10390.19	20.33	47.55	26.03	72.92
电厂建设阶段	3857.11	11.81	15.79	27.49	27.07
废弃处置阶段	1.09	0.01	0.004	0.002	0.01
合计	14248.39	32.15	63.344	53.522	100

青海省格尔木三期 20MW 并网光伏发电项目预计使用年限按照 25 年计算，年平均发电量和上网电量为 33395.1MW·h[1]，结合光伏电厂全生命周期污染物的排放量，可以计算得到此 20MW 并网光伏电厂在全生命周期内单位发电量的污染物排放情况，计算结果如表 1.7 所示。

表 1.7　20MW 并网光伏电厂生命周期单位发电量污染物排放量

单位：g/(kW·h)

污染物	CO_2	SO_2	NO_x	PM
排放量	17.07	0.04	0.08	0.06

根据表 1.7 单位排放的外部成本结果，可计算得到光伏发电生命周期的环境外部性成本为 0.006 元/(kW·h)（表 1.8）。

---

[1] 数据来源：北控绿产格尔木三期 20MW 光伏发电项目审定报告。

表 1.8　基于生命周期法的光伏发电环境外部成本

污染物	SO_2	NO_x	CO_2	PM
环境成本，元/kg	13.26	8.60	0.16	9.46
光伏发电的排放量，g/(kW·h)	0.04	0.08	17.07	0.06
光伏发电的环境成本，元/(kW·h)	0.001	0.001	0.003	0.001

2. 基于选择模型的光伏发电的环境外部价值评估

1）方法及数据收集

采用选择模型的非市场评估方法（non-market valuation techniques），评估为减少污染物排放，与燃煤发电相比，公众为光伏发电所愿意支付的电价溢价。非市场评估方法是一种基于调查的评估非市场物品和服务价值的技术，通过问卷设计直接询问公众对于环境品质的改善所愿意支付的金额（willingness to pay，WTP）或者对于环境品质的恶化所愿意接受的补偿金额（willingness to accept，WTA），从而推导环境物品的价值。其基本原理是，一定样本的个人支付意愿或者接受补偿意愿可以用于推导人们对于环境质量变化的平均支付或者接受补偿意愿，以此作为环境质量变化的价值衡量。非市场评估技术的主要作用是确定环境损害的经济价值，从而为节能减排政策的制定提供理论依据。非市场评估方法在近些年得到快速发展，已大量应用于发达国家的科研以及政策实践上。

选择模型建立在随机效用函数和特征效用理论的基础之上。根据特征效用理论，某种商品的价值是不同特征属性的价值（效用）总和。随机效用函数使特征效用理论具有实证研究的可操作性。通过构造选择的效用函数模型，可以将选择问题转化为效用（价值）比较问题。调查参与者通过对替代情景的选择，以实现效用最大化。随机效用函数假定受调查者根据给定商品的特征做出选择，但是具有一定的随机性。这种随机性可能来源于受调查者本身偏好的随机性，或者由于研究者缺乏关于受调查者的完整信息，因此，随机效用函数将选择的效用描述成一个系统的、可解释的部分和一个不可解释的随机误差部分之和。其中，可解释的部分主要由产品属性特征（例如，包括环境属性和成本属性）及消费者属性特征来解释，经常采用线性累加效用模型（linear additive utility function）表示。

研究中需要设定温室效应的改善程度、酸雨的改善程度以及雾霾的改善状况，并根据 Zhao et al.（2018）的研究，将居民每月愿意额外支付的电费设置为 0 元、7 元、21 元和 35 元。表 1.9 为选择集示例表。

表 1.9　选择集示例

	方案一	方案二	方案三	保持现状
雾霾的改善状况	轻度污染	空气质量良	空气质量优	轻度污染
温室效应的改善程度	排放减少低	排放减少高	排放不减少	排放不减少
酸雨的改善程度	排放减少适中	排放减少高	排放减少低	排放不减少
每月额外支付电费，元	7	35	21	0
您的选择			√	

MNL 模型是应用最早和应用最广泛的选择模型，同时也是最基础的选择模型，高级模型都是建立在 MNL 的基础之上。此外，为了受访者之间解释偏好异质性和可支付意愿的波动，将个人特征变量（社会经济学、态度和阅历）纳入考虑范围内也是必要的，社会经济变量和替代常数项（alternative specific constant，ASC）能提供更多影响可支付意愿的因素的

信息。因此，在 MNL 基本模型的基础上，进一步采用了带有协变量的 MNL 模型来分析。

本部分构建的 MNL 模型为

$$V = \text{ASC} + \beta_1 G + \beta_2 A + \beta_3 H + \beta_4 P \tag{1.2}$$

式中　　V——效用；

　　　　ASC——替代常数项，被调查者选择保持现状时为 0，选择其他替代方案时为 1；

　　　　G——温室效应的改善程度；

　　　　A——酸雨的改善程度；

　　　　H——雾霾的改善状况；

　　　　P——每月额外支付的电费；

　　　　β_1、β_2、β_3、β_4——系数。

带有协变量的 MNL 模型为

$$V = \text{ASC} + \beta_1 G + \beta_2 A + \beta_3 H + \beta_4 P + \sum \delta_i E_i \tag{1.3}$$

式中　　E_i——被调查者的某种个人特征；

　　　　δ_i——系数。

2017 年 1 月和 2 月，课题组成员对全国 30 个省份不同地区、不同性别以及不同年龄的居民，采取面对面的方式进行了调查问卷的发放和回收。问卷调查采用有本次调查共发放 300 份问卷，收回有效问卷 255 份。

通过对回收的问卷进行统计，可以获得被调查者基本特征分布情况，如表 1.10 所示。并将样本的统计数据与全国人口统计数据进行对比分析，可知样本统计数据情况与全国人口统计数据情况基本接近，说明本研究选取调查对象比较全面，样本基本具有代表性。但是，本研究的缺陷在于被调查者主要集中在城镇居民而且是受过高等教育的群体，这些因素可能会对最终的结果造成影响。比如，城镇的大气污染一般比农村严重，并且受教育程度越高的群体一般对环境污染的认识越深入，可能导致最终支付意愿结果的偏高。

表 1.10　被调查者基本特征统计结果

变量	变量水平	频数	样统计数据,%	全国人口统计数据[①],%
性别	男	123	48	51
	女	132	52	49
受教育程度	硕士及以上	54	21	2
	本科/大专	141	55	20
	高中/中专	60	24	41
家庭年收入	1 万元以下	6	2	10
	1 万~5 万元	80	31	16
	5 万~10 万元	78	31	33
	10 万~15 万元	55	22	35
	15 万元以上	36	14	6
现居地	城镇	214	84	56
	农村	41	16	44

① 数据来源：《2016 中国统计年鉴》（http://www.stats.gov.cn/tjsj/ndsj/2016/indexch.htm）。

2）偏好稳定性检验

为了检验被调查者偏好的稳定性，在调查问卷设计的过程中，在问卷结尾对第一个或者第二个问题进行完全重复。如果被调查者在相同的选择集重复出现情况下进行了同样的选择，说明被调查者的偏好具有稳定性，反之则不具有稳定性。对问卷稳定性的检验结果统计如表 1.11 所示。

表 1.11 被调查者偏好稳定性检验

变量	选择一致	选择不一致
频数	253	2
频率	0.99	0.10

由统计结果可知，参与此次调研的被调查者具有较高的偏好稳定性，说明问卷调研者向被调查者有效地传递了问卷的背景知识，而且问卷设计的选择集具有差异性。统计结果也说明被调查者理解了相关背景知识并积极参与了问卷的填写，说明本次调查的结果具有有效性。

3）计算结果及分析

基于 Nlogit 软件对问卷回收到的数据进行计算，得到 MNL 模型和带协变量的 MNL 模型的回归结果，如表 1.12 所示。

表 1.12 模型回归结果

变量	MNL 系数（标准误差）	带协变量 MNL 系数（标准误差）
ASC	0.86*** (0.13)	−1.55*** (0.32)
温室气体减排 45%~55%	0.63*** (0.10)	0.63*** 0.10
温室气体减排 25%~35%	0.10 (0.11)	0.11 (0.11)
温室气体减排 5%~15%	0.31*** (0.09)	0.32*** (0.09)
酸雨减少 45%~55%	0.32*** (0.11)	0.31*** (0.11)
酸雨减少 25%~35%	0.11 (0.11)	0.10 (0.11)
酸雨减少 5%~15%	−0.08 (0.11)	−0.09 (0.11)
空气质量优	1.01*** (0.12)	1.00*** (0.12)
空气质量良	0.55*** (0.10)	0.56*** (0.11)
额外支付的电费	−0.04*** (0.01)	−0.04*** (0.01)
性别 [男]		0.39** (0.18)
受教育程度 [硕士及以上]		1.33*** (0.28)
主要从事经济活动 [带薪员工]		1.36*** (0.27)
平均每月电费支出 50~100 元		1.57*** (0.23)
平均每月电费支出 100~200 元		1.29*** (0.33)
每月电费支出 200 元以上		2.85*** (0.60)
现居地 [城镇]		0.23 (0.23)
婚姻状况 [未婚]		1.21*** (0.45)

注：*、**、*** 分别表示在 0.1、0.05、0.01 的水平上显著。

表 1.12 显示，环境属性的系数值为正且均显著，这表明居民愿意为环境的改善多支付钱。成本属性的系数为负，也符合居民因费用支出的加大导致效用降低的合理性。表 1.12 中值得关注的一点是，对于温室气体减排 25%~35% 这一情景的支付意愿结果不显著，这可能是由于在减排水平不够高而费用较高的情况下，消费者不愿为这样的减排

情况支付额外的电费。

根据带协变量的 MNL 模型的计算结果以及边际可支付意愿（MWTP）的计算公式，可以求出居民对于各种环境属性的边际可支付意愿，计算结果如表 1.13 所示。

表 1.13　边际可支付意愿的计算

属性	边际可支付意愿，元/月	标准误差
温室气体减排 45%~55%	17.30***	2.95
温室气体减排 5%~15%	8.68***	3.13
酸雨减少 45%~55%	8.54***	2.72
空气质量优	27.35***	3.33
空气质量良	15.18***	2.78

注：*、**、*** 分别表示在 0.1、0.05、0.01 的水平上显著。

由表 1.13 可知，被调查者愿意为空气质量优支付的金额最高；其次是温室气体减少 45%~55%。相对而言，被调查者对酸雨减少的支付意愿最低，主要原因可能是由于本部分研究的样本大部分（84%）来自城镇居民，城镇居民与农村居民相比受到酸雨的不利影响相对较小。此外，中国电力工业 SO_2 排放水平近年来一直呈快速下降趋势（Zhao et al., 2017），因此，对其所导致的酸雨及不利影响的关注度低于对粉尘（主要是 $PM_{2.5}$）污染和温室气体排放的关注度。

为了计算光伏发电与燃煤发电相比的环境外部价值，需要计算居民为环境改善所额外支付的总电费（总支付意愿，又称补偿剩余）。

根据 Bennett（2001）可知，总可支付意愿又称为补偿剩余（compensating surplus, CS），其计算公式为

$$CS = -\frac{\ln \sum \exp V_i^1 - \ln \sum \exp V_i^2}{\beta_{cost}} \tag{1.4}$$

式中　β_{cost}——成本属性系数；

V_i^1——第 i 种环境属性处于初始状态的效用；

V_i^2——第 i 种环境属性状态变化后的效用。

总支付意愿计算结果如表 1.14 所示，并由此可以计算出居民愿意为环境改善支付的总额外电费。

表 1.14　环境改善的居民支付意愿　　　　　　　　　　单位：元/月

环境属性	边际支付意愿	总支付意愿
温室气体减排 45%~55%	17.30	10.42
温室气体减排 5%~15%	8.68	7.57
酸雨减少 45%~55%	8.54	6.66
空气质量优	27.35	11.09
空气质量良	15.18	8.22
合计（环境改善到最佳状况）		28.17

由表 1.14 的结果可知，在环境改善到最佳的情况时（温室气体减排 45%~55%、酸雨减少 45%~55%，并且空气质量优），居民的总支付意愿为 28.17 元/月，即居民愿意为最佳

的环境改善方式每月额外支付的电费为 28.17 元。由于 2016 年全国共有居民户 4.35 亿户❶，居民全年生活用电约为 $7565.2\times10^8\text{kW}\cdot\text{h}$，所以每户居民月均用电 $144.93\text{kW}\cdot\text{h}$。如果采用光伏发电替代燃煤发电，则居民愿意为环境的改善每月额外支付的电费为

$$\frac{28.17\times12\times4.35\times10^8}{7565.2\times10^8}\approx 0.194\text{ 元}/(\text{kW}\cdot\text{h})$$

根据闫风光等（2016）对风电环境价值的研究，风电的环境外部价值为 0.197 元$/(\text{kW}\cdot\text{h})$，比本研究结果更高一些，可能的原因是：与风力发电相比，光伏发电对环境的污染更为严重一些，所以光伏发电的环境外部价值比风电的环境外部价值更低具有合理性。

1.2.4 生物质发电的环境价值

生物质能源作为可再生能源的一种，具有资源丰富、含硫成分低、碳排放极低等特点。生物质发电是现代生物质能源的一种主要利用方式，采用生物质作为原料，能量形式从化学能经热能和机械能最终转变为电能。与其他利用方式相比较，生物质发电具有效率高、低碳环保等优势。

生物质发电经济成本高于燃煤发电，中国现有生物质发电厂规模普遍较小，技术效率不高，加上原料成本高，生物质发电成本高达 $0.6\sim0.7$ 元$/(\text{kW}\cdot\text{h})$（贺家欣，2019），在国家 0.25 元$/(\text{kW}\cdot\text{h})$ 补贴的情况下，仍远远高于常规电力的 $0.105\sim0.112$ 元$/(\text{kW}\cdot\text{h})$。但生物质发电相对于燃煤发电而言，在污染物排放和温室气体减排方面都有较大程度的减少，每千瓦时燃煤发电的碳足迹是生物质发电的 6.05 倍（王斯一等，2018）。所以在仅考虑市场经济成本条件下，传统燃煤发电具有明显优势，但如果纳入环境效益和低碳经济因素，生物质发电则更有潜力。

生物质发电极高的环境价值既体现在对减轻化石燃料燃烧造成的环境污染有积极的促进作用上，也体现在对生态环境的改善作用上。采用农林生物质进行发电，有利于及时清理林业剩余物，减少了森林火灾和病虫害的爆发，以及土壤污染；利用农作物秸秆及其剩余物发电，相对于直接燃烧，能减少 PM_{10}、$PM_{2.5}$ 的排放，减轻了雾霾的程度，提高了秸秆的利用率，同时灰渣可以作为肥料直接还田使用；生活垃圾发电有利于减少城市垃圾量，并且可以增加垃圾填埋场的寿命，具有减容化、资源化和无害化的特点；沼气发电利用了畜禽粪便，降低了富营养化污染物且带来经济收益。

根据以往文献和生物质发电厂环评报告的研究，不同类型生物质发电和燃煤发电单位发电量污染物排放对比如表 1.15 所示。

表 1.15 不同发电类型单位发电量污染物排放对比 单位：$g/(\text{kW}\cdot\text{h})$

污染物	燃煤发电 （陈建华等，2009）	秸秆直燃 （陈建华等，2009）	秸秆气化 （崔和瑞，2010）	垃圾发电 （上海市环境科学研究院，2012）	沼气发电
SO_2	6.92	0.13	0	1.13	0
NO_x	6.79	0.33	0	4.53	—
CO	1.48	0.03	0	1.13	—

---

❶ 数据来源：《2017 中国统计年鉴》。

续表

污染物	燃煤发电 （陈建华等，2009）	秸秆直燃 （陈建华等，2009）	秸秆气化 （崔和瑞，2010）	垃圾发电 （上海市环境科学研究院，2012）	沼气发电
CO_2	690.01	28.8	0.08	—	—
烟尘	13.32	0.1	0	—	0
粉煤灰	55.94	4	0	0.23	—
Hg、Pb等重金属	—	—	—	0.02	—

比较表1.15中各项数据可知，生物质发电SO_2、NO_x、烟尘、CO、CO_2的排放量都远低于燃煤发电。这说明相对于燃煤发电，生物质发电在温室气体、酸雨和雾霾的环境问题的改善上具有很强的正环境外部性。

1.2.5 氢能的环境价值

能源是人类社会存在和发展的物质基础。在不断发展过程中，对能源的开发过度利用造成了人们要面临资源不断枯竭、环境不断恶化的问题。那么，氢能的开发对解决环境污染等问题起着至关重要的意义。

现实生活中，人们出行对汽车的使用率越来越高，如果还是按照以往燃烧石油、天然气等化石材料作为燃料，无疑会加重对环境的污染，比如温室效应将持续增大，进一步造成全球变暖时间增加，还会导致原始能源供应日益紧张。因此发展新能源汽车已经迫在眉睫，而氢能作为汽车的燃料无疑是最佳选择。

氢是自然界中含量最多的元素，约占宇宙质量的75%，而且氢的来源非常广泛，水、化石燃料、植物和有机废物中都含有大量的氢，因此只要制氢技术成熟，氢能将是取之不竭、用之不尽的能源。氢能的利用途径多，主要有两种方式：电化学放热和燃烧放热。尽管最终产物都是水，但因为电化学放热是在高温下释放能量，该过程可能伴随少量氮的氧化物生成，对环境会造成污染；而燃烧放热是在常温下释放能量，燃烧热为143kJ/g，高达汽油的2.8倍、煤的5倍，且燃烧时的产物只有水，不存在污染性和腐蚀性，可以实现零排放无污染。氢在极低温度下也能点燃，因此很适合用作内燃机燃料。由于利用氢能源的汽车排出的废物只是水，所以可以再次分解氢，再次回收进行利用。除此之外，与其他燃料相比，氢燃烧时最清洁，除生成水和少量氮化氢外，不会产生诸如一氧化碳、二氧化碳、碳氢化合物、铅化物和粉尘颗粒等对环境有害的污染物质，少量的氮化氢经过适当处理也不会污染环境，且燃烧生成的水还可继续制氢，反复循环使用。产物水也无腐蚀性，不会损失设备。氢取代化石燃料还能最大限度地减弱温室效应。氢能是一种非常理想的可持续能源。

氢能源"高效"和"绿色"的特点，说明了氢能开发对环境并不会造成很大程度上的污染，也决定了氢经济成为人类历史的选择，氢能源时代将是人类历史上能量利用率最高的时代，也是无污染、无噪声的可持续发展的绿色时代。

1.2.6 核电的环境影响

1. 低碳低排放

核电厂具有低碳排放的特点，根据目前火电厂每度电320g的标准煤耗，产生约0.87kg

二氧化碳排放，百万千瓦机组压水堆满功率运行一年（以365d计）发电量可减少约$7.65×10^6$t二氧化碳的排放，并可同时减少约$2.4×10^4$t二氧化硫和$2.16×10^4$t氮氧化物的生成。根据国际能源署调查结果，2017年全球碳排放达$3.25×10^{10}$t，中国排放量约占全球28%，达$9.1×10^9$t。随着国家"双碳"目标的持续推进、能源安全战略的深化落实，中国核能将保持积极安全有序的发展态势。《中国核能发展报告2020》蓝皮书指出，到2030年，中国非化石能源占一次能源消费比重将达到25%左右，能源结构清洁化、低碳化转型的力度将进一步加大。预计"十四五"期间，中国将保持每年6~8台核电机组的核准开工节奏，核电装机规模将进一步加快扩大，发电量将大幅增加。为适应中国实现碳中和目标的发展要求，支撑中国清洁低碳能源体系和新型电力系统的建设，预计到2035年，核能发电量在我国电力结构中的占比需达到10%左右；到2060年，核能发电量在我国电力结构中的占比需要达到20%左右。而且核电碳排放量极少不只体现在发电过程，从整个能源产业链的角度来看，核电相对于其他电力能源也占有巨大优势。国际原子能机构（IAEA）于1992年起至1998年会同8个国际组织对各类发电能源从全产业链角度进行比较研究，发现核电的CO_2排放量最低，仅为化石燃料发电量的1/100~1/40，同时也低于水电、风电和生物质能，所以就二氧化碳减排来看，核电是最佳之选。除此以外，核电厂也不会产生二氧化硫和氮氧化物排放，气态和液态流出物排放也远低于国家标准限值，属于环境友好型能源。

2. 资源节约

核电除了能够减少碳的排放，每年的发电量如果用化石能源产生，消耗巨大。以大亚湾核电基地为例，大亚湾核电基地拥有大亚湾核电站、岭澳核电站一期与二期共六台百万千瓦级核电机组。2019年，大亚湾核电基地六台机组在72项WANO（世界核电运营者协会）指标中，有58项（80%）进入世界卓越水平，创4台及以上压水堆机组核电基地的世界纪录。WANO指标是国际上衡量核电安全水平的重要指标。截至2022年3月份，大亚湾核电基地投运26周年以来，累计上网电量$7551.92×10^8$kW·h，与同等规模的燃煤电站相比，少消耗标准煤约$2.33×10^8$t，减少排放二氧化碳约$6.35×10^8$t，相当于种植了约170万公顷森林，覆盖8.5个深圳市面积（数据来源：国家能源局网）。

3. 负向影响

核电站寿命期内产生的乏燃料和放射性废物，其处理过程会消耗社会资源，同时如果处理、储存不当会对环境有一定影响；核电站建造和运行期间划定了规划限制区，在规划限制区内必须限制人口的机械增长，对该区域内新建和扩建的项目应加以引导或限制，以考虑事故应急状态下采取适当防护措施的可能性，规划限制区的存在会对核电厂周围公众的生活和社会工业的发展有一定的影响等等。

为了减少核电站排放放射性物质的量，核电站排放的三废都要经过严格的治理。核电站本身除有完整的三废治理措施外，还要实行严格的环境管理，如对排出物的排放管理、监测制度以及对放射性废物的储存和运输的管理等，目的是把核电站放射性对环境的影响尽量减少到合理的程度。《国务院关于落实科学发展观加强环境保护的决定》（国发〔2005〕39号）要求，以核设施和放射源监管为重点，确保核与辐射环境安全。核电发展的规划和建设要充分考虑核安全、环境安全和废物处理处置等问题。2018年1月1日，《中华人民共和国核安全法》正式实施，后续行业相关部门、企业以及从业人员均应遵法、学法、守法、用法，共同提高行业安全水平，构筑核安全保障基础，提高核电行业效益，构建美好生态环境。

正常情况下，核电站所产生的放射性物质一般是不允许泄漏到环境中的，运行时严格控制三废的排放。因此，核电站对周围环境的影响是很小的。在各种液体中的放射性水平，核电站的放射性排出液仅占很小比例。在日常生活中，在人们居住的地方，核电站产生的辐照剂量比宇宙射线、地壳辐射等射线贡献的剂量要少。在核电站发生事故的情况下，对周边环境可能会产生一定影响。

总之，发展核电具有正的环境效益，尤其是要在 2030 年前碳达峰和 2060 前碳中和的"双碳"发展目标下，大力发展核能意义显著。2021 年 3 月 15 日召开的十三届全国人民代表大会第四次会议上，李克强总理所作的《政府工作报告》中关于 2021 重点工作部分提出："制定 2030 年前碳排放达峰行动方案。优化产业结构和能源结构。推动煤炭清洁高效利用，大力发展新能源，在确保安全的前提下积极有序发展核电。"

1.3 发展新能源对保证能源供应安全的意义

1.3.1 能源安全内涵及其影响因素

1. 能源安全内涵

传统意义上的能源安全就是能源的供给与需求基本处于一个相对平衡的状态。随着社会的发展，能源涉及的层面也更加广泛，学者也逐渐扩大了能源安全的内涵，使其成为系统的概念，与人类社会的其他方面紧密相连。

基于供需、系统学和可持续发展理论，有学者提出了三维一体（数量维、质量维和时空维）的能源安全概念，将能源安全定义为：在特定的条件下，一个经济实体的当代和后代，都能经济地获取持续而充足的能源，同时保证良好的生态环境（王小琴，2016）。该定义包含了禀赋、供需、经济、环境以及代际安全，强调了能源资源的可用、可获、可持续和技术发展。

（1）能源获得的经济性包括能源价格的可接受性和可持续利用，具体包括：经济实体可以获取其可支付的能源资源，以及能源开发和利用的可持续性，同时不会对后代利用能源资源造成不经济的影响。

（2）能源供给的持续性指在任何情况下，都能够保障国家经济运行和人民生活所需的各类能源资源的持续供给。

（3）能源供给的安全性指从特定的运输渠道和方式上保证能源资源的运输安全，同时能够有效地控制或防御（避险）各种突发事件。

（4）能源需求的稳定性指能源安全的可靠性同时取决于可预测的、稳定的需求，激增的能源需求会威胁能源安全。

（5）能源技术的发展性指地质研究和勘探技术的开发和利用，改变能源资源的禀赋及其利用效率，以及新能源开发等。

专栏 1-1　能源安全，至关重要[1]

能源安全的概念是在 20 世纪在西方世界提出来的。第一次世界大战期间，作为英国海军第一大臣的温斯顿·丘吉尔决定将战舰从燃煤改为燃油。这一大胆的举措给予了英国舰队相对于德国燃煤舰队的全面优势：更大的航程、更快的速度和更方便的燃料添加。然而，保障舰队的石油供应则成了英国海军的最大忧虑。除了收购英波石油公司保障从伊朗的石油供应外，丘吉尔还采取了从多种渠道供应的措施，并由此留下了至今还广为引用的至理名言："石油供应安全的关键在于多元化，且仅在于多元化。"

石油供应安全也在很大程度上决定了第二次世界大战的胜败。因为缺少国内的石油供应，德国和日本都寄希望于通过实现对石油供应源的控制而达到征服世界的目的。德国的目标是苏联和中东，而日本则锁定了东南亚。希特勒为保障自己战争机器的石油供应，还大力发展基于本国煤炭资源的合成燃料工业。在斯大林格勒的惨败使希特勒控制苏联石油的梦想破灭，而盟军对其合成燃料工厂的战略轰炸使德国战争机器的主要部分趋于瘫痪。在亚洲，缺乏本土液体燃料供应和对漫长海上石油供应线的依赖成了日本的"唯一缺点"，其油轮成了美国军舰在太平洋上的活靶子。燃料的匮乏影响了日本战争期间许多重大决策，而盟军对其石油供应链的切断加速了日本的失败。

第二次世界大战以后，西方经济的快速增长大大增加了对石油供应的依赖，同时也显示其脆弱性。1956 年，埃及领袖纳赛尔在实现了对苏伊士运河的国有化以后，为对抗英、法和以色列的入侵，下令封锁苏伊士运河航道，并破坏伊拉克的石油出口管道。苏伊士运河危机使欧洲人第一次尝到了石油消费限量、交通工具禁用的苦头。

最著名的就是 1973 年阿拉伯国家对西方的石油禁运。

随着石油输出国组织（OPEC，欧佩克）在 1960 年成立和中东产油国国有化过程完成，越来越多的石油产量，特别是石油出口量，被集中到少数中东国家手中，造成了西方进口国对这些国家的严重依赖。依赖意味着脆弱和给被依赖方有机可乘的机会。1973 年 10 月，阿拉伯石油输出国组织（OAPEC）为报复在阿以战争中向以色列提供帮助的美国与荷兰，决定对两国实行石油禁运。这直接导致了第一次石油危机：油价成倍上涨，工厂大批关闭，工人大量失业……

第一次石油危机对西方经济造成了重创，骤然结束了西方战后近三十年的"黄金时代"，也使这些经济、政治、军事强国突然意识到，对单一地区少数几个国家的石油依赖使他们变得如此脆弱，而单个国家通过与产油国的双边关系寻求能源安全只能使得对立集团渔翁得利。在美国国务卿基辛格博士的推动下，他们决定采取联合行动建立国际能源安全体系，包括建立战略石油储备、实现能源供应多元化、增加技术研发的投入、进行长期能源政策合作等等。

1974 年 11 月 18 日，经济合作与发展组织（OECD）的 16 个成员国在巴黎签署了"国际能源方案协议"，成立国际能源署（IEA），作为协调各国能源政策与行动，保障集体能源安全的专业国际机构。协议签约国相互承诺在出现能源供应紧急状况时采取联合行动，并通过在节能、可再生能源开发、能源研发和铀浓缩等方面的长期合作来努力降低对进口石油的依赖。为了避免今后能源供应的紧急状况，而不是等紧急状况出现时才来应对，"国际能源方案协议"还很有远见地提出要通过对话改善石油生产国与消费国的关系。

---

[1] 资料来源：陈新华. 能源安全：至关重要的概念，不断演变的定义，日臻完善的手段. 中国能源网.

2. 能源安全影响因素

能源安全的影响因素详见表 1.16。

表 1.16　能源安全影响因素

类别		具体因素
供给因素	境内	资源禀赋、生产量
	境外	进口量、价格、对外依存度、进口来源多样性、跨国能源公司的综合竞争力
需求		需求量、需求的连续性与稳定性、资源需求结构、资源强度
技术		资源效率、资源研发、新能源和可再生资源开发情况、替代资源
环境		开发与使用造成的环境破坏和污染气候变化
社会和文化		生活与能源消费习惯、人口数量
政治与军事		与供应国的关系、供应来源地的政治稳定性、军事保障能力、运输方式与运输距离、海外资源的控制力、国际格局的稳定性、国家战略与政策

1.3.2　发展新能源与对保证能源供应安全的意义

中国能源需求的急剧增长打破了中国长期以来自给自足的能源供应格局，自 1993 年起中国成为石油净进口国，且石油进口量逐年增加，使得中国进入世界能源市场的竞争。由于中国化石能源尤其是石油和天然气生产量的相对不足，未来中国对国际市场的依赖程度将越来越高。国际贸易存在着很多的不确定因素，国际能源价格有可能随着国际和平环境的改善而趋于稳定，但也有可能随着国际局势的动荡而波动。今后国际石油市场的不稳定以及油价波动都将严重影响中国的石油供给，对经济社会造成很大的冲击。

中国是能源消费大国，常规能源储备相对不足，因此，多元化的能源配置是解决中国能源问题的必由之路。大力发展新能源可相对减少中国能源需求中化石能源的比例和对进口能源的依赖程度，提高中国能源、经济安全。大力发展新能源对中国的能源战略安全和环境、经济的可持续发展意义重大。大力发展新能源，是世界能源发展大趋势，是世界各国的必然选择。

新能源是人类社会未来能源的基石，是化石能源的替代能源。化石能源是目前全球消耗的最主要能源，但随着人类的不断开采，化石能源的枯竭是不可避免的，大部分化石能源将在 21 世纪被开采殆尽。从另一方面看，由于化石能源的使用过程中会新增大量温室气体 CO_2，同时可能产能一些有污染的烟气，威胁全球生态，因而开发更清洁、可再生的新能源是今后发展的方向。

新能源资源潜力巨大，普遍具备可再生特性，可供人类永续利用。太阳能、风能、海洋能等可再生资源储量巨大，只要技术可行、成本可接受，可再生能源的开发利用是没有上限的。因此，在化石能源储量有限供应日益紧张的条件下，开发利用新能源，对于调整能源结构、保障能源供应安全就有着重要的意义。

总之，发展新能源，是世界能源发展大趋势，是世界各国的必然选择，是中国应对全球产业结构优化升级挑战的需要。只有大力发展新能源，保证中国能源供应安全，调整优化能源结构，才能促进能源与经济、社会、环境的协调发展。

思考题

1. 新能源的定义及特征是什么？
2. 风电、光伏发电、生物质发电以及氢能的环境价值体现在哪些方面？
3. 不同种类生物质发电的环境价值分别体现在哪些方面？
4. 核电的环境影响是什么？
5. 能源供应安全的影响因素有哪些？
6. 发展新能源与保障能源安全的关系是什么？

第2章 新能源发展现状

2.1 世界及中国新能源资源禀赋特点

2.1.1 世界新能源资源状况和分布特点

1. 世界新能源资源现状

据估算,每年辐射到地球上的太阳能为 1.78×10^9 kW,其中可开发利用 $(500\sim1000)\times10^8$ kW·h。但因目前受太阳能转化技术限制,利用甚微。地热能资源指陆地下 5000m 深度内岩石和水体的总含热量,其中全球陆地部分 3km 深度内、150℃以上的高温地热能资源为 1.4×10^{10} t 标准煤,一些国家已着手商业开发利用。世界风能的潜力约 3.5×10^{11} kW[1],因风力断续分散,难以经济地利用,今后输能、储能技术如有重大改进,风力利用将会增加。海洋能包括潮汐能、波浪能、海水温差能等,理论储量十分可观,限于技术水平,现尚处于小规模研究阶段。地球上的生物质能资源较为丰富,而且是一种无害的能源,地球每年经光合作用产生的物质有 1.73×10^{11} t,其中蕴含的能量相当于全世界能源消耗总量的 10~20 倍,但目前利用率不到 3%。铀矿资源是重要的能源矿产和战略资源,其重要性不言而喻。但铀矿资源在世界上的分布极不平衡,主要集中于澳大利亚、哈萨克斯坦、加拿大、俄罗斯、南非、尼日尔、巴西、中国、纳米比亚和乌克兰等 10 个国家。2020 年 12 月 23 日,经济合作与发展组织核能机构和国际原子能机构联合发布《2020 年铀:资源,生产和需求》新版铀红皮书,红皮书显示,截至 2019 年 1 月 1 日,全球已查明可开采铀资源总量即开采成本低于 260 美元/kg 的资源总量达到 807.04×10^4 t;开采成本低于 130 美元/kg 的资源总量达到 614.78×10^4 t,成本低于 80 美元/kg 的资源总量达到 200.76×10^4 t,成本低于 40 美元/kg 的资源总量达到 108.05×10^4 t[2]。此外,值得期待的是核聚变技术,每 1L 海水中含有 0.03g 氘,这 0.03g 氘聚变时释放出来的能量相当于 300L 汽油燃烧的能量,海水的总体积为 13.7×10^8 km[3],共含有几亿千克的氘。这些氘的聚变所释放出的能量,足以保证人类上百亿年的能源消耗。而且氘的提取方法简便,成

第 2 章案例集

---

[1] 数据来源:新能源的各种形式都是直接或者间接地来自于太阳或地球内部伸出所产生的热能(北极星电力网,http://tech.bjx.com.cn/html/20100602/126966.shtml)。

[2] 数据来源:《2020 年铀:资源,生产和需求》新版铀红皮书发布(北极星核电网,https://news.bjx.com.cn/html/20201230/1126128.shtml)。

[3] 数据来源:科普中国·科学核能(https://baike.baidu.com/item/%E6%A0%B8%E8%83%BD/426514?fr=aladdin)。

本较低,核聚变堆的运行也是十分安全的,因此,以海水中的氘、氚的核聚变能解决人类未来的能源需要将展示出最好的前景,但氘、氚的核聚变反应,需要在上千万摄氏度乃至上亿摄氏度的高温条件下进行,这种反应尽管已经在氢弹上得以实现,但用于生产目的的受控热核聚变在技术上还有许多难题。随着科学技术的进步,这些难题正在逐步解决,因此,新能源在未来将有很大的发展前景。

2. 国外新能源分布特征

就现阶段而言,全球新能源资源分布存在以下几方面特征:(1)新能源资源在全球地域上分布极为广泛,但存在时空差异性;(2)储量极为丰富,但受当地科技开发手段的限制;(3)分布形式呈多样化,如一个地区很可能同时拥有丰富的太阳辐射能、风能、地热能、潮汐能、生物质能等多种新能源资源;(4)新能源资源开发积极性受常规能源的价格挑战;(5)在全球低碳经济模式下,新能源资源正被不断发现和挖掘,如可燃冰、海洋波浪能等。

2.1.2 中国新能源资源状况和分布特点

中国新能源资源总量丰富,各地区分布情况根据其地理结构特点的不同而各具特色。

(1)中国拥有丰富的风能资源,可开发利用的陆上风能储量为 $2.53 \times 10^8 \mathrm{kW}$(薛桁等,2001)。位于亚欧大陆东部、太平洋西岸的中国,幅员辽阔,陆疆总长2万多公里,海岸线1.8万多公里。由于海陆热力性质差异明显,所以形成十分明显的"季风现象"。每年夏季风从海洋吹向陆地,盛行东南季风;每年冬季风从陆地吹向海洋,盛行西北季风。年平均风速在6m/s以上的内陆地区约占全国总面积的1%,居世界第三位,仅次于美国和俄罗斯。国内风能资源比较丰富的区域主要有三个地区:第一个地区是东南沿海地区,该地区拥有漫长的大陆海岸线,冬夏季风都十分明显,同时沿海地区特别是海面阻力很小,风力十分强劲,5~50m水深、70m高度的海上风电,预计可开发资源约 $5 \times 10^8 \mathrm{kW}$(何亮,2022),具有开发利用风电的巨大资源潜力和良好市场条件;第二个地区是东北和西北地区,包括东北地区的辽宁、吉林和黑龙江的西部地区,以及西北地区的内蒙古全境,加上新疆的东部地区,这些是中国风能资源最为丰富的区域,靠近中国冬季风的策源地,也就是靠近"亚洲高压",冬半年风力强劲;第三个地区是青藏地区西北部,位于青藏高原西北部地区,地势海拔高而且平坦,气候十分干旱,地表植被稀疏,对风力的阻挡较弱,风力较为强劲。

(2)中国太阳能总辐射资源丰富。2021年,全国平均年水平面总辐照量为 $1493.4 \mathrm{kW \cdot h/m^2}$,较近30年(1991—2020年)平均值偏低 $25.6 \mathrm{kW \cdot h/m^2}$,较近10年平均值偏低 $19.3 \mathrm{kW \cdot h/m^2}$,较2020年偏低 $40 \mathrm{kW \cdot h/m^2}$。中国太阳能地区分布上差异较大,总体上呈现高原、少雨干燥地区多,平原、多雨高湿地区少的特点。青藏高原最为丰富,四川盆地资源相对较低。2021年,西藏大部、四川西部、内蒙古西部、青海西北部等地的局部地区年水平面总辐照量超过 $1750 \mathrm{kW \cdot h/m^2}$,太阳能资源最丰富;新疆大部、内蒙古中部和西部、西北中部和西部、山西北部、河北北部、西藏东部、云南大部、福建南部、广东东部、海南大部等地年水平面总辐照量为 $1400 \sim 1750 \mathrm{kW \cdot h/m^2}$,太阳能资源很丰富;西北东南部、内蒙古东北部、东北大部、华北东部和南部、华东大部、广西、广东西部、华中大部、四川中部、云南东部及贵州西南部等地年水平面总辐照量为 $1050 \sim 1400 \mathrm{kW \cdot h/m^2}$,太阳能资源丰富;四川东部、重庆、贵州中北部、湖南西北部及湖北西南部地区不足 1050kW·h/m²，为太阳能资源一般区❶。

（3）中国具有丰富的生物质能资源，其总量折合成约 $4.6×10^8$ t 标准煤（国家能源局，2012）。依据不同的生成方式和来源，生物质能资源主要包括农业剩余物、林业剩余物、畜禽粪便、城市生活垃圾以及污水和工业废弃物。目前，中国农作物秸秆理论资源量为 9 亿多吨，按照可利用系数 85% 计算，可用秸秆资源约为 $7.65×10^8$ t，相当于 $4×10^8$ t 标准煤。随着中国政府对农业可持续发展政策实施，农作物秸秆的产量每年以约 2.3% 的平均增长率增长。森林的生物产量约占地球上全部生物量的 45%，来源于天然林木林地残余木材的可利用资源量约为 $1×10^7$ t/a，来源于人工树林的资源量约为 $4×10^6$ t/a，因此森林作为可再生能资源的潜力巨大。中国林业网、国家森林资源清查数据发布与展示系统显示，2019 年，中国薪炭林面积为 $7.39×10^6$ ha，薪炭林生物质总量约 $1.6×10^8$ t。央广网数据显示，截至 2019 年，中国每年产生畜禽粪污总量达到近 $40×10^8$ t，折合约 $3.7×10^8$ t 标准煤，畜禽养殖业排放物化学需氧量达到 $1.268×10^7$ t，占农业源排放总量的 96%。国家统计局数据显示，2017 年，全国一般工业固体废弃物产生量达 $38.6×10^8$ t，而综合利用量仅 $20.6×10^8$ t，开发潜力巨大。从地域分布角度来看，农林生物质发电项目主要集中在农作物丰富的华北、东北、华中和华东地区。2019 年，从发电项目分布来看，山东农林生物质发电项目数量达 43 个，是国内最多的省份；黑龙江和安徽省的农林生物质发电项目数量分别为 34 个和 27 个，分列第二和第三位；垃圾焚烧发电项目主要集中在华东、华南地区。经济相对发达的华东地区发展规模较大，占全国垃圾发电总装机容量的 53.3%。

（4）中国核能资源丰富。2019 年底，中国运行核电机组达到 47 台，总装机容量为 $4.875×10^7$ kW（智研瞻产业研究院，2020），仅次于美国和法国，位列全球第三。发展核电可改善中国的能源供应结构，改善能源资源分布不均匀现状，保证电力供应稳定，减少因生产及运输煤炭而带来物流及环境清洁的问题。目前核电已成为中国东部沿海地区清洁能源主力。核能资源指一般指用于裂变反映的铀、钍，聚变反应的氘、氚，以及锂等核燃料资源。截至 2019 年 1 月 1 日，中国已确定的铀矿资源分布在 13 个省（区）的 21 个铀矿，其中内蒙古、新疆、江西占比较大。在海外铀矿开发方面，中国已参与多个铀矿开发项目，主要分布在纳米比亚、哈萨克斯坦和尼日尔。中国是铀矿资源不甚丰富的一个国家，共探明大小铀矿床（田）200 多个，主要分布在江西、广东、湖南、广西、新疆、辽宁、云南、河北、内蒙古、浙江、甘肃等地。中国查明铀资源量与长期需求之间存在较大差距，天然铀较多依赖国外。保障天然铀供应安全，是当前及未来一段时期中国由核大国向核强国迈进过程中的关键前提。

2.2 新能源发展趋势及利用现状

2.2.1 新能源发展趋势

全球可再生资源储量丰富，且分布广泛。但由于各国资源禀赋、能源政策取向以及可再

---

❶ 数据来源：《2021 年中国风能太阳能资源年景公报》（中国气象局风能太阳能中心 2022 年 4 月 28 日发布，http://zwgk.cma.gov.cn/zfxxgk/gknr/qxbg/202204/t20220429_4798342.html）。

生能源产业政策支持力度不同,全球可新能源发展进程不尽相同,呈现出中国、欧盟、美国引领的特点。未来,随着技术进步及产业规模扩大,新能源开发成本将进一步下降,加之全球应对气候变化的一致行动,风电、光伏等新能源将持续快速发展,特别是伴随储能技术发展和成本下降,新能源间歇性的先天不足将被弥补。国际可再生能源署(IRENA)预测,到 2025 年新能源发电成本将普遍低于化石能源。IEA 预计,2035 年,全球可再生能源发电占比将增长到 40%左右。届时,全球可再生能源开发利用也将较为均衡。特别需要指出的是,当前可再生能源发电多为就地消纳,但随着区域电网以及跨区域电网的建设,未来风电、光伏等可再生能源也有望实现全球流动。

发展新能源是全世界的共识,新能源资源丰富、分布广泛、可以再生、不污染环境,是国际社会公认的理想替代能源。根据国际权威机构的预测,到 2060 年,全球新能源的比例将会发展到占世界能源构成的 50%以上,成为人类社会未来能源的基石、世界能源舞台的主角、替代目前大量燃用的化石能源的能源。美国各州纷纷出台地方版可再生能源计划。其中,加利福尼亚州确立在 2045 年实现 100%的清洁能源(包括核电、大型水电),夏威夷州 2045 年实现 100%新能源与可再生能源发电,华盛顿特区 2032 年实现 100%可再生能源发电的目标。此外,还有以下 10 个州的议会正在讨论 100%清洁(新能源与可再生能源)能源发电目标的议案:华盛顿州(2045 年 100%清洁能源)、新墨西哥州(2045—2050 年 100%清洁能源)、明尼苏达州(2045—2050 年 100%清洁能源)、佛罗里达州(2050 年 100%新能源与可再生能源)、伊利诺伊州(2030 年 100%清洁能源、2050 年可再生能源)、弗吉尼亚州(2036 年 100%清洁能源)、马里兰州(2040 年 100%可再生能源)、新泽西州(2035 年 100%新能源与可再生能源)、康涅狄格州(2045 年 100%新能源与可再生能源)、纽约州(2030 年 100%清洁能源)。因此,可以看出,从世界范围来看,未来新能源发展形势一片大好❶。

《中国"十四五"电力发展规划研究》显示,预计 2025 年中国光伏、陆上风电成本降低至 0.3 元/(kW·h)左右。同时,"十四五"是中国能源转型关键窗口期,综合考虑新能源禀赋、清洁发电技术经济性及储能等因素,中国"十四五"电力发展规划研究报告提出"十四五"期间中国新能源发展目标:(1)加快常规水电建设,优化布局抽水蓄能,2025 年实现常规水电装机 3.9×10^8 kW、抽水蓄能装机 0.68×10^8 kW;(2)大力发展陆上风电,稳步推进海上风电,2025 年风电装机将达到 5.4×10^8 kW,其中陆上风电 5.1×10^8 kW、海上风电 3000×10^4 kW;(3)大力发展太阳能发电,集中式与分布式协同,2025 年太阳能发电装机达到 5.6×10^8 kW,其中集中式光伏 2.9×10^8 kW、分布式光伏 1.8×10^8 kW、光热 936×10^4 kW;(4)生物质能分布式利用、非电利用是未来发展方向,推动生物天然气、生物质供热实现产业化发展,坚持技术研发,推动成本降低。

2.2.2 增长迅速的新能源技术

长期以来,新能源的大规模部署面临着重重障碍,而在电网平价(指一种电力技术使其发电成本与现有电力成本持平的能力)、积极并网和技术创新三大关键驱动因素的影响下,这些障碍正日渐消弭。《bp 世界能源展望》(2020 年版)认为,随着新兴国家的不断繁荣和其生活水平的提升,全球能源需求将会持续增长。如果世界商业活动一切照常,到

---

❶ 数据来源:《bp 世界能源统计年鉴》2021 年第 70 版。

2050 年增长约为 25%。以风能和太阳能为首的可再生能源，在全球能源系统的低碳转型中将是未来 30 年增长最为迅速的能源。

能源调查数据显示，全球大部分地区，公用事业规模的海上风能与太阳能光伏发电在未获政府补贴的情况下，平准化度电成本不断下降，与大多数其他发电技术持平或更低。尽管联合循环燃气轮机等资源能够按需调配，但随着日益平价的蓄电池储能和其他创新技术逐步解决风能和太阳能的间歇性问题，风能和太阳能的可靠性不断提高，可与传统能源一较高下。

从价格角度看，陆上风能已成为全球发电价格最低的能源资源，在未获政府补贴的情况下，成本为 30~60 美元/(MW·h)，低于最便宜的化石燃料天然气价格区间 [42~78 美元/(MW·h)]。截至 2017 年底，以中国、美国、德国、印度、西班牙、法国、巴西、英国和加拿大为首的 121 个国家共部署近 485GW 陆上风能❶，而这九个领先国家均实现陆上风能电网平价，美国大平原和得克萨斯州等风力强劲的地区风能发电成本最低，而东北部成本最高。从全球来看，前述九个领先国家或地区、欧亚大陆和澳大利亚的风能发电成本最低。

公用事业规模的光伏太阳能发电成本也极其低廉，仅次于陆上风能。太阳能光伏的平准化度电成本上限区间为 43~53 美元/(MW·h)，远低于常规发电能源。2017 年，全球 187 个国家新增发电装机容量创历史新高，达 93.7GW，总容量达到 386GW，中国、日本、德国、美国、意大利、印度和英国排名前列❷。其中，除日本外的其他国家市场均实现太阳能电网平价。因投资成本较高，日本成为全球太阳能发电成本最高的市场之一。随着日本向竞争性拍卖过渡，太阳能电网平价有望于 2025 年至 2030 年期间实现。美国西南部各州和加利福尼亚是太阳能光伏发电成本最低的地区。从全球角度看，澳大利亚是太阳能光伏发电成本最低的国家，非洲因投资成本过高而成为成本最高的国家。

2.2.3 中国新能源发展状况

中国在 2020 年 12 月的气候雄心峰会上提出：到 2030 年，非化石能源在一次能源消费中占比达到 25%。近年来中国可再生能源发展迅速，清洁能源消费占比稳步提升，能源消费结构清洁化进程不断向纵深推进，可再生能源发电装机、发电量稳步增长，全国能源互联网发展合作组织的发布的《中国电力发展规划研究》中指出，"十三五"期间全国发电装机容量增加 6.3×10^8kW，发电量年均增长 5.6%，共增加水电 952×10^4kW，煤电 3746×10^4kW，气电 636×10^4kW，核电 481×10^4kW，风电 2323×10^4kW，太阳能发电 3940×10^4kW，生物质发电 345×10^4kW。风电、太阳能发电等新能源新增装机在可再生能源中占比均超过 80%，新能源已成为推动可再生能源发展的主体。

根据《中国可再生能源发展报告 2021》，截至 2021 年底，中国新能源装机达 6.73×10^8kW，占全球 1/3 以上，在中国可再生能源总装机中占比 63.3%。其中风电 3.28×10^8kW，太阳能发电 3.07×10^8kW，生物质发电 0.38×10^8kW，再加上 3.91×10^8kW 的水电（含抽水蓄能），中国可再生能源发电装机可达 1.06×10^9kW，占总电力装机容量的 44.8%。2015—2021 年中国新能源发电装机容量及占比如图 2.1 所示。

2021 年，中国新能源年发电量为 1.15×10^{12}kW·h，其中风电 0.66×10^{12}kW·h，太阳

---

❶ 资料来源：北极星太阳能光伏网：全球可再生能源趋势。
❷ 资料来源：德勤《全球可再生能源趋势》报告环境（http://www.huanjing100.com/p-4777.html）。

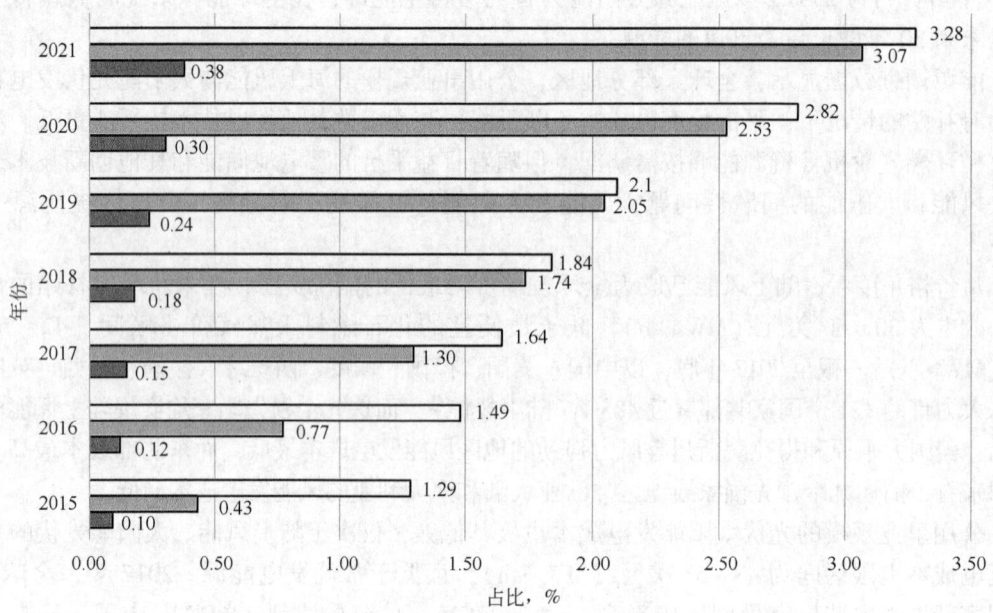

图 2.1 2015—2021 年中国新能源发电装机容量构成❶

能发电 $0.33\times10^{12}\text{kW}\cdot\text{h}$,生物质发电 $0.16\times10^{12}\text{kW}\cdot\text{h}$,加上水电(含抽水蓄能) $1.34\times10^{12}\text{kW}\cdot\text{h}$,中国可再生能源年发电量达到 $2.49\times10^{12}\text{kW}\cdot\text{h}$,同比增长 12.1%,占总发电量的 29.7%。2021 年中国各类电源发电量及占比如图 2.2 所示。

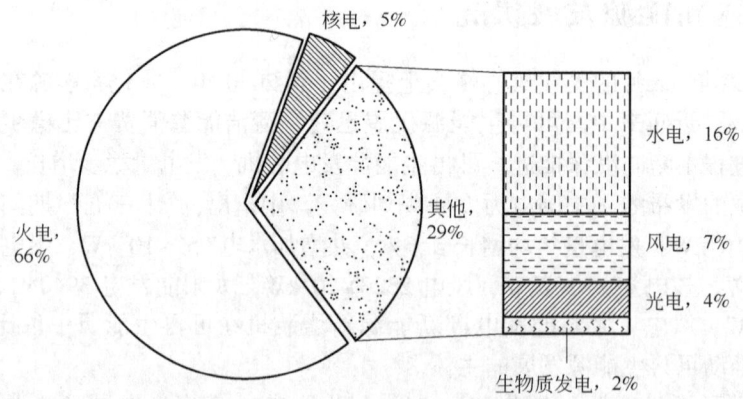

图 2.2 2021 年中国各类电源发电量及占比❶

同时,中国新能源发电利用水平和新能源市场化交易电量不断提高。2019 年全国新能源弃电量 $215\times10^8\text{kW}\cdot\text{h}$,利用率为 96.7%,提前实现新能源利用率 95% 以上的目标;新能源市场化交易量 $1451\times10^8\text{kW}\cdot\text{h}$,同比增长 26.2%。2021 年全国风电光伏发电的利用率又进一步提升到 96.9% 和 98%。❷

---

❶ 数据来源:《中国可再生能源发展报告 2021》。
❷ 资料来源:2021 全国各地弃光率一览 (news.sohu.com/a/521000908_418320)。

《中国可再生能源发展报告 2021》显示，未来中国可再生能源规模仍将保持快速增长态势，可再生能源有效利用率将显著提升，"十四五"期间基本解决弃水、弃风、弃光问题，常规水电和抽水蓄能电站建设稳步有序推进。

中国除水电、核电、风电、太阳能发电、生物质发电外，其他一些新能源发电项目也在快速发展之中。

(1) 潮汐能发电。中国在 20 世纪 50 年代后期开始探索潮汐能发电，1980 年投入运行的浙江江厦潮汐试验电站成为中国第一座潮汐能双向发电站，也是中国目前最大、世界第四大潮汐能发电站，总装机容量 4100kW，截至 2018 年已累计发电 $2.35×10^8$kW·h（温岭日报，2020）。2008 年，福建八尺门潮汐能发电项目正式启动。2009 年 5 月，浙江三门 $2×10^4$kW 潮汐电站工程启动。2020 年，中国首个单机容量 600kW 的潮流能发电机组制造成功，标志着中国潮流能机组研制水平迈上新台阶。

(2) 波浪能发电。中国首座波力独立发电系统——汕尾 100kW 岸式波力电站于 1996 年 12 月开工，2001 年进入试发电和实海况试验阶段，2005 年，实海况试验获得成功。该电站建于广东省汕尾市遮浪镇最东部，为并网运行的岸式振荡水柱型波能装置，设有过压自动卸载保护、过流自动调控、水位限制、断电保护、超速保护等功能。2014 年 1 月，中国自主研制的 10kW 级组合型振荡浮子波能发电装置投入使用。2018 年福建智盛能源科技有限公司研制出采用"能量集"新技术的波浪发电装置，使发电量得到几何级倍增。

(3) 地热能发电。中国拥有丰富的地热资源。全国地热可采储量是已探明煤炭可采储量的 2.5 倍，其中距地表 2000m 内储藏的地热能为 $2500×10^8$t 标准煤。全国地热可开采资源量为每年 $68×10^8$m^3。在中国的地热资源开发中，经过多年的技术积累，地热发电效益显著提升。

(4) 垃圾发电。从 2010 年起，垃圾焚烧发电项目遍地开花，发展势头良好。卫生填埋场的数量和处理能力都在增长中，目前中国填埋气体利用方式主要是直接燃烧发电。《2019 年中国垃圾发电行业分析报告》显示，截至 2019 年 2 月，中国在运行的垃圾焚烧厂数量达到 418 座，仍有 167 座正在建设当中。

(5) 氢能。氢能作为一种清洁、高效、安全、可持续的新能源，被视为 21 世纪最具发展潜力的清洁能源，是人类的战略能源发展方向。《2021—2026 年氢能源行业发展趋势及投资预测报告》显示，2019 年，中国年产氢约 $2200×10^4$t，占世界氢产量的三分之一，成为世界第一产氢大国。香橙会研究院数据显示，截至 2019 年底，全国累计建成加氢站 61 座，已经投入运营 52 座。氢燃料电池技术，一直被认为是利用氢能解决未来人类能源危机的终极方案。随着中国经济的快速发展，汽车工业已经成为中国的支柱产业之一。在能源供应日益紧张的今天，发展新能源汽车已迫在眉睫，用氢能作为汽车的燃料无疑是最佳选择。

(6) 生物汽油发电、燃料乙醇发电、生物柴油发电等。生物汽油是指从生物质制备的汽油或组分，包括燃料乙醇、甲醇、醚类等。其中燃料乙醇是一种新型清洁燃料，是可再生能源开发利用的重要方向。我国燃料乙醇发电产业发展相对较晚，进入 21 世纪后才逐步规模化发展。《2022—2027 年中国燃料乙醇行业市场全景评估及投资方向研究报告》显示，截至 2020 年，我国燃料乙醇产量为 $274×10^4$t，同比下降 3.5%，仍有较大发展空间。我国生物柴油行业仍处于发展阶段。据国家统计局数据，2020 年我国生物柴油产量约 $116.4×10^4$t，同比增加55%，生物柴油市场空间巨大。生物柴油是清洁的可再生能源，生物柴油发电对推进能源替代、减轻环境压力具有重要意义。

2.3 新能源电能转化技术现状

2.3.1 世界新能源电能转化技术发展现状

1. 世界风电技术发展现状

风力发电机发展至今，已有100多年的历史。最早的风力发电机有Brush风力机、Poul la Cour风力机、三叶片Smidth风力发电机；20世纪50—60年代出现了中型风力发电机，如Gedser、Hütter、Best Romani、Enfield；20世纪80—90年代以来，出现了单机容量在0.5MW及以上的大型风力发电机，如Nibe、Riisager、Tvind等。目前，风力发电机普遍采用水平轴、三叶片、上风向、管式塔设计形式。时至今日，风力发电技术仍在飞速发展。例如，谷歌设计出长相酷似航模飞机的Makani发电风筝，法国Newwind公司发明了树形风力发电机，冰岛创业公司IceWind研发了小型垂直轴风机，日本工程师清水淳设计了"打蛋器"造型的风机，荷兰Ewicon公司设计出无叶片风机，荷兰Home Energy International公司研制出球形风机，加拿大Whalepower公司设计出类似鲸鳍样式的风机等。整体来看，大型化一直是风力发电机技术发展的主流。选择单机容量更大的机组，可以极大地提高风能资源利用效率，增加年发电量和发电收益。目前，全球单机容量最大的风电机组是维斯塔斯（Vestas）于2021年2月推出的一款15MW风机，风轮直径达236m（叶片115.5m），扫风面积超过$4.3\times10^4m^2$的风电机组[1]。随着单机容量的增加，叶片长度、机组和叶片重量、塔筒高度也将随之增加，庞大的叶片对变桨系统的驱动装置提出了更高的要求，作用在塔筒上的重力载荷和气动载荷的交变性和时变性更加显著。如何进一步提高机组可靠性、降低机组制造成本，仍然是风力发电技术发展面临的巨大挑战。

首先，叶片是风力发电机的关键部件之一，其尺寸、形状、材料决定了风力发电机机组的性能与发电功率，并且叶片成本也是整机成本的重要组成部分，占整机成本的20%~30%。根据相关统计，全球三分之一的风电事故中皆因叶片而起。为了制造出更加轻质、更高强度、耐用、经济的叶片，人们不断改进叶片轮廓设计，同时高度关注高性能复合材料的研发，并将其应用于制作风机叶片，例如真空灌注环氧树脂、高性能天然纤维材料、风电叶片防护涂层材料、自修复复合材料的研发等。

其次，机组的可靠性、维护和机组成本，主要取决于采用的是哪一种发电机技术、变速恒频控制方法和传动系统。从性能方面来说，永磁直驱和半直驱发电系统转子采用永磁体励磁，没有励磁损耗，发电效率较高。从传动系统与维护方面来看，永磁半直驱机组转速介于双馈和直驱机组之间，结合了两者的优势，在满足传动和载荷设计的同时，结构更为紧凑，质量较轻，维护难度较低。从经济性来说，双馈异步和永磁半直驱同步风机系统的成本较低，电励磁直驱同步风机系统的成本最高。表2.1总结了Siemens-Gamesa、Vestas、GE、金

---

[1] 资料来源：北极星风力发电网。

风科技、上海电气等主要整机制造商选择的技术路线。

表 2.1 主要整机制造商的技术选择（据黄子果，2019）

传动方式	电励磁	永磁
高速齿轮箱	GE-Energy、Vestas、Senvion、Bard、2-BEnergy、上海电气、华锐风电、联合动力、远景能源	
中低速齿轮箱		MHI-Vestas、Adwen、东方电气、海装风电、明阳智能
直驱	Enercon	GE-Alstom、SiemensGamesa、湘电风能、金风科技

最后，智能转子、柔性塔架技术、3D 打印风机叶片和塔架、海上风机基础设计等一些颠覆性的技术创新，还有新一代风力发电机测试平台、新一代风电场监测与控制系统研发，也是技术发展的重要方向。

总之，当前全球风电技术发展日新月异。一方面，风电技术正在与新一代信息技术、新材料技术交叉融合，引发新一轮科技革命和产业变革。智能制造、智能风机、智慧风电场、风电智慧运维云平台、智慧电网、智能微电网等已由概念逐步变为现实。另一方面，随着全球低碳转型进程的持续加快，漂浮式基础、"风电+"、绿氢技术、能源互联网等一系列新兴技术应运而生。其中，大型风力发电机机组研制、海上施工、海上风电送出、海上风电制氢等前沿技术已经被欧盟各国和英国认为是实现碳中和目标的关键技术。

2. 世界光伏发电技术发展现状

太阳能是一种稳定且用之不竭的清洁绿色能源，每天以 1.2×10^5 MW 的能量落在地球表面，总能量相当于全世界 20 多年的总能源消耗量，具有满足日益增长的世界电力需求的巨大潜力（Jibran and Arsalan，2016）。因此，太阳能发电日益成为世界新能源产业中规模数量增长最多、成果显著的重要技术。太阳能发电根据原理不同主要分为光伏发电和光热发电，下面叙述两种技术的发展现状和趋势。

1) 世界光伏发电技术发展现状

光伏发电技术是一种直接将太阳光的辐射转化为电能的发电模式，利用了半导体 PN 结的光生伏特效应。当太阳光照射在 PN 结上时，部分光被反射，其余部分或变成热能，或使光子与半导体的原子价电子发生碰撞形成空穴电子对。由于存在扩散运动，P 区带正电，N 区带负电，PN 结两端产生电势差。如果将多个电池串联或并联在一起，接通外电路，就会形成电压和电流，太阳能便被转化为电能。光伏发电技术最重要的组件就是太阳能电池，根据电池材料类型分为以下几种：(1) 晶体硅，如单晶硅太阳能电池、多晶硅太阳能电池；(2) 非晶硅，如薄膜太阳能电池；(3) 多元化合物，如 CdTe 太阳能电池、$CuInGaSe_2$ 太阳能电池、CdS 太阳能电池、GaAs 太阳能电池等；(4) 化学染料，如染料敏化太阳能电池、有机太阳能电池。

根据电池材料的研发阶段，光伏技术大致可分为三代，见表 2.2。由于半导体材料的类型不同，每一代的整体效率和性能差别很大。第一代和第二代光伏电池技术较为成熟，已投入大规模的商业化生产；第三代电池技术则多处于研发阶段。

表 2.2　太阳能电池材料特性表（据 Ye et al., 2015; Selvaraj et al., 2018）

光伏技术	材料类型	实验室转换效率,%	量产转换效率,%	优点	缺点
第一代（硅片技术）	单晶硅	24.7	23	转换效率高，使用寿命长，技术成熟	成本高，受环境因素影响大，高污染，耗能大
	多晶硅	20.3	18.5		
第二代（薄膜技术）	非晶硅	12.8	8	成本低，质量轻，弱光下可发电	转换效率低；Cd 含剧毒，污染环境；In 和 Se 是稀有元素，难以大规模生产
	CuInGaSe$_2$	19.8	12		
	CdTe	19.6	13		
第三代（多结技术）	染料敏化	22.7	18	染料敏化与有机成本低，无污染；聚光电池效率高	处于探索开发阶段，稳定性差；聚光电池需跟踪器，成本高
	有机电池	6.77	1		
	聚光电池	42.7	30		

根据应用形式，可将光伏发电分为以下几种：（1）并网电站，发电主要用于并网，占地大、光照条件好、规模大、度电成本低、远距离传输，需进行无功补偿；（2）离网型光伏，用于解决无电区、偏远地区的用电问题，不并网，需要配备蓄电池等储电装置，在阴雨天气时也能持续供电；（3）分布式光伏，结合建筑特点而设计，比如屋顶太阳能发电、窗式太阳能发电等，可用于家庭照明及用电，也可接入配电网。其中，并网电站正趋于大型化，数量上增长缓慢；离网型光伏的覆盖范围正逐步扩大；分布式光伏的应用形式趋于多样化，呈高速增长趋势。当前，材料的转换效率越来越高，新型太阳能电池正在研发阶段，柔性电池的应用逐步进入大规模商业化。

光伏发电技术起步较早，美国的贝尔实验室在 1954 年就首先利用硅片技术成功将太阳能转化为电能。在分布式光伏发电方面，美国和德国在政策和资金投入上给予了很大支持，其技术水平较长期一直处于世界前列。为推广太阳能发电，美国在政策上出台了最高达 30%的太阳能投资税收减免优惠。自 2006 年以来，美国太阳能装机量猛增。截至 2017 年，美国累计光伏发电装机容量达到了 50GW 以上，2018 年第一季度新增光伏发电装机容量为 2.5GW 左右，同比增长 13%（郑哲，2020）。德国在 1991 年和 2000 年先后制定并颁布了《电力入网法》和《可再生能源法》，并在 2004 年到 2014 年间进行了 4 次修订，从法律制度层面上推动太阳能发电技术的发展，2012 年光伏装机容量 7.6GW，累计光伏装机容量 32.3GW，居世界第一位❶。但因为补贴额巨大，财政负担沉重，德国从 2013 年开始缩小光伏建设规模，2015 年到 2017 年 3 年间，每年的光伏装机容量只占高峰期的 1/5。日本对太阳能发电也是持以政策支持、财政补贴的态度，光伏装机容量紧追世界水平，同时在太阳能电池相关技术领域有很大的突破，特别是在柔性可弯曲太阳能电池（钙钛矿）的研究上处于全球领先水平（郑哲，2020）。作为太阳能市场新秀，印度 2018 年上半年的太阳能新增产能达到 4.9GW，超过美国的 4.7GW，成为世界第二大太阳能市场❷。印度地域辽阔、光照条件好，无疑具有推动太阳能快速发展的自然优势。

随着光伏发电技术的进步，太阳能发电系统的转换效率越来越高，成本越来越低，有望在不久的将来大幅度补充能源的短缺，甚至替代化石燃料，在保护环境和节能减排上发挥重

---

❶ 数据来源：北极星太阳能光伏网。
❷ 数据来源：上半年印度超越美国成为全球第二大太阳能市场（https://www.sohu.com/a/258237223_781764）。

要且积极的作用。英国独立气候研究机构 Ember 发布报告称，2021 年全球太阳能发电量增长了 23%。随着技术的进步，单晶硅系统可采取减薄硅材料厚度的方式减少硅材料的使用，降低成本。这种可弯曲单晶硅通过化学蚀刻方法来制备，当硅片厚度小于 100μm 时，在外力作用下可弯曲不损坏，并在外力去除时百分之百恢复原貌。除此之外，减薄了的硅材料具备了柔性特质，可弯折甚至卷曲，不仅易于携带，还不易损坏，这是单晶硅材料领域最新的技术，具有良好的前景。柔性可弯曲电池除了减薄的单晶硅，还有传统的非晶硅薄膜以及新一代有机太阳电池和染料敏化电池、钙钛矿电池，近几年对这类电池的研究成为热门，加速了建筑一体化和便携式太阳能的发展。

2）光热发电技术

光热发电技术根据集光形式分为非集光型的传统平板式，以及集光型的塔式抛物线型、槽式抛物线型、碟式抛物线型、线性菲涅尔式、向下反射式。集光型的光热发电又称为"聚光太阳能发电"，根据物理学原理通过镜面将光能聚集到焦点或焦线上，通过集热器吸收储存热量再将热量传递给工质流体，从而产生蒸汽，带动汽轮机发电。

光热发电技术分为传统平板式、塔式、槽式、碟式、线性菲涅尔式和向下反射式，其原理及特性如表 2.3 所示。

表 2.3 光热发电技术中各种聚光方式原理及特性表（据上官小英等，2019）

聚光方式	原理	最高效率,%	优点	缺点
传统平板式	光辐射经玻璃板到达集热板，集热板的热量传递给工质流体	4.6	结构简单、运行可靠、输出平稳	造价低、温度低、效率较
塔式	定日镜场将光辐射集中在塔顶的集热器上	23	聚光比和温度较高、热量损耗小、效率高、适合大规模生产	前期投资大、控制系统较复杂、难维护、占地要求高
槽式	槽式抛物型反射镜将光辐射聚焦到焦线上的集热器上	21	商业化运行占比大、系统简单、易于维护、无容量限制	聚光比低、热量损耗大、效率较低、系统复杂
碟式	旋转镜面将光辐射集中在焦点处的集热器上	31	聚光比高、噪声低、较灵活、效率高	成本高、设计复杂、规模受限制、无法储能
线性菲涅尔式	平面镜或曲面镜将光辐射集中到集热器上	20	工艺相对简单、成本低、易于维护	占地较大、聚光比和效率低、处于开发阶段
向下反射式	定日镜为主镜，塔上双曲面为副镜，将太阳光聚集到塔下方的线性集热器上	—	效率高、热能传递损失少、系统安全性得到保证	处于研发阶段，尚未成熟

光热发电不但不依赖于光照，可在夜晚或弱光条件下发电，而且与电网匹配性好，输出电能稳定，有着巨大的发展前景。20 世纪 80 年代，美国建立了全球首座光热示范电站，之后停滞不前。一直到 2006 年，西班牙开始了第一个光热示范项目后，光热发电热潮席卷而来。国际可再生能源署（IRENA）统计数据显示，截至 2015 年 12 月底，西班牙在运光热电站总装机容量为 2300MW，占全球总装机容量近一半，位居世界第一，美国第二，总装机量为 1777MW，两者合计光热装机超过 4GW，约占全球光热装机的 88%。其后是印度、南非、阿联酋、阿尔及利亚、摩洛哥等国。中国截至 2015 年底已建成光热装机约 14MW（与国内

统计数据略有出入），其中最大的为青海中控德令哈50MW太阳能热发电一期10MW光热发电项目，其他项目多不足1MW，处于商业规模化的前期阶段。光热发电相关技术也从早前发电效率较低的传统平板式逐渐发展为反射镜集光聚光式，利用光学、物理学原理，将各种各样的反射镜、定日镜应用到发电系统中，提高了发电效率，使发电量剧增。

光热发电热潮的袭来，使得世界各地加快了相关技术研究的步伐。光热发电技术除了已经进入商用阶段的聚光光热发电外，还有正在研发试用的太阳能半导体温差发电（热电发电）、太阳能热风发电（烟囱发电）、太阳热池发电、太阳能热声发电等技术。国内外研究机构对这些新型发电系统投入了大量研究精力，主要攻克的是类型选择、细节处理、架构设计等问题，但目前还处在理论分析和实验仿真阶段，建立试验装置还需一定的时间。虽然光热发电不需要强光照射，仅需集中热量带动蒸汽机发电，但是夜间的温度较低、热量少且散发快，不能连续发电。现阶段，解决这一难题的途径是通过熔融盐储热技术，将余热储存起来供夜间发电，真正实现了全天不间断发电供电。未来，光热发电的应用将越来越广泛，光热发电技术的相关研究也将越来越成熟，解决光热发电的持续性发电问题、提高聚光比、降低发电成本、实现热电联合将是重要的关注点和发展趋势。

3. 世界生物质能发电技术发展现状

生物质能源作为可再生清洁能源，同时也是仅次于煤炭、石油和天然气的第四大能源，约占世界能源消费的10.0%。20世纪70年代，北欧国家开始探索乙醇等生物质能源；1993年，日本重启"阳光计划"，发展可再生能源；2000年，欧盟制定了《针对能源供应安全的欧洲政策》，鼓励发展生物质燃料；2013年，印度提出将非常规能源翻番。

1）世界生物质纯燃发电技术发展现状

由于能源结构不同，国外特别是欧洲国家对生物质纯燃发电技术的研发早于中国。丹麦BWE公司率先研发出秸秆燃烧发电技术。在这家能源研发企业的技术支撑下，第1座秸秆生物燃烧发电厂于1998年在丹麦Haslev诞生，功率为5.0MW。目前，丹麦已建成了130家秸秆发电厂，还有一些燃烧木屑或垃圾的发电厂也能兼烧秸秆。锅炉炉型主要有振动炉排炉和喷粉室燃炉。与喷粉室燃炉相比，炉排炉系统结构简单、易操作、燃烧温度控制方便，可以缓解积灰结渣现象，投资相对较低。英国Elyan的生物质燃烧发电厂曾是世界上最大的秸秆发电厂，装机容量38.0MW，该电厂同样采用了BWE公司的生物质燃烧发电技术。美国Foster Wheeler公司生物质循环流化床（CFB）锅炉技术，机组发电功率为3.0～47.0MW（张东旺等，2021）。

生物质燃料主要为木材加工废料、造纸业废弃物等，废弃物的最高含水量可达60.0%，排烟温度为140℃，锅炉热效率达88.0%（张东旺等，2021）。2005年初，Foster Wheeler公司与Semb Corp Utilities UK Limited签订协议，为后者以木头作为燃料的30.0MW发电机组提供鼓泡流化床锅炉。日本的Takuma公司在日本和海外共计销售了500多台发电或供热蒸汽锅炉，使用的燃料主要是木屑、甘蔗渣、谷物的残余物等。比利时布鲁塞尔温克能源技术公司，早在20世纪20—30年代就开始进行燃烧秸秆锅炉的设计和制造，是世界上最早使用生物质作为燃料的锅炉公司之一。锅炉的燃料主要是木材废弃物、木质建筑废弃物、造纸废弃物及城市垃圾等。该公司的倾斜式液压移动炉排炉，热效率可达85.0%，更适合用于20.0MW以下的生物质燃烧发电机组。

Bobcock & Wilcox公司的产品包括炉排炉和CFB锅炉。通用电力公司采用的燃烧方式为

CFB 燃烧，在加利福尼亚建造了许多纯燃生物质的发电站，容量都在 2.5MW 左右。

2) 世界生物质混烧技术

由于生物质能源的区域性，纯燃生物质电厂规模很难做大。此外，考虑到生物质燃烧时产生的高温腐蚀问题，蒸汽参数提高受到限制，纯燃生物质电厂热效率较低。如果能够利用燃煤电厂现有锅炉、汽轮机及辅助系统，用生物质燃料替代部分煤作为锅炉燃料，可极大降低生物质纯燃发电的初期投资。相关研究表明，处理相同数量的生物质燃料，利用现有设施可以节省约 50.0% 的初期投资（张东旺等，2021）。此外，在运的燃煤锅炉机组参数均较高，供电效率一般在 40.0% 左右。依托高效煤电机组，相较于纯燃生物质电厂，供电效率可提升约 10.0%。

生物质混烧技术最突出的优势是当生物质与煤混烧时，生物质燃料碱金属和 Cl 的含量通过煤的加入得到稀释，锅炉运行中出现的积灰结渣等一系列问题可以得到有效解决，锅炉可用率可以达到燃煤锅炉的水平。由于燃煤耦合生物质发电具有上述诸多优越性，在全世界范围得到广泛应用，一些国家生物质发电量占总发电量的比例高达 15.0%~20.0%（张东旺等，2021）。

目前，欧盟国家在法规政策和技术方面采取各种措施降低燃煤发电的 CO_2 排放，其中主要的一项技术措施就是燃煤耦合生物质发电。有了碳减排的具体指标，加上政府促进燃煤耦合生物质发电的政策驱动，30 多年来欧盟国家燃煤耦合生物质发电得到很好的推广应用，而且在政策法规及大型燃煤电厂煤与生物质混烧技术方面均取得宝贵经验。丹麦哥本哈根 DONG Energy 2×430.0MW 超临界燃烧多种燃料/生物质电厂，通过混烧多种燃料和生物质，包括专门燃烧秸秆的生物质往复炉排锅炉，每年可燃烧 $17×10^4$t 秸秆，利用产生的超临界参数蒸汽和煤粉炉产生的蒸汽混合发电。

日本已有 20 座燃煤电厂计划进行生物质混烧发电，总装机容量约为 1GW。2030 年生物质发电的政策目标是 5GW。2017 年，日本进口了 $50×10^4$t 木颗粒和 $140×10^4$t 棕榈仁壳（PKS）。据推测，到 2023 年，日本木材颗粒进口量将超过 $500×10^4$t。Drax 电厂是英国最大的火电厂，容量为 4GW，电厂装机包括 6×660.0MW 前后墙对冲燃烧锅炉。该电厂生物质混烧改造工程于 2008 年下半年启动，现在 6 台锅炉均改造成配备生物质单独磨制的混烧锅炉，是世界上容量最大的采用生物质单独处理、磨制的生物质混烧煤粉炉电厂。该电厂每年用于混烧的生物质为 $150×10^4$t，可减排 CO_2 $200×10^4$t。改造完成后，同样具有良好的经济效益。2015 年该电厂的总收入是 26.380 亿英镑，其中由于混烧生物质而得到的奖励和上网电价补贴的收入为 4.518 亿英镑，占总收入的 17.0%（张东旺等，2021）。芬兰 Alholmens Kraft 550.0MW 热电厂拥有目前国外生物质与煤混烧容量最大的 CFB 机组，锅炉蒸发量为 702t/h，蒸汽压力为 16.5MPa，蒸汽温度为 545℃，燃料为煤（10.0%）、泥煤（45.0%）、森林废弃物（10.0%）和工业废木材（35.0%）。

3) 世界生物质气化发电技术

生物质气化属于热化学反应，一般在氧气、水蒸气或二氧化碳等气化剂的作用下在高温条件中分解为氢气、一氧化碳、甲烷等可燃气体。生物质气化气在燃烧过程中不会产生污染或有毒有害气体，与生物质直接燃烧类似，气化气也可以通过直燃或混燃完成生物质能的清洁利用。据此，可以将生物质气化发电技术分为气化直接燃烧发电技术和生物质气化耦合煤粉混烧发电技术。

生物质燃料在合适热力学条件下,在气化床中可以分解为生物质气化气,通过旋风分离器去除固体杂质,再进一步通过除尘、水洗、吸附等方式进一步净化气化气中的焦炭、焦油等有害物质,最终被送入锅炉或压缩后喷入内燃机及燃气轮机中进行燃烧。发电方式可以根据生物质气化的规模进行调整:规模较小时可以采用内燃机;规模较大时可以采用燃气轮机甚至联合循环方式。目前,1~3MW 的气化炉—内燃机系统的发电效率为 17%~20%,4~6MW 的内燃机—蒸汽轮机联合循环系统发电效率达到 28%(吴创之等,2013)。燃用生物质气化气的内燃机和燃气轮机大多是从燃用天然气的机型改造而来,生物质气化气具有热值低、氢含量较高的特点,同时还含有灰、焦油、硫等杂质。在燃烧过程中杂质容易造成内燃机和燃气轮机磨损、点火装置故障等问题。而且相比于燃用天然气,燃用气化气的发电效率明显下降。此外,经过普通工序净化的生物质气化气中的碱金属及硫含量一般很难满足燃气轮机要求。专用的内燃机和燃气轮机的研发将是未来实现大型生物质气化发电系统应用的主要课题之一。

利用生物质气化气可燃性远强于燃煤的特点,将气化气喷入锅炉中起到稳燃及加强燃尽的作用。该技术也可应用于原有煤粉锅炉的改造中。虽然需要架设生物质气化及燃烧装置,但不会对原有的整体热力系统造成明显影响,仅仅对烟气侧配风及燃料输送设计有所影响,对于气水侧基本没有影响。同时,新增了生物质气化装置还免除了厂内的生物质处理及输送装置,对于灰渣的影响也明显弱于生物质掺烧,且不会影响煤灰的经济利用。欧洲的芬兰瓦萨热电厂项目采用 CFB 生物质气化炉技术,将产生的生物质气化气送入锅炉与煤粉混燃,大幅减少了 40% 的燃煤消耗(李至等,2020)。

4. 世界核能发电技术发展现状

核电站的开发与建设,始于 20 世纪 20 年代中期。第二次世界大战之后,世界满目疮痍,各个主要国家都在忙于经济的恢复与建设,能源供应是经济建设当中的重要项目。当时世界呈现两极化发展,美苏之间的军备竞赛也促进了核电站的建立与发展。1954 年,苏联建成功率为 $500×10^4$W 的实验性核电站,这是世界上建设成功的第一个核电站。与之相对应的,在 3 年之后,美国建成发电功率为 $9×10^4$kW 的希平港原型核电站。国际社会上将 20 世纪中期进程的这一批核电站统称为第一代核电机组。在第一代核电机组建成之后,技术人员不断对技术进行升级,研制出了 $30×10^4$kW 以上第二代核电机组。这一时期的核电机组利用压水堆、沸水堆、重水堆等较为先进的技术,大大提高了核电机组的发电效能。随着美国经济滞胀现象的爆发,以及海湾国家的能源危机,国际石油价格大大上涨,这种现象也间接促成了世界范围内第二代核电站的繁荣发展。但是,核电站在发展的过程当中,也存在着放射性污染源泄露、建设成本过大、使用要求技术过高等一系列的问题。因而,在 20 世纪 90 年代,美国 URD 文件、欧洲 EUR 文件和国际原子能机构 NUSS 建议法规修订第二版相继出台。这些文件当中,坚持"先进轻水堆用户要求"的内容,将安全性作为核电站建设的核心技术。国际上通常把满足 URD 文件或 EUR 文件的核电机组称为第三代核电机组。同时,为了核能技术的长远发展,保护人类的能源资源利用与环境,目前,全世界的核电技术人员正在进行第四代核能技术的研发,以进一步降低核电技术推广的成本,提高核电技术运用的安全性。

为适应新形势的需要,世界核电技术正在不断地发展和进步。通过对 AP1000、EPR、"华龙一号"、CAP1400、AES2006、APR1400 等世界主流世界核电技术发展新趋势探讨第三代核电机型及其他核电技术研究情况进行研究和分析,可以看出近年来世界核电技术发展呈现的几个新的趋势和方向。

1）进一步提升安全目标

降低堆芯熔化和放射性向环境释放的风险，降低严重事故发生的概率，消除社会公众的顾虑。为达到这一目标，相比第二代核电技术，第三代核电技术一方面增加了堆芯热工安全裕量（>15%），提升了机组固有安全水平；另一方面针对事故的预防和缓解增设了相关安全措施。此外，各核电机型均采取了针对严重事故的预防和缓解措施。通过各种安全措施，第三代核电机型的堆芯损坏概率降至低于 10^{-6}/（堆·年），大规模放射性物质释放至环境的概率低于 10^{-7}/（堆·年），均较第二代核电机型降低两个数量级。

2）进一步降低核电建设成本

进一步降低核电建设成本，提高核电的经济性，使得核能发电成为有竞争力的清洁能源。为降低成本，AP1000、CAP1400 采取了简化安全系统配置的理念，减少了安全系统的支持系统，取消了安全级应急柴油机系统及大部分能动安全级设备，并由此产生了工艺布置简化、施工量减少等效应；同时，AP1000、CAP1400 大量采用模块化制造和施工技术，以缩短建造周期。AP1000 理论上从开工至装料工期可压缩至 36 个月，尽管首批机组的建设并不顺利，但其设计理念决定了后续项目会有较大的提升空间。提升机组可利用率和寿期也是提高核电经济性的重要手段，"华龙一号"、AP1000、EPR、AES2006、APR1400 等平均可利用率均达到不低于 90%，CAP1400 达到 93%；第三代机型的寿期普遍达到 60 年，较第二代机型的 40 年有大幅提升。此外，新建核电项目还采取了设计及管理标准化、集中采购设备、优化融资成本等措施，以进一步降低建设成本、提升经济性。

3）进一步减少核废料的产生量

减少核废料的产生量，主要是指减少高放射性和长寿命核素的产生量，寻求更佳的核废料处理方案，降低对人员和环境的剂量影响。为达到这一目标，核电行业主要采取的措施包括：一是推广使用钚铀氧化物混合燃料（简记为 MOX 燃料），EPR、CAP1400 等均具备 MOX 燃料装载能力；二是增加燃料燃耗、延长换料周期，第三代机型的换料周期普遍由第二代的 12 个月提升至 18 个月，换料周期延长使大修次数减少，乏燃料及中低性放射性废物的数量、工作人员接受的剂量都相应降低；三是通过设计优化降低堆芯周围的放射性剂量，如加强屏蔽防护措施、开发气体包容能力更强的燃料元件，以及很多小型堆采用的一体化堆芯设计等；四是研究开发更优的乏燃料及中低放废物处理方案，减少核废料的数量和体积；五是建设快堆等能够分离嬗变长寿命放射性核素的堆型，实现核废料最小化。

4）开发模块式、多用途中小型反应堆

国际原子能机构（IAEA）于 2004 年 6 月启动中小型堆开发计划，成立"革新型核反应堆"协作研究项目，成员总数已达到 30 个[1]。国际上众多国家都对中小型反应堆上做了大量的研发工作，美国、俄罗斯、中国和韩国等都在积极开展小堆的研发和商业化推动工作，进展情况较好的小堆型号包括美国的 NuScale、mPower、Westing-house SMR，俄罗斯的 KLT-40S、VBER-300，中国的 ACP100，韩国的 SMART 等。可以预测，在核电发展的未来，中小型反应堆将会以众多独特的优势在世界核电领域拥有举足轻重的地位。

---

[1] 数据来源：北极星电力新闻网。

5）加强核安保，防止核扩散和恐怖袭击

随着世界范围内多地区恐怖袭击活动的日益频繁，如何有效防范恐怖分子获取核材料、破坏核设施，已成为核能产业下一步发展的一项重要责任。2016年第四届核安全峰会重点讨论了如何确保核材料和核设施安全，如何有效防范和打击核恐怖主义等议题。目前各国正在开发的中小型反应堆及第四代反应堆，都具有较好的防核扩散功能。而很多大型反应堆通过设置双层安全壳、混凝土屏蔽厂房等，能够有效防止商用大飞机恶意撞击等恐怖袭击活动对反应堆的破坏。

6）开发更先进的第四代核能系统

第四代核能系统开发的目标是要在2030年左右创新地开发出新一代核能系统，使其在安全性、经济性、可持续发展性、防核扩散、防恐怖袭击等方面都有显著的先进性和竞争能力。第四代核能系统所具备的特性包括：投资不超过1000美元/kW；建设工期不超过3年；不需要厂外应急；尽可能减少核废物；具备很强的防核扩散能力；全寿期全环节管理系统等。第四代核能系统不仅要考虑用于发电或制氢等核反应堆装置，还要把核燃料循环也包括在内，组成完整的核能利用系统。目前国际上已开工建设或正在开发的快堆、高温气冷堆、超临界水堆、熔盐堆等，被公认为第四代核反应堆。

5. 其他新能源电能转化技术现状

除风能、太阳能、生物质能、核能等新能源外，地热能和海洋能也是各国较为关注的开发能源。

1904年，世界上首台地热能发电站在意大利建成，并利用干地热蒸汽成功进行了发电试验，该地热电站采用的循环系统即为干蒸汽发电系统。干蒸汽发电系统主要针对参数较高的高温地热能资源，系统结构简单，经过工程技术人员多年试验和研究，该发电技术相对成熟。对于中高温地热资源，各国大多采用闪蒸蒸汽发电系统，与干蒸汽发电系统相比，闪蒸蒸汽发电系统效率较低，一般通过多级减压而获取新的蒸汽；针对中低温地热能，主要采用双工质发电系统，特点在于地热水与发电系统不直接接触，利用有机工质作为载体传递能量，使得地热能资源能够充分利用。此外，20世纪80年代有科学家提出了卡琳娜循环系统，尽管该系统可以在一定程度上提高发电效率，但技术操作要求很高。

海洋能包括潮汐能、潮流能、波浪能、温差能、盐差能等，在多种海洋能发电类型中，潮汐能发电技术成熟度最高，投入商业化运行项目最多，法国朗斯潮汐电站是其中的代表之一。朗斯潮汐电站为单库双向型，共装设24台水轮机，单机功率为10MW，总装机容量为240MW，年均发电量为538GW·h。除此之外，加拿大芬迪湾安纳波利斯潮汐试验电站、韩国始娃湖潮汐电站、英国斯旺西湾潮汐电站等也在运行或建设中。大型潮流发电设备的商业化和产业化逐渐成为海洋能利用发展新思路，英国、加拿大、韩国、新西兰等国家都在着手兴建大型潮流发电站。世界上首个实现商业化并网试验运行的潮流能发电系统为北爱尔兰"SeaGen"，位于斯特兰福特湾，装机容量为1.2MW，通过第一代产品"Seaflow"演化而来。除潮汐能和潮流能之外，波浪能等其他海洋能发电技术处于培育阶段，距离商业化应用仍需一段时间。

2.3.2 中国新能源电能转化技术现状及目标

中国新能源资源储量丰富。积极发展新能源发电，是中国调整能源结构、保护环境、应对气候变化、转变经济发展方式和实现可持续发展的战略选择。

1. 中国风电技术发展现状

中国风能资源异常丰富，可开发风能资源达到了 $10×10^8kW$，主要集中在西北地区、华北北部、东北地区及东南沿海地区。20 世纪 70 年代，中国自主研发了额定容量在 10kW 以内的小型风力发电机并实现了批量生产，有效解决了居住分散的农牧民与岛屿地区人们的用电问题。中国当前已然开发出 600kW 的风力发电机组，风力发电建设覆盖 11 个省，尤其是一些边远省区。东部沿海地区风能资源丰富，而且易于运输与储存，因此笔者认为未来会建设规模较大的海上风电场。2008 年以后，中国风电行业得到了飞速发展，随着风电场建设的无限制扩张，出现了不易于调峰、不能及时运输、产能过剩等问题。2011 年风电行业发展受到了影响，新增风电装机容量不断减少，风电行业的无限制发展引发了诸多问题，出现了大量的风机脱网事故、弃风限电现象、产能过剩问题。2011 年，国家发展改革委要求各省在审核风电项目前需上报国家能源局，进一步限制了地方政府无计划开发风能资源，解决了风电过剩问题。到 2015 年，竞争力较弱的企业退出市场，风能开发行业逐步实现了成熟化发展，进入稳定增长的状态。

风力发电技术在中国的出现时间并不长，现阶段存在的问题主要有以下几个方面：

（1）风力资源的分布不均匀。中国风力资源主要集中于西北内陆与东南沿海地区，随着风力发电企业的成熟，要防止出现产能过剩问题，当前中国风力发电急需解决的问题是远距离运输问题。

（2）产业链不完整。中国风力发电的核心部件还主要依赖进口，如电气可编程控制与集电环等部件，而且当前风电机组整机设计还有待进一步提高，还需解决运输、维护、咨询、监测等诸多方面的问题。

（3）单机容量加大但理论经验不足。中国当前风力发电单机容量明显增大，但还不具备完善的理论知识体系与实践经验，还不能进行科学精细的载荷极限计算。风力发电单机容量增大有利于降低整体投入成本，提高发电效率，将来必然会得到迅速发展。

（4）安全性能不高。由于中国风力发电技术还处于发展阶段，因此必然存在一定的缺点，安全性能还有待进一步提高，尤其是在并网与运输方面。当前风力发电机组主要事故原因表现在没有认识到装机阶段技术的重要性、自身管理有待完善等几个方面，导致风力发电系统的可靠性与安全性不高。要求技术人员要重视解决风力发电机组脱网等问题，保证整个系统的日益完善，提高风力发电机组的安全性。

（5）机组故障频发。中国当前由于风力发电技术还没有大面积推广，很多地区的风力发电技术没有进行改革，风力发电机组的安全性有待进一步提高，导致风力发电机组事故频发，严重影响了风力发电系统的稳定运行。

2. 中国太阳能发电技术现状

在光伏发电方面，由于晶硅电池具有比较高的光电转化效率，在投入运营的过程中具有相对比较低的成本，是中国当前太阳能发电技术中的主流产品。薄膜电池的成本也相对不高，当前，薄膜电池以美国的第一太阳能碲化铬为主，中国企业参与比较多的则是非晶硅薄膜电池，这种电池的转化效率是比较低的，铜铟镓硒薄膜技术目前还并没有在中国进行产业化发展。当前中国对于这方面的研究水平和研究技术仍旧处在比较落后的位置，与国际先进水平之间的差距还是十分明显的。就薄膜电池技术而言，当前欧美国家以及日本的技术都远远超出了中国研究水平，中国薄膜电池技术研究水平最高的是中国台湾，但是成品率也落后于欧美国家5~10年，中国大陆水平落后于欧美国家10~20年。值得一提的是，中国自主研发的太阳能跟踪系统已经取得了进步，如今已经开始示范应用斜单轴跟踪系统、水平单轴跟踪系统以及双轴跟踪系统。相比较固定式的光伏发电系统，斜单轴跟踪系统、水平单轴跟踪系统以及双轴跟踪系统能够分别提升光伏发电系统发电量的31%、18%以及36%，极大地提升了光伏发电系统的发电效率（张学铭，2019）。

在光热发电技术研发与应用方面，与国外50多年来光热发电技术的材料、设计、技术和理论研究相比，中国的光热发电技术研究起步较晚，直到20世纪70年代才开始了一些基础研究。"十二五"期间，中国太阳能光热发电产业实现了突破性发展，形成了太阳能光热发电厂的现场踏勘、技术、指南、行业标准等指导性文件。2013年7月16日，青海中控德令哈50MW塔式太阳能热电站一期10MW工程成功并入青海电网发电，标志着中国自主开发的太阳能光热发电技术向商业化运行迈出了坚实的一步，填补了电网空白❶。截至2018年底，中国已投运10MW及以上大型光热项目6个，几个已投产和进行中的光热项目技术路线包括了槽式导热油传热熔盐储热、槽式熔盐传储热、熔盐塔式、二次发射塔式、菲涅尔式熔盐、类菲涅尔式混凝土等6种，其中以槽式导热油传热熔盐储热和熔盐塔式应用最为普遍❷。在上述几种太阳能热发电技术中，槽式导热油热发电技术最为成熟，具有较高的性价比，而塔式热发电技术尽管目前的成熟度不如槽式热发电技术，但发电效率更高，同时由于节省了导热油工艺，系统更加简化，被公认为极具潜力的技术路线。中国未来光热技术路线的筛选很大程度上依托于示范电站的实际运行情况，特别是类菲涅尔式混凝土等颠覆性技术路线的实际应用，为中国光热技术的创新提供了新的方向（童家麟等，2019）。

3. 中国生物质能发电技术研究现状

中国是世界上最大的能源消费国，为了减少碳排放、实现低碳发展，中国在能源结构调整中优先发展可再生能源，其中生物质能源以其多种天然优势成为可再生能源发展的重点。2006年，山东单县采用丹麦BWE公司生物质炉排炉技术的30.0MW小型生物质纯燃发电系统建成，配有1台130t/h的振动炉排高压锅炉。中国的生物质燃烧发电总装机容量从2016年的12.1GW增长到2019年的22.5GW，连续3年增幅超20.0%，提前完成"十三五"规划中对于生物质发电总装机容量的要求（郑美灵，2013）。

在生物质纯燃发电技术的发展过程中，生物质循环流化床（CFB）锅炉技术由于具有燃料适应性广、污染物排放低的优点，同时考虑到机组建设投资，新建机组普遍采用了CFB燃烧方式。截至2020年4月，中国纯燃生物质机组数量近440台，其中CFB机组336台。2010年以后，纯燃生物质机组向着大容量、高参数方向发展。具有里程碑意义的项目包括：2011年，广东湛江50.0MW生物质CFB锅炉发电机组投入运行；2016年，国内设计制造的世界首台125.0MW生物质CFB锅炉在泰国投入运行。2019年以来，大量的超高压一次再热生物质CFB锅炉已经得到广泛的工业应用。目前，超高压一次再热80.0MW生物质流化床机组正在安装调试。欧洲生物质燃料以林业废弃物为主，而中国生物质燃料以农业废弃物为主，在燃烧工程中更容易出现积灰、结渣以及腐蚀等问题。随着生物质纯燃发电行业需求的

---

❶ 数据来源：青海省中控德令哈10MW+50MW光热电站详解（北极星太阳能光伏网，https://guangfu.bjx.com.cn/news/20200628/1084202.shtml）。

❷ 数据来源：国内光热发电技术应用简介（文档视界，https://www.docsj.com/doc/f76436263.html）。

不断发展，国内具备相应设备设计制造能力的企业逐渐增多。无论在装机容量还是在机组参数上，中国生物质CFB纯燃技术已经具备世界先进水平（张东旺等，2021）。

在生物质混烧发电技术方面，国家能源局于2017年底启动了生物质混烧发电试点工作，2018年6月21日正式公布了该试点项目名单，共有89个项目入选，包括58个农林生物质耦合项目、29个污泥耦合项目和2个垃圾耦合项目。这些项目每年可以消纳$751×10^4$t农林生物质，处理$423×10^4$t城市污泥和$153×10^4$t城市垃圾；每年可以增加生物质电量8300GW·h，替代燃煤$262×10^4$t，减排CO_2 $733×10^4$t。华电国际十里泉发电厂是国内较早开展生物质混烧的电厂之一，于2005年改造成混烧秸秆发电，折合生物质发电容量26.0MW。该厂运行数据表明，当秸秆与煤粉的掺混比例低于0.4∶1.0时，对整体发电项目影响较小，锅炉尾部受热面没有出现较大的腐蚀、堵塞和磨损等问题。污泥处理项目在国内享受国家补贴，目前已有较多的污泥耦合发电项目，如华能莱芜电厂等采用烟气直接干化耦合发电技术；华润电力（常熟）等采用蒸汽间接干化耦合发电技术，通过间接式热干化的方式将城市污泥的含水率从80.0%降至30.0%左右，再与燃煤掺混后送入电厂650.0MW超临界燃煤发电机组锅炉焚烧，具有处理速度快、减量化程度高、能源再利用等特点。2017年5月，中国华能集团研发成功一整套300.0MW固体废弃物及生物质与CFB燃煤锅炉直燃耦合发电系统混烧工艺，用于固体废弃物及生物质混烧发电系统示范工程。在福建永安300.0MW CFB锅炉上实现了生物质及固体废弃物混烧比例达到10.0%，锅炉运行稳定，未出现积灰、结渣问题。秦皇岛热电厂300.0MW CFB锅炉混烧10.0%污泥，锅炉性能参数良好，不但城市污泥得到资源化处置，而且得到市政补贴，减少了电厂运行成本。由于CFB锅炉本身具有燃料适应性广、给料系统简单的优势，目前国内CFB燃煤锅炉混烧生物质项目逐渐增多（张东旺等，2021）。

在生物质气化燃烧发电技术方面，中国也有了长足的进步，但也有不少技术瓶颈问题需要克服。中国大唐长山热电厂660.0MW超临界煤粉锅炉采用生物质气化耦合燃煤发电技术，其工作原理是秸秆颗粒在高温高压条件下热解产生CO、CH_4等可燃气体，输送至燃煤机组炉膛。气化炉折合发电功率为20.0MW，气化产生燃气热值为5.551MJ/kg，气化炉产气率为1.85m^3/kg，气化效率为76.14%，厂用电率为2.24%，但由于机组的初期投资及运行维护成本较高，经济性并不理想。❶

4. 中国核能发电技术现状

中国核电发展从"十五"规划中的"适度发展"和"十一五"规划中"积极发展"到"十二五"规划的"安全高效发展"的方针。1985年，中国建设第一座自主设计的秦山核电站（浙江海盐县，$30×10^4$kW压水堆），结束了中国大陆无核电的历史，实现零的突破；同时中国还引进大亚湾$100×10^4$kW压水堆核电站，中国先后又建设秦山二期、岭澳、秦山三期和田湾核电站。2007年中国决定在浙江三门核电站和山东海阳核电站引进AP1000（美国的先进非能动压水堆）技术。AP1000关键技术主要利用各种非能动安全方法（例如对流、传导和辐照）代替复杂冗余的交流电源作为动力进行热传递。到2012年，中国具备核电站建造的专有技术体系和知识产权。不仅能成功地研制出第三代核电技术，而且实现铀浓缩离心机的国产化，建成核燃料原件，核燃料供应完全立足本国，这些都证实中国核电发展

---

❶ 数据来源：哈电锅炉总承包的我国首个生物质耦合发电示范项目获得圆满成功（工业电器网，http://www.cnelc.com/text/1/191217/AD100908337_1.html）。

已经进入世界前列。2015 年中国自己研发"华龙一号",标志中国核电发展迈入自主研制的第三代核电技术。2019 年 5 月 28 日,中法合作的第三代 EPR(法国的欧洲压水堆)技术也应用到广东台山核电厂 2 号机组(同样应用 EPR 三代压水堆的 1 号机组已于 2018 年 6 月 29 日成功并网发电)。第三代核电技术改进反应堆的设计技术,确保在事故工况下对环境和社会造成的后果做到实际可控,不会再发生像福岛一样的核事故。2021 年 9 月 1 日,世界核协会发布了 2021 年《世界核电厂运行实绩报告》,截至 2020 年底,全球有 441 台在运核电机组,总装机容量达 392GW。来自中核战略规划研究总院的报告显示,截至 2021 年底,中国大陆在建核电机组 16 台,总装机容量 1750.779×10^4 kW,连续 15 年位居世界第一位。中国自己研发的第三代核电技术"华龙一号"拥有完善的严重事故预防和缓解措施,设置多道实体安全屏障,贯彻纵深防御原则,实现放射性物质包容,使用双层安全壳能承受严重事故下内部产生高辐照、高温高压或外部环境地震、火灾等不受破坏,标志中国核电技术发展达到一个新台阶。同时,作为第四代核电技术——高温气冷堆的示范工程(60×10^4 kW)于 2019 年底在山东荣成建成,这将成为世界首座球床模块式高温气冷堆商用核电站示范工程。我国在核电发展过程将继续坚持"引进来"和"走出去"的技术引进和自主创新相结合的战略。我国一方面要深化与核电发达国家全面合作,引进国外最先进的核技术,稳步实施引进消化、自主创新和全面推广"三步走"战略。例如,中国引进 AP1000、消化吸收、再自主研发出第三代 CAP1400 核电技术,大大提升我国核电技术的竞争力;另一方面,要以"华龙一号"为出口重点(目前已出口巴基斯坦 2 台),有效整合国内资源,带动核技术、核环保等一系列核工业产业链走出去,拓展国际市场。因此,中国未来核电发展将进入生机勃勃的春天(白云生,2020)。

5. 其他新能源电能转化技术发展现状

新能源发电技术中,除了风能发电技术、太阳能发电技、燃料电池发电技和沼气发电技术,还有海洋能发电、地热发电技术等。

中国正在加速研发、在建的新能源发电技术还有:

(1)潮汐能发电。2008 年,福建八尺门潮汐能发电项目正式启动。2009 年 5 月,浙江三门 2×10^4 kW 潮汐电站工程启动。浙江江厦潮汐试验电站是中国目前已建成的最大潮汐电站,总装机容量 3900kW,规模位居世界第三。2022 年潮汐发电行业现状及前景分析报告指出,全国潮汐能蕴藏量为 1.9×10^8 kW,其中可供开发的约 3850×10^4 kW,年发电量 870×10^8 kW·h,大约相当于 40 多个新安江水电站。目前我国潮汐发电行业电站总装机容量已有 1 万多千瓦。根据中国海洋能资源区划结果,我国沿海潮汐能可开发的潮汐电站坝址为 424 个,以浙江和福建沿海数量最多。

(2)波浪能发电。中国首座波力独立发电系统汕尾 100kW 岸式波力电站于 1996 年 12 月开工,2001 年进入试发电和实海况试验阶段,2005 年,实海况试验获得成功。该电站建于广东省汕尾市遮浪镇最东部,为并网运行的岸式振荡水柱型波能装置,设有过压自动卸载保护、过流自动调控、水位限制、断电保护、超速保护等功能。2021—2025 年中国波浪发电行业投资分析及前景预测报告显示,根据规划,到 2021 年,我国将在山东、海南、广东各建 1 座 1000kW 级的岸式波浪发电站。

(3)地热能发电。中国拥有丰富的地热资源。全国地热可采储量是已探明煤炭可采储量的 2.5 倍,其中距地表 2000m 内储藏的地热能为 2500×10^8 t 标准煤。全国地热可开采资源量为

每年 $68×10^8 m^3$。在中国的地热资源开发中，经过多年的技术积累，地热发电效益显著提升。

2.3.3　新能源发电装备制造发展现状

随着全球新能源发电的蓬勃发展，新能源制造装备的需求显得尤为迫切。从发电设备制造企业整体情况来看，中国已迈入世界发电设备制造强国之列，经过 50 多年的发展，目前已形成了完整的设计制造体系。其中哈尔滨电气、东方电气、上海电气是最大的三家制造集团，占全国发电设备产量的 70% 左右。

"十一五"以来，发电设备制造业技术提升、自主创新、供给充足、体系完整，产品结构逐步优化，高技术产品比重不断提高。风电装备大型化、智能化取得重大进展，单台容量提升较快；太阳能光伏发电转化效率明显提高，太阳能热发电在聚光装备、槽式真空管等方面取得重要成果。在发电输送技术方面，中国开展了柔性高压直流输电研究并且成功运行。

经过多年发展，中国已在能源装备制造领域取得长足进步，但是很多关键零部件仍需进口，成本过高，关键技术受制于人。能否掌握新能源装备制造的核心技术，提升新能源装备制造水平，成为装备制造企业和机床工具企业共同面对的课题。

1. 风力发电装备制造

1）风电装备制造业现状

随着风电设备技术日臻成熟，中国风电设备制造业逐步走向规模化、产业化，市场需求不断扩宽，越来越多企业涌入市场，致使制造商主体日益多元化。当前风电设备制造商主要包括整机制造商和零部件制造商两部分，其中整机制造包括风电机组整机和主要设备，零部件制造则以轴承、塔筒及控制系统为主。

（1）风电机组整机制造情况。我国风电整机制造行业参与主体包括国内生产厂商和国外生产厂商，主要由国内厂商占领市场。其中，金风科技、远景能源和明阳智能稳居行业前三。2020 年，三者的新增吊装容量分别为 12.33GW、10.07GW 和 5.64GW，市场份额分别为 21%、17% 和 10%。我国风电整机制造行业集中度较高，但近几年随着新晋厂商的加入，行业集中度呈降低趋势。2018 年行业前三市场占有率之和为 61%，2020 年降低至 48%；2018 年行业前五市场占有率为 72%，2020 年降低至 64%❶。风电整机制造设备占据着风电场建设的主要成本，因此风电整机制造市场的发展将会极大影响风电企业的建设以及经营成本。我国风电整机制造市场能够自给自足，部分国内生产厂商的技术水平已经达到了国际标准水平，保证了国内风电行业的供给，有利于我国风电行业的持续发展。

（2）风电零部件制造现状。在风电产业中，比较重要的零部件有风电叶片、齿轮箱、发电机、轴承、变流器等。在中国，风电叶片、齿轮箱和发电机的国产化率较高，配套体系比较完善；而轴承和变流器的主要技术仍掌握在国外厂商手中，市场也由国外企业占据。风电设备零部件中，国产化率最高的为风电叶片，目前市场份额较大的几家独立叶片生产企业依然是中国复合材料集团公司、中材集团、中航惠腾、LM 等。风电齿轮箱的市场集中度比较高，市场份额集中在南高齿、重庆重齿、杭齿前进等几大厂商，其客户主要来自中国和欧美地区，配套客户主要有金风、华锐、东汽、GE、Nordex 等。

---

❶ 数据来源：2022 年中国风电整机制造行业市场现状与竞争格局分析 风电行业进入平价时代（前瞻网，https://xw.qianzhan.com/analyst/detail/220/220127-ddd7541e.html）。

2) 风电设备缺乏核心技术

虽然中国在风电叶片、齿轮箱、发电机这些零配件上已经基本实现国产化，但风电产业中的关键零部件轴承和变流器的主要技术仍掌握在国外厂商手中。缺乏风电设备的核心技术成为制约中国风电产业发展的瓶颈，可以尝试在以下两个方面入手：

第一，在今后大型风电厂建设时，建议在引进设备的同时引进制造技术。例如，通过 $100×10^4$ kW 级大型风电厂建设，要求并鼓励项目法人在风电设备的采购招标文件中明确国外制造商要与国内设备制造商联合投标，国外企业为责任方，国内企业为分包商，并附上明确分包比例，签订设计、制造、维修等技术转让协议，从而降低风电设备费和风电厂的建设成本，促进风电产业的发展。

第二，在引进消化的基础上，国内企业可以在以下两方面进行再创新。一方面，根据在安装调试设备和试运行过程中发现的问题，有针对性地进行改造，使引进的风电设备更完善，性能指标更高，结合实际也是一种创新。另一方面，在引进消化的基础上结合中国风能资源特点研发新型的风电机组设备。如中国两大风带（三北地区及东南沿海）的风力资源与欧洲、北美的差别较大，北方有寒冬低温、沙尘问题，南方有台风、抗腐蚀、防雷电问题。在引进风电设备的基础上，结合中国的具体情况进行研发，就能使引进的技术再创新。

2. 太阳能发电装备制造

中国作为全球最大的太阳能电池生产国，太阳能电池行业发展带动了太阳能发电产业的整体兴起，进而催生了中国的太阳能发电设备行业。

1) 太阳能装备制造业现状

中国太阳能设备行业真正兴起于 2000 年以后。经过多年发展，中国光伏设备行业已基本具备太阳能电池制造设备的整线装备能力。中国光伏设备企业制造的设备应用包括从硅材料生产、硅材料加工、硅片加工到太阳能电池芯片的生产，以及相应的纯水制备、环保处理、净化工程的建设。其中，晶体硅生长设备发展最为迅速。国产单晶硅生长炉以优良的性价比占据了国内市场的绝对统治地位，并批量出口亚洲其他国家，而国产多晶硅铸锭炉在产品主要性能指标上和国外设备相差无几，在应用中与进口设备平分秋色。

光伏设备主要包括硅棒及硅锭制造设备、硅片及晶圆制造设备、电池片制造设备、晶体硅电池组件制造设备、薄膜组件制造设备等 5 大类。中国光伏设备企业已全面具备太阳能电池制造整线装备能力，2010 年部分产品如扩散炉、等离子刻蚀机等开始少量出口，可提供 10 种太阳能电池大生产线设备中的 8 种，其中有 6 种（扩散炉、等离子刻蚀机、清洗/制绒机、石英管清洗机、低温烘干炉）已在国内生产线占据主导地位，2 种（管式 PECVD、快速烧结炉）和进口设备并存但份额在逐步增大，3 种（全自动丝网印刷机、自动分拣机、平板式 PECVD）则完全依赖进口。

然而，尽管国产太阳能光伏设备在国内用户中已建立起良好信誉，得到业界广泛认可，但也应该看到，国内半导体设备在整体技术水平尤其是尖端技术水平上和国外尚有差距。专家指出，国产太阳能光伏设备的竞争力不完全在于设备的性能指标，而在于设备的性价比，成本是太阳能光伏产业的终极目标。

2) 未来发展方向

太阳能装备制造业未来发展方向主要围绕以下四点发展：

第一，硅材料提纯设备。硅材料严重短缺的现象在近期尚无法从根本上扭转，国内已开工或有实际实施动作的十数个高纯硅生产项目需要大量的国产设备支撑以降低生产成本,千吨级生产设备亟待取得突破并大量提供。

第二,大尺寸硅片加工设备。国内目前的125mm×125mm规格硅片大多采用6in单晶炉拉制单晶生产,为满足156mm×156mm电池片生产的需要,就必须改用8in单晶炉,但其生产成本将远高于多晶铸锭法生产的硅片,是电池企业无法接受的。因此,光伏用156mm×156mm硅片将转向多晶硅片,改用多晶硅铸锭炉生产,将拉动对相关铸锭、切割等生产设备的巨大需求。

第三,薄膜太阳能电池生产设备。为进一步降低电池生产成本,提高电池转换效率,晶体硅薄膜太阳能电池的研究日新月异,非晶硅薄膜太阳能电池的发展也突飞猛进,这些都为相关工艺设备的发展提供了无限的发展空间。

第四,光伏数据采集器主要用于一些中小型电站,大型光伏电站主要采用工控机进行电站的本地监控。光伏电站的网络监控比例仍不高,主要是企业对于售后还不是很重视。在光伏并网逆变器制造企业管理的环节上,产品研发部门对于这些监控数据的需求较为迫切,然而销售和工程人员却不是很重视,这导致了光伏网络监控的安装量较少。目前在绿色电力网上进行远程监控的光伏电站有近100个,并以每月50%的增长幅度在增加。

3. 核电装备制造

作为一种技术成熟、可大规模生产的安全、经济、清洁的能源,核电在中国的远景规划中将有更大的发展空间。中国已经确定核电发展应尽快实现大型机组的自主化、国产化和市场化,贯彻"采用先进技术,统一技术路线"的方针,积极推进核电的发展。

近年来,国家能源局相继召开以核电装备国产化与自主化研制为主题的一系列相关会议,再次把核电装备"独立自主的内功建设"提上重要议事日程,国内涉核企业特别是设备制造企业悉数参加。核电装备的发展本就是中国高端装备制造业转型升级的战略需要,政府主管部门近期的密集动作以及由此释放出的种种信号,对于核电装备而言,无疑是再度提速的"助推器和加速器"。

核电站设备主要由核蒸汽供应系统、汽轮发电机组设备、电站配套设备三部分组成。一个核电站大约有65000台套主辅设备,不仅数量大,而且可靠性、安全性要求极高。自20世纪80年代秦山核电站建设以来,中国就一直非常注重核电设备的自主化,目前装备国产化率为80%以上,关键设备都能自主研制,完整的核电产业链基本形成,装备制造业已经达到世界一流水平。通过AP1000自主化依托项目建设和CAP1400重大专项拉动,中国的核电装备实现了从第二代到第三代的重大跨越,第三代核电关键设备基本实现国产化,核电装备制造配套能力具备参与国际竞争的比较优势。第二代的设计寿命是30~40年,第三代则延长到60年,寿命延长了1倍,对材料的要求完全不一样,制造的工艺也改变了。比如,主管道、主泵等关键部件原来都采用铸造工艺,现在改成了锻造,材料的质量和设备的精度都相应提高了很多。

中国在核电建设方面已基本拥有了成熟、经得起试验验证的工艺和技术,在核岛建设领域保持领先优势和主导地位,不仅承担国内已投入商业运行的全部核岛工程建设,也得到了国际市场的认可,被国际同行誉为世界领先的核电建造企业。

中国"一带一路"倡议为核电的中国装备"走出去"提供了广阔的市场空间。而核电产业作为高端技术制造业也成为"一带一路"倡议的重要着力点。以核电为代表的中国装备制造业以质优价廉的优势赢得国际认可。

中国核电装备制造需要关注以下两个方面的问题：

（1）大力发展优势关键零部件。提高核电站含硼碳堆内构件、高压开关柜、高等级输电电缆、大型高品质铸锻件、板式换热器、超高强高韧性铝合金管材、滤网系统、除盐器、喷射器等核电装备关键配件和材料的研发及制造能力。开发中央处理设施、水净化处理设备、通信设备、厂区监控设备、控制出入检测系统、火灾探测与消防设备等辅助设备，推进重点骨干企业进行关键零部件技术开发和产业化，突破关键技术，形成规模生产能力。

（2）积极开展核电有关设备技术攻关。大力开展核电站机电设备的技术攻关与研发，重点发展高等级压力容器（核岛内蒸汽发生器、稳压器、安注箱、板式换热器等）及核电站用泵、阀门、高压超高压交直流输变电成套设备、起重运输设备等产品，形成规模生产能力。

4. 生物质能装备制造

国家发展改革委 2007 年发布的《可再生能源中长期发展规划》为生物质能发电描绘了一幅绚丽的前景。《2022—2028 年中国生物质发电设备行业市场调研分析及发展规模预测报告》显示，2021 年中国生物质发电新增装机为 $808×10^4kW$，同比 2020 年增长 48.80%；中国生物质发电累计装机量为 $3798×10^4kW$，同比 2020 年增长 28.66%。2021 年中国生物质发电累计装机前五地区是山东省、广东省、浙江省、江苏省和安徽省，其生物质发电累计装机分别为 $395.6×10^4kW$、$376.6×10^4kW$、$291.7×10^4kW$、$288.0×10^4kW$、$239.1×10^4kW$。虽然生物质能发电在国外已经有了比较成功的案例，但是受经济、技术、思想观念、人文自然环境等因素的影响，中国生物质能发电产业只能算是刚刚起步。大力发展生物质能发电产业，需要具有先进的装备与技术支撑。生物质能发电的主要设备，如发电机组燃料供应系统、锅炉系统，汽轮发电机组、分散控制系统、微机保护系统、阀门、仪表、变压器、电动机、高低压开关柜、泵类设备等，这些设备在生物质能发电项目中需求量巨大，从而给国内电力设备、农业机械设备、工程设计以及化工等产业创造了诱人的市场空间。

中国大多数生物质能发电技术尚处于初级阶段，而生物质能发电的重要装备如焚烧发电的锅炉、燃料运输系统等都要依靠进口，即使国内也能生产部分主要设备，但国产设备转化率低，能源消耗量大，间接增加了生物质能发电的生产成本。

中国生物质能装备制造需要关注以下两个方面的问题：

（1）重点发展发电机组和关键部件制造。重点开发生物质固体燃料致密加工成型技术、高效燃烧及供热技术、气化和液化技术、垃圾发电二噁英处理技术等关键技术。研制生物质直燃和掺烧发电、秸秆发电、垃圾发电和沼气发电等发电机组。提高生物质燃烧锅炉、焚烧锅炉、高效气化装置、热解液化装置等关键装备生产能力。加快推进秸秆直燃锅炉、生物质循环流化床气化炉及系统等发电机组和关键部件的研发与产业化，形成规模生产能力。

（2）加快生物质能装备研制开发。积极研制生物质气体燃料、液体燃料、固体燃料等新能源产品制造工艺和装备。培育一批沼气发电、秸秆气化发电、生物柴油等工艺设计和装备制造高技术骨干企业，构建生物质能源产业链。

2.3.4　新能源发电的环境安全保障性技术发展现状

1. 新能源对环境的负面影响

新能源虽然总体上是清洁低碳型能源，但新能源在生产、转化和使用过程中对环境也会产生或多或少的负面影响。比如，太阳能光伏发电系统使用的蓄电池大部分都是铅酸蓄电池，电池内含有大量的铅、锑、镉、硫酸等有毒物质，这些物质会对土壤、地下水、草原等造成污染。此外，太阳能发电使用的节能灯灯管采用稀土三基色荧光粉和液体汞，破碎后对环境也会造成严重污染，并且这些蓄电池和灯管的寿命都不长，更换的频率比较高，如果不能妥善处理将会影响当地环境（高利红，2011）。

核能具有排放污染小的优势，故被认为是能源发展与利用的方向。但不容忽略的是，一旦核电厂发生爆炸，所造成的污染危害不堪设想。切尔诺贝利核事故的教训便是例证。

总之，新能源并不是"唯美"的清洁能源，它对环境所造成的损害同样不容忽视，能源安全隐患仍然存在。

2. 新能源发电的环境安全保障性技术

新能源在生产、制造和使用过程中也会对环境产生负面影响，造成环境污染。因此，在发展新能源发电的同时，必须提升相关的环境安全保障性技术。

多晶硅是生产太阳能光伏电池的主要原料。目前，多晶硅主要由改良西门子法生产。但是，受过程工艺限制，该法在生产多晶硅的同时产生大量的副产物四氯化硅（每生产1t多晶硅会产生15~18t的四氯化硅）。为了减少对环境污染，降低生产成本，需要对四氯化硅残液进行处理。四氯化硅残液处理技术主要有水解法、过滤法、干燥法、燃烧法、氢化处理技术等等。

在进行风电场建设时，应采取相应的保护措施，比如合理选址、进行叶片设计技术革新、发电机制造要合理选材等等，最终达到减少植被破坏、防止水土流失、保障鸟类安全、减少噪声污染、降低电磁干扰等效果。

在核能安全保障型技术方面，中国在不断加大安全投入，提高核设施本质安全度。加大安全投入，提高核设施本质安全；对在运的核电机组，特别是对运行寿期过半或接近运行寿期的机组及其系统和设备加强老化管理。完成高温气冷堆、快堆核电厂、多用途小型反应堆设计、建造、运行、安全分析与评价相关核安全法规、导则的研究与制定；加强核安全监管，增强核安全监管部门的独立性、权威性、有效性。要按照核电机组数量或发展规模，配置适当数量的监管人员。要加强在运核电厂、工程建造现场和核级设备制造厂等一线监管力量，保证能充分履行核安全监管职责，健全核应急技术支持核救援体系，推动核安保能力整体提升。此外，国家在逐渐健全核能法规与技术标准，积极推进《原子能法》《核损害赔偿法》《放射性废物管理法》《核电管理条例》《乏燃料管理条例》《核安保条例》等法律法规的制定工作。研究制定核电及相关配套设施厂址保护制度，完善涉及公众参与等法律法规。积极推进核能全产业链标准体系研究，形成完整的核能产业标准规范。

2.4 新能源发展的基本原则

2.4.1 安全性原则

安全性主要体现在新能源发电与常规能源发电的装机能够满足系统负荷需求并留有合理备用，各类电源的出力能够互相调剂、时刻满足负荷需求并及时跟踪负荷变化，确保整个电力系统的安全、稳定、可靠运行。

2.4.2 经济性原则

各种类型新能源在发电成本、出力曲线、对电力系统影响等方面具有各自不同的特性。坚持经济性原则，就是要在新能源发电发展总量目标的指导下，深入研究风电、太阳能等不同新能源发电形式的技术经济特性，以全系统成本最低为原则，从而优化新能源发电结构比重和区域布局。

2.4.3 协调性原则

新能源发电一方面要加强与其他常规电源发展的相互协调，提高系统调节能力，保障电量的充分消纳；另一方面要加强与电网建设的相互协调，同步建成电源送出工程，加强跨区联网，加快构建坚强智能电网。

2.5 影响新能源发展的因素

2.5.1 成本因素

新能源发电项目的经济性是影响其发展的重要因素。评价可再生能源项目经济性的最主要指标是平准化能源（发电成本）（levelized cost of energy，LCOE），简称度电成本，是对项目生命周期内的成本和发电量进行平准化后计算得到的发电成本，即生命周期内的成本现值/生命周期内发电量现值。简而言之，就是将一个发电项目从建设到拆除的整个生命周期内的总费用平摊到整个生命周期的发电量之中，即每发一度电的成本支出：

$$\text{LCOE} = \left[I_0 - \sum_{n=1}^{N} \frac{I_t}{(1+i)^n} - \frac{V_R}{(1+i)^N} + \sum_{n=1}^{N} \frac{M_n}{(1+i)^n} \right] / \sum_{n=1}^{N} \frac{Y_n}{(1+i)^n} \quad (2.1)$$

式中 I_0——项目初始投资成本；

n——项目运行年数（$n=1,2,\cdots,N$）；

N——项目评价周期；

i——内部收益率；

I_t——项目增值税抵扣；

V_R——项目残值；

Y_n——第 n 年的发电量（$n=1,2,\cdots,N$）。

需要注意的是，LCOE 不同于电站建设或者投资成本，而是包含整个项目生命周期内（通常为 15~20 年）所有已发生的和可预估因素的综合成本，包括电站建设成本、租金、融资利息、运营管理费用等。

LCOE 作为一个量化的经济指标，常用于比较和评估可再生能源发电（光伏、风能、生物能源、地热等）与传统发电方式（燃煤、天然气、大型水力电站等）的综合经济效益。

1. 风力发电成本的构成及变化趋势

1) 风力发电成本的构成

风力发电成本（度电成本）的总投资由初始投资成本、运维成本和其他成本构成。

初始投资成本，即建设成本，是风电项目投入运行之前发生的费用，占风电项目总成本的70%左右，主要包括风机购置成本、安装成本、调试成本等。其中，风机购置成本占初始投资的65%~75%（刘喜梅等，2016）。自2009年以来，随着风电规模化发展以及技术水平的不断提高，风机购置成本不断下降，大大降低了风力发电成本。

运维成本，是指从风电项目投产发电开始到项目使用周期结束退出运营为止的所有成本，主要包括管理费用、保险费用和材料费用。风电设备使用初期，设备问题少，此时运维成本约占项目总成本的10%~15%（李蓉，2014）。但随着风机运行年限的增加，漏油等设备故障增多，在接近风机使用寿命时，运维成本约占项目总成本的20%~35%（李蓉，2014）。随着技术进步和风机可靠性的提高，运维成本有所下降。

其他成本，主要包括财务成本、税费成本以及报废成本等。报废成本是指风电设备在经济周期结束后，对设备进行清理、拆除、销毁所支付的费用，主要包括人工费、车辆使用费、用工器具使用费，以及风电项目废弃后对环境的损耗、恢复所支付的费用等。

2) 风力发电成本变化趋势

随着风机单机容量的增加，以及技术进步和产业规模化发展，全球风力发电成本不断下降。全球陆上风力发电成本下降至2020年的0.084美元/(kW·h)❶。自2003年开展商业化开发以来，中国陆上风力发电成本不断下降，从最初的1元/(kW·h)下降至目前的0.2~0.3元/(kW·h)。

2. 光伏发电成本构成及变化趋势

太阳能发电分为光伏发电（PV）和光热发电（CSP）。光伏发电有集中式的地面电站，也有与建筑物等相结合的分布式光伏发电项目。

1) 光伏发电成本的构成

与风力发电类似，光伏发电成本（度电成本）也由光伏项目的总投资和发电量共同决定。光伏项目的总投资也由初始投资成本、运维成本和其他成本构成。

光伏电站初始投资成本，即建设成本，是光伏项目投入运行之前发生的费用，主要包括光伏组件、逆变器、支架、电气设备、电缆、通信等设备、建筑安装工程、一次性土地成本、前期开发及管理费用、电网接入费用。其中，光伏组件成本占比最高，在35%~40%之间。

运维成本，主要包括组件清洗、组件支架及基础维护、设备计划性检修、设备预防性试验等费用支出，不同地区的运维成本存在明显差异。2018年中国分布式光伏系统运维成本为0.06元/(W·a)，集中式地面电站为0.05元/(W·a)❷。

其他成本，主要包括财务成本和税费成本。财务成本指融资所产生的相关费用及资金使用中产生的费用，与融资环境、政府政策相关，也与建设期的长短及资金使用时间有关。税费成本主要是企业所得税和增值税。

2) 光伏发电成本变化趋势

技术创新带来了光伏产业链各环节成本的稳步下降。根据国际可再生能源署（IRENA）2021年公布的报告，目前大规模太阳能度电成本（LCOE）为0.068美元/(kW·h)，较

---

❶ 数据来源：Renewable Power Generation Costs in 2020（国际可再生能源署IRENA官方网站，https：//www.irena.org/publicationsearch？irena_topic=6c0df1ac3dc743d39d48ad8ec82665d4）。

❷ 数据来源：中德光伏市场发展对比（知乎，https：//zhuanlan.zhihu.com/p/77086359）。

2010年下降了82%（IRENA，2021），平价上网时代近在咫尺。近些年，海外频现 0.02 美元/(kW·h) 以下的电价。2020 年葡萄牙最低的光伏项目招标电价已降至 0.0132 美元/(kW·h)（王勃华，2021）。特别值得一提的是，虽然中国是光伏制造业大国，国内项目设备成本比海外项目设备成本低，但是，由于中国税费、财务成本高等非技术成本高，相对海外一些非技术成本低的国家，中国光伏发电成本仍偏高，见图 2.3（王勃华，2021）。

图 2.3　2013—2020 年光伏发电最低中标电价走势

降低新能源成本的主要途径主要包括以下三个方面。

（1）提高风机国产化率，降低风机购置成本。

21 世纪初，在中国风电发展起步阶段，由于风机大部分依赖进口，风机购置成本很高，占初始投资成本 70% 左右。2007—2012 年中国对风电招标项目实施的本地化含量要求政策，极大地推动了风机制造的国产化，国产风机在国内市场的占比由不到 20% 迅猛上升为 80% 以上，大幅度降低了风机购置成本。据当时测算，如果国产化率为 60%，风机购置成本可下降 15%（史丹等，2015）。

（2）鼓励技术创新，推动技术进步。

通过加大研发投入，鼓励技术创新，推动技术进步，可以带来新能源系统成本的大幅下降。据国家发展改革委能源研究所统计，由于技术进步，2007—2015 年，光伏组件价格下降了 86.4%，逆变器价格下降了 90% 以上，光伏系统价格下降了 86.7%，光伏电价下降了 76.2% 左右（李颖，2015）。

（3）实施投资激励政策，推动产业规模化发展。

发展规模小是阻碍新能源产业发展的一个重要因素。国家通过可再生能源招标政策，以及为投资者提供初始投资补贴、电价补贴，以及税收减免等政策，可以吸引投资者投资新能源产业，由此推动新能源产业规模化发展，产生规模经济效应，带来投资成本的下降。国家发展改革委 2004 年数据显示，截至 2003 年底，全国并网风力发电装机容量仅为 $56.7 \times 10^4 \mathrm{kW}$。2003 年国家发展改革委组织实施了首批特许权招标示范项目。通过招标，吸引了外资企业、民营企业、国有企业等多种投资主体参与投标，有效地降低了电价。

2.5.2　政策因素

大力发展新能源对于加强能源资源节约和生态环境保护，增强可持续发展能力，以及保障能源安全，具有重要意义。在不考虑常规能源的环境成本情况下，新能源产业发展初期，其发电成本高于常规能源产品的成本,这极大地制约了其规模化发展和应用。因此,需要政府采取经济激励政策,推动新能源和可再生能源发电成本的下降。

经济激励政策是政府采取的激励企业进行新能源和可再生能源技术研发、新设备和产品制造以及新能源生产和消费的各种政策,主要政策工具有财政政策、税收政策、信贷政策和价格政策等。由于风电和光伏发电的开发成本相对较低、技术相对成熟、应用范围相对较广,中国新能源政策重点是鼓励风电和光伏发电的增长。

思考题

1. 中国的风能资源、太阳能资源和生物质能资源的地理分布分别具有什么特点?
2. 简述 LCOE 的内涵。为什么要使用 LCOE 评价可再生能源项目的经济性?
3. 世界新能源资源具有哪些特点?开发利用限制有哪些?
4. 进入 21 世纪,增长较为迅速的新能源利用形式有哪些?未来发展状况如何?
5. 中国新能源资源禀赋如何?中国政府为何要大力支持新能源开发?
6. 太阳能转化为电能技术有哪两种途径?各自的技术特点是什么?
7. 中国新能源电能转化技术现状如何?举例说明。

第3章 新能源发展的制度背景

3.1 中国新能源发展的主要法律法规

第3章案例集

2005年全国人大审议通过了《中华人民共和国可再生能源法》(简称《可再生能源法》)。《可再生能源法》为中国可再生能源发展提供了基本的法律保障和法律依据,对加快推动中国可再生能源开发利用产生了非常重要的作用。但是,随着近年来中国可再生能源产业快速发展,《可再生能源法》实施中存在的一些问题逐步暴露出来,突出的问题主要有:电网规划和建设不适应可再生能源发电发展,可再生能源发电上网电价与费用分摊机制不完善,配套优惠财税政策未能有效落实等。2009年12月,针对《可再生能源法》实施中存在的一些问题,国家对《可再生能源法》进行了修订,修订后的《可再生能源法》共计八章三十三条,包括总则、资源调查与发展规划、产业指导与技术支持、推广与应用、价格管理与费用补偿、经济激励与监督措施、法律责任与附则。

由于《可再生能源法》的规定比较原则和抽象,不能满足可再生能源开发利用的现实需求,因此,2005年《可再生能源法》颁布后,围绕可再生能源确立的基本制度,国务院各有关部门研究颁布了一系列配套的法规和行政规章。《可再生能源法》以及配套政策,构成了中国新能源和可再生能源法律与法规体系。与可再生能源相关的其他法律主要有:《中华人民共和国电力法》(1995年制定,2009年、2015年、2018年修正)、《中华人民共和国循环经济促进法》(2008年制定,2018年修正)、《中华人民共和国节约能源法》(1997年制定,2007年、2016年、2018年修订)、《中华人民共和国大气污染防治法》(1987年制定,1995年、2000年、2015年、2018年修订)。本节主要介绍《可再生能源法》确立的基本制度以及《可再生能源法》的综合性配套政策。

3.1.1 《可再生能源法》确立的基本制度

《可再生能源法》确立的基本制度,主要有总量目标与规划制度、全额保障性收购制度、分类固定上网电价制度、费用补偿制度、专项资金与基金制度。

1. 总量目标与规划制度

总量目标与规划制度可以给市场明确信号,并引导投资方向,是促进可再生能源开发利用的有效措施。《可再生能源法》规定,"国家将可再生能源的开发利用列为能源发展的优先领域,通过制定可再生能源开发利用总量目标和采取相应措施,推动可再生能源市场的建立和发展"(第四条)。总量目标通过制定国家和地方中长期目标来实现,而中长期目标则通过全国和地方可再生能源开发利用规划来落实。

国务院能源主管部门会同国务院有关部门,根据全国可再生能源开发利用中长期总量目标和可再生能源技术发展状况,编制全国可再生能源开发利用规划,报国务院批准后实施。国务院有关部门应当制定有利于促进全国可再生能源开发利用中长期总量目标实现的相关规划。编制可再生能源开发利用规划,应当遵循因地制宜、统筹兼顾、合理布局、有序发展的原则,对风能、太阳能、水能、生物质能、地热能、海洋能等可再生能源的开发利用作出统筹安排。规划内容应当包括发展目标、主要任务、区域布局、重点项目、实施进度、配套电网建设、服务体系和保障措施等(第七条、第八条、第九条)。

根据《可再生能源法》,2007年8月国家发展改革委制定了《可再生能源中长期发展规划》以及可再生能源发展的"十一五""十二五""十三五"规划。其中,《可再生能源发展"十三五"规划》规定,"十三五"期间(2016—2020年),中国可再生能源总量指标为:到2020年,全部可再生能源年利用量$7.3×10^8$t标准煤。全部可再生能源发电装机$6.8×10^8$kW,发电量$1.9×10^8$kW·h,占全部发电量的27%(国家发展和改革委员会,2016)。

2. 全额保障性收购制度

2005年《可再生能源法》规定,电网企业应当与按照可再生能源开发利用规划建设、依法取得行政许可或者报送备案的可再生能源发电企业签订并网协议,全额收购其电网覆盖范围内符合并网技术标准的可再生能源并网发电项目的上网电量,并为可再生能源发电提供上网服务(第十四条)。2007年国家电力监管委员会出台了《电网企业全额收购可再生能源电量监管办法》。但是,由于这种全额收购制度对电网企业规划和建设配套电网设施没有做出规范,电网规划和建设滞后于可再生能源发电的情况比较突出,一些地区可再生能源发电项目难以及时并网发电,严重制约了可再生能源开发利用的持续健康发展。

2009年《可再生能源法》(修正案)将"全额收购制度"修改为"全额保障性收购制度",要求电网企业收购不低于最低限额指标的可再生能源并网发电项目的发电量。最低限额指标根据国务院能源主管部门会同国家电力监管机构和国务院财政部门制定的全国可再生能源发电量的年度收购指标和实施计划确定。要求国务院能源主管部门会同国家电力监管机构和国务院财政部门,按照全国可再生能源开发利用规划,确定在规划期内应当达到的可再生能源发电量占全部发电量的比重,制定电网企业优先调度和全额收购可再生能源发电的具体办法,并由国务院能源主管部门会同国家电力监管机构在年度中督促落实(第十四条)。

3. 分类固定上网电价制度

可再生能源种类多,不同类型的可再生能源在资源、成本、技术等方面差异大,因此,对不同种类的可再生能源采取不同的电价扶持政策。借鉴德国经验,中国可再生能源发电项目实行了分类固定电价制度,即可再生能源发电项目上网电价由国务院价格主管部门根据不同类型可再生能源发电的特点和不同地区的情况,按照有利于促进可再生能源开发利用和经济合理的原则确定,并根据可再生能源开发利用技术的发展适时调整。实行招标的可再生能源发电项目的上网电价,按照中标确定的价格执行,但不得高于依照前述规定确定的同类可再生能源发电项目的上网电价水平。

2006年1月出台的《可再生能源发电价格和费用分摊管理试行办法》对该项制度进行了细化。2009年《可再生能源法》(修正案)对可再生能源发电上网电价进行了进一步规范。之后,根据资源条件的不同,国家专门出台并多次修订了风电和太阳能光伏发电的上网电价政策。

4. 费用补偿制度

借鉴澳大利亚和德国经验，中国通过向电力用户征收可再生能源附加的办法，解决开发利用可再生能源电力的高成本费用分摊问题（黄建初，2010）。2005 年《可再生能源法》规定，电网企业收购可再生能源发电量所发生的费用，高于按照常规能源发电平均上网电价计算所发生费用之间的差额，附加在销售电价中分摊。各省级电网企业应分摊的可再生能源附加额，按照省级电网企业加价销售电量占全国电网加价销售电量的比例确定。各省级电网企业实际支付的补贴电费以及发生的可再生能源发电项目接网费用，与其应分摊的可再生能源电价附加额的差额，在全国范围内实行统一调配。

考虑到可再生能源电价附加通过电网企业网间结算方式调配存在以下不足：一是可再生能源附加计为电网企业收入，所缴纳增值税和所得税等要占全部附加资金的三分之一；二是资金调配周期长，补贴资金不能及时到位，电力企业资金压力较大。因此，2009 年《可再生能源法》（修正案）把按 2005 年《可再生能源法》规定征收的电价附加和国家财政专项资金合并为政府基金性质的国家可再生能源发展基金，可再生能源上网电价高于常规能源发电上网电价部分，由可再生能源电价附加补偿。电网企业为收购可再生能源电量而支付的合理的接网费用以及其他合理的相关费用，可以计入电网企业输电成本，并从销售电价中回收。国家投资或者补贴建设的公共可再生能源独立电力系统的销售电价，执行同一地区分类销售电价，其合理的运行和管理费用超出销售电价的部分，依照规定补偿。《可再生能源法》规定征收的电价附加和国家财政专项资金合并为政府基金性质的国家可再生能源发展基金（李艳芳等，2015）。

5. 专项资金与基金制度

2005 年《可再生能源法》要求，国家设立可再生能源专项资金对可再生能源开发利用的科学技术研究、标准制定、示范工程、偏远地区和海岛可再生能源独立电力系统建设、可再生能源的资源勘查、评价和相关信息系统的建设，以及促进可再生能源开发利用设备的本地化生产等支持。此外，法律还要求国家对列入可再生能源产业指导目录、符合信贷条件的可再生能源开发利用项目等提供有财政贴息的优惠贷款和税收优惠。为了落实可再生能源发展专项资金问题，2006 年财政部发布了《可再生能源发展专项资金管理暂行办法》。2009 年《可再生能源法》（修正案）规定，将可再生能源电价附加和可再生能源专项资金合并为政府基金性质的国家可再生能源发展基金后，将可再生能源电价附加和可再生能源发展专项资金统筹起来，用政府基金的方式统一管理和使用，既能避免对可再生能源电价附加的征税，又能集合有限的财力，更有效地发挥其扶持中国可再生能源产业的作用。2011 年 11 月，财政部、国家发展改革委和国家能源局发布了《可再生能源发展基金征收使用管理暂行办法》，对基金的征收使用管理做了详细规定。

3.1.2 《可再生能源法》综合性配套政策

1.《可再生能源产业发展指导目录》（国家发展改革委，2005 年 11 月）

《可再生能源产业发展目录》涵盖风能、太阳能、生物质能、地热能、海洋能和水能六个领域的 88 项可再生能源开发利用和系统设备/装备制造项目，对国家鼓励的可再生能源产业、技术和装备及其技术指标进行了简要说明，如部分产业已经成熟并基本实现商业化；有些产业、技术、产品、设备、装备虽然还处于项目示范或技术研发阶段,但符合可持续发展要求和能源产业发展方向,具有广阔的发展前景或在特殊领域具有重要应用价值。《可再生能源产业发展目录》为国家进一步制定和实施可再生能源相关产业政策和财税鼓励政策奠定了基础。

2.《可再生能源发电有关管理规定》(国家发展改革委,2006年1月)

《可再生能源发电有关管理规定》从可再生能源发电项目的管理体制、项目管理、电网企业的责任以及发电企业的责任等几个方面对可再生能源发电上网作了进一步明确。要求电网企业制定可再生能源发电配套电网建设规划、进行电网建设和改造以确保可再生能源发电全额上网,负责可再生能源并网接入系统的建设和管理等。要求发电企业积极投资建设可再生能源发电项目,并承担国家规定的可再生能源发电配额义务;大型发电企业应当优先投资可再生能源发电项目。

3.《可再生能源发电价格和费用分摊管理试行办法》(国家发展改革委,2006年1月)

《可再生能源发电价格和费用分摊管理试行办法》规定,可再生能源发电价格实行政府定价和政府指导价两种形式。政府指导价是通过招标确定的中标价格。风电上网电价实行政府指导价,电价标准由国务院价格主管部门按招标形成的价格确定。生物质发电实行政府定价的,由国家制定标杆电价,电价标准由各省(自治区、直辖市)2005年脱硫燃煤机组标杆上网电价加补贴电价组成,补贴标准0.25元/(kW·h);通过招标确定投资人的生物质发电项目,实行政府指导价,即按中标确定的价格执行;太阳能、海洋能、地热能由政府定价,按合理成本加合理利润。

可再生能源发电项目上网电价高于当地脱硫燃煤标杆上网电价的部分、国家投资或补贴的公共可再生能源独立电力系统运行维护费用高于当地省级电网侧平均销售电价的部分,以及可再生能源发电项目接网费用等,通过向电力用户征收电价附加的方式解决。可再生能源电价附加向省级及以上电网企业服务范围内的电力用户(包括省级电网公司的销售对象、自备电厂用户、向发电厂直接购电的大用户)收取。可再生能源电价附加由国务院价格主管部门核定,按电力用户实际使用的电量计收,全国实行统一标准。

2006年1月1日,中国可再生能源附加征收标准为0.2分/(kW·h),此后多次调高,分别为0.4分/(kW·h)(2009年11月1日)、0.8分/(kW·h)(2012年1月1日)、1.5分/(kW·h)(2013年9月1日)和1.9分/(kW·h)(2016年1月1日)。

4.《可再生能源发展专项资金管理暂行办法》(财政部,2015年4月)

《可再生能源发展专项资金管理暂行管理办法》规定,可再生能源专项资金扶持重点为科研、标准制定和示范工程等,要促进可再生能源开发利用设备的本地化生产。在资金扶持方式方面,对于营利性弱、公益性强的项目,采取无偿资助方式;对于列入国家可再生能源产业发展目录以及符合信贷条件的可再生能源项目,采取贷款贴息方式。期限为1~3年的项目,年贴息率不超过3%。

5.《可再生能源电价附加收入调配暂行办法》(国家发展改革委,2007年1月)

《可再生能源电价附加收入调配暂行办法》规定,可再生能源电价附加由省级电网企业按照国务院价格主管部门统一核定的标准和范围随电费向终端用户收取并归集,单独记账,专款专用。省级电网企业应收取的可再生能源电价附加按以下公式计算,并作为电价附加调配的依据:电价附加金额=电价附加×加价销售电量;加价销售电量=省级电网企业售电总量-农业生产用电量。省级电网企业将收取的可再生能源电价附加计入本企业的收入，首先支付本省（区、市）可再生能源电价补贴，差额部分进行配额交易、全国平衡。可再生能源电价补贴包括可再生能源发电项目上网电价高于当地脱硫燃煤机组标杆上网电价部分、国家投资或补贴建设的公共可再生能源独立电力系统运行费用高于当地省级电网平均销售电价部分，以及可再生能源项目接网费用等。

6.《"十四五"可再生能源发展规划》（国家发展改革委、国家能源局等九部委，2022年6月）

《"十四五"可再生能源发展规划》明确了"十四五"主要发展目标是：

（1）可再生能源总量目标。2025年，可再生能源消费总量达到 $10×10^8$ t 标准煤左右。"十四五"期间，可再生能源在一次能源消费增量中占比超过50%。

（2）可再生能源发电目标。2025年，可再生能源年发电量达到 $3.3×10^{12}$ kW·h 左右。"十四五"期间，可再生能源发电量增量在全社会用电量增量中的占比超过50%，风电和太阳能发电量实现翻倍。

（3）可再生能源电力消纳目标。2025年，全国可再生能源电力总量消纳责任权重达到33%左右，可再生能源电力非水电消纳责任权重达到18%左右，可再生能源利用率保持在合理水平。

（4）可再生能源非电利用目标。2025年，地热能供暖、生物质供热、生物质燃料、太阳能热利用等非电利用规模达到 $6000×10^4$ t 标准煤以上。

为了保障规划目标的实现，《可再生能源中长期发展规划》对非水电可再生能源发电规定了强制性市场份额：到2010年和2020年，大电网覆盖地区非水电可再生能源发电在电网总发电量中的比例分别达到1%和3%以上；权益发电装机容量超过 $500×10^4$ kW 的投资者，所拥有的非水电可再生能源发电权益装机总容量应分别达到权益发电机总容量的3%和8%以上。

7.《电网企业全额收购可再生能源电量监管办法》（国家电力监管委员会，2007年7月）

《电网企业全额收购可再生能源电量监管办法》规定，电力监管机构对以下情况具有监管职责：电网企业建设发电项目接入情况、可再生能源发电机组与电网并网情况、电网企业为可再生能源及时提供上网服务情况、电力调度机构优先调度可再生能源发电情况、可再生能源发电安全运行情况以及电网企业全额收购可再生能源电量情况。

可再生能源发电机组与电网并网，并网双方达不成协议，影响可再生能源电力交易正常进行的，电力监管机构应当进行协调；经协调仍不能达成协议的，由电力监管机构按照有关规定予以裁决。电网企业和可再生能源发电企业因履行合同发生争议，可以向电力机构申请调解。电网企业、电力调度机构未履行其法律责任，给可再生能源发电企业造成经济损失的，电网企业应当承担赔偿责任，监管机构责令限期改正；拒不改正的，电力监管机构可以处以可再生能源发电企业经济损失额一倍以下的罚款。

8.《可再生能源发展基金征收使用管理暂行办法》（财政部、国家发展改革委、国家能源局，2011年11月）

《可再生能源发展基金征收使用管理办法》规定，可再生能源发展基金包括国家财政公共预算安排的专项资金和依法向电力用户征收的可再生能源电价附加收入。可再生能源电价附加由财政部驻各省、自治区、直辖市财政检察专员办事处按月向电网企业征收，实行直接缴库，收入全额上缴中央国库。可再生能源电价附加收入填列政府收支分类科目第103类

01 款 68 项 "可再生能源电价附加收入"，使可再生能源电价附加的作用得到了增强。

可再生能源发展基金的用途和使用范围：一是补偿电网企业收购可再生能源电量所发生的高于常规能源发电平均上网电价费用的部分；二是补偿国家投资或者补贴建设的公共可再生能源独立电力系统合理的运行和管理费用超出销售电价的部分；三是支持可再生能源开发利用的科学技术研究、示范工程；四是农村、牧区的可再生能源利用项目；五是偏远地区和海岛的可再生能源利用项目；六是可再生能源的资源勘查、评价和相关信息系统建设；七是促进可再生能源开发利用设备的本地化生产。此外，电网企业为收购可再生能源电量而支付的合理的接网费用以及其他合理的相关费用，计入电网企业输电成本后，通过销售电价仍不能回收的，也可以申请可再生能源发展基金补助。

9.《分布式发电管理暂行办法》（国家发展改革委，2013 年 7 月）

分布式发电是指在用户所在场地或附近建设安装、运行方式以用户端自发自用为主、多余电量上网，且在配电网系统平衡调节为特征的发电设施或有电力输出的能量综合梯级利用多联供设施。《分布式发电管理暂行办法》规定，对符合条件的分布式发电给予建设资金补贴或单位发电量补贴。建设资金补贴方式仅限于电力普遍服务范围。享受建设资金补贴的，不再给予单位发电量补贴。

享受补贴的分布式发电包括：风力发电、太阳能发电、生物质发电、地热发电、海洋能发电等新能源发电。其他分布式发电的补贴政策按相关规定执行。对农村、牧区、偏远地区和海岛的分布式发电，以及分布式发电的科学技术研究、标准制定和示范工程，国家给予资金支持。

10.《关于进一步深化电力体制改革的若干意见》（中共中央 国务院，2015 年 3 月）

《关于进一步深化电力体制改革的若干意见》的颁布标志着中国新一轮电力改革的启动，有助于破除制约可再生能源发展的体制机制障碍，促进可再生能源健康可持续发展。新电力改革的主要内容是：按照"管住中间、放开两头"的体制架构，构建有效竞争的电力市场结构和体系，引导市场主体开展多方直接交易，建立长期稳定的交易机制，建立辅助服务共享新机制，完善跨省跨区电力交易机制；建立优先购电制度，保障无议价能力的用户用电；建立优先发电制度，保障清洁能源发电、调节性电源发电优先上网；加强和规范燃煤自备电厂监督管理，企业自备电厂自发自用电量应承担社会责任，并足额缴纳依法合规设立的政府性基金以及政策性交叉补贴。

"管住中间"是指对具有自然垄断属性的输配电网环节加强政府监管、实行政府定价，确保电网公平开放、市场公平交易；"放开两头"是指在发电侧和售电侧实行市场开放准入，引入竞争，放开用户选择权，形成多买多卖的市场格局，价格由市场形成，发挥市场配置资源的决定性作用。

11.《可再生能源发展专项资金管理暂行办法》（财政部，2015 年 4 月）

《可再生能源发展专项资金管理暂行办法》明确提出了"竞争性分配"的资金使用方式，即对可再生能源项目实行择优补贴。这对提高财政资金的使用效益、发挥财政资金对可再生能源产业的引导作用具有重要意义。为了引导可再生能源企业进行技术创新，《可再生能源发展专项资金管理暂行办法》规定可再生能源发展专项资金的重点支持范围包括：可再生能源和新能源重点关键技术示范推广和产业化示范，可再生能源和新能源规模化开发利用及能力建设，可再生能源和新能源公共平台建设，可再生能源、新能源等综合应用示范，等等。同时,《可再生能源发展专项资金管理暂行办法》还对财政部、其他相关部门以及地方财政等在可再生能源专项资金管理工作中的职责分工进行了具体规定,进一步加强了资金的统筹力度。

可再生能源和新能源公共平台建设,可以整合可再生能源行业的科技资源,加快可再生能源研究成果共享与转化,组建指导、研究、开发、生产和推广紧密结合的创新团队,集中整合可再生能源行业的优势资源和领先技术,提高可再生能源产业整体的技术含金量,全面提升国家可再生能源产业技术水平和产业竞争力。

12.《国家能源局关于建立可再生能源开发利用目标引导制度的指导意见》(国家能源局,2016 年 2 月)

《国家能源局关于建立可再生能源开发利用目标引导制度的指导意见》强调,要充分认识建立可再生能源开发利用目标的重要性,建立明确的可再生能源开发利用目标,制定科学的可再生能源开发利用规划,明确可再生能源开发利用的责任和义务,建立可再生能源开发利用监测和评价制度,研究完善促进可再生能源开发利用的体制机制,分步开展可再生能源开发利用目标引导工作。

《国家能源局关于建立可再生能源开发利用目标引导制度的指导意见》要求,国家能源局根据各地区可再生能源资源状况和能源消费水平,依据全国可再生能源开发利用中长期总量目标,制定各省(区、市)能源消费总量中的可再生能源比重目标和全社会用电量中的非水电可再生能源电量比重指标,并予以公布;鼓励各省(区、市)能源主管部门制定本地区更高的可再生能源利用目标。

《国家能源局关于建立可再生能源开发利用目标引导制度的指导意见》规定,2030 年非化石能源在中国一次能源消费中的比重达到 20%。《国家能源局关于建立可再生能源开发利用目标引导制度的指导意见》首次提出将"绿色证书"作为是否完成指标的核算凭证。

13.《可再生能源发电全额保障性收购管理办法》(国家发展改革委,2016 年 3 月)

《可再生能源发电全额保障性收购管理办法》规定,可再生能源发电全额保障性收购,是指电网企业(含电力调度机构)根据国家确定的上网标杆电价和保障性收购利用小时数,结合市场竞争机制,通过落实优先发电制度,在确保供电安全的前提下,全额收购规划范围内的可再生能源发电项目的上网电量。

可再生能源并网发电项目年发电量分为保障性收购电量部分和市场交易电量部分。其中,保障性收购电量部分通过优先安排年度发电计划、与电网公司签订优先发电合同(实物合同或差价合同)保障全额按标杆上网电价收购;市场交易电量部分由可再生能源发电企业通过参与市场竞争方式获得发电合同,电网企业按照优先调度原则执行发电合同。不存在限制可再生能源发电情况的地区,电网企业应根据其资源条件保障可再生能源并网发电项目发电量全额收购。

14.《国家发展改革委、财政部、国家能源局关于试行可再生能源绿色电力证书核发及自愿认购交易制度的通知》(国家发展改革委、财政部和国家能源局,2017 年 2 月)

这项规定有助于缓解非水可再生能源补贴资金不足的问题。《国家发展改革委、财政部、国家能源局关于试行可再生能源绿色电力证书核发及自愿认购交易制度的通知》要求,在全国范围内试行可再生能源绿色电力证书核发和自愿认购制度。《国家发展改革委、财政部、国家能源局关于试行可再生能源绿色电力证书核发及自愿认购交易制度的通知》明确,绿色电力证书是国家对发电企业每兆瓦时非水可再生能源颁发的具有独特标识代码的电子证书，是非水可再生能源发电量确认和属性证明的一级消费绿色电力的唯一凭证。国家可再生能源信息管理中心依托可再生能源发电项目信息管理系统，建设和管理全国绿色电力证书核发和认购平台，按照1个证书对应1MW·h时结算电量标准，向企业核发相应证书，不足1MW·h结算电量部分，结转到次月核发。

绿色电力证书自2017年7月1日起正式开始认购工作，认购价格按照不高于证书对应电量的可再生能源电价附加资金补贴金额，由买卖双方自行协商或者通过竞价确定认购价格。风电和光伏发电企业出售可再生能源绿色电力证书后，相应的电量不再享有国家可再生能源电价附加资金的补贴。绿色电力交易证书经过认购后不能再次出售。

15.《国家发展改革委、国家能源局关于建立健全可再生能源电力消纳保障机制的通知》（国家发展改革委、国家能源局，2019年5月）

绿色电力证书交易属于自愿认购性质。由于购买绿色电力证书仅证明企业消费了绿色电力，因此，企业购买绿色电力证书的动因大多是为了提升企业品牌形象。此外，上述文件关于绿色电力证书可以且仅可以出售一次的规定，弱化了绿色电力证书的交易属性，因此，这种认购制度存在先天不足。从国际经验来看，绿色电力证书交易通常与可再生能源配额制相结合。配额制基础上的绿色电力证书交易，既可以推动可再生能源有效利用，又可以降低国家可再生能源补贴的强度。

《国家发展改革委、国家能源局关于建立健全可再生能源电力消纳保障机制的通知》的核心是确定各省级行政区域的可再生能源电量在电力消费中的占比目标，即"可再生能源电力消纳责任权重"；目的是促使各省级行政区域优先消纳可再生能源，加快解决弃水、弃风、弃光问题，同时促使各类市场主体公平承担消纳责任，形成可再生能源电力消费引领的长效发展机制。

《国家发展改革委、国家能源局关于建立健全可再生能源电力消纳保障机制的通知》提出，国务院能源主管部门按省级行政区域确定消纳责任权重，包括总量消纳责任权重和非水电消纳责任权重。对以上两类权重，分别按年度设定最低消纳责任权重和激励性消纳责任权重。消纳责任权重的测算确定，综合考虑各区域可再生能源资源、全社会用电量、国家能源规划及实施情况、全国重大可再生能源基地建设情况和跨省跨区输电通道资源配置能力等因素。

《国家发展改革委、国家能源局关于建立健全可再生能源电力消纳保障机制的通知》明确规定了政府部门、电网企业、各类市场主体的责任。各省级能源主管部门牵头承担落实责任，组织制定本省级行政区域的可再生能源电力消纳实施方案，并将方案报省级人民政府批准后实施。售电企业和电力用户协同承担消纳责任。电网企业负责组织实施经营区内的消纳责任权重落实工作。各市场主体通过实际消纳可再生能源电量、购买其他市场主体超额消纳量、自愿认购绿色电力证书等方式，完成消纳量。

《国家发展改革委、国家能源局关于建立健全可再生能源电力消纳保障机制的通知》提出分两个层次对消纳责任权重完成情况进行监测评价和考核，一是省级能源主管部门负责对承担消纳责任的市场主体进行考核，二是国家按省级行政区域进行监测评价。省级能源主管部门对未履行消纳责任的市场主体督促整改，对逃避消纳社会责任且在规定时间内不按要求进行整改的市场主体，依规列入不良信用记录，纳入失信联合惩戒。国家按年度公布监测评价报告，作为对其能耗"双控"考核的依据。

《国家发展改革委、国家能源局关于建立健全可再生能源电力消纳保障机制的通知》要求各省级能源主管部门对照 2018 年消纳责任权重开展自我核查,2019 年模拟运行并对市场主体进行试考核。自 2020 年 1 月 1 日起,全面进行监测评价和正式考核。

16.《清洁能源发展专项资金管理暂行办法》(财政部,2020 年 6 月)

清洁能源发展专项资金,是指通过中央一般公共预算安排,用于支持可再生能源、清洁化石能源以及化石能源清洁化利用等能源清洁开发利用的专项资金,实施期限为 2020—2024 年,到期后按照规定程序申请延续。专项资金支持范围包括:清洁能源重点关键技术示范推广和产业化示范,清洁能源规模化开发利用及能力建设,清洁能源公共平台建设,清洁能源综合应用示范,党中央、国务院交办的关于清洁能源发展的其他重要事项。

3.2 影响新能源发展的市场机制

3.2.1 市场化改革对新能源发展的影响

以市场为导向的政策所构建的市场机制对提高效率和风电利用非常重要。市场利用价格扮演的主要角色包括处理大量信息,以高度分散的方式传达信息,对当地情况的变化迅速做出反应,仅需要最少的信息传送到每个个体的能力。新能源与可再生能源发电市场处于一个经常变化的环境中,这包括需求方面的季节性波动、白天需求的变化(高峰负荷)、天气变化(太阳、风)、供给冲击(供给的波动性甚至断电),以及经济的增长等。在这样一种变化特征明显的行业背景下,市场机制更有利于提高效率,即市场导向的政策工具可以最小化能源市场信号的破坏。

同时,根据供给和需求的基本经济学原理,与计划机制相比,市场机制也有利于提高效率。在图 3.1 中,D_0、D_1 代表风电需求,S_0、S_1 代表风电供给(风力发电)。图 3.1(a) 表示在开放市场中风电的供给和需求,这意味着在市场机制下跨省交易可使风电需求扩大,即从原来的需求曲线 D_0 上升为 D_1。如果风电价格保持 P^* 不变,风电供给将要增加到 S_1。因此,弃风量将会减少,效率会得到提高。图 3.1(b) 表示在一个封闭的市场中(例如在一个省的范围之内)需求曲线不能移动。在这种情况下,如果严格的行政管制风电价格(P_2)比均衡价格 P^* 高,风电需求将要从 Q^* 下降到 Q_2;因此,风力发电减少。但是,如果风电价格通过市场机制从 P^* 下降到 P_1(或是风电的一些利润转移到其他市场参与者那去),风电需求将要从 Q^* 上升到 Q_1,风力发电量将要上升,由此将促进风电发电量的增加。

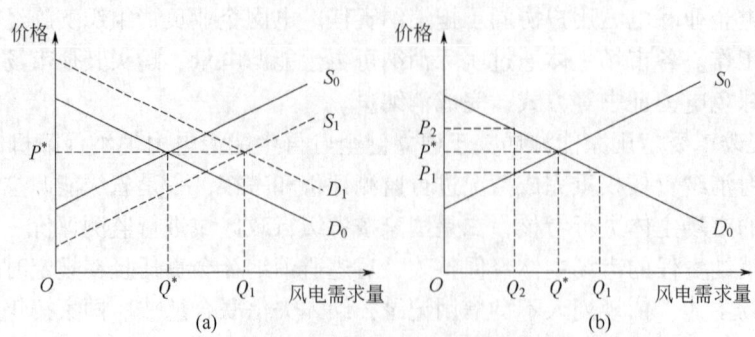

图 3.1 开放市场与封闭市场对风电影响示意图

3.2.2 促进新能源发展的市场机制的完善

虽然市场机制更有利于促进新能源与可再生能源的发展,但是,中国的电力市场却一直实行着计划机制的管理模式,集中体现在电力调度、电力交易和电价机制等方面。在电力调度方面,每台机组的发电量完全由计划决定,调度中心具有较大的决定权。在电力交易方面,中国的输电市场相对封闭。以省级为基础的电网公司是电力运营和配送的主体。计划准则规定一个省内的电力供需应该保持平衡。省间(和区域间)的电力交易量非常有限,而且这种电力交易长期以行政计划为主导,即跨省区间的电力交易量是计划决定的,而不是市场供需决定。中国电力市场机制的缺失对新能源和可再生能源发展产生了较大的不利影响(Zhao et al.,2012)。

3.3 影响新能源发展的价格机制

3.3.1 电价机制的类型

电价机制是影响新能源与可再生能源发电的另一重要机制。现行电价机制存在的不足主要体现在:

(1)上网电价形成机制缺乏灵活性,没有考虑价格信号的作用。例如,目前可再生能源上网采用的是完全固定的电价机制,这对保障可再生能源企业的投资收益是有利的。但是,另一方面,这样的价格机制难以反映出市场需求对可再生能源发展的引导作用,容易造成可再生能源发展速度短期内相对过快,或者影响可再生能源灵活性消纳途径的选择。

(2)跨省跨区电力交易价格机制不完善。在计划形成的电量交易占主导地位的情况下,跨省跨区最常见的交易机制主要为由省级电网公司或者区域电网公司组织的"挂牌"交易机制,即由电网公司标定电价、电量,由省内的发电企业或者区域内符合一定条件的发电企业竞价,竞价价格不得高于电网公司限定的"挂牌"电价,报价低的发电企业获得该部分"额外"的发电机会。由于风电实行的是固定电价,价格偏高,在竞价中完全没有价格优势,因而无法参与跨省跨区交易。

(3)辅助服务补偿电价缺失。辅助服务是电力系统安全运行的基本保障,没有调频、调压等辅助服务,电力系统的安全就无从谈起。而无偿提供辅助服务的模式很难从机制上确保系统得到充足的辅助服务。可再生能源的随机性、不稳定性、不可控性等运行特性引发了不同于常规机组的辅助服务需求,主要包括调峰、备用、调频以及无功需求,这就意味着需要其他机组提供更多的辅助服务。但是,对于大多数机组而言,提供辅助服务意味着增加额外成本(通常常规火电机组在额定功率70%以下工况运行时,其发电能耗将增加20%以上;水电机组在额定功率50%以下工况运行时,其发电效率将降低20%左右)。因此,需要制定辅助服务补偿电价机制对调峰成本予以补偿。而中国目前却没有辅助服务补偿电价,这是调峰电源不足的最主要原因。

(4)需求侧响应电价机制有待完善。需求侧响应是指电力用户对市场价格信号或控制指令作出响应,并改变常规电力消费模式的市场参与行为。它强调电力用户根据调度指令或市场信号,主动进行负荷调整,从而作为一种资源,对市场的稳定和电网的可靠性起到促进作用。需求侧响应与可再生能源之间具有良好的互补特性，需求侧资源的参与对提高系统消纳可再生能源能的重要性日益凸显，有望成为调整负荷适应电网发展的新途径。

随着风功率预测技术的进步，在风电大规模并网条件下，引入需求侧响应一方面可以使电网调度机构综合利用供需两侧资源，有效应对风电出力波动给电网安全可靠运行带来的影响，提高系统可靠性；另一方面可以减少供应侧备用电源提高传统机组利用小时数，有效降低供应侧系统运营成本，提高系统运行经济性。美国劳伦斯伯克利国家实验室开展的试点结果证明：自动需求响应能够有效缓解间歇性可再生能源接入带来的电力供需矛盾，成本约为使用储能装置的 10%。

电价机制是需求侧响应的主要实施手段。需求侧电价主要有分时电价（time-of-use price，TOU）、关键峰荷电价（critical peaking price，CPP）和实时电价（real time price，RTP）。

（1）分时电价。这是按照时段设置、反映不同时段供应侧购电成本的零售电价。分时电价可以分为季节电价、节假日电价、峰谷电价等。如果用户侧的电能计量终端的计量精度允许，还可以根据需要进行更细致的划分。

（2）关键峰荷电价。这是在普通电价或分时电价基础上设置得特别高的并反映关键负荷时段供应侧购电成本的零售电价。与分时电价确定的峰荷时段不同，关键峰荷电价的峰荷时段是不确定的，一般是在即将出现峰荷期前的一定时间内临时确定，或者在事后追溯，每年只有几天或几个时段。

（3）实时电价。这是与批发市场电价联动、直接反映日前或实时市场购电成本的零售电价，是最理想的动态电价。实时电价需要划分为更细致的时段，对实时通信系统和电能计量终端的要求更高。实时电价按联动批发电价分为日前实时电价和日中实时电价；按用户侧的实施时间分为一部制实时电价和两部制实时电价。实时电价机制和前面所述的分时电价及关键峰荷电价机制不同，其电价不是提前设定的，而是每天持续波动。这样一种将批发市场价格和零售价格直接联系起来的机制，起到了将价格响应性直接引入零售市场、将各市场联动起来的作用。

3.3.2 电价机制改革对新能源发展的影响

分时电价和关键峰荷电价在中国部分城市已经有试点实施工作，并已取得一定成效，但未广泛推行；由于中国电网行业垄断地位和政府监管力度不足，再加上通信系统和电能表计达不到要求，实时电价未能实现。此外，新能源节能减排、控制气候变化的制度安排与发展规划不匹配。新能源发电在大气污染控制方面的优势没有落实，排放的控制无法对电力交易产生影响。总之，需求侧响应电价机制尚未能发挥其在促进中国可再生能源发展中的作用。

3.4 影响新能源发展的监管机制

3.4.1 中国电力市场监管主体及基本职能

中国电力市场监管主体及基本职能如图 3.2 所示。

现有电力市场监管主体及其权限安排特征体现在以下几个方面：

第一，领导与协调层，即国家能源委员会与电力体制改革工作小组，其职能主要包括三

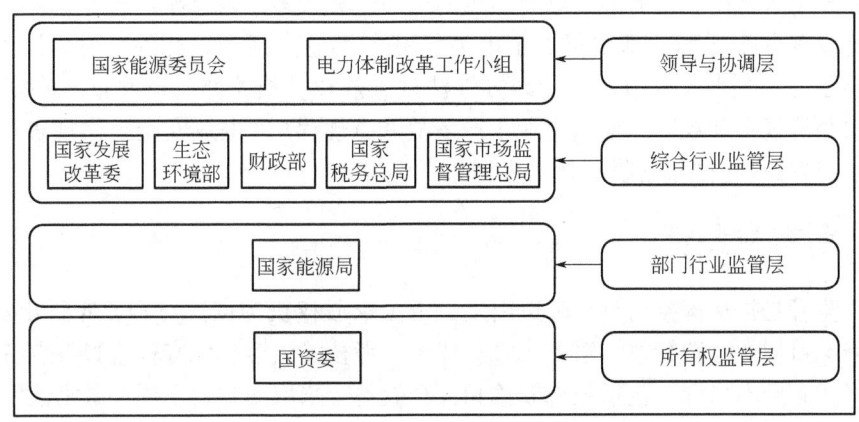

图 3.2 电力监管主体

个方面：一是协调中国电力改革的进程；二是权衡电力监管中的多个目标，尤其经济性目标与环境目标及其他社会性目标的关系；三是协调各监管、政策部门之间可能存在的冲突。

第二，综合行业监管层，如国家发展改革委、生态环境部、财政部、国家税务总局、国家市场监督管理总局等，都是与电力监管密切相关的政府综合管理部门。这些部门主要的职责就是制定与电力行业相关的能源政策（国家发展改革委）、产业规划（国家发展改革委）、环境保护（生态环境部）、标准（国家市场监督管理总局）、财政（财政部）及税收政策（国家税务总局）等。

第三，部门行业监管层，包括国家能源局和原电监会，贯彻和执行电力行业的监管政策。2013年，国家能源局重组，原电监会被撤销，其职能并入新的国家能源局，开启了大能源综合监管时期。

第四，所有权监管层。国资委对中国电力企业负有监管职能。中国电力行业90%的企业是国有企业，所有权监管主要由国资委实施。

3.4.2 行业监管

所谓行业监管，就是法律授权的监管机构在公开、公平、公正原则下，以法律法规和制度进行规范和约束，通过督查、检查、抽查、巡查和审核审计等方法，从实体和程序两方面对进入行业的事业体和事件进行监督管理，以保证行业管理目标得以实现。行业监管的特点是：在现有体制环境下实现社会效益最大化，深入业务运营层面。

1995年颁布的《中华人民共和国电力法》，确立了电力适当超前发展和多家办电原则，确认了电力体制改革中的政企分开，确认了电价形成机制和将来的电力发展方向，强调了电力发展过程中的环境保护。2005年和2009年分别颁布了《中华人民共和国可再生能源法》及其修正版，该法律对鼓励支持可再生能源发电企业以及电网公司在可再生能源发电中的责任作出了较为明确的规定。

电力监管行政法规主要包括《电力设施保护条例》（1987年）、《电网调度管理条例》（1993年）、《核电厂核事故应急管理条例》（1993年）、《电力供应与使用条例》（1996年）、《电力监管条例》（2005年）。《电网调度管理条例实施办法》中规定"调度机构分为五级""电网运行必须实行统一调度、分级管理"的原则，确定了中国电力调度的基本准则。

国家相关主管部门制定的涉及电力领域的部门规章较多，内容涉及电力市场、电价与电费、电力监管等各个方面，基本覆盖了电力领域各类业务活动。此外，中国许多省（市、区）还发布了一系列涉及电力领域的地方性法规、规章。相关部门还发布了许多规范电力工业的技术经济规程和规则，如《电业生产事故调查规程》《电业安全工作规程》《农村低压电力技术规程》《电热辐射供暖技术规程》。

3.4.3 所有权监管

所有权监管是指从国家所有权政策出发，由国家股权机构依法对企业履行出资人职责，包括国有资本目标、经营绩效、财务风险、任免、考核等内容。所有权监管特点有：在合规前提下实现国有资本目标，包括经济效益和社会效益；采取的方式主要是激励性因素，包括考核、薪酬和任免等。

中国目前电力市场方面的所有权监管中的绩效考核主要是出资人考核，即国资委对国家电网公司和电源集团公司的经营业绩进行考核，考核依据主要是《中央企业综合绩效评价实施细则》，但其中针对国家电网公司的考核主要还是针对国家电网公司保值增值能力的考核。所以，在现有的考核方式下，提高可再生能源上网比例会对电网公司的经营业绩带来一定的影响，从财务的角度考虑，电网公司对促进可再生能源上网电量的增加缺乏积极性。

3.4.4 现有监管机制中存在的问题

（1）在监管职权配置方面，权力比较分散。综合行政管理、行业监管、所有权监管，除了所有权监管集中在国有资产监管部门外，职权分散，行政管理与行业监管职能的划分难以从定位上界定，即模糊了行政管理与行业监管职能。

在地方，省（自治区、直辖市）具有电力监管职能的部门有经济与信息化委员会（有的省由经委履行这一职能）、发展改革委、国资委、国家能源局派出机构、物价局等，也同样存在着监管权力比较分散的特点。

（2）监管主体的配置和地方政府层级结构不相适应。目前的能源监管机构设置延续了原来中国电力监管组织结构，即三级纵向垂直监管体系：国家能源局、大区域能源局、有关城市的能源监管专员办公室，而中国行政体系，地方是以省（市）为核心。这种差异性在一定程度上增加了监管的难度。

（3）行业监管职权缺乏独立性。部分关键的应属于国家能源局电力监管的职能被设置在国家发展改革委，与国际上成熟的监管模式存在差距，既缺乏独立性，也造成了公共政策职能与行业监管职能的混淆，不利于分清政府与市场的关系。例如，电价的定价监管权被认为是电力监管最核心的工具之一，大多数发达国家和发展中国家的电力监管机构拥有电价批准和制定权，但是这一项权力在中国由国家的公共政策部门——国家发展改革委行使，不利于形成有序的电力市场，使价格机制充分作用。要彻底解决电价监管权问题，关键是要加快《中华人民共和国电力法》和《中华人民共和国价格法》的修订，改变过去只有国务院价格主管部门电价管理权限的规定，而没有关于电力监管机构的电价管理权限规定的缺陷。

3.5 影响新能源发展的运行机制

3.5.1 年度发电计划安排模式对可再生能源发电的影响

目前的年度发电计划更多考虑的是火电机组的发电计划,火电机组发电量的年度计划由省级电网公司上报方案,地方政府最终审批。年度发电计划制定中的影响因素主要包括四个方面:第一,火电项目批准时的年发电小时计划数;第二,上一年的发电量;第三,GDP的增长目标和负荷需求情况;第四,火电企业的游说能力。目前年度发电计划的安排模式对可再生能源并网发电规模扩大的不利影响主要体现在以下三个方面:

(1) 目前的年度发电计划对可再生能源电力的出力计划考虑不够,而在负荷较低的情况下若满足火电机组发电计划,可再生能源发电空间将变得非常有限。

(2) 电网公司在电力调度中更多关注的是电力系统运行安全,对真正实施可再生能源优先调度方面给予的重视程度有待进一步提高。

(3) 年度发电计划安排中火电机组发电量确定的依据之一是该机组上一年度的发电量,这种机制相当于鼓励了火电机组多发电,因而不利于可再生能源发电规模的增加;因为在负荷一定的情况下,只有在火电机组少发电(降低出力,为风电机组调峰)的情况下,才有利于更多可再生能源并网发电。

3.5.2 调度模式对可再生能源并网发电的影响

调度模式首先体现为火电机组的开机方式。火电机组开机方式偏大的问题比较普遍,火电机组开机方式偏大是指正在运行的火电机组数量多于应该运行的火电机组数量,以及/或正在运行的火电机组的出力情况大于其应该出力的情况。火电机组开机偏大对可再生能源并网发电的不利影响主要体现在两个方面:

(1) 火电机组开机方式偏大意味着火电出力多,在负荷一定的情况下,可再生能源发电空间将变得比较有限。

(2) 火电开机方式偏大增大了火电机组向下调峰的难度,从而在负荷降低或风电出力增加的情况,火电机组难以压低出力为风电并网发电让出更多的空间。

目前由于风电预测准确性相对不高,为防止风电出力预测结果远大于实际可出力结果,在开机方式的确定中,电网公司往往倾向于留出更多的火电备用容量,以保证电力系统的安全稳定运营。但是,这样的安排对可再生能源并网发电产生了不利影响。

调度模式安排中存在的问题还体现在:大部分省级电力公司目前的调度模式仍然沿用以火电为核心的传统调度方法,针对大规模可再生能源发电背景下调度模式的改革和实践比较缺乏。

3.5.3 备用容量安排对可再生能源发电的影响

在可再生能源发电快速增长的背景下,需要研究为满足可再生能源接入比例不断提高所需的额外的备用容量及相应成本分摊问题。研究中需要考虑风电与负荷的波动性及预测误差,以及系统可能增加的最大波动情况。黄少中等(2012)分情景计算了2015年至2020年无风电接入和有风电接入时的备用总成本，以及由风电所导致的备用成本增加如果完全由风电场承担的成本情况。但是，目前在不同风电并网比例下，针对不同地区电力系统特征和风资源出力波动特征，对一次备用、二次备用、三次备用的容量应该分别为多少还缺乏具体规定，造成备用容量安排不合理。研究表明：当风电比例为总需求量的10%时，备用容量为风电装机容量的1%~15%；当风电比例为20%时，备用容量为风电装机容量的4%~18%。

但是，中国目前在风电资源丰富而负荷又相对较低的地区，在火电企业不断施压的情况下，调度机构往往以电网安全为由，过大预留系统旋转备用。例如，西北电网有的地区预留容量达标准预留的4倍以上，有的发电企业为了完成电量计划勉强维持开机数量，而导致旋转备用过度富余，以上现象不仅不利于可再生能的并网发电，而且也不利于火电机组的高效运行和节能减排，造成社会资源的不必要浪费。

3.6 新能源发展国外制度差异和形成背景

3.6.1 国外新能源发展财税补贴制度

1. 美国

美国政府自1978年实施《能源税收法》以来不断加大政策扶持的力度和范围，从财政补贴、政府采购，到直接减税、加速折旧、税收抵免不一而足，并且不仅有联邦政府的扶持，还有地方州政府的扶持。一是加大科技投入，提高联邦财政拨款预算，2009年美国直接用于新能源研发的预算拨款高达190多亿美元（Henderson，Newell，2010），此外联邦政府还通过公开招标管理公司进行管理，实行私有化的管理模式对项目经费进行控制，并吸引社会资金加入；二是提供产出补贴，如每生产1kW·h的电能补助1.5美分；三是以法律形式规定政府的绿色产品采购；四是直接减税，如对太阳能和地热的非电力项目永久性减税10%，对风能和生物质能发电实行为期10年的产品减税，每发1kW·h减少1.5美分，并在2005年8月8日通过的新《国家能源政策法》明确规定，美国鼓励能源行业采取节能、洁能措施；五是加速折旧，根据《能源税收法》，可再生能源企业可获得5年的加速折旧；六是采取技术开发抵税和生产抵税的方式抵免企业所得税；七是个人所得税方面，2005年美国推出的新能源法决定将拿出13亿美元鼓励私人住宅使用零污染的太阳能等。除了这些联邦政府推出的扶持方式之外，各地方州政府如加利福尼亚州、华盛顿州、俄勒冈州等为了发展风电，也采取了对风电产业的减税或免税等很多办法。

2. 德国

德国扶持新能源与可再生能源发展的政策主要集中在财政政策方面，其财政扶持涵盖了整个产业链的各个环节。在研发投入方面，德国政府每年投入6000多万欧元，用于开发可再生能源，推动太阳能、风能和地热的开发；在投资补贴方面，德国政府对风力发电投资进行直接补贴，并且根据《电力供应法案》，风力发电价格与常规发电技术的成本的差价由当地电网承担；在新能源上网方面，德国政府2014年对《可再生能源法》进行大幅修改，全面引入溢价补贴机制，新能源按电力市场规则与其他能源无差别竞价上网，承担电力系统平衡义务，政府为上网新能源提供溢价补贴；在市场推广方面，德国政府则通过给予优惠贷款及补贴等方式扶持可再生能源进入市场。

3. 印度

印度作为发展中国家中可再生能源利用发展较快的国家，风电、太阳能发电发展迅猛。这主要归功于印度政府在新能源发电方面给予了强有力的政策支持。印度政府主要采取财税政策支持风力发电：在财政政策方面，印度政府成立了可再生能源投资公司，专门为可再生能源技术的开发提供低息贷款，帮助可再生能源项目进行融资；印度新能源和可再生能源部开发署宣布了一些特殊的财政优惠政策，还设立了专项周转基金，通过软贷款形式资助风电项目；另外，印度政府为降低可再生能源企业的运行成本，特别提供10%~15%的装备投资补贴。在税收政策方面，印度政府全额免除风电设备制造业和风电业增值税；对风电整机设备进口提供25%的优惠关税税率，免除散件进口关税；对风力发电设备实行100%的加速折旧政策；风力发电企业5年内免缴企业所得税；工业企业利润用于投资风电的部分可免交36%所得税；减免风电项目的货物税、销售税及附加税。

在太阳能发电领域，2014年印度公布太阳能振兴计划，并出台相应政策大力推进太阳能发电。在电价方面，印度政府下调太阳能上网电价，预计2025年下调至3.59卢比/(kW·h)❶；在补贴方面，太阳能发电补贴提高30%，同时针对离网项目也提供相应补贴，2016年印度政府进一步加大屋顶太阳能项目财政补贴力度，补贴增至7.7亿美元❷。

3.6.2 美国的可再生能源配额制度

美国的可再生能源配额（renewable portfolio standards，RPS）权益额度起始于1990年左右，可再生能源配额制度是美国可再生能源电力市场三大支柱（可再生能源配额制度、可再生能源购电合约和电力公司的绿色电力项目）之一，而可再生能源配额制度（以下简称配额制）是当之无愧的基石，大多数的市场激励政策都源自这一政策。正是配额制引领着北美的清洁能源市场逐步走向成熟。美国联邦政府尚没有通过国家的配额制，所以这里的配额制都是指州政府级别的。

配额制的构成元素有设定的配额（渐进的）、可交易的额度产品、产品市场（追踪体系）和违规惩罚。

作为全美国最崇尚清洁能源发展的州，加利福尼亚的配额制也是全美最激进的，这里就以加利福尼亚州为例说明配额制。

（1）设定的配额：简单来说，加利福尼亚州政府规定州内所有的配电公司都必须达标——截至2030年，配电公司33%的电力需来自清洁能源（截至2013年，该数值为20%；截至2016年，该数值为25%）。

（2）可交易的额度产品：可再生能源权益额度（renewable energy credits，REC），代表1MW·h的清洁能源电力，配电公司需要拥有并淘汰相应的权益额度来证明自己达标。

（3）产品市场：所有的可再生能源发电项目都必须在"西部电力协调委员会（WECC）"下属的"西部新能源发电追踪系统（WREGIS）"中注册才能合法登记、交易、淘汰权益额度。

（4）违规惩罚：如果配电公司没有能按时完成目标，那么加利福尼亚州政府就将以兆

---

❶ 数据来源：http://www.xny365.com/news/article-110403.html。

❷ 数据来源：http://guangfu.bjx.com.cn/news/20160218/709004.shtml。

瓦时为单位收取罚款。以简单的市场规律就可推测，当新能源供应紧缺时，罚款额度就将成为权益额度的市场价格，例如 200 美元/(MW·h)。

美国一些州在除了普通配额制之外，又特别划分出了光伏配额，也就是说配电公司一部分的电力必须是由光伏电池产生的，不然就要接受罚款。个别州甚至更进一步要求只有安装在州内的光伏电厂才能作为满足配额制的单位。这一系列举措造就了独一无二的光伏权益额度市场，大幅度减轻了光伏电厂的融资压力。新泽西州的配额制要求配电公司在 2021 年前须达到 22.5%的电力来自新能源的标准，并且特别设定了逐年递增的光伏发电量配额，例如在 2014 年为 2.05%，2021 年为 3.47%，2028 年为 4.1%；与此同时，如果配电公司无法达标，就要接受针对光伏配额的罚款，2014 年的罚款高达 339 美元/(MW·h)，而 2028 年的罚款也有 239 美元/(MW·h)。

有了这样的激励政策，就不难理解为何美国有光伏配额制的州光伏安装量正不断地快速上升。美国近年来正是依赖配额制加速将新能源电力吸纳入电网中，这从某种程度上避免了欧洲国家面临的财政负担，但是配额制明显地倾向于大中型新能源项目（小型项目产生的配额太小，不具备参与市场竞争的经济性）。

3.6.3 欧洲国家的电力强制回购制度

电力强制回购是欧洲国家利用法律规定结合市场力量促进新能源发展的代表制度，本质上是一种政府强制公用事业公司以高于市场价回购绿色电力的行政命令。电力强制回购主要结合"绿色电力证书"交易制度一起发挥作用。首先，配额制度是各国通过法律强制规定发电企业和电网企业在其生产或输送的电力中必须有一定比例的电量来自新能源发电；其次，发电企业和电网企业每向市场生产或输送一定量的新能源电力，则可以获得一份"绿色电力证书"；最后，发挥市场的力量，建立"绿色电力证书"交易市场，使其可以在市场流通，对于没有完成法定配额的发电企业和电网企业，则可以通过购买其余企业多余的"绿色电力证书"来完成配额，同时，销售"绿色电力证书"又可以为新能源电力企业带来额外的收益。运用法律规定和市场自由交易的力量，不仅能促进新能源的发展，也可优化新能源电力生产的配置，提高效率。

瑞典是欧洲实行"绿色电力证书"制度的代表国家。这项制度在瑞典从 2003 年起开始实施，符合《绿色电力证书法》（瑞典规定，采用风能、太阳能、波浪能、地热能、某些生物燃料、泥煤和某些水力发电包括小于 1500kW 的小水电厂、新建水电厂、恢复关停的水电厂等都可获得绿色电力证书）要求的电力生产商每生产 1000kW·h 电力将获得 1 份绿色电力证书，同时配合"绿色电力证书"交易市场，提高了可再生能源的生产效率，促进了可再生能源电力的发展，效果显著。2011 年瑞典可再生能源和泥煤发电量共计达到 197.5×10^8 kW·h，较 2004 年增加了 87×10^8 kW·h，增长了 78.7%。其中风电发展最为迅速，2011 年风电发电量较 2004 年增加了 52.3×10^8 kW·h，增长了 600%多。

德国从 1991 年开始执行"电网回购"政策，尽管太阳能电力仅占德国总发电量的 0.5%，但德国的光伏太阳能电池板数量已超过美国的 5 倍。

总之，依据不同国情和不同的新能源开发背景，各个国家都应该采用适合自己的新能源发电制度。中国也应该借鉴国外的经验做法，同时结合中国的基本国情，构建起具有中国特色的新能源与可再生发电制度体系（林卫斌等，2014）。

思考题

1. 可再生能源法确立的基本制度是什么?它对促进可再生能源发展具有哪些作用?
2. 影响新能源发展的机制主要有哪几种类型?
3. 市场机制对促进新能源发展的原理是什么?
4. 电价机制的类型及其对新能源发展的影响?
5. 新能源发展国内外制度差异体现在哪些方面?这些差异形成的原因是什么?

第4章 风力发电

4.1 风力发电技术原理

4.1.1 风机的工作原理

第4章案例集

风力发电机也叫风机,是将风能转换为机械功并最终输出交流电的电力设备。风机的工作原理是利用风力带动风车叶片旋转,再通过增速机将旋转的速度提升,来促使发电机发电。依据目前的技术,大约是 3m/s 的微风速度,便可以开始发电。现代风机根据工作原理可分为垂直轴风机(图 4.1)和水平轴风机(图 4.2)。

图 4.1 垂直轴风机

图 4.2 水平轴风机

垂直轴风机又称 Darrieus 风机，风轮的旋转轴垂直于地面或者气流方向。它的优点是在风向改变的时候无需对风、结构设计简单、同时发电机和变速箱能安装在地上，易于维护和维修。但它也有如下缺点：效率低，无自启动能力，当风速过大时缺乏调节转速的能力。垂直轴风机于 20 世纪 70 年代开始商业化，但在 80 年代末发展便达到瓶颈。

水平轴风机与垂直轴风机不同，风轮的旋转轴平行于地面或者气流方向。水平轴风机的优点有：风能转换效率高，转轴较短，经济性较优。这些优点使它成为世界风电发展的主流机型，并占有目前 95% 以上的市场份额。水平轴风机主要包括塔架及其顶部的吊舱，吊舱内装有发电机、齿轮箱，同时吊舱也与转子及叶片相连。不同型号的风机使用不同的技术调整吊舱方向，风速合适时使吊舱正对风向；风速过大时则偏离风向或关闭风机，防止风机损毁。

4.1.2　风能的理论计算

单位时间、单位迎风面积内流过的风能称为风能的能量密度或风能密度。密度为 $\rho(\text{kg/m}^3)$、风速为 $v(\text{m/s})$ 的 1m^3 运动空气动能为

$$E = \frac{1}{2}\rho v^2 \tag{4.1}$$

单位时间内，与风速垂直的单位面积内流过的空气体积为 $u\ [\text{m}^3/(\text{s}\cdot\text{m}^2)]$，因此，风能密度为

$$P = Eu = \frac{1}{2}\rho v^2 u \tag{4.2}$$

假设理想风轮的气流模型如图 4.3 所示。图中 v_1 是风轮上游的风速，v 是通过风轮的风速，v_2 是风轮下游的风速。通过风轮的气流上游截面是 s_1，下游截面是 s_2。由于风轮所获得的能量是由风能转化得到的，所以 v_2 必定小于 v_1，因而通过风轮的气流截面积从上游至下游是增加的，即 $s_2 > s_1$。

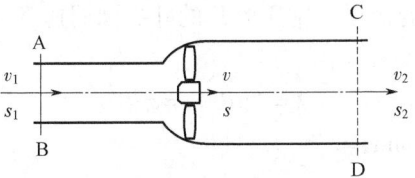

图 4.3　理想风轮的气流模型

自然界的空气流动可以认为是不可压缩的，由连续流动方程得到

$$s_1 v_1 = sv = s_2 v_2$$

由动量方程，可得作用在风轮上的气动力为

$$F = \rho s v (v_1 - v_2) \tag{4.3}$$

所以风轮吸收的功率为

$$P = Fv = \rho s v^2 (v_1 - v_2) \tag{4.4}$$

故上游至下游动能的变化为

$$0.5 \rho s v (v_1 - v_2) \tag{4.5}$$

由能量守恒定律，可知

$$v = 0.5(v_1 + v_2) \tag{4.6}$$

因此，作用在风轮上的气动力和提供的功率可写为

$$F = 0.5\rho s(v_1^2 - v_2^2) \tag{4.7}$$

$$P = 0.25\rho s(v_1^2 - v_2^2)(v_1 + v_2) \tag{4.8}$$

对于给定的上游速度 v_1，可写出以 v_2 为函数的功率变化关系，将公式(4.8)微分可得：$v_2 = v_1/3$ 时，功率 P 达到最大值，即

$$P_{\max} = \frac{8}{27}\rho s v_1^3 \tag{4.9}$$

将式(4.9)除以气流通过扫风面 s 时所具有的动能，可得到风轮的理论最大效率——理论风能利用系数为

$$C_{P,\max} = \frac{P_{\max}}{0.5\rho s v_1^3} = \frac{16}{27} \approx 0.593 \tag{4.10}$$

这就是著名的贝兹理论，它说明风轮从自然界中获得的能量是有限的，理论上最大值为 0.593，损失部分可解释为留在尾迹中的气流旋转动能。也就是说，实际风机的功率必定小于贝兹理论的极限值 0.593，因此，风机实际能得到的有用功率是：

$$P = 0.5 C_P \rho s v_1^3 \tag{4.11}$$

式中　C_P——风机的风能利用系数。

风能利用系数定义为风机的风轮能够从自然风能中吸收的能量与输入风能之比。

理想的风能利用系数 C_P 的最大值是 0.593，即贝兹理论的极限值。C_P 值越大，表示风机能够从自然界中获得的能量百分比越大，风机的效率越高，即风机对风能的利用率也越高。对实际使用的风机来说，风能利用系数主要取决于风轮叶片的气动和机构设计及制造工艺水平。如高性能螺旋桨式风机，其 C_P 值一般是 0.45，而阻力型风机只有 0.15 左右。

为了表示风轮运行速度的快慢，常用叶片的叶尖圆周速度与上游风速之比来描述，称为叶尖速比 λ：

$$\lambda = 2\pi Rn/v = \omega R/v \tag{4.12}$$

式中　n——风轮的转速，r/min；

　　　R——叶尖的半径，m；

　　　v——上游风速，m/s；

　　　ω——风轮旋转角速度，rad/s。

此时，功率 P 可表示成风轮获得的总转矩 M 和风轮角速度 ω 的乘积，由此得出

$$C_P = \frac{2M\lambda}{\rho s v^2 R} \tag{4.13}$$

从图 4.4 可以看出，当叶片数为 3 的时候，风能利用系数是最高的。这里引入实度比（也称容积比）的概念：风机叶片（在风向投影）的总面积与风通过风轮的面积（风轮扫掠面积）之比。为了有效地吸收能量，叶片必须尽可能地与穿过转子扫掠面积的风相互作用。高容积比的风机叶片以低叶尖速比与几乎所有的风作用；而低容积比的风机叶片为了与所有穿过的风相互作用，就必须以很高的速度作用于扫掠面积。如果叶尖速比太低，有些风会直接吹过转子的扫掠面积而不与叶片发生作用；如果叶尖速比太高，风机会对风产生过大的阻

力，一些气流将绕开风机流过。多个叶片会互相干扰，因此总体上高容积比的风机比低容积比的风机效率低。在低容积比的风机中，3个叶片的风轮效率最高，其次是2个叶片的风轮，最后是1个叶片的风轮。

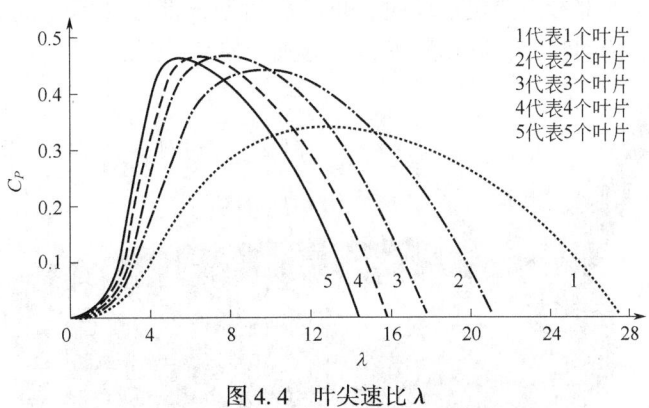

图 4.4　叶尖速比 λ

4.2　风机结构

4.2.1　风机叶片结构

风机叶片，是风力发电机的核心部件之一，约占风机总成本的15%~20%，它的设计将直接关系到风机的性能以及效益。叶片的设计需要满足几项要求：对特定的风速具有最大的转换效率；最大功率输出在限制范围内，以保护发电机；可承受最大风荷和长期疲劳负荷；避免出现共振；重量轻，价格低。

1888年美国人Charles F. Brush建造了第一台用于发电的风机，叶片采用平板设计，效率较低。1891年丹麦人Poul La Cour在设计风机叶片时，引入了空气动力学概念，从而开创了风机叶片更为科学的设计方法。经过百年来的发展，风机叶片不论从结构、造型还是制造材料都发生了极大的改变。随着风机单机装机容量的增加，风机叶片的直径也不断上升。据数据统计显示，风机叶片直径每增大6%，风能利用率可增加约12%。现有的2MW风机叶片直径可达80m。然而风机叶片直径的增大也会带来制造方面的困难，同时叶片的运输安装成本也将大大提升。

风机叶片对材料要求很高，不仅需要具有较轻的重量，还需要具有较高的强度、抗腐蚀、耐疲劳性能，因此现在的风机厂商广泛采用复合材料制造风机叶片，复合材料占整个风机叶片的比重甚至高达90%。叶片制造材料由最初的亚麻布蒙着木板发展至钢材、铝合金，直至目前的复合材料。现在的风机厂商在制造风机叶片时，叶片外壳常采用玻璃纤维增强树脂，叶尖、叶片主梁则采用强度更高的碳纤维，前缘、后缘以及剪切部位常采用夹层结构复合材料（即"三明治夹芯"材料）。

4.2.2　风力发电机组

实现风力发电的成套设备称为风力发电系统，或者风力发电机组。风力发电机组完成的是"风能—机械能—电能"的二级转换。风机将风能转换成机械能,发电机将机械能转换成电能输出。从功能上说,风力发电机组由风机及其控制系统、发电机及其控制系统两个子系统组成。

风力发电机组从外部看主要包括风轮、机舱和塔架三部分(图4.5),机舱内部还有对风装置、调速装置、传动装置、制动装置、发电机、控制器等。

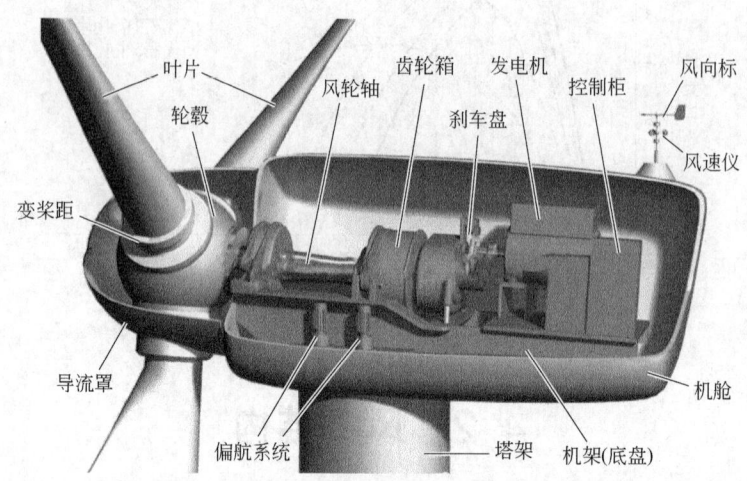

图4.5 风力发电机组结构

发电机是风力发电的核心设备,利用电磁感应现象把由风轮输出的机械能转变为电能。小功率风力发电过去普遍采用直流发电机,现在已逐步被交流发电机所取代。大功率风力发电机大多数采用交流发电机。送给用户或送入电网的电能,一般要求是频率固定的交流电(中国规定为50Hz)。由于风能本身的波动性和随机性,传统风力发电机输出的电压频率难以满足频率要求。如今,风力发电机大多通过基于电力电子技术的换流器并网,并且衍生出一些新型发电机结构。

主流大中型风力发电机包括恒速恒频的笼式感应发电机、变速恒频的双馈感应式发电机、变速变频的直驱式永磁同步发电机。

恒速恒频的笼式感应发电机:采用变桨距角的方法控制风轮转速尽量稳定,在有效风速范围内,发电机组的运行转速变化范围很小,近似恒定;发电机输出的交流电频率恒定。采用笼式感应发电机发电,在发电机转速变化不大时可输出稳定的50Hz交流电,达到直接并网目的。但是这种发电机转子、风轮的速度变化范围小,不能保持在最佳叶尖速比,所以捕获风能的效率低。

变速恒频的双馈感应式发电机:在有效风速范围内,允许发电机组的运行转速变化,而发电机定子发出的交流电能的频率恒定。通常该类风力发电系统中的发电机组为双馈感应式异步发电机组,这种发电机的定子和转子都可以和电网交换功率,双馈因此而得名。

变速变频的直驱式永磁同步发电机:在有效风速范围内,发电机组的转速和发电机组定子侧产生的交流电频率都是变化的,风轮可在较宽的转速范围内运行,由同步发电机发出的电经整流后再逆变成频率稳定的交流电输送到电网。通常该类风力发电系统中的发电机组为永磁同步发电机组。对于送入电网的电能特征,直驱式永磁同步发电机组也属于变速恒频的风力发电系统。变速恒频的风力发电机组(包括双馈感应式发电机组和直驱式永磁同步发电机组）都是变速变矩型。风轮转速可以跟随风速的变化，保持最佳叶尖速比运行，发电机发出的电能通过变流器调节，变成与电网同频、同相、同幅的电能输送到电网。变速型风力发电机组具有明显的性能优势。

传动与制动系统：相对于发电的要求而言，风力发电机风轮的转速较低。考虑到叶片材料的强度和最佳叶尖速比的要求，风轮的转速是 18～33r/min，而常规发电机的转速多为 800r/min 或 1500r/min。转速转换可通过齿轮箱的增速作用来实现。在双馈式风力发电机组中，齿轮箱就是一个不可缺少的重要部件。大型风力发电机的传动装置，增速比为 40～50，以此减轻发电机质量、节省成本。也有一些永磁同步发电机的风力发电系统，由风轮直接驱动发电机的转动，而省去齿轮箱，以减轻质量和噪声。对于小型的风电机组，由于风轮的转速和发电机的额定转速比较接近，通常可以将发电机的轴直接连到风轮的轮毂。同时，为了在大风、故障与检修时停止风轮运转，在发电机轴上装有刹车盘，由刹车卡钳进行刹车。

风机的能量控制：风机的设计思想是尽可能便宜地产生电能。风机的设计是基于目标风场的风速条件，因此风机一般被设计成在风速为 8～15m/s 时具有最佳的性能，即有最大的电能产出，而不是花费心思把风机设计在强风时有最多电能产出，因为强风天气不多见。因此在强风天气时必须浪费多余风能，以免破坏风机。

偏航系统：为使风机最大限度地捕获风能，常见的水平轴风机配备有调向系统，使风轮的旋转面经常对准风向（也称对风）。对于小容量风力发电机组，往往在风轮后面装一个类似风向标的尾舵（也称尾翼），来实现对风功能。对于容量较大的风力发电机组，通常配有专门的对风装置（偏航系统），一般由风向传感器和伺服电动机组成。

4.2.3 其他部件

风机的其他部件可以分为塔架和机舱。机舱除了用于容纳所有机械部件外，还承受所有外力。塔架是支撑风轮和机舱的构架，其高度视地面障碍物对风速影响的情况，以及风轮的直径大小而定。大型风力发电机组，塔架高度有的已达 100m。塔架除了起支撑作用，还要承受吹向风机和塔架的风压，以及风机运行中的动荷载和震动。

4.3 风电发展现状

4.3.1 海上风电发展现状

发展海上风电，不占用陆上土地，而且海上风能资源丰富，适宜大规模开发，因而海上风电已成为未来风电发展的必然趋势。海上风电绝大部分集中在欧洲和中国。2006—2021年全球海上风电装机容量如图 4.6 所示。GWEC《2022 全球海上风电报告》显示，2021 年全球海上风电新增装机 21.1GW，累计装机量 55.9GW。2021 年中国海上风电新增并网装机容量近 17GW，累计装机容量超过英国，成为世界最大的海上风电市场。同时全球风能理事会预测，从 2022 年起亚洲将取代欧洲成为最大的海上风电市场，并将一直保持到 2030年底。

中国海上风电起步较晚，2006 年开始海上测风，2008 年投资 236 亿元建设了中国第一

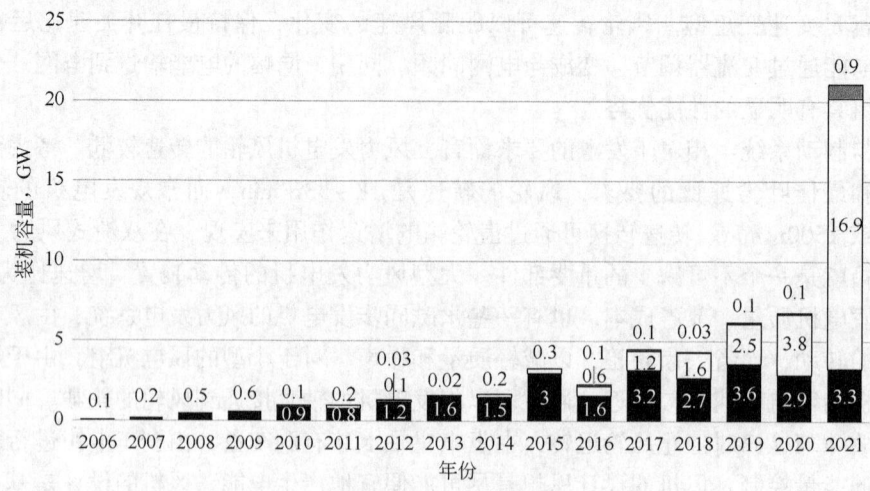

图 4.6　2006—2021 年全球海上风电装机容量❶

座大型海上风电项目——上海东海大桥海上风电项目。该项目安装了 34 台国产单机容量 3MW 的离岸型风电机组，总装机容量 102MW。中国拥有十分丰富的近海风资源，有数据显示，中国近海 10m 水深的风能资源约 1×10^8 kW，近海 20m 水深的风能资源约 3×10^8 kW，近海 30m 水深的风能资源约 4.9×10^8 kW（周艳荣等，2011）。

根据《海上风电发展跟踪研究 2020》报告公布的相关数据，中国海上风电保持高速增长态势（图 4.7），截至 2019 年底中国海上风电累计装机容量达到 682×10^4 kW，2013—2019 年累计装机复合增长率为 58.58%。从发展趋势看，2017 年全球海上风电呈现繁荣发展，在装机规模、发电成本、技术进步等方面均取得明显突破，中国 2017 年海上风电累计装机容量也出现较大幅度增长，同比增长 71.17%，其余年份增速为 55% 左右。根据相关研究机构预测，2025 年中国海上风电新增容量将达到 5.0GW，2030 年达到 6.0GW。

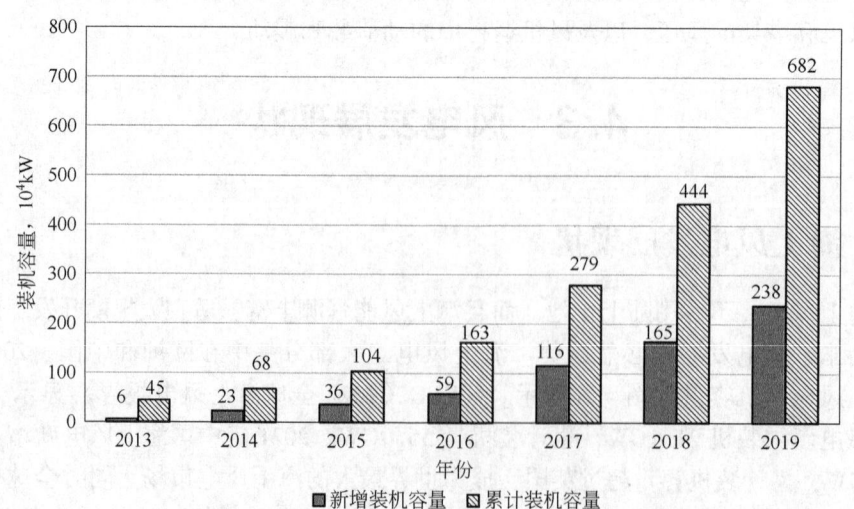

图 4.7　2013—2019 年中国海上风电装机情况❷

---

❶ 数据来源：GWEC Market Intelligence，2022。
❷ 数据来源：中国海洋石油集团有限公司《海上风电发展跟踪研究 2020》。

虽然海上风电保持着持续增长的趋势，但也面临着陆上风电、太阳能发电等其他新能源发电的激烈竞争，目前中国海上风电发展主要面临着以下难题：

（1）技术难度大，投资成本高。中国风机制造水平已经大大提高，但是在海上安装技术、相关材料的使用、专业人才等方面都还面临着诸多困境。根据最新统计数据，中国海上风电的平均故障时间为 1000 小时，其中技术不成熟主要表现在中国并没有任何一款专门为海风开发而研制的风电机组，如果用传统的陆上风机进行海风机改造工程，在质量及可靠性上得不到保证❶。海上风电行业的关键零部件（叶片、齿轮箱）生产技术不成熟，对国外进口的依赖度达 50%以上。在成本方面，海上风电也面临着较高的建设和维护成本，海上风电项目施工条件复杂，改造和施工方案不确定性大，投资成本为 1 万~1.8 万元/kW，约为陆地风电的 2 倍，投资受风电机组、高压海缆价格变动的影响较大，并且后期的运营维护成本也较高❷。

（2）缺乏配套审批管理体系。中国的海上风电仍处于起步阶段，在审批管理方面仍有诸多难题亟待解决。一方面，海上风电项目的审批手续相对繁杂，涉及发改委、能源、海洋、交通等多个政府部门，多个部门的复杂协调流程中每个环节的进度都影响项目的最终落地实施，虽然 2016 年 12 月中国发布了《政府核准的投资项目目录》，简化了海上风电项目部分审批流程，但作为国内最快完成审批的三峡广东阳江海上风电项目也经过了长达 6 个月的审批过程。另一方面，国家对海上风电项目造成的生态破坏缺乏有效监管，同时各地区、海域使用和补偿费用缺乏统一标准，急需建立完整配套的管理体系对海上风电产业的发展进行统一规范。

（3）对政府补贴依赖程度高。Wood Mackenzie 有关数据显示，中国海上风电度电补贴为 0.4 元左右，约为陆上风电度电补贴的 3 倍，如果将两者的年平均发电小时数考虑在内，海上风电的补贴强度将达到陆上风电的近 4.5 倍。2019 年 9 月，财政部、国家发展改革委、国家能源局发布《关于促进非水可再生能源健康发展若干意见》，首次明确自 2020 年起国家停止对海上风电补贴。中国海上风电要想实现长足发展，需加强技术创新和规模化开发，尽快减轻对政府补贴的依赖程度，更多依靠市场化的方式实现快速发展。

4.3.2 陆上风电发展现状

2019 年全球陆上风电新增装机容量 54.2GW，累计装机容量 621GW，中国、美国、印度、西班牙、瑞典为新增风电装机容量排名前五的国家，新增装机容量占全球总新增容量的 73%❸。中国风电建设始于 20 世纪 80 年代，2003 年国家发展改革委首次对风电特许项目招标，风电建设进入规模化、国产化进程，装机容量迅速增长。尤其 2006 年后，中国风电装机容量呈现爆发式增长，连续 4 年装机容量成倍增长。中国海洋石油集团有限公司《海上风电发展跟踪研究 2020》数据显示，目前中国拥有全球最大的风电市场，2019 年中国陆上风电新增并网容量 23.8GW，累计 230GW，陆上风电新增装机占全国风电市场的 92.3%。

1. 中国陆上风电布局

中国风资源主要分布在东北、华北、西北等三北地区以及江苏省、山东省等东南沿海地

---

❶ http：//news.bjx.com.cn/html/20130619/440704.shtml。
❷ https：//www.sohu.com/a/416293374_120659020。
❸ 全球风能理事会（GWEC）.《2019 年全球风能旗舰报告》.

区。截至 2019 年底，三北地区风电装机总容量达 $1.27×10^8 kW$，新疆、冀北、甘肃、山东、山西、宁夏、蒙东、江苏八个省级电力公司经营区风电装机超过 $1000×10^4 kW$。其中，三北地区 2019 年累计装机容量占全国总装机容量比例 63.5%，新增风电发电量占全国总发电量的 65.0%❶。图 4.8 反映了 2011—2018 年中国三北地区风电新增和累计装机容量情况，西北、华北地区总风电装机容量在 2011—2018 年一直保持增长趋势，东北地区总风电装机容量保持基本平稳态势，变化不大。在风电新增装机容量方面，西北地区 2015 年前增长势头强劲，2015 年后逐渐回落；华北地区 2011—2015 年风电新能装机容量波动不大，基本维持在每年新增 5100MW 左右；东北地区 2011—2015 年风电新增装机容量有所降低，已从 2881MW 降低至 678MW。

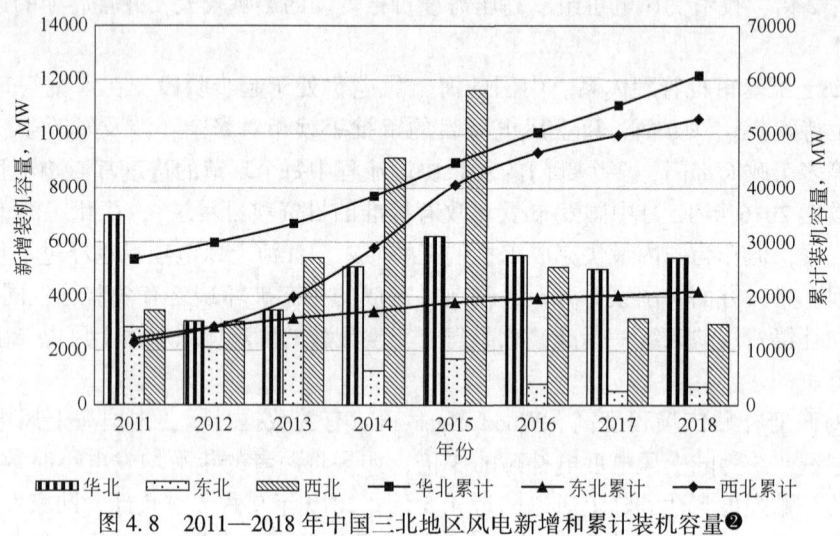

图 4.8　2011—2018 年中国三北地区风电新增和累计装机容量❷

2. 中国陆上风电发展面临的挑战

由于陆上风电集中地区经济发展相对滞后，中国陆上风电在快速发展的同时也存在着严重的弃风问题。限制风电出力最严重的地区仍集中在风能资源富集的"三北"地区，国家可再生能源中心、相关电网企业数据显示，2019 年全国风电平均弃风率 4.0%，新疆、甘肃、内蒙古累计弃风量 $136×10^8 kW·h$，占全国弃风总量的 80% 以上。

2020—2030 年是中国风电行业发展变革的关键时期，2020 年底国家停止对陆上风电的补贴优惠，这势必引发行业内的补贴抢装。此后 2~3 年内，陆上风电主要以消耗存量项目为主，主要包括递延并网补贴项目、已核准的补贴项目等等。预计 2023—2024 年风电行业将经历整合期，届时装机容量可能有所下降。2023—2024 年预计成为行业发展的艰难时期，平价大基地和分散化项目将成为中国陆上风电发展的核心。陆上风电发展的核心竞争力在于电价低廉，分散化项目可分布于大型商业及工业区，有条件实现"自发自销"，符合电价下调的大趋势。2027 年后，陆上风电行业将再次进入平稳发展期。

---

❶ 李娜娜、谢国辉．《新能源发电将迈向高质量发展阶段》.
❷ 数据来源：据 GWEC 公开数据整理。

4.4 风电发展的主要政策

风电产业的发展离不开相关政策的引导。20 世纪 80 年代,中国开始发展大型风电技术;90 年代为推动风电发展,中国政府推出"乘风计划",实施"双加工程"为风电设备国产化提供政策支持;2003 年国家发展改革委组织全国风电特许招标,将竞争机制引入中国风电开发市场;直到 2005 年《中华人民共和国可再生能源法》(简称《可再生能源法》,如无特殊说明,均指 2009 年后修订版的内容)的颁布将可再生能源的发展上升到立法高度,它为风电政策的制定提供了一个纲领性的指导思想,自此风电政策的制定更加科学系统。这里重点介绍《可再生能源法》颁布之后的风电政策。

4.4.1 风电并网发电政策

为了保证大规模风电并网发电,中国推动风电产业持续发展的相关政策主要从以下几个方面着手:

1. 总量目标制度

总量目标制度指通过规定风电上网电量总额指标,以此保证风电并网。在《可再生能源法》第二章第七条明确指出:"国务院能源主管部门根据全国能源需求与可再生能源资源实际状况,制定全国可再生能源开发利用中长期总量目标,报国务院批准后执行,并予公布。"此后,国家相关部门根据规划和各省(区、市)能源主管部门报送的风电年度规模制定各省(区、市)年度风电新增建设规模方案,如 2007 年 8 月 31 日国家发展改革委发布的《可再生能源中长期发展规划》、2008 年 3 月 18 日国家发展改革委发布的《可再生能源发展"十一五"规划》、2013 年 1 月 1 日国家能源局颁布的《可再生能源发展"十二五"规划》、2017 年 7 月 19 日国家能源局颁布的《可再生能源发展"十三五"规划》、2022 年 6 月 1 日国家发展改革委等 9 部门发布的《"十四五"可再生能源发展规划》。

与此同时,相关部门还制定了专项政策明确风电的总量目标,进一步将风电上网电量目标细化到各个地区、各个时期,如《风力发电科技发展"十二五"专项规划》《国家能源局关于加强风电并网和消纳工作有关要求的通知》《关于做好 2016 年度风电消纳工作有关要求的通知》《风电发展"十三五"规划》《国家能源局关于 2020 年风电、光伏发电项目建设有关事项的通知》。《"十四五"可再生能源发展规划》中提出,2025 年,可再生能源消费总量达到 10×10^8 t 标准煤左右。"十四五"期间,可再生能源在一次能源消费增量中占比超过 50%;2025 年,可再生能源年发电量达到 3.3×10^{12} kW·h 左右。"十四五"期间,可再生能源发电量增量在全社会用电量增量中的占比超过 50%,风电和太阳能发电量实现翻倍。除中国外,世界许多国家(如德国、西班牙)都通过制定总量指标来确保本国风电发展。还有一种与总量指标政策极为类似的可再生能源配额制政策(renewable portfolio standard,RPS),该政策通过法律形式对可再生能源发电的市场份额做出强制性规定,要求某一地区可再生能源发电的市场份额不低于某一水平。美国是最早运用可再生能源配额制的国家,现在此项政策已经推行到了英国、澳大利亚等国。

虽然中国目前没有施行可再生能源配额制政策,但是值得关注的是在《风电发展"十二五"规划》已经提出了可再生能源电力配额制度这一概念:"为解决风电并网运行受限和风电的市场消纳困难，支持风电等可再生能源电力的持续发展，实施可再生能源电力配额制度。根据各地区非水电可再生能源资源条件、电力市场、电网结构及电力输送通道等情况，国家对各省（区、市）全社会电力消费量规定非水电可再生能源电力比例指标"。

2. 并网制度

《可再生能源法》第四章第十三条明确指出"国家鼓励和支持可再生能源并网发电"。风电并网发电需要电网企业、风电企业和监管部门多方共同努力，法律分别对其提出要求。

在电网企业方面，《可再生能源法》第十四条指出，"电网企业应当与按照可再生能源开发利用规划建设，依法取得行政许可或者报送备案的可再生能源发电企业签订并网协议""电网企业应当加强电网建设，扩大可再生能源电力配置范围，发展和应用智能电网、储能等技术，完善电网运行管理，提高吸纳可再生能源电力的能力，为可再生能源发电提供上网服务"。此外《中华人民共和国节约能源法》《可再生能源发电有关管理规定》《促进风电产业发展实施意见》《国家能源局关于加强风电并网和消纳工作有关要求的通知》都指出，电网技术是风电并网的关键，电网企业要积极地建设完善与风电匹配的电网设施；电网企业应在调度上挖掘电力系统调峰能力，确保风电等可再生能源发电全额上网。在国外，为保证风电上网，同样也对电网提出了很高的要求，比如美国2014年完成了竞争性可再生能源区（competitive renewable energy zone，CREZ）计划，为电网扩容支持可再生能源上网发电；北欧国家（挪威、瑞典、丹麦等）组成北欧电网，实现统一的电力市场交易平台。

在风电场建设方面，《国家发展改革委关于风电建设管理有关要求的通知》为保证风电并网，对风电场提出了明确要求："风电场建设的核准要以风电发展规划为基础，核准的内容主要是风电场规模、场址条件和风电设备国产化率。风电场建设规模要与电力系统、风能资源状况等有关条件相协调；风电场址距电网相对较近，易于送出；风电设备国产化率要达到70%以上，不满足设备国产化率要求的风电场不允许建设，进口设备海关要照章纳税"（其中国产化率的规定已在2009年11月25日开始执行的《国家发展改革委关于取消风电工程项目采购设备国产化率要求的通知》中取消）。《可再生能源发电有关管理规定》第四章和《促进风电产业发展实施意见》明确指出，发电企业在投资风电场前要做好前期勘测，有序开发利用风能资源，项目建设要符合行业法律、标准和规范和环境的要求。《国家能源局关于加强风电并网和消纳工作有关要求的通知》为确保风能合理开发还指出"风电利用小时数明显偏低的地区不得进一步扩大建设规模"。《风电场接入电网技术规定》对并网的风电场进行了详细的技术要求说明。国外对于风电场技术也有详细的政策说明，例如，在丹麦，只有经过了严格技术检验的风机才能并网；德国要求风电场必须具有故障穿越能力；西班牙则要求风电场提供预测数据，预测误差超过一定范围，风电场需接受罚款。

在监管方面，《可再生能源发电有关管理规定》第九条要求"国家电力监管委员会负责可再生能源发电企业的运营监管工作，协调发电企业和电网企业的关系，对可再生能源发电、上网和结算进行监管"。2013年11月出台的《国家能源局关于近期重点专项监管的通知》中明确指出要重点监管电网企业风电场管理情况、已核准建成风电项目并网情况、风电场及配套送出工程协调建设情况。2020年7月发布《国家能源局综合司关于开展风电开发建设情况专项监管的通知》，对地方能源主管部门、电网企业、风电企业落实国家规划、产业政策、项目核准、电网接入、建设标准等情况开展监管。

3. 电价制度

明确风电的上网电价，有助于保证发电企业投资风电的收益，鼓励风电投资、促进风电发展。《可再生能源法》第十九条、《国家发展改革委关于风电建设管理有关要求的通知》和《可再生能源发电价格和费用分摊管理试行办法》均要求在上网电价方面，要依据地区特点制定相应合理价格并对社会公开，招标发电项目的上网电价，按照中标价格执行，但不得高于国务院价格主管部门规定的上网电价水平。2009 年 7 月《国家发展改革委关于完善风力发电上网电价政策的通知》中按风能资源情况和工程建设条件，将全国分为 4 类风能资源区，并明确针对不同资源区制定不同的陆上风电标杆上网电价，海上风电上网电价则以审批电价和招标电价相结合的方式确定。2019 年 5 月发布的《国家发展改革委关于完善风电上网电价政策的通知》则标志着这种含有电价补贴的 4 类风能资源区的定价模式将逐步成为历史，风电电价将逐步由市场竞争方式形成。

在国外，风电电价以公平为原则，确保电价可以涵盖风电场的成本。与中国采用特许招标的电价政策不同，国际上还有部分国家（如德国）采取固定电价策略，通过风机实际发电量确定风电场享受高初始电价的年限；也有国家（如西班牙）采用溢价制度，即在基础电价上加一个政府补贴电价确定最终风电电价；美国、澳大利亚等国家则是采取绿色电价制度，让用户为可再生能源电力多支付一部分电价用于可再生能源建设。虽然各个国家采取的风电电价政策不尽相同，但这些政策都是为了提高风电在电力市场中的竞争力，鼓励对风电的投资。

4. 全额保障性收购制度

风电发电量受自然条件影响很大，存在时间和季节的不稳定性，在调度中处于相对劣势地位。为保证风电企业的正常利润，2006 年实行的《可再生能源法》提出全额收购制度，后于 2009 年《可再生能源法修正案》中改为全额保障性收购制度。该项规定要求电网企业应当"全额收购其电网覆盖范围内符合并网技术标准的可再生能源并网发电项目的上网电量"，若电网企业违反规定造成可再生能源发电企业经济损失，则承担相应赔偿，拒不改正的将处以罚款。2007 年国家电力监管委员会颁发文件详细地说明了电力监管机构的职能，从工程实施、可再生能源发电、安全运行等几个方面来确保全额保障性收购制度的执行。

2005 年，中国《可再生能源法》首次提出了配额概念。2010 年 10 月 10 日，《国务院关于加快培育和发展战略性新兴产业的决定》发布，首次以官方文件的方式确定实施配额制。2018 年，国家发展改革委、国家能源局分别于 3 月、9 月和 11 月发布了 3 轮配额制实施征求意见稿，明确了中国承担配额义务的市场主体和考核办法。2019 年 5 月 10 日，《国家发展改革委、国家能源局关于建立健全可再生能源电力消纳保障机制的通知》发布。2020 年 6 月 1 日，国家发展改革委、国家能源局下发《关于印发各省级行政区 2020 年可再生能源电力消纳责任权重的通知》。可再生能源电力消纳保障机制的建立及可再生能源电力消纳责任权重的确定，不仅为配额制实施提供了保障，也为承担消纳责任的市场主体设计了责任权重。至此，中国配额制正式落地实施。

国际上，在风电发展初期，许多国家会采用全额保障性收购来保证风电上网，例如 1991 年德国的《电力入网法》强制电力公司收购可再生能源电力，随着风电技术的成熟和发展，德国 2004 年《可再生能源法》就把"强制"改为了"优先"。现在大部分国家，尤其是风电发展较好的国家，都放开市场、引入竞争，采用风电竞价上网的方式而不再使用保障性收购。

5. 风电上网电价补贴制度

中国一直采用分区域核定方式确定风电上网电价，期间风电上网电价经历多次调整，补贴逐渐减少。2009年7月发布的《国家发展改革委关于完善风力发电上网电价政策的通知》规定，全国按风能资源状况和工程建设条件分为四类风能资源区，设定风电标杆上网电价分别为每千瓦时0.51元、0.54元、0.58元和0.61元。2014年6月发布的《国家发展改革委关于海上风电上网单价政策的通知》规定，2017年以前的近海风电项目上网电价为每千瓦时0.85元，潮间带风电项目上网电价为每千瓦时0.75元。2014年12月印发的《国家发展改革委关于适当调整陆上风电标杆上网电价的通知》对4类风能资源区风电标杆上网电价进行调整，除第Ⅳ类资源区标杆上网电价维持不变外，其余资源区标杆上网电价均每千瓦时下调0.2元，调整后的电价分别为每千瓦时0.49元、0.52元、0.56元和0.61元。2015年12月发布的《国家发展改革委关于完善陆上风电光伏发电上网标杆电价政策的通知》中明确提出，实行陆上风电上网标杆电价随发展规模逐步降低的价格政策，同时规定了2016年、2018年风电补贴标准。2019年5月发布的《国家发展改革委关于完善风电上网电价政策的通知》进一步将陆上、海上风电标杆上网电价改为指导价，规定2019年、2020年陆上、海上风电上网指导价，同时明确2018年底之前核准的陆上风电项目，2020年底前仍未完成并网的，国家不再补贴；2019年1月1日至2020年底前核准的陆上风电项目，2021年底前仍未完成并网的，国家不再补贴；自2021年1月1日起，国家不再补贴新核准的陆上风电项目。2014—2020年各类地区具体风电电价如表4.1及表4.2所示。

表4.1　2014—2020年各类地区陆上风电电价　　　　单位：元/(kW·h)

资源区	风电上网标杆电价				风电上网指导电价	
	2014年	2015年	2016年	2018年	2019年	2020年
Ⅰ类	0.51	0.49	0.47	0.44	0.34	0.29
Ⅱ类	0.54	0.52	0.50	0.47	0.39	0.34
Ⅲ类	0.58	0.56	0.54	0.51	0.43	0.38
Ⅳ类	0.61	0.61	0.60	0.58	0.52	0.47

数据来源：国家发展改革委。

表4.2　2014—2020年中国海上风电电价　　　　单位：元/(kW·h)

类型	风电上网标杆电价				风电上网指导电价	
	2014年	2015年	2016年	2018年	2019年	2020年
近海风电	0.85	0.85	0.85	0.85	0.80	0.75
潮间带风电	0.75	0.75	0.75	0.75	所在资源区陆上风电指导价	

数据来源：国家发展改革委。

6. 费用补偿制度

电价政策和全额保障性收购政策是由电网企业承担电价，以保护风电发电企业，仅依赖这两个政策会在很大程度上减少电网企业的利润。为了保证电网企业参与风电并网发电的积极性，《可再生能源法》制定了费用补偿制度，这一制度使得电网企业"收购可再生能源电量所发生的费用，高于按照常规能源发电平均上网电价计算所发生费用之间的差额，由在全国范围对销售电量征收可再生能源电价附加补偿""电网企业为收购可再生能源电量而支付的合理的接网费用以及其他合理的相关费用，可以计入电网企业输电成本，并从销售电价中回收"。

在《可再生能源发电价格和费用分摊管理试行办法》第三章中详细给出了可再生能源电价附加的计算方法,并规定省级电网企业将收取的可再生能源电价附加计入本企业收入,首先用于支付本省(区、市)可再生能源电价补贴。电网企业实际产生的补贴价格与分摊方法得到的附加额之差,在全国范围内实行统一调配。《可再生能源发展基金征收使用管理暂行办法》第六条详细列举出可以纳入可再生能源电价附加征收范围的销售电量,并对附加额的管理、使用做出详细的说明。

和中国类似,德国也是向终端消费用户征收费用作为费用补偿。除此之外,西班牙由国家财政提供资金,英国则向传统能源生产商征税。

7. 专项资金制度

为进一步促进可再生能源的并网发电,《可再生能源法》第二十四条提出"国家财政设立可再生能源发展基金,资金来源包括国家财政年度安排的专项资金和依法征收的可再生能源电价附加收入等"。2006年由财政部印发的《可再生能源发展专项资金管理暂行办法》和《可再生能源发展基金征收使用管理暂行办法》详细介绍了专项资金的用途、扶持重点、申报审批流程、财务管理方式以及考核与监督办法。

8. 税收优惠制度

除了建立专项资金之外,风电在税收政策上也有优惠的制度。《可再生能源法》第二十六条指出"国家对列入可再生能源产业发展指导目录的项目给予税收优惠。具体办法由国务院规定"。中国风电税收优惠具体包括企业所得税三免三减半、风电企业 CDM 收入免缴增值税或营业税、增值税优惠、财政性资金税收优惠、固定资产进项税额抵扣等政策。此外,2008年颁发的《财政部关于调整大功率风力发电机组及其关键零部件、原材料进口税收政策的通知》指出,对国内企业为开发、制造大功率风力发电机组(额定功率大于 1.2MW 的机组)而进口的关键零部件、原材料所缴纳的进口关税和进口环节增值税实行先征后退的政策。

国外也普遍采用减税政策来保证风电的竞争力。丹麦通过对风电企业退 CO_2 税以及对风电用户免征空气污染税来促进风电发展;美国 1992 年颁布的《能源政策法》指出可再生能源电力生产商在项目投产的前十年享受 1.5 美分/(kW·h)(与居民消费价格指数联动)的联邦税收抵免优惠;德国、英国等国家在风电政策上也都有不同程度的税收抵免政策。

4.4.2 分布式风电发展政策

分布式风电也被称作分散式风电,是指位于用电负荷中心附近,不以大规模远距离输送电力为目的,所产生的电力就近接入电网,并在当地消纳的风电项目。分布式风电作为可再生能源的主要形态,是能源供给侧的新生力量,具有环境友好、经济、需求及时响应、社会资本参与广泛等优良特性,能够有效推动国家电力市场化进程。然而由于中国分布式发电起步晚,分布式发电规模小、偏局部,分布式发电主要集中在个别、自然需求较强的地区,分布式能源发展需要国家政策的扶持。

2011 年国家能源局起草了《分布式发电管理办法》,后于 2013 年、2018 年两次修订。《分布式发电管理办法》为中国分布式发电提供了详尽的政策性引导,充分考虑了分布式发电在政策、技术、经济、市场交易等方面涉及的问题，并进行明确规定，如：要求各地区制定分布式发电规划和目标并报国务院能源主管部门备案；相关部门简化审批程序，电网企业负责对电网进行改造并和投资建设单位签订并网协议和购电合同；对分布式发电的电量管理，采取"自发自用为主，多余电量上网，电网调剂余缺"的原则；对符合条件的分布式发电给予建设资金补贴或单位发电量补贴，以保障分布式发电投资建设方的利益等等。

为进一步推动分散式风电项目的发展，2018年4月国家能源局印发关于《分散式风电项目开发建设暂行管理办法》的通知，对分散式风电项目建设的技术要求、管理模式、电网接入、运行管理、金融和投资开发模式等方面进行充分阐述。根据国家分散式风电项目开发建设管理要求和区域风能资源开发利用情况，自2019年初全国各省（市）也相继出台地区分布式风电发展的相关规划及政策文件，加快分布式风电项目的核准进程。国家和地方分散式风电政策汇总详见表4.3。

表4.3　国家和地方分散式风电相关政策文件

地区	相关政策文件	发布时间
全国	《国家能源局关于分散式接入风电开发的通知》	2011.01
	《国家能源局关于分散式接入风电项目开发建设指导意见的通知》	2011.11
	《能源发展战略行动计划（2014—2020）》	2014.06
	《电力发展"十三五"规划（2016—2020年）》	2016.11
	《国家能源局关于加快推进分散式接入风电项目建设有关要求的通知》	2017.06
	《分散式风电项目开发建设暂行管理办法》	2018.04
	《国家能源局关于2021年风电、光伏发电开发建设有关事项的通知》	2021.05
	《"十四五"可再生能源发展规划》	2021.10
	《国家发展改革委、国家能源局关于完善能源绿色低碳转型体制机制和政策措施的意见》	2022.01
	《"十四五"新型储能发展实施方案》	2022.01
	《"十四五"现代能源体系规划》	2022.03
	《2022年能源工作指导意见》	2022.03
	《关于促进新时代新能源高质量发展的实施方案》	2022.05
	《能源碳达峰碳中和标准化提升行动计划》	2022.10
贵州	《贵州省分散式风电开发建设"十四五"规划》	2021.07
吉林	《吉林省能源发展"十四五"规划》	2022.08
山西	《山西大同分散式风电布局在地图中查看规划方案》	2017.08
	《山西省"十三五"分散式风电项目建设方案》	2018.03
	《关于山西省"十三五"分散式风电开发建设方案新增项目的公示》	2019.12
	《关于做好2021年风电、光伏发电开发建设有关事项的通知》	2021.09
	《山西省可再生能源发展"十四五"规划》	2022.09
内蒙古	《内蒙古"十三五"分散式风电项目建设方案》	2017.11
	《内蒙古自治区分散式风电、分布式光伏发电（2021—2023年）建设规划》	2021.06
	《内蒙古自治区"十四五"可再生能源发展规划》	2022.03
	《关于推动全区风电光伏新能源产业高质量发展的意见》	2022.03

续表

地区	相关政策文件	发布时间
河南	《河南省"十三五"分散式风电开发方案》	2017.12
	《关于做好河南省"十三五"分散式风电开发方案调整工作的通知》	2019.08
	《关于进一步推动风电光伏发电项目高质量发展的指导意见》	2021.05
河北	《河北省2018—2020年分散式接入风电发展规划的通知》	2018.01
	《关于做好2022年风电、光伏发电项目申报工作的通知》	2022.11
宁夏	《关于做好我区分散式风电项目开发建设规划工作的通知》	2018.05
	《宁夏回族自治区2018—2020年煤炭消费总量控制工作方案》	2018.05
	《宁夏回族自治区2019年分散式风电项目开发建设方案》	2019.07
陕西	《关于进一步完善〈陕西省"十三五"分散式风电发展方案〉的通知》	2018.06
	《关于调增陕西省"十三五"分散式风电开发建设规模的公示》	2019.12
	《关于开展陕西省2021年风电、光伏发电项目开发建设有关工作的通知》	2021.07
安徽	《关于做好分散式风电项目开发建设管理的通知》	2018.06
	《新增分散式风电项目核准》	2019.12
	《阜阳市2019—2021年分散式风电实施方案》	2020.01
	《安徽省电力发展"十四五"规划》	2022.05
天津	《天津市分散式接入风电发展规划（2018—2025）》	2018.10
	《天津市分散式风电发展规划（2018—2025）》	2018.12
湖北	《2019年分散式风电示范项目建设的通知》	2019.03
	《湖北省能源发展"十四五"规划》	2022.05
山东	《山东省分散式风电项目实施方案》	2019.05
	《关于协调推进分布式新能源发电项目的通知》	2020.02
黑龙江	《黑龙江省分散式风电开发建设方案（2019—2020年）》	2019.05
青海	《西宁市分散式风电发展规划》	2019.05
	《海北州2019年分散式风电项目建设方案公告》	2019.09
	《青海省生态经济发展规划（2021—2025年）》	2022.02
江西	《关于开展分散式风电项目规划选点工作的通知》	2019.06
	《江西省光伏发电、风电项目开发工作指南（2022年）》	2022.08
湖南	《关于组织开展分散式风电试点工作的通知》	2019.11
	《湖南省电力支撑能力提升行动方案（2022—2025年）》	2022.10
新疆	《新疆分散式风电项目2019—2021年实施方案》	2020.01
	《服务推进自治区大型风电光伏基地建设操作指引（1.0版）》	2022.03

  国外分布式风电起步比中国要早，基于不同国情，分布式风电发展历程具有一定差异。由于资源匮乏、土地有限，日本政府十分重视可再生能源以及分布式能源的发展，加之日本电价高，很多企业选择自发电模式，由此推动了分布式发电的快速发展，政府政策支持力度也很大；美国资源分布相对合理，容易达到电力在小范围内的平衡，分布式能源发展也较为成功；在欧洲，没有集中式风电和分布式风电的区分，一般根据资源、电网、负荷条件等情况，确定风电场的开发规模，并接入合适的电压等级；丹麦、德国等国都有一定比例的小规

模开发的风电,接入配电网就地消纳,类似于中国的分布式风电。

国外分布式风电发展历程不尽相同,但在分布式发电政策方面却有诸多相似之处,主要体现在以下几个方面:

(1) 进入门槛低。分布式风电本身具有选址灵活、投资小、建设周期短的特点,因此为了鼓励发展,政府降低进入门槛,简化审批流程。此外,国家为保证分布式能源上网,会出台相关政策,硬性要求电网公司为其并网,并网门槛较低。

(2) 电量收购。电网公司有义务对分布式风电发电就近消纳后的剩余电量进行全额收购,保证分布式电源的利益。

(3) 资金支持。各国政府出台一系列保护政策,确保分布式风电投资者的利益。在美国,并网分布式风电可以享受生产税抵免优惠政策(PTC),或可按照项目投资额的30%一次性享受现金补贴(ITC),离网的分布式风电只可以享受现金补贴。偏远地区分布式风电场可以获得研究补贴、项目投资补贴和贷款担保。除政府补贴外,许多国家还要求金融机构给予一定的资金支持。

(4) 技术支持。为了保证分布式风电的健康发展,各国政府出台相应政策要求电网公司和相关机构给予一定的技术支持,并设立分布式风电场项目可行性研究专项基金,为分布式风电的开发商提供技术参考。

4.4.3 风电产业发展政策

风力发电主要有陆上风电和海上风电。在中国可再生能源产业发展中,风电产业发展较早。风电产业政策大体可以分为四类,即发展规划类政策、市场准入类政策、财政税收类政策和上网电价类政策(于文轩,2019)。

1. 发展规划类政策

发展规划类政策主要是从宏观层面,明确国家风电产业政策方向和总体计划,确定风电装机量和发电量及占比的阶段性目标,为投资者提供方向性指引。这类政策主要有:(1) 2006年11月,国家发展改革委和财政部发布的《促进风电产业发展实施意见》提出,2010年风电总装机容量要达到500×10^4kW,促进中国风机制造业的产业化。(2) 2007年8月,国家发展改革委发布的《可再生能源中长期发展规划》提出,要通过风电开发和建设的大规模化来加速推进风电产业化发展和技术水平的提高,提高市场竞争力。到2010年,实现风电装机容量500×10^4kW,2020年达到3000×10^4kW。并计划在东部沿海、华北、东北和西北地区建立多个大型和特大型风电场。(3) 2012年2月,国家能源局发布的《风电发展"十二五"规划》提出,到2015年投入运行的风电装机总量达到1×10^8kW,发电量突破1900×10^8kW·h,在全国总发电量占比达到3%。2020年风电总装机容量超过2×10^8kW,发电量在全国总发电量中占比超过5%。集中与分散开发并重。(4) 2016年11月,国家能源局发布的《风电发展"十三五"规划》提出,到2020年底风电累计并网装机容量确保达到2.1×10^8kW以上,其中,海上风电并网装机容量达到500×10^4kW以上;风电年发电量确保达到4200×10^8kW·h,约占全国总发电量的6%。此外,还规定了消纳利用目标以及产业发展目标。其中,消纳利用目标是:到2020年有效解决弃风问题,"三北"(华北、东北和西北)地区全面达到最低保障性收购利用小时数的要求。产业发展目标是:风电设备制造水平和研发能力不断提高,3~5家设备制造企业全面达到国际先进水平,市场份额明显提升。

2. 市场准入类政策

市场准入类政策是有关风电产业准入门槛的规定，主要包括风电设备和产品技术标准、认证制度以及风电建设管理规定等，目的是促进市场良性竞争。这类政策主要有：(1) 2005年7月出台的《国家发展改革委关于风电建设管理有关要求的通知》规定，核准项目必须实现风电设备70%以上的国产化率。这项政策对内资企业实现规模化生产及提高市场份额起到了决定性作用，促进了国内风机制造业的快速发展。(2) 2009年9月出台的《关于抑制部分行业产能过剩和重复建设 引导产业健康发展的若干意见》规定，建立风电设备标准、风电产品标准和认证制度，防止重复引进和建设造成产能过剩。(3) 2011年8月，国家能源局发布18项有关并网技术、风电电气设备、机械设备等方面的风电行业标准。(4) 2013年5月起，国家能源局网站公布了第一批被取消或下放的能源领域行政审批事项，将风电项目审批权限下放至地方政府，成为完善可再生能源市场的主要"亮点"。

3. 财政税收类政策

在风电产业发展初期，国家对使用国产风力发电技术装备的示范风电场给予了直接资金支持，对项目投资贷款给予了贴息政策。对风电项目投资给予了进口关税、增值税和企业所得税等税收优惠政策。

2008年8月，财政部发布《风力发电设备产业化专项资金管理暂行办法》规定，中央财政安排专项资金支持设备产业化，引导企业研究和开发适应市场需求的产品。补助对象主要是产业化研究成果得到市场认可的，在中国境内从事风力发电设备（包括整机和叶片、齿轮箱、发电机、变流器及轴承等零部件）生产制造的中资及中资控股企业。企业要求拥有自主知识产权和品牌，风电机组单机容量1500kW以上，经过第三方认证中心认证，具体内容是：对企业新开发并实现产业化的首50台兆瓦级风电机组整机及配套零部件给予补助。对满足支持条件企业的首50台风电机组的补助标准为600元/kW，其中整机制造企业和关键零部件制造企业各占50%。

风电机组成本占风电发电成本的70%左右。风电产业发展初期，由于风电机组几乎全都依赖进口，中国风力发电成本很高，2004年风力发电电价在0.8~2.5元/(kW·h)之间（栗宝卿，2010；马杰，2014）。为此，2007年初，财政部、国家发展改革委、海关总署和税务总局四部委联合发布了《关于落实国务院加快振兴装备制造业的若干意见有关进口税收政策的通知》，规定自2008年1月1日起对国内企业为开发、制造1.2MW以上的大功率风力发电机组而进口部分关键零部件、原材料所缴纳的进口关税和进口环节增值税实行先征后退政策；对进口单机功率不小于1.5MW的风电机组配套的关键零部件和原材料，免征关税和进口环节增值税。

风电行业虽然前期投资成本很高，但后期运维成本却相对较低，在建设阶段投资的设备进项税额抵扣完以后，每年的运行材料、维修材料、备品备件等形成的进项税额占比非常小，如果没有相关优惠政策，风电企业的后期增值税税负将会非常高（栗宝卿，2010；马杰，2014）。因此，2008年国家税务总局发布《关于资源综合利用及其他产品增值税政策的通知》，对利用风力生产的电力实现的增值税实行即征即退50%的政策。同年，财政部、国家税务总局和国家发展改革委联合发布《关于公布〈公共基础设施项目企业所得税优惠目录（2008年版）〉的通知》，规定自2009年1月1日起，在维持现行增值税税率不变的前提下，允许企业逐年抵扣其新购进设备所含的进项税额。风电企业享受所得税"三免三减半"

的优惠，即自项目取得生产经营收入的第一个纳税年度起，前三年免征企业所得税，第四年至第六年减半征收企业所得税。

此外，国家还对清洁发展机制（简称 CDM）项目实施了所得税优惠政策。清洁发展机制是 2005 年正式生效的《京都议定书》引入的一项机制。在该机制下，发达国家缔约方为实现其温室气体减排义务与发展中国家缔约方进行项目合作，促进《联合国气候变化框架公约》最终目标的实现，并协助发展中国家缔约方实现可持续发展，协助发达国家缔约方实现其量化限制和减少温室气体排放的承诺（栗宝卿，2010；马杰，2014）。

2009 年，财政部、国家税务总局联合下发的《关于中国清洁发展机制基金及清洁发展机制项目实施企业有关企业所得税政策问题的通知》，以及 2011 年国家发展改革委、科技部、外交部、财政部发布的《清洁发展机制项目运行管理办法（修订）》（2011 年第 11 号令）明确了 CDM 项目实施企业核证的减排量转让收入上缴国家的部分，准予在税前全额扣除。CDM 风电项目温室气体减排量转让额上缴国家比例为 2%（马杰，2014）。

4. 上网电价类政策

为了规范风电价格管理，促进风电产业健康持续发展，2009 年 7 月 20 日发布的《国家发展改革委关于完善风力发电上网电价政策的通知》，将全国分为 Ⅰ~Ⅳ 四类风能资源区，从 2009 年 9 月 1 日起，各类风能资源区的风电标杆上网电价分别为 0.51 元/(kW·h)（Ⅰ 类），0.54 元/(kW·h)（Ⅱ 类），0.58 元/(kW·h)（Ⅲ 类）和 0.61 元/(kW·h)（Ⅳ 类）。此后，随着风电技术进步和风力发电成本的下降，国家发展改革委多次下调风力发电上网电价（表 4.4）。

表 4.4　中国风电上网电价历次调整情况　　　　　　　单位：元/(kW·h)

政策文件	关键日期	陆上风电				海上风电
		Ⅰ 类	Ⅱ 类	Ⅲ 类	Ⅳ 类	
发改价格〔2009〕1906 号	2005 年底前并网	0.51	0.54	0.58	0.61	
发改价格〔2014〕3008 号	2015 年标杆电价	0.49	0.52	0.56	0.61	
发改价格〔2014〕1216 号						0.85　0.75
发改价格〔2015〕3044 号	2016—2017 年标杆电价	0.47	0.50	0.54	0.60	
发改价格〔2016〕2729 号	2018 年标杆电价	0.40	0.45	0.49	0.57	0.85　0.75
发改价格〔2019〕882 号	2019 年指导价	0.34	0.39	0.43	0.52	
	2020 年指导价	0.29	0.34	0.38	0.75	

数据来源：国家发展改革委网站。

尤其值得一提的是，2019 年 5 月 21 日下发的《国家发展改革委关于完善风电上网电价政策的通知》，明确了 2019、2020 两年陆上风电和海上风电新核准项目的电价政策，将陆上、海上风电标杆上网电价均改为指导价，规定新核准的集中式陆上风电项目及海上风电项目全部通过竞争方式确定上网电价，不得高于项目所在资源区的指导价。2019 年 Ⅰ~Ⅳ 四类风资源区新核准陆上风电指导价分别调整为每千瓦时 0.34 元、0.39 元、0.43 元、0.52 元，2020 年指导价分别调整为每千瓦时 0.29 元、0.34 元、0.38 元、0.47 元。

该通知规定 2018 年底之前核准的陆上风电项目，2020 年底前仍未完成并网的，国家不再补贴；2019 年 1 月 1 日至 2020 年底前核准的陆上风电项目，2021 年底前仍未完成并网的，国家不再补贴。自 2021 年 1 月 1 日开始，新核准的陆上风电项目全面实现平价上网，国家不再补贴。对于海上风电，2019年符合规划、纳入财政补贴年度规模管理的新核准近海风电指导价调整为每千瓦时0.8元，2020年调整为每千瓦时0.75元。

4.5 风电项目投资建设规定

为推动风电项目有序规范建设，促进产业技术进步、升级和市场化发展，《国家能源局关于建立监测预警机制 促进风电产业持续健康发展的通知》（国能新能〔2016〕196号）、《国家能源局关于可再生能源发展"十三五"规划实施的指导意见》（国能发新能〔2017〕31号）、《国家能源局关于2020年风电、光伏发电项目建设有关事项的通知》（国能发新能〔2020〕17号）等一系列政策文件对各地区新增风电建设年度规模进行明确规定，并设立投资监测预警机制。与此同时出台的风电项目投资建设方案，在项目确定、并网消纳、投资环境等方面对风电项目进行全流程详细规定，有力推进风电产业持续健康发展。

4.5.1 风电项目投资监测预警机制

国家能源局于2016年7月设立风电投资监测预警机制，根据上一年各省（市、区）风电项目开发建设及运行情况对全国各省（市、区）开展风电投资建设条件进行评估，指标体系包括政策类指标、资源和运行类指标、经济类指标三大类，每大类下又分设2~3项子指标，最终预警结果由三类指标的加权平均结果确定，分为红色、橙色和绿色三个等级。被评定为红色等级的地区，风电开发建设风险很大，暂停风电开发建设且电网企业不再办理新的接网手续；被评定为橙色等级的地区，除符合国家规划且列入以前年度实施方案的项目、利用跨省跨区输电通道外送项目及落实本地消纳措施的评价项目外，暂停其他新增风电项目；被评定为绿色等级的地区，按照国家能源局对所在地区风电项目投资建设的有关规定和计划，规范开展风电项目投资建设工作。2018年发布的《国家能源局关于印发2018年能源工作指导意见的通知》明确提出，强化风电投资监测预警机制，控制弃风严重地区新建规模，保证实现风电弃电量和弃电率的"双降"。2016—2019年全国风电投资监测预警结果如图4.9所示，2020年甘肃、新疆（含兵团）监测预警等级由红色转为橙色，全国已无红色预警等级。

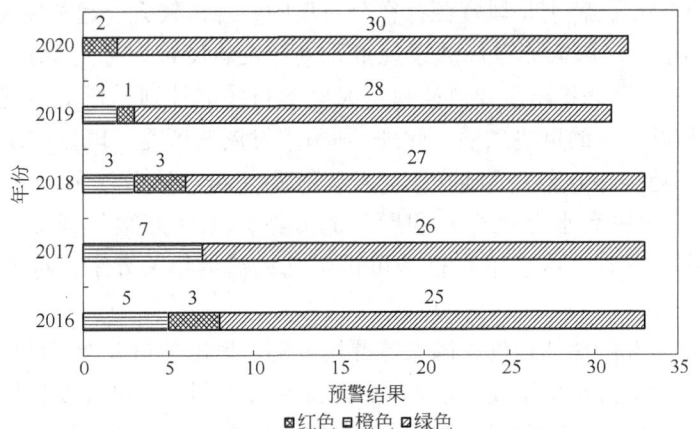

图4.9 2016—2019年全国风电投资监测预警（数据来源：国家能源局）

4.5.2 风电投资项目确定

第一，总量控制。《国家能源局关于可再生能源发展"十三五"规划实施的指导意见》（国能发新能〔2017〕31号）、《国家能源局关于2020年风电、光伏发电项目建设有关事项的通知》（国能发新能〔2020〕17号）等政策文件，对全国各省市风电新建装机目标和并网目标进行明确规定，各省级能源主管部门需严格按照有关要求，合理确定地区风电配置规模并严格执行。除国家层面的总量控制外，各省（区、市）也结合自身发展条件制定风电发展规划，如《河南省2018年大气污染防治攻坚战实施方案》提出2018年全省风电装机规模为$110×10^4$kW以上，《安徽省能源局关于做好2018年风电开发工作的通知》初步确定安徽省2018年风电开发方案项目申报规模为$150×10^4$kW。

第二，前期考察。风电项目建设投入资金多、周期长。为保障风电项目的合理建设，在建设前期要对风电项目在技术经济、风险、环境等方面进行评价。技术经济评价主要包括技术评价和经济评价两个方面，在技术评价方面主要考虑风电项目在资源（风资源条件）、地理（风电场的地形、地貌、交通等）、运行维护上是否长期可行；在经济评价方面主要考虑风电项目的盈利能力、偿债能力和经营效率，体现风电场的长期运营是否有经济上的保障。风险评价是指风电项目在前期规划设计、施工建设、竣工验收、维护运营等各个阶段可能遭到的风险的综合。环境评价包括风电建设项目地理环境评价、风电建设项目生态环境评价、风电建设项目气候环境评价三个方面。

第三，公开竞争。完整风电项目的确定需经过立项申报、手续审批、工程设计等一系列流程。各省级能源主管部门制定风电项目竞争配置方案，公开竞争配置条件及流程，按照公开公平公正的原则对纳入国家补贴范围的项目或投资进行优选（或招标）。竞争配置方案应包括项目方案及技术先进性、前期工作深度、上网电价等竞争要素，同时将上网电价作为重要竞争条件，所需补贴强度低的项目优先列入年度建设方案；根据项目是否有确定的投资主体设立不同的竞争要素评价体系。

4.5.3 风电项目并网消纳

第一，严格执行项目核准计划。新能源消纳始终是世界性难题，与其他国家相比中国新能源消纳问题更加突出，特别是风资源存在分布集中、规模较大、远离负荷中心等问题，很难就地消纳。基于此，《国家能源局关于规范风电开发建设管理有关要求的通知》（国能新能〔2012〕47号）中明确指出，要严格执行风电项目核准计划，把落实配套电网建设和风电消纳市场作为核准项目的重要条件。此外，《国家发展改革委、国家能源局关于印发〈解决弃水弃风弃光问题实施方案〉的通知》（发改能源〔2017〕1942号）、《国家能源局综合司关于报送落实〈解决弃水弃风弃光问题实施方案〉工作方案的通知》（国能综通新能〔2018〕36号）要求各省（区、市）报送可再生电力消纳相关方案，将消纳工作作为风电建设管理的首要条件。

第二，充分落实并网消纳条件。国家能源局分别就风电项目并网及消纳问题对各省级能源主管部门、电网企业提出明确要求。《国家能源局关于印发风电开发建设管理暂行办法的通知》（国能新能〔2011〕285号）指出，项目所在省级政府能源主管部门负责指导和监督项目竣工验收，协调和督促电网企业完成电网接入配套设施建设并与项目单位签订并网调度协议和购售电合同；《国家能源局关于加强风电项目核准计划管理有关工作的通知》（国能新能〔2014〕24号）要求各省（区、市）落实风电项目投资建设条件，特别是电网接入条件和电力消纳市场；《国家能源局关于进一步完善风电年度开发方案管理工作的通知》（国能新能〔2015〕163号）强调电网企业根据风电年度开发方案编制配套风电并网工作方案，协调落实配套电网建设工作，确保项目建成后及时并网运行；《国家能源局关于2018年度风电建设管理有关要求的通知》提出对于新列入年度建设方案的风电项目，必须以电网企业承诺投资建设电力送出工程并确保达到最低保障收购年利用小时数（或弃风率不超过5%）为前提；《国家发展改革委、国家能源局关于印发〈清洁能源消纳行动计划（2018—2020年）〉的通知》（发改能源规〔2018〕1575号）提出到2020年确保全国平均风电利用率力争达95%，弃风率力争控制在5%左右。

第三，鼓励分散接入风电项目。分散式接入风电项目就近接入当地电网进行消纳，有助于整体风电消纳，降低弃风率。2009年中国开始提出发展分散式风电；2011年国家出台《国家能源局关于分散式接入风电开发的通知》《国家能源局关于印发分散式接入风电项目开发建设指导意见的通知》，对分散式风电的开发思路、接入电压等级、项目规模、项目选址、工程建设和验收等方面进行有关规定；2017年发布的《国家能源局关于加快推进分散式接入风电项目建设有关要求的通知》（国能发新能〔2017〕3号）进一步推动分散式风电开发，同时国家将优化风电开发布局、大力发展分散式接入风电项目建设作为"十三五"时期风电开发的重要任务，地方政府（河南、新疆、内蒙古等地）均出台相关政策文件促进分散式风电项目发展；2019年发布的《国家发展改革委、国家能源局出台关于积极推进风电、光伏发电无补贴平价上网有关工作的通知》（发改能源〔2019〕19号），积极推动分散式风电参与分布式发电市场化交易试点。

此外，国家各有关部门还通过鼓励清洁能源发电机组间相互替代发电、促进跨省区发电权交易等方式，加大风电消纳力度；通过发布实施大量国家标准完善风电标准体系，提高风电机组并网运行性能，保障电网平稳安全运行。

4.5.4 风电项目投资建设环境

投资建设环境对于风电项目的投资建设具有至关重要的作用，良好的投资环境有助于提高风电企业的投资积极性，保障风电市场的持续健康发展。《国家能源局关于2019年风电、光伏发电项目建设有关事项的通知》（国能发新能〔2019〕49号）提出，要优化建设投资营商环境，各省级能源主管部门应核实拟建风电、光伏发电项目土地使用条件及相关税费政策，确认项目不再征收城镇土地使用税的土地范围；确认有关地方政府部门在项目开发过程中没有以资源出让、企业援建和捐赠等名义变相向项目单位收费，没有强制要求项目单位直接出让股份或收益用于应由政府承担的各项事务，没有强制要求将采购本地设备作为捆绑条件。

省级地方政府为优化当地风电项目投资建设环境也出台相关政策，如2018年山东省委、省政府出台《关于减轻可再生能源领域企业负担有关事项的通知》中指出，加快推进海洋新材料研发，带动风机制造、海洋装备、技术研发等全产业链协同发展；2019年山西省能源局发布《关于推进山西省风电、光伏发电无补贴平价上网有关工作的通知》中提出，要优化电网企业投资环境，包括在土地利用及收费方面予以支持、降低项目场址成本等等，同时积极支持平价上网和低价上网项目建设。

思考题

1. 风力发电的技术原理和风机结构特征是什么?
2. 中国风电发展的现状和面临的难题是什么?
3. 影响风电发展的政策主要有哪几种类型?
4. 风电产业发展政策的类型和主要内容是什么?
5. 风电项目投资建设方面的规定有哪些?

第5章 太阳能光伏发电

5.1 太阳能光伏发电技术

太阳能光伏发电是指通过太阳能电池,将光能直接转变为电能的一种发电技术。1954年,美国贝尔实验室首次制成了实用的单晶硅太阳电池,将太阳光能转换为电能的实用光伏发电技术由此诞生。太阳能光伏发电系统又称太阳能电池发电系统,是指通过太阳能电池将太阳辐射能转换为电能的发电系统,主要由太阳能电池板(组件)、控制器和逆变器三大部分组成。

第5章案例集

光伏发电是根据光生伏特效应原理,利用太阳能电池将太阳光能直接转化为电能。太阳能电池是将光能转换成电能的器件。在有光照情况下,太阳能电池吸收光能,电池两端出现异号电荷的积累,即产生"光生伏特效应"。太阳能电池主要分为N型半导体、PN结以及P型半导体。

N型半导体也称为电子型半导体。N型半导体即自由电子浓度远大于空穴浓度的杂质半导体。在纯净的硅晶体中掺入五价元素(如磷),使之取代晶格中硅原子的位置,就形成了N型半导体。在N型半导体中,自由电子为多子,空穴为少子,主要靠自由电子导电。自由电子主要由杂质原子提供,空穴由热激发形成。掺入的杂质越多,多子(自由电子)的浓度就越高,导电性能就越强。

P型半导体也称为空穴型半导体。P型半导体即空穴浓度远大于自由电子浓度的杂质半导体。在纯净的硅晶体中掺入三价元素(如硼),使之取代晶格中硅原子的位子,就形成P型半导体。在P型半导体中,空穴为多子,自由电子为少子,主要靠空穴导电。空穴主要由杂质原子提供,自由电子由热激发形成。掺入的杂质越多,多子(空穴)的浓度就越高,导电性能就越强。

PN结是通过采用不同的掺杂工艺,通过扩散作用,将P型半导体与N型半导体制作在同一块半导体(通常是硅或锗)基片上,在它们的交界面就形成空间电荷区,称为PN结(PN junction)。PN结具有单向导电性。

光伏发电的示意图如图5.1所示,当太阳光照射到半导体上时,其中一部分被表面反射掉,其余部分被半导体吸收或透过。被吸收的光,有一些变成热,另一些光子则同组成半导体的原子价电子碰撞,于是产生电子—空穴对。这样,光能就以产生电子—空穴对的形式转变为电能,如果半导体内存在PN结,则在P型和N型交界面两边形成势垒电场,能将电子驱向N区,空穴驱向P区,从而使得N区有过剩的电子,P区有过剩的空穴,在PN结附近形成与势垒电场方向相反的光生电场,这就形成了电源。若分别在P型层和N型层焊上金属引线，接通负载，则外电路便有电流通过。如此形成一个个电池元件，把它们串联、并联起来，就能产生一定的电压和电流，输出功率。

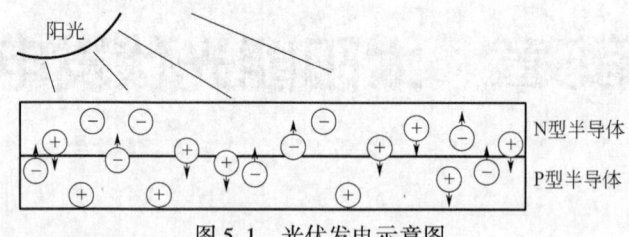

图 5.1　光伏发电示意图

5.1.1　硅基半导体太阳能电池

硅基半导体电池分为单晶硅半导体电池与多晶硅半导体电池。

1. 单晶硅半导体电池

太阳能光电利用是近些年来发展最快，也是最具活力的研究领域，而硅材料太阳能电池无疑是市场的主体，硅基（多晶硅、单晶硅）太阳能电池占80%以上，每年全世界需消费硅材料3000t左右。生产太阳能电池用单晶硅，虽然利润比较低，但是市场需求量大、供不应求，如果进行规模化生产，其利润仍然很可观。中国拟建和在建的太阳能电池生产线每年将需要680多吨的太阳能电池用多晶硅和单晶硅材料，其中单晶硅400多吨，而且，需求量还以每年15%~20%的增长率快速增长。硅系列太阳能电池中，单晶硅太阳能电池在实验室里最高的转换效率为23%，而规模生产的单晶硅太阳能电池效率为15%，技术也最为成熟。高性能单晶硅电池是建立在高质量单晶硅材料和相关的成熟的加工处理工艺基础上的。现在单晶硅的电池工艺已近成熟，在电池制作中，一般都采用表面织构化、发射区钝化、分区掺杂等技术，开发的电池主要有平面单晶硅电池和刻槽埋栅电极单晶硅电池。

提高转化效率主要是靠单晶硅表面微结构处理和分区掺杂工艺。在此方面，德国夫朗霍费莱堡太阳能系统研究所保持着世界领先水平。该研究所采用光刻照相技术将电池表面织构化，制成倒金字塔结构，通过改进了的电镀过程增加栅极的宽度和高度的比率，通过以上制得的电池转化效率超过23%。单晶硅具有完整的金刚石结构。通过掺杂得到N、P型单晶硅，进而制备出PN结、二极管及晶体管，从而使硅材料有了真正的用途。单晶硅太阳能电池转换效率无疑是最高的，在大规模应用和工业生产中仍占据主导地位，但由于受单晶硅材料价格及相应的繁琐的电池工艺影响，单晶硅成本价格居高不下，要想大幅度降低其成本是非常困难的。

2. 多晶硅太阳能电池

众所周知，利用太阳能有许多优点，光伏发电将为人类提供主要的能源，但要使太阳能发电具有较大的市场，被广大的消费者接受，提高太阳电池的光电转换效率、降低生产成本仍有很长的路要走，从目前国际太阳电池的发展过程可以看出其发展趋势为单晶硅、多晶硅、带状硅、薄膜材料（包括微晶硅基薄膜、化合物基薄膜及染料薄膜）。从工业化发展来看，重心已由单晶硅向多晶硅方向发展，主要原因为：（1）可供应太阳电池的头尾料越来越少；（2）对太阳电池来讲，方形基片更合算，通过浇铸法和直接凝固法所获得的多晶硅可直接获得方形材料；（3）多晶硅的生产工艺不断取得进展，全自动浇铸炉每生产周期

（50小时）可生产200kg以上的硅锭，晶粒的尺寸达到厘米级；（4）单晶硅工艺的研究与发展也被应用于多晶硅电池的生产，例如选择腐蚀发射结、背表面场、腐蚀绒面、表面和体钝化、细金属栅电极，采用丝网印刷技术可使栅电极的宽度降低到很小的范围，快速热退火技术用于多晶硅的生产可大大缩短工艺时间，单片热工序时间可在1min之内完成，采用该工艺在100cm^{2}的多晶硅片上制作的电池转换效率超过14%。

多晶硅太阳能电池具有独特的优势，与单晶硅比较，多晶硅半导体材料的价格比较低廉，但是由于它存在着较多的晶粒间界而有较多的弱点。多晶硅太阳能电池的实验室最高转换效率为18%，工业规模生产的转换效率为12%~14%。太阳能多晶硅主要有三个来源：一是半导体多晶硅的碎片；二是半导体多晶硅的副产品；三是半导体多晶硅厂商用多余的产能生产的太阳能多晶硅。高纯多晶硅原料是半导体工业和光伏产业共同的上游原材料，2003年底以来，光伏产业多晶硅原料供不应求，市场短缺非常严重。多晶硅由于成本低，制备简单，并能与传统的硅工艺技术相容，因此在一些场合成为单晶硅的替代品。

5.1.2 化合物半导体太阳能电池

化合物半导体太阳能电池主要包括GaAs系太阳能电池、InP系太阳能电池、CdTe系太阳能电池、CuInSe$_2$系列太阳能电池、CIGS电池。

1. GaAs系太阳能电池

GaAs是典型的Ⅲ-Ⅴ族化合物半导体材料，具有直接能带隙，带隙宽度为1.42eV（300K），可以很好地吸收太阳光，因此，是很理想的太阳能电池材料。GaAs材料的主要特点为：（1）光吸收系数高，GaAs太阳能电池的有源区厚度多选取5μm左右，就可以吸收95%的太阳光谱中最强的部分；（2）带隙宽度与太阳光谱匹配，GaAs的带隙宽度正好位于最佳太阳电池材料所需要的能隙范围，具有更高的理论转换效率；（3）耐高温性能好，GaAs太阳能电池效率随温度升高降低比较缓慢，可以工作在更高的温度范围；（4）抗辐照性能强，GaAs是直接带隙材料，少数载流子寿命较短，在离结几个扩散度外产生损伤，对光电流和暗电流均无影响，因此，GaAs太阳能电池具有较好的抗辐照性能；（5）多结叠层太阳电池的材料，由于Ⅲ-Ⅴ族三、四元化合物（GaInP、AlGaInP、GaInAs等）半导体材料生长技术日益成熟，使电池的设计更为灵活，从而大幅度提高太阳电池的效率并降低成本。

GaAs太阳电池的发展是从20世纪50年代开始的。1954年世界上首次发现GaAs材料具有光伏效应。在1956年，J. J. Loferski和他的团队探讨了制造太阳电池的最佳材料的物性，他们指出E_g在1.2~1.6eV范围内的材料具有最高的转换效率。GaAs材料的E_g=1.43eV，在上述高效率范围内。理论上估算，GaAs单结太阳电池的效率可达27%。20世纪60年代，Gobat等研制了第1个掺锌GaAs太阳电池，不过转化率不高，仅为9%~10%，远低于27%的理论值。20世纪70年代，以IBM公司和苏联Ioffe技术物理所等为代表的研究单位，采用LPE（液相外延）技术引入GaAlAs异质窗口层，降低了GaAs表面的复合速率，使GaAs太阳电池的效率达16%。不久，美国的HRL（Hughes Research Lab）及Spectrolab通过改进LPE技术使得电池的平均效率达到18%，并实现了批量生产，开创了高效率砷化镓太阳电池的新时代。20世纪80年代后，GaAs太阳电池技术经历了从LPE到MOCVD、从同质外延到异质外延、从单结到多结叠层结构的几个发展阶段，其发展速度日益加快，效率也不断提高，实验室最高效率已达50%（来自IBM公司数据），产业生产转化率可达30%

以上。

2. InP 系太阳能电池

InP 是一种直接带隙半导体材料，在室温下带隙值约为 1.35eV，晶格常数为 5.869Å。其光吸收范围约在可见光至红外光区。相较于硅基型太阳能电池与 GaAs 型太阳能电池，InP 内部缺陷易受温度影响而移动，可自动修复辐射造成的缺陷劣化，因此具有最佳的抗辐射性，可应用于太空用太阳能电池。

3. CdTe 系太阳能电池

CdTe 薄膜太阳能电池具有以下几个优点：

（1）理想的禁带宽度，CdTe 的禁带宽度为 1.45eV，CdTe 的光谱响应和太阳光谱非常匹配；（2）高光吸收率，CdTe 的吸收系数在可见光范围高达 $10^4 cm^{-1}$ 以上，99%的光子可在 1pm 厚的吸收层内被吸收；（3）转换效率高，CdTe 薄膜太阳能电池的理论光电转换效率约为 30%；（4）电池性能稳定，一般的 CdTe 电池的设计使用时间为 20 年以上；（5）电池结构简单，制造成本低，容易实现规模化生产。

碲化镉薄膜太阳能电池是薄膜太阳电池中发展较快的一种光伏器件。美国南佛罗里达大学于 1993 年用升华法在 $1cm^2$ 面积上做出转换效率为 15.8%的太阳电池；随后，日本 Matsushita Battery 研究的 CdTe 小面积电池在实验室里的最高转换效率为 16%，成为当时碲化镉薄膜太阳能电池的最高纪录。

4. $CuInSe_2$ 系列太阳能电池

$CuInSe_2$（简称 CIS）是重要的半导体光伏材料。具有生产成本低、污染小、柔性高、稳定性好等特点，光电转换效率接近单晶硅太阳能电池，但成本只有单晶硅太阳能电池的 1/3，是近几年国内外研究开发的热点。它具有以下几个优点：（1）铜铟硒薄膜的能隙为 1.04eV，通入适量的镓取代铟可在 1.04~1.67eV 之间连续调整能带宽度；（2）铜铟硒是一种直接能隙材料，其可见光的吸收系数高达 $10^5 cm^{-1}$ 数量级，相较于硅基系列多了 100 倍以上的吸收，非常适合作为薄膜太阳能电池的吸收层；（3）技术成熟后，制造成本和回收时间将远低于晶体硅太阳能电池；（4）抗辐射能力强；（5）高光电转换效率，目前铜铟镓硒薄膜太阳能电池的最高转换效率已达 20.3%，是所有薄膜太阳能电池中的最高纪录；（6）电池稳定性佳，效率稳定几乎不衰减；（7）弱光特性好。因此铜铟硒薄膜太阳能电池可望成为新一代太阳能电池的主流产品之一。

5. CIGS 电池

CIGS 电池由最初的 CIS 电池发展而来。薄膜材料 CIS 是在 1953 年由 Hahn 首次合成。1974 年，贝尔实验室的 Wagner 等人制备出第一块 CIS 太阳能电池。19 世纪 80 年代，波音公司和 ARCO Solar（即 Siemens Solar）公司分别用共蒸发和溅射硒化法进行了进一步研究。之后，又将 CIS 的材料中掺入镓（Ga）和硫（S）元素使之与太阳光谱更匹配。美国再生能源实验室（NREL）发明了拥有更高的光电转换效率的 CIGS 电池，这就是现代 CIGS 太阳能电池的雏形。2010 年，德国太阳能和氢能研究中心（ZSW）采用共蒸发法使 CIGS 电池上达到了 20.3%的高转换效率，使 CIGS 薄膜的效率与仍然主导市场的多晶硅太阳能电池之间的差距缩小到了 0.1%。2013 年，瑞士联邦材料科学与技术实验室（EMPA）宣布其研发的柔性衬底铜铟镓硒 CIGS 太阳能光伏电池已凭借 20.4%的高转换效率刷新世界纪录。

5.1.3　几种化合物太阳能电池的比较

CdTe 和 InP 太阳能电池虽然在成本上有优势，但是含有剧毒元素（如 Cd），会带来环境污染，因此并非单晶硅太阳能电池的替代产品。

GaAs 太阳能电池的转换效率可达 28%，高于单晶硅太阳能电池，但是价格昂贵，也并不是单晶硅太阳能电池的替代产品。另外，GaAs 太阳能电池抗辐照能力强，对热不敏感，因此可用于太空中的能源技术。

CIS 适合光电转化，且价格低廉，将成为今后太阳能电池的一个重要方向。

5.2　太阳能聚光型发电技术

聚光型太阳能集热器主要有塔式集热器和碟式集热器两种，是利用反射器、透镜或其他光学器件将进入集热器采光口的太阳光线改变方向并聚集到接收器上的装置，可通过单轴或双轴跟踪获得更高的能流密度。这种太阳能集热器通过凹面反射镜或透镜将太阳辐射能汇集到较小的面积上，从而使单位面积上的热流量增加并且减小了接收器和环境之间的换热面积，提高了工质的温度和集热器的热效率，而它的缺点是只能接收直射辐射，且需要跟踪系统配合，从而导致成本增加。聚光型太阳能集热器主要用于太阳能热发电、太阳能制氢、太阳炉和双效 LiBr H_2O 吸收式制冷系统等，属于中高温集热器的范畴。

5.2.1　太阳能碟式集热器发电技术

太阳能碟式集热器发电也称盘式系统，主要特征是采用盘状抛物面聚光集热器，其结构从外形上看类似于大型抛物面雷达天线（图 5.2）。由于盘状抛物面镜是一种点聚焦集热器，其聚光比可以高达数百到数千倍，因而可产生非常高的温度。

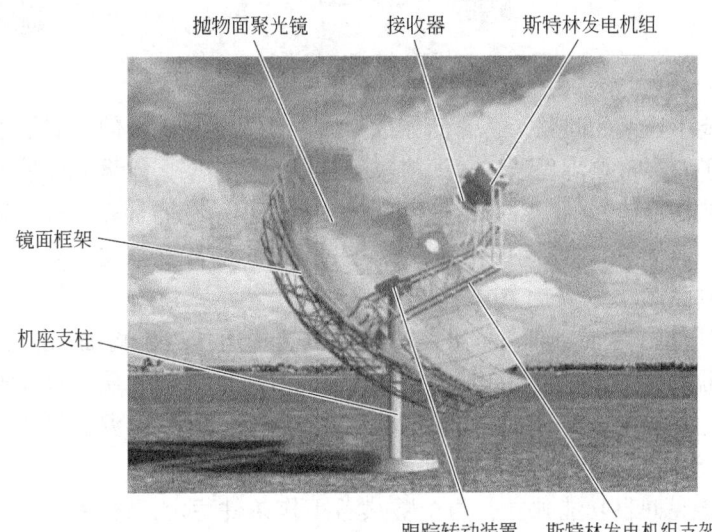

图 5.2　太阳能碟式集热器发电机组

太阳能碟式集热器发电使用的斯特林发电机组前端有太阳能接收器，为斯特林发电机组提供加热源。太阳能碟式集热器发电使用的斯特林发电机组的冷却器通常用风冷，利用风扇直接散热，使工质温度接近外界空气温度。

斯特林发动机是一种外燃机，依靠发动机气缸外部热源加热工质进行工作，发动机内部的工质通过反复吸热膨胀、冷却收缩的循环过程推动活塞来回运动实现连续做功。由于热源在气缸外部，方便使用多种热源，特别是利用太阳能作为热源。碟式抛物面聚光镜的聚光比范围可超过 1000，能把斯特林发动机内的工质温度加热到 650℃ 以上，使斯特林发动机正常运转起来。在机组内安装有发电机与斯特林发动机连接，斯特林发动机的机械输出有直线运动或旋转运动，可带动直线发电机或普通旋转发电机。

5.2.2 太阳能塔式集热器发电技术

太阳能塔式集热器发电系统是在空旷的地面上建立一高大的中央吸收塔，塔顶上安装固定一个吸收器，塔的周围安装一定数量的定日镜，通过定日镜将太阳光聚集到塔顶接收器的腔体内产生高温，再将通过吸收器的工质加热并产生高温蒸汽，推动汽轮机进行发电，如图 5.3 所示。

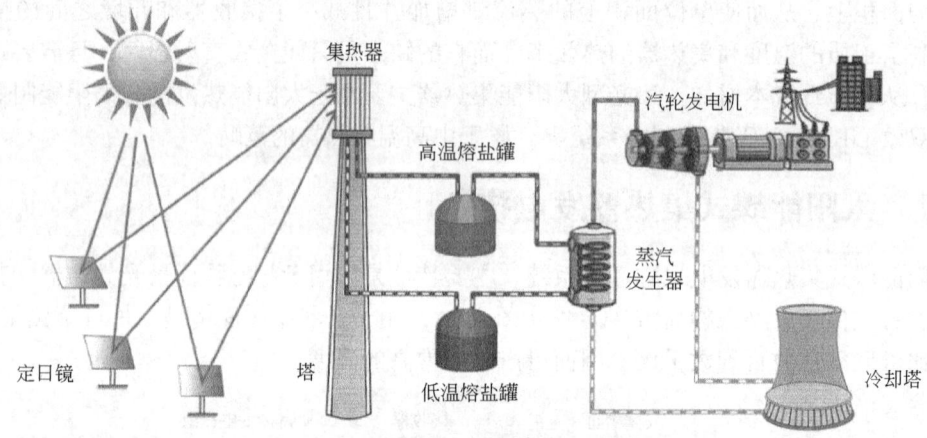

图 5.3　太阳能塔式集热器发电系统

为解决太阳能不连续的问题，蓄热储能成为太阳能发电系统中的关键技术之一。太阳能塔式集热器采用了双级蓄热流程结构，即将收集到的太阳能根据能量品位进行分级存储，高温能量由高温蓄热器存储，中温部分由低温蓄热器存储；蓄存能量释放时，高温蓄热器用于蒸汽的过热过程，而低温蓄热器用于蒸汽的发生过程，两者相互独立。双级蓄热的优势主要体现在以下三个方面。

(1) 蓄热工质选择更加合理。高温蓄热器可以选择熔盐、矿物油、混凝土等作为蓄热工质，低温蓄热器可以选择中温相变材料或高压饱和水作为蓄热工质。双级蓄热理念的提出可以大幅减少熔盐等价格昂贵的蓄热工质的使用量，同时减小了高温蓄热装置的容积，使得蓄热子系统的投资大幅度降低。

(2) 高、低温蓄热器功能独立，两个蓄热器工作条件稳定，避免了单一蓄热器中蓄热和放热过程中复杂的控制环节。

(3) 技术风险小。高温蓄热器的热容量仅为低温蓄热器热容量的 20% 左右，在中国熔盐蓄热技术还不成熟的条件下，可以大幅降低蓄热技术给系统带来的风险，同时促进中国熔盐蓄热技术的研究与应用。

太阳能集热器是太阳能塔式集热器发电系统中的另一个关键技术。

在太阳能塔式集热器发电系统中,以水蒸气为吸热工质,且聚光集热子系统、蓄热子系统与蒸汽动力子系统可以采用解耦与耦合的双运行模式,即在太阳辐射强度高时,吸热器生产高压过热蒸汽,一部分直接驱动汽轮机,富余部分进入高、低温蓄热器中进行蓄热;当太阳能辐射强度低或没有太阳能时,蓄热子系统启动,同时产生蒸汽进入汽轮机做功,以延长汽轮机高效运行时间,提高发电效率。双运行模式不仅提高了系统对太阳能不连续、不稳定的适应性,更为今后太阳能热发电提高效率、降低发电的成本奠定了宽广的基础。

中国青海中控太阳能德令哈50MW光热电站于2016年10月启动建设,于2018年12月30日并网发电,是中国首家商业化运营的塔式太阳能光热电站,建成投运后填补了全国大规模塔式光热发电技术应用空白。青海中控太阳能德令哈50MW塔式熔盐储能光热电站是国家首批光热发电示范项目之一,装机容量50MW,配置7小时熔盐储能系统,设计年发电量$1.46×10^8 kW·h$。青海中控德令哈50MW塔式光热发电项目是国内第一批光热发电示范项目中完全拥有自主知识产权、设备国产化率超95%的大型塔式光热发电项目。高倍规模化聚光吸热技术等核心技术、核心设备、工程设计、施工安装均由中国自主完成。50MW机组投运后,年发电量可达近$1.5×10^8 kW·h$,与同等规模的火电厂相比,每年可节约标准煤$4.6×10^4 t$,减排二氧化碳$12.1×10^4 t$,且电力输出稳定、调节性能优良。

5.3 太阳能光伏发电发展现状

5.3.1 太阳能光伏发电概述

根据是否与电力系统并网,太阳能光伏发电系统可分为独立型和并网型。根据应用领域划分,太阳能光伏发电系统可分为住宅用、公共设施用以及产业设施用三种类型。住宅用太阳能光伏发电系统可以用于一家一户,也可以用于集合住宅以及由许多集合住宅构成的小区等;公共设施用太阳能光伏发电系统主要用于学校、道路、广场以及其他公用设施;产业设施用太阳能光伏发电系统主要用于工厂、营业场所以及加油站等设施。

20世纪70年代后,随着现代工业的发展,全球能源危机和大气污染问题日益突出,而传统燃料能源正在一天天减少,且对环境造成的危害日益突出,同时全球约有20亿人得不到正常的能源供应。全世界都把目光投向了可再生能源,希望可再生能源能够改变人类的能源结构,维持长远的可持续发展。太阳能以其取之不尽、用之不竭、无污染、廉价、人类能够自由利用的独特优势,日益受到重视。20世纪80年代后,太阳能电池种类不断增多,应用范围日益广阔,市场规模也逐步扩大。

5.3.2 中国太阳能光伏发电产业发展现状

光伏产业是中国具有国际竞争优势的战略性、朝阳性产业。在政策引导和市场需求双轮驱动下,中国光伏产业快速发展,产业规模迅速扩大,产业链各环节市场占有率多年位居全球首位,中国已经成为光伏产业大国。

(1) 光伏产业规模迅速扩大。2015—2020年多晶硅、硅片、电池片和组件各环节的产量均实现了翻倍增长，增长率分别为 136.4%、202.1%、187.8% 和 133.6%（王勃华，2021）。2020 年光伏制造链各环节产量分别为：多晶硅 39.2×10^4t、硅片 161.3GW、电池片 134.8GW、组件 124.6GW，在全球占比均超过 2/3（王勃华，2021）。2020 年多晶硅逆变器、胶膜、背板、玻璃、支架、边框基本实现国产化。同时，中国已在 20 个以上国家或地区直接投资建设硅片、电池、组建、逆变器和玻璃等产品，产品出口至近 200 个国家或地区（王勃华，2021）。

（2）光伏产业技术进步显著。多晶硅还原炉的大小、多少和能耗决定了多晶硅生产企业的生产规模和生产成本，2015 年国内多晶硅还原炉多在 18~36 对棒之间，2020 年已有 40 对棒以上的还原炉，冷氢化能力提升了 2~3 倍（王勃华，2021）。电子级多晶硅材料是纯度最高的多晶硅材料，是集成电路的关键基础材料。中国多晶硅材料已从太阳能级（1 级）发展到电子级（3 级），摆脱了长期以来中国电子级多晶硅材料对国外的依赖。PERC 单晶电池量产平均转换效率由 2016 年的 20.5% 提高至 2020 年的 22.8%，一些领先企业超过了 23%。2014 年起，中国企业/研究机构晶硅电池实验室效率已打破纪录 29 次。主流组件功率由 2016 年的 250W 提高至 2020 年的 450W 以上（王勃华，2021）。

（3）光伏与其他产业融合日趋增强。光伏与其他产业的融合不断增强。在"光伏+工业"方面，"光伏+工业园区"实现了多能互补，集成优化；在"光伏+建筑"方面，光伏建筑一体技术采用并网光伏系统，既实现建筑节能，同时就地、及时消纳了光伏发电；在"光伏+交通"方面，"光（伏）储（能）充（电桩）"成为最具潜力的组合，高速公路服务区等布局了光伏发电设施；在"光伏+通信"方面，光伏发电正在数据中心行业应用，"光伏+通信基站"可以解决无电地区及城市电网供应不稳定地区基站的用电问题。

（4）产业集中度不断提升。产量排名前五的企业占比分别为：多晶硅 87.5%、硅片 88.1%、电池片 53.2%、组件 55.1%（王勃华，2021）。

5.3.3 太阳能光伏发电市场发展现状

截至 2020 年底，中国光伏累计装机容量 2.53×10^8kW·h，连续六年位居全球首位，2020 年新增装机容量 0.482×10^8kW·h，连续八年位居全球首位。2020 年发电量达 2605×10^8kW·h，占总发电量比重的 3.5%（王勃华，2021）。

光伏电站大基地开发成为中国太阳能光伏发电市场的一个趋势，原因主要有：大基地能够迅速扩大企业清洁能源资产规模，能有效提升发电质量和经济效益，是提前实现"碳达峰"的有效途径。大基地开发的主要特点是：风光水火储能综合开发主力以央企投资为主，民企竞争力稍显不足；目前主要布局在中国三北地区，中部和西南地区的潜力正在被激发。

5.4 太阳能光伏发电主要政策

5.4.1 太阳能光伏发电的政策目标

中国太阳能光伏发电政策的总体目标，是通过激励政策和市场机制，扩大国内光伏应用市场，实现规模化发展，提高技术水平和加快产业转型升级，以降低光伏发电成本，提升光伏发电竞争力，提高光伏发电在一次能源消费中的占比，使光伏发电尽快成为主体能源，推动中国能源转型。

1. 扩大国内光伏应用市场

长期以来，中国高纯度多晶硅严重依赖国外进口，国产光伏电池和组件96%用于出口，形成了"两头在外"的局面。2012年10月，美国对中国光伏产品实行反补贴税和反倾销税，之后欧盟也对中国光伏产品启动"双反"调查。中国光伏产业面临严峻危机，扩大国内光伏应用市场势在必行。此后，中国太阳能光伏发电政策的主要目标就是扩大国内光伏应用市场。2013年7月14日，国务院下发《国务院关于促进光伏产业健康发展的若干意见》提出，2013—2015年均新增光伏发电装机容量1000×10^4kW左右，到2015年总装机容量达到3500×10^4kW以上的具体目标。2017年出台的《国家能源局关于可再生能源发展"十三五"规划实施的指导意见》，明确提出光伏领跑技术基地2017—2020年累计装机目标为3200万千瓦。2021年5月出台的《国家能源局关于2021年风电、光伏发电开发建设有关事项的通知》提出，2021年风电和光伏发电的保障性并网规模不得低于90GW，同时2021年风电、光伏发电量占全社会用电量的比重要达到11%左右，且这一占比将加速提升。在光伏发电政策的推动下，国内光伏应用市场不断扩大，截至2021年，我国光伏累计装机容量达3.06×10^8kW·h，当年新增装机容量达到5300×10^4kW·h，2013—2021年年均复合增速达41%。

2. 提高技术水平、加快产业转型升级

光伏发电成本高，极大影响了光伏发电在国内市场的应用。为此，中国光伏产业政策目标的另一个重要目标，是培育一批具有较强技术研发能力和市场竞争力的龙头企业，加快技术创新和产业升级，提高多晶硅等原材料自给能力和光伏电池制造技术水平，显著降低光伏发电成本，提高光伏产业竞争力。为此，工信部出台了《光伏制造行业规范条件》，作为光伏产业技术进步和生产布局的引导性文件，从2013年第一次发布开始，每2~3年会根据行业发展情况进行更新。2013年政府提出光伏制造企业应拥有先进技术和较强的自主研发能力，新上光伏制造项目应满足单晶硅光伏电池转换效率不低于20%、多晶硅光伏电池转换效率不低于18%、薄膜光伏电池转换效率不低于12%、多晶硅生产综合电耗不高于100kW·h/kg的要求。至今，该文件已更新至《光伏制造行业规范条件（2021年本）》。相比2013年发布的第一版《光伏制造行业规范条件》，《光伏制造行业规范条件（2021年本）》进一步提升了光伏组件和相关产品的最低标准，引导企业提质增效措施力度不断加大。《光伏制造业规范条件（2021年本）》要求，针对现有光伏制造企业及项目产品，多晶硅电池和单晶硅电池的平均光电转换效率分别不低于19%和22.5%，多晶硅组件和单晶硅组件的平均光电转换效率分别不低于17%和19.6%；针对新建和改扩建企业及项目产品，多晶硅电池和单晶硅电池的平均光电转换效率分别不低于20.5%和23%，多晶硅组件和单晶硅组件的平均光电转换效率分别不低于18.4%和20%。现有多晶硅项目综合电耗要小于80kW·h/kg；新建和改扩建项目综合电耗要小于70kW·h/kg。

5.4.2 太阳能光伏发电产业促进政策

（1）财税支持政策。建立中央财政资金支持光伏产业发展的机制，对太阳能资源测量与评价、信息系统建设、关键技术装备材料研发及产业化、标准制定及检测认证体系建设、新技术应用示范、农村和牧区光伏发电应用以及无电地区光伏发电项目建设予以支持。对分布式光伏发电自发自用的电量，免收可再生能源电价附加这一政府性基金。企业研发费用符合有关条件的，可按照税法规定在计算应纳税所得额时加计扣除。企业符合条件的兼并重组，可以按照现行税收政策规定，享受税收优惠政策。

（2）金融支持政策。金融机构信贷政策，支持具有自主知识产权、技术先进、发展潜力大的企业做优做强，对有市场、有订单、有效益、有信誉的光伏制造企业提供信贷支持。根据光伏产业特点和企业资金运转周期，按照风险可控、商业可持续、信贷准入可达标的原则，采取灵活的信贷政策，支持优质企业正常生产经营，支持技术创新、兼并重组和境外投资等具有竞争优势的项目。创新金融产品和服务，支持中小企业和家庭自建自用分布式光伏发电系统。严禁资金流向盲目扩张产能项目和落后产能项目建设，对国家禁止建设的、不符合产业政策的光伏制造项目不予信贷支持。

（3）土地支持政策和建设管理。对利用戈壁荒滩等未利用土地建设光伏发电项目的，在土地规划、计划安排时予以适度倾斜，不涉及转用的，可不占用土地年度计划指标。探索采用租赁国有未利用土地的供地方式，降低工程的前期投入成本。光伏发电项目使用未利用土地的，依法办理用地审批手续后，可采取划拨方式供地。完善光伏发电项目建设管理并简化程序。

5.4.3　太阳能光伏发电初始投资补贴政策

2009年以来，为启动国内市场，中国颁布实施了一系列的光伏激励政策。激励政策主要有初始投资补贴和固定上网电价政策两类。初始投资补贴政策主要适用于中小型光伏发电系统，包括太阳光电建筑示范项目补贴和金太阳示范工程补贴。

2009年3月，财政部、住房和城乡建设部发布《关于加快推进太阳能光电建筑应用的实施意见》，支持开展光电建筑应用示范，实施"太阳能屋顶计划"。财政部出台《太阳能光电建筑应用财政补助资金管理暂行办法》，规定了补助资金使用范围及支持项目应满足的条件。

2009年7月，财政部、科技部和国家能源局联合发布《关于实施金太阳示范工程的通知》，规定并网光伏发电项目原则上按光伏发电系统及其配套输配电工程总投资的50%给予补助，偏远无电地区的独立光伏系统按投资的70%给予补助。对光伏发电关键技术产业化和产业基础能力建设项目，给予适当贴息或补助。

2009年11月，财政部公布了金太阳示范工程项目目录，共安排294个示范项目，发电装机总规模为642MW，计划用2~3年时间完成。根据要求，示范项目在完成立项、招投标、环评等前期准备工作后，就可以申请财政补助资金。

2010年9月，财政部、科技部、住房和城乡建设部、国家能源局发布《关于加强金太阳示范工程和太阳能光电建筑应用示范工程建设管理的通知》，对"太阳能屋顶计划"和"金太阳示范工程"有关政策内容进行了调整：（1）中央财政对示范项目建设所用关键设备，按中标协议供货价格的一定比例给予补贴。其中，2010年用户侧光伏发电项目补贴比例暂定为50%，偏远无电地区的独立光伏发电项目为70%。（2）示范项目的其他费用采取定额补贴。2010年补贴标准暂定为：用户侧光伏发电项目4元/W（其中建材型和构件型光电建筑一体化项目为6元/W），偏远无电地区独立光伏发电项目10元/W（其中户用独立系统为6元/W)。

2012年9月，国家能源局发布《太阳能发电发展"十二五"规划》，提出要根据地区对供电可靠性和稳定性的需求，开展新能源微电网示范工程建设，并通过投资补贴的方式支持边远地区分散用户的供用电工程建设，鼓励在西藏、青海、新疆、云南等省（区）的边远地区以及东部人口较少的离岸海岛，推广独立光伏电站、户用光伏发电系统，解决电网无法覆盖地区的无电人口用电问题。

2013年4月，财政部发布《财政部关于清算金太阳示范工程财政补助资金的通知》，要求根据金太阳示范工程财政补贴资金管理相关规定要求和有关部门组织审核的结果，对2009—2011年金太阳示范工程财政补助资金进行清算。其中规定"没有按期完工的项目，取消示范工程，收回补贴资金；没有按期并网的项目，暂时收回补贴资金，待并网发电后再来函申请拨付"。

至此，由于以光伏建设端为补贴对象的初始投资补贴政策后续出现了部分电站以次充好、虚报电站建设投资成本等情况，投建方钻政策漏洞，骗取政府补贴，因此2013年开始，作为事前补贴的太阳光电建筑示范项目和金太阳示范工程政策逐渐退出光伏发电政策体系，金太阳项目演变为专项扶持硅材料提纯、控制逆变器、并网运行等关键技术产业化以及无电地区的公益性项目。同时，为了政策的延续性，2011年，发布了《国家发展改革委关于完善光伏发电上网电价政策的通知》，接力太阳光电建筑示范项目和金太阳示范工程，以光伏发电量为衡量标准，对分布式光伏发电给予电价补贴。

从2009年至2013年，初始投资补贴政策虽然引发很多质疑和争论，但太阳光电建筑示范项目和金太阳示范工程确实极大地推动了我国分布式发电站的发展，为后期光伏行业国内整体装机的提升提供了充分铺垫。2009年至2012年，我国共组织了四期"金太阳"以及"光电建筑"项目招标，规模合计达到6.6GW。截至2012年底，我国光伏累计装机达到4.2GW，其中分布式装机达到2.3GW，占比超过50%。

5.4.4 太阳能光伏发电上网电价政策

1. 特许权招标竞价政策（2009—2010年）

2009—2010年，对于大型光伏电站项目，实施了特许权招标政策。2009年和2010年国家能源局组织实施了两批大型地面光伏电站特许权项目招标，中标方式为上网电价低者中标。2009年第一批次一个项目，即敦煌10MW光伏电站，最终中标电价为1.09元/(kW·h)；2010年第二批特许权招标项目共13个，总规模280MW，中标电价0.7288~0.9907元/(kW·h)。

2. 全国统一标杆上网电价政策（2011年）

2011年7月，国家发展改革委发布《国家发展改革委关于完善太阳能光伏发电上网电价政策的通知》，规定对非招标太阳能光伏发电项目实行全国统一的太阳能光伏发电标杆上网电价：（1）2011年7月1日以前核准建设、2011年12月31日建成投产，国家发展改革委尚未核定价格的太阳能光伏发电项目，上网电价统一核定为每千瓦时1.15元（含税，下同）；（2）2011年7月1日及以后核准的太阳能光伏发电项目，以及2011年7月1日之前核准但截至2011年12月31日仍未建成投产的太阳能光伏发电项目，除西藏仍执行每千瓦时1.15元的上网电价外，其余省（区、市）上网电价均按每千瓦时1元执行。

3. 分区标杆上网电价和分布式度电补贴政策（2013—2018 年）

在上述政策的激励下，国内光伏应用市场开始启动。然而，中国光伏产业"两头在外"的局面并未改变。为此，2013 年 7 月 4 日，国务院下发《国务院关于促进光伏产业健康发展的若干意见》，强调完善支持政策，大力支持用户侧光伏应用、完善电价和补贴政策、改善补贴资金管理、加大财税支持力度。根据该文件有关要求，2013 年发布的《国家发展改革委关于发挥价格杠杆作用 促进光伏产业健康发展的通知》决定进一步完善光伏发电项目价格政策：根据各地太阳能资源条件和建设成本，将全国分为三类太阳能资源区，相应制定光伏电站标杆上网电价。国家根据光伏发电发展规模、发电成本变化情况等因素，逐步调减光伏电站标杆上网电价和分布式光伏发电电价补贴标准，以促进科技进步，降低成本，提高光伏发电市场竞争力。

Ⅰ类资源区标杆上网电价为 0.90 元/(kW·h)，Ⅱ类资源区标杆上网电价为 0.95 元/(kW·h)，Ⅲ类资源区标杆上网电价为 1.0 元/(kW·h)。对分布式光伏发电实行按照全电量补贴的政策，电价补贴标准为每千瓦时 0.42 元（含税），通过可再生能源发展基金予以支付，由电网企业转付；其中，分布式光伏发电系统自用有余上网的电量，由电网企业按照当地燃煤机组标杆上网电价收购。光伏发电项目自投入运营起执行标杆上网电价或电价补贴标准，期限原则上为 20 年。

4. 上网指导电价政策（2019 年后）

2019 年 4 月 30 日，国家发展改革委印发《关于完善光伏发电上网电价机制有关问题的通知》，公布了 2019 年光伏发电上网电价政策，提出将集中式光伏电站标杆上网电价改为指导价。2019 年 Ⅰ~Ⅲ 类资源区纳入财政补贴年度规模管理的新增集中式光伏发电项目指导价，分别确定为 0.40 元/(kW·h)（含税，下同）、0.45 元/(kW·h)、0.55 元/(kW·h)。新增集中式光伏电站上网电价原则上通过市场竞争方式确定，但不得超过所在资源区指导价。

该文件明确，纳入 2019 年财政补贴规模、采用"自发自用、余量上网"模式的工商业分布式光伏全发电量补贴标准调整为每千瓦时 0.10 元；纳入 2019 年财政补贴规模、采用"全额上网"模式的工商业分布式光伏项目，按所在资源区集中式光伏电站指导价执行。能源主管部门统一实行市场竞争方式配置的新增工商业分布式光伏发电项目，价格不得超过所在资源区指导价，且补贴标准不得超过每千瓦时 0.10 元。该文件规定，纳入 2019 年财政补贴规模、采用"自发自用、余量上网"模式和"全额上网"模式的户用分布式光伏全发电量补贴标准调整为每千瓦时 0.18 元。为助力完成脱贫攻坚任务，纳入中央财政补贴目录的Ⅰ~Ⅲ类资源区村级光伏扶贫电站上网电价保持不变，仍分别按照每千瓦时 0.65 元、0.75 元、0.85 元执行。

该项政策是以收定支，竞争配置。一方面可以减缓补贴压力，另一方面也可以促进竞争。实际上，自 2019 年 7 月 1 日该项政策实施以来，全国平均度电补贴强度已由 2019 年的每千瓦时 0.065 元下降至 2020 年的每千瓦时 0.033 元，下降幅度达 49.2%。图 5.4 为 2011—2020 历年项目标杆电价情况。

5.4.5　光伏扶贫政策

光伏扶贫，是指利用政府性资金，在具备光伏扶贫实施条件的地区，投资建设光伏电

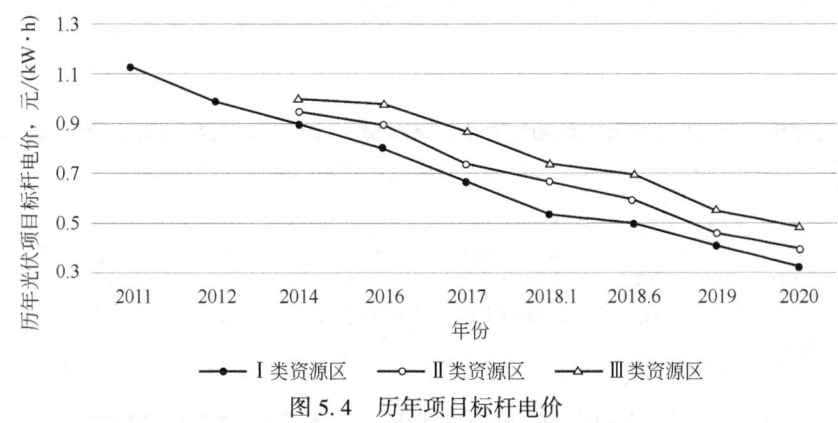

图 5.4　历年项目标杆电价

站，政府性资金的资产收益全部用于扶贫的一种新型产业扶贫方式。由于光伏发电清洁高效、技术可靠、建设期短、收益稳定，可保证贫困户 20~25 年持续稳定获得发电收益，因此，相对一般性的产业扶贫手段，光伏扶贫优势明显。

为全面落实国务院光伏产业和扶贫开发政策，有效促进贫困地区农民增收，2014 年 10 月 11 日，《国家能源局、国务院扶贫办关于印发组织开展光伏扶贫工程试点工作的通知》发布，决定联合在河北、山西、安徽、甘肃、宁夏、青海六省（区），每个省（区）各选取 5 个贫困县开展光伏扶贫试点工作。2016 年 3 月 23 日，国家发展改革委、国务院扶贫办、国家能源局、国家开发银行、中国农业发展银行印发《关于实施光伏发电扶贫工作的意见》，明确了光伏扶贫的重点实施范围为前期开展试点、光照条件较好的 16 个省的 471 个国家级贫困县，以及光伏扶贫的重点任务和配套政策。此后，相关部门针对光伏扶贫计划编制有关事项、支持光伏扶贫和规范光伏发电产业用地、村级光伏扶贫电站收益分配管理办法、光伏扶贫电站管理办法以及光伏扶贫电站验收评估工作等出台了专门文件。

光伏扶贫实行"中央统筹、省负总责、市（县）抓落实"的管理体制，其组织主体、实施主体和责任主体是地方政府。具体来说，国务院扶贫办牵头建立协调推进机制，负责建立、管理全国光伏扶贫信息管理系统、全国光伏扶贫信息监测系统，审核甄别帮扶对象、明确建设资金来源、指导收益分配等。国家能源局主要做好电站计划管理、明确实施要求、提供政策保障。财政部负责财政补贴资金优先发放。国家发展改革委负责提供价格政策支持。电网公司负责保障扶贫电站的并网和消纳。

在光伏扶贫项目试点阶段，光伏扶贫建设模式主要包括地面光伏电站、户用光伏系统和村级光伏电站三类。当前以村级光伏扶贫电站为主要建设模式。光伏扶贫项目电价的主要支持政策有：一是光伏扶贫电站不参与竞价，执行国家制定的光伏扶贫价格政策；二是光伏扶贫项目的价格水平优于全国普通光伏项目，全国光伏项目上网电价在 2017 年、2018 年、2019 年逐年进行下调，光伏扶贫项目电价则未予调整。纳入国家可再生能源电价附加资金补助目录的村级光伏扶贫电站（含联村电站），对应的Ⅰ~Ⅲ类资源区上网电价保持不变，仍分别按照每千瓦时 0.65 元、0.75 元和 0.85 元执行。图 5.5 显示的是 2009—2020 年中国光伏发电主要政策。

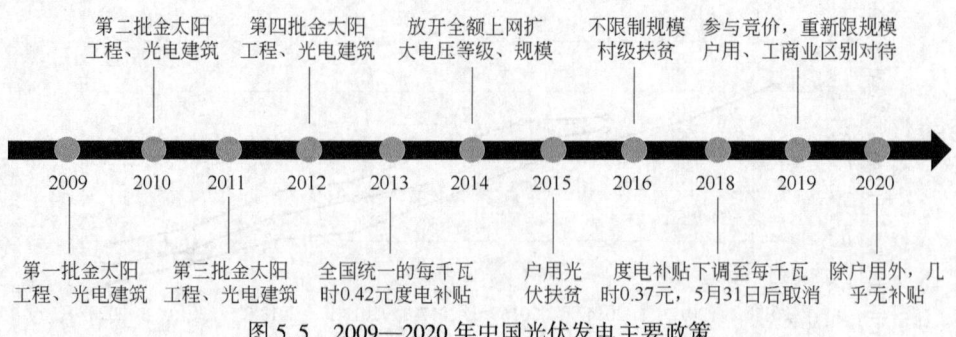

图 5.5 2009—2020 年中国光伏发电主要政策

5.5 太阳能光伏发电项目管理规定

5.5.1 太阳能光伏发电站项目管理及运营监管规定

2003 年 8 月 29 日国家能源局下发《光伏电站项目管理暂行办法》（国能新能〔2013〕329 号），主要内容如下。

1. 规划指导和规模管理

（1）国家能源主管部门确定全国光伏电站建设规模、布局和各省（区、市）年度开发规模；（2）省能源管理部门每年 12 月末向国家能源主管部门报送本地区下一年度光伏电站建设实施方案建议，内容包括建设规模、项目布局、电网接入、电力消纳评价和建设计划等内容；（3）国务院能源主管部门确认需要国家资金补贴的光伏电站的年度实施方案，下达各省（区、市）光伏电站建设年度实施方案；（4）各地区按照国家下达的年度指导性规模指标，扣除上年度已办理手续但未投产结转项目的规模后，作为本地区本年度新增备案项目的规模上限。

2. 项目备案管理

（1）省级能源主管部门对光伏电站项目实行备案管理；（2）国务院有关部门对符合条件的备案项目纳入可再生能源资金补贴目录，未纳入补贴目录的不得享受国家可再生能源发展基金补贴；（3）以招标等竞争性方式组织建设的光伏电站项目规模不计入本地区年度指导性规模指标。

3. 电网接入与运行

（1）电网企业原则上应在项目单位提出介入电网系统设计报告评审申请后 60 个工作日出具审核意见；（2）电网企业在项目单位提交并网调试申请后 45 个工作日内，与项目单位签订并网调度协议和购售电合同，全额保障性收购光伏电站的发电量。

4. 产业监测与市场监督

（1）国务院能源主管部门将项目建设和运行的实际情况作为制定产业政策、调整各地区年度建设规模和布局的依据；（2）国务院能源主管部门依托国家太阳能发电技术归口管理部门建立可再生能源项目信息系统，对各地区光伏电站项目建设、运行情况进行监测。

5.5.2　分布式太阳能光伏发电项目并网管理制度

2013年11月18日，《国家能源局关于印发分布式光伏发电项目管理暂行办法的通知》（国能新能〔2013〕433号）发布，主要内容如下。

1. 规模管理

（1）对需要国家资金补贴的项目实行总量平衡和年度指导规模管理，不需要国家资金补贴的项目不纳入年度指导规模管理范围；（2）省级能源主管部门根据本地区分布式光伏发电发展情况，提出下一年度需要国家资金补贴的项目规模申请；（3）国务院能源主管部门统筹协调平衡后，下达各地区年度指导规模；（4）鼓励通过市场竞争方式降低分布式光伏发电的补贴标准，优先支持申请低于国家补贴标准的分布式光伏发电项目建设。

2. 项目备案

（1）省级及以下能源主管部门对分布式光伏发电项目实行备案管理；（2）对居民分布式光伏发电项目，由当地电网企业直接登记并集中向当地能源主管部门备案，不需要国家资金补贴的项目由省级能源主管部门自行管理；（3）各级管理部门和项目单位不得自行变更项目备案文件的主要事项；（4）在年度指导规模指标范围内的分布式光伏发电项目，自备案之日起两年内未建成投产的，在年度指导规模中取消，并同时取消享受国家资金补贴的资格。

此外，该文件还对电网企业接受项目单位并网的时间，因项目接入电网引起的公共电网改造部分的投资、并网运行监测、功率预测和优化运行相结合，以及电量的计量和结算等作出了具体规定，包括：享受电量补贴政策的分布式光伏发电项目，由电网企业负责向项目单位按月转付国家补贴资金，按月结算余电上网电量电费；在经济开发区等相对独立的供电区统一组织建设的分布式光伏发电项目，余电上网部分可向该供电区内其他电力用户直接售电。

思考题

1. 太阳能发电的主要技术类别及其特点是什么？
2. 你认为太阳能光伏发电技术和光热发电技术（太阳能塔式集热器发电技术）哪种更有发展前景？为什么？
3. 太阳能光伏产业政策的主要目标是什么？
4. 2009—2020年中国光伏发电的主要政策有哪些？
5. 太阳能光伏发电初始投资补贴政策与太阳能光伏发电上网电价政策有何异同？
6. 简述2011—2020年中国光伏发电上网标杆电价的变动趋势及主要原因。
7. 太阳能光伏发电项目管理的内容主要有哪些？

第6章 生物质发电及炼制工程

6.1 生物质发电技术

第6章案例集

《中华人民共和国国民经济和社会发展第十四个五年规划和2035年远景目标纲要》中明确了中国未来电力系统转型发展的道路,并提出非化石能源占能源消费总量的比重要提高到20%左右的目标。对于如何实现这个目标,该文件给出了具体途径:大力发展清洁能源,提升清洁能源的储存能力,加快推进煤电的灵活性改造。"十四五"时期,主要以多能互补的大型清洁能源为主。

生物质能源作为一种可以广泛获得的清洁绿色能源,更好地利用其优点,可以更加快速有效地提升清洁能源占比。生物质发电技术包含生物质直接燃烧技术、生物质压缩成型燃料技术和生物质热电联产技术等。

生物质是指利用光合作用的方式而形成的各种有机体,广义来讲,包括所有的动物、植物和微生物及由这些有机体派生、代谢等形式产生的有机质;狭义来讲,是源于草本植物、树木、藻类和农作物的有机质。生物质能指太阳能以化学能形式储存在生物质中的能量形式,即以生物质为载体的能量,可以转化成固态、液态、气态多种形态。

生物质燃料组成成分具有含水量低、含碳量少、热值较低、含氧量高和灰分少等特点。因此,生物质燃料的燃烧过程是强烈的化学反应过程,同时也是燃料与空气间进行传质和传热的过程。生物质将太阳能转化为化学能,是一种可广泛获得的能源。它也是人们从古至今不可或缺的能源之一,是仅次于煤炭、石油、天然气之后的重要能源。但是生物质与煤炭、石油等化石能源不同,它属于清洁的可再生能源,故在新时代受到了人们的重点关注。

6.1.1 生物质直接燃烧技术

生物质直接燃烧技术包括全部通过燃烧生物质来获取能量的技术。生物质直接燃烧所释放出的二氧化碳可充当光合作用所需的二氧化碳,从而可以实现二氧化碳的零排放来缓解温室效应;同时其燃烧产物用途广泛,产生的残渣也可用于其他化学工艺,并且生物质燃料还可以与其他化石燃料进行混合,从而提高燃烧效率。

生物质直接燃烧技术主要可分为炉灶燃烧技术和锅炉燃烧技术。传统的炉灶燃烧技术大多用于北方农村,其燃烧效率极低,热效率在15%左右(张伟豪等,2009);而锅炉燃烧技术利用生物质作为锅炉的燃料,通过一些先进的直接燃烧技术来提高生物质的能量利用率,可大范围适用于生物质资源相对丰富的地区。锅炉燃烧技术又可详细分为层燃炉技术和流化床技术等。层燃炉技术主要采用风力吹送的炉内悬浮燃烧加层状燃烧的方式，将生物质以层状形式排列在炉排上，与一次配风混合在一起，进而进行一系列燃烧等过程。层燃炉技术主要适用于农林业废弃物的循环利用以及城市生活垃圾的燃烧与排放等方面，具有很高的实用价值，其额定功率一般要小于20MW（张世红等，2019）。由于这两种生物质燃料燃烧特点以及燃烧性能不同，故其相对应的层燃锅炉结构也不同。农林业废弃物挥发物含量较高，着火速度快，而其固定碳的燃烧速度则较慢，故对于此类生物质燃料应采用风力吹送的炉内悬浮层加层状燃烧的方式。将农林业废弃物送入进料装置，将高速风喷射至炉膛内，通过改变风量的大小来控制落入炉膛的位置，进而合理安排燃烧。通过合理组织二次风，形成合理的炉内空气动力场，使得燃料在炉排内有较长的停留时间，保证完全燃烧。中国中小城市生活垃圾一般含水量较大，着火困难，通过直接燃烧难度较大，所以需要对垃圾进行预处理。经过预处理的垃圾送到料斗内，垃圾经过推料装置送到炉排上，经过加热空气干燥后进行直接燃烧。而生物质直接燃烧流化床技术是采用细砂等微小颗粒作为媒体床料，来为生物质燃料提供充分的预热和干燥；同时采用相应的风力给料装置，将生物质燃料均匀地分散在床层表面，进而帮助燃料充分燃烧。通过流化床技术开发生物质能具有流化燃烧效率高、有害气体排放少等优点，适用于水分大、热值低的生物质燃料，主要用于规模超过30MW（张世红等，2019）的系统。

生物质直接燃烧发电是生物质直接燃烧技术的应用之一，它是以生物质作为燃料在专用锅炉中进行燃烧，并且产生高温高压蒸汽，再通过汽轮机发电机转化成电能，同时产生的余热可以作为生物质应用技术的能量。其主要由原料收集系统、预处理系统、储存系统、给料系统、燃料系统、热利用系统和烟气处理系统组成。作为生物质直接燃烧发电厂的重要组成之一，生物质锅炉是整个电厂最重要的一部分。与一些化石燃料相比，秸秆类的生物质燃料燃烧动力学、能量密度和物理性质等都不同，更为特别的是秸秆类生物质通常含有较多的无机杂质，在燃烧过程会产生诸如结渣、沉积等问题，因此为保障电厂顺利运行，生物质锅炉必须要适用于生物质燃料的特性。同时生物质直接燃烧发电技术基本工艺已经成熟并且获得了大规模应用，是高效利用生物质能源的途径之一，其推广与发展有利于生物质技术的发展，并且为逐步替代化石能源、保护生态环境打下了坚实的基础。

因为生物质的种类繁多，不同种类生物质的外表、组分、水含量、性质不同，导致其燃烧性能差别很大，很难去找到一个统一的工艺去实现生物质的资源化利用；因此应根据不同种生物质的燃烧特性以及燃烧性能来开发不同类型的燃烧技术，有利于提高生物质的利用效率，进而起到保护生态环境的目的。

6.1.2　生物质压缩成型燃料技术

生物质压缩成型燃料便是清洁能源中的一种新型环保燃料，是指在一定的温度与压力作用下，将农林剩余物经粉碎、干燥等预处理，用特有的设备中制成具有一定形状的、高密度的各类燃料产品。生物质压缩成型燃料根据形状主要分为颗粒燃料、块状燃料和棒状燃料三类。生物质压缩成型燃料制作成本较低，能量密度和质量密度较大，便于储存和运输，易着火，燃烧利用的时间较长，并且持久稳定、颗粒均匀。因为燃烧过程中不容易出现燃烧不充分、燃烧物中含有较多杂质等情况的发生并且燃烧尽后里面含有的污染物很少，不会对环境有所影响，因此为清洁能源（由蓝，2021）。

木质素在生物质压缩成型中的主要作用是增强细胞壁、黏合纤维素。在常温下，木质素不溶于有机溶剂，它属于非晶体，有软化点，当温度为110℃时，木质素开始软化。当达到160℃时（曹忠耀等，2019），木质素呈熔融状，黏度变高。此时只要施加一定的外力，便可使它与纤维素紧紧地黏结在一起，大大减少植物体的体积，增加植物体的密度。当外力消失后，由于纤维分子间的相互缠绕，其仍能保持一定的形状，成为成型燃料。

生物质原料一般都具有较高的空隙量，密度较小。因此对生物质原料施加一定的外部压力之后，其内部的颗粒会发生位移和重新排列，减少空隙，从而使密度增大。由于颗粒间的互相填充、非弹性或黏弹性纤维分子之间的相互缠绕和绞合，所以当去除外部压力后，生物质原料原来的结构形状不能再恢复，从而达到压缩成型的目的。

生物质体内的水分可以在生物质粒子间流动，其在压力的作用下可与糖类或果胶质混合形成胶体，起黏结剂的作用。它还可以降低木质素的熔融温度，使生物质在较低的温度下便可成型。但是生物质体内的水分含量也要适度，避免出现原料含水量过高或过低均不能成型的现象。

一些生物质原料具有长纤维结构或木质素含量很高，因此在生物质压缩成型过程中有可能会起到"固体桥"的作用，作用方式为改变成型过程中粒子间的结合方式或降低成型过程中所需的压力或温度，进而可以降低成本。"固体桥"还可以使粒子在相互接触时形成交叉结合，使交叉结合的方式成为粒子结合的主要作用，进而有效地抵消成型后颗粒的弹性恢复，利于生物质燃料的存储和运输。

生物质压缩成型燃料技术是指利用成型设备将粉碎后的秸秆加工成密度满足要求、具有规则形状的燃料产品的技术式成型技术（李彦军，2021）、活塞冲压式成型技术和压辊式成型技术。但是前两者生产效率低、关键部件寿命低，因此市场占有率逐渐减少。压辊式成型机相较于前两者具有生产率高、工艺成熟等优点，成为现在市场上占有率最高的一种机型。

中国生物质原料来源分散、种类繁多，应该以生物质原料能源化高效利用、提升其转化与应用技术、构建全产业链为目标，更好地实现生物质压缩成型燃料的规模化生产和产业化模式。近些年来，中国对于生物质燃料技术的研发和使用上面有了质的飞跃，能通过相关技术手段的改进和设备的优化以提升对能源的利用率。山东省阳信县等地也积极探索，开展生物质清洁取暖改造试点，初步构建了集投资、建设、运营和综合服务于一体的商业化生物质供暖模式（单明等，2020）。当前，国家高度重视北方地区冬季清洁取暖，相继出台了一系列文件，明确提出生物质能清洁供暖就地加工转换、就近消费、分布式开发利用，以用于北方生物质资源丰富地区的县城及农村取暖（田宜水等，2021）。总之，生物质压缩成型燃料技术对减少农村秸秆露天焚烧、替代燃煤具有重要意义。

6.1.3 生物质热电联产技术

随着中国城市化不断完善，城市的人口数量增长引起的不断增长的供热需求，也推进了供热行业的快速发展。集中供热系统对于城镇化发展中市政基础设施也有着重要的地位，国家对于新时期供热的要求也趋向于更加清洁、高效来突破环境的约束（樊瑛等，2009）。

近年来，国家、各地政府不断推出如《"十四五"节能减排综合工作方案》《北方地区冬季清洁取暖规划（2017—2021年）》《国务院关于印发打赢蓝天保卫战三年行动计划的通知》《国家乡村振兴战略规划（2018—2022年）》《2020年能源工作指导意见》《国务院办公厅关于全面推进城镇老旧小区改造工作的指导意见》等政策来鼓励推进供热行业的升级工作。在上述国家大力推动新型能源供热生产、清洁能源供热革命，致力于构建清洁低碳、安全高效的现代能源体系并且大力发展清洁供热的新时代背景下,生物质热电联产技术的地位愈发重要。

生物质热电联产技术中的生物质转化路线大体上分为两种:直接燃烧技术和气化技术(戴婷婷等,2018),其中气化技术包括固体生物质的直接气化、固体生物质高温分解为生物油后气化、湿生物质经过厌氧发酵生成生物质气,通过上述过程可以将热量储存并用于发电和供热。

常用于生物质燃烧的锅炉为炉排锅炉和流化床锅炉,这两种锅炉是完全依靠纯生物质来维持燃烧或将煤与生物质混合燃烧。图6.1为混合燃烧热电联产系统组成图,通过将煤与生物质在锅炉中混合燃烧,产生的蒸汽一部分储存起来并用于城市供暖集中供热,另一部分用于汽轮机或发电机发电。气化技术中的高浓度中温厌氧发酵(韩小霞等,2016),不仅可以降解畜禽粪便、餐厨垃圾和农林废弃物等有机废弃物,而且可以生产沼气,将所生产的沼气收集净化,然后通过燃气发电机发电,并且通过运用余热回收技术来回收余热用于发酵系统增温。其中气化技术中产生的生物气和生物油也可集中储存运输,并通过锅炉燃烧达到为城市集中供热的效果。

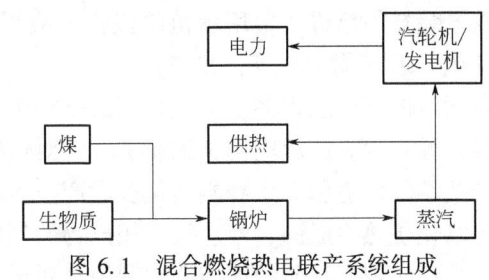

图6.1 混合燃烧热电联产系统组成

生物质热电联产技术是在能源系统中综合利用的技术,可以减少温室气体的排放,节约更多的能源,在其能源系统中不同的生物质原料燃料的差异性也很大,并且在应用中需要考虑的问题也不同。该技术既满足了国家对于新型能源供热生产和清洁能源的需求,又很大程度上提升了生物质能源在供热和供电系统中的占比。

6.2 生物质炼制工程技术

生物质炼制工程技术主要分为生物质热解气化技术、生物质生物化学技术、生物质炼制技术以及生物质其他转化技术等方面。

6.2.1 生物质热解气化技术

1. 生物质热解技术

生物质热解是指生物质在厌氧条件下迅速受热分解,产生焦炭、生物油和生物气这三种组分的过程。生物质热解技术能够以较低的成本和连续化生产工艺,将低能量密度的生物质转化为高能量密度的气、液、固产物,减少了生物质的体积,便于储存和运输,同时还能从生物油中提取附加值高的化学品,是当今生物质能的一种重要利用形式(李全林,2008)。

根据反应条件(反应温度和加热速度)的不同,生物质热解工艺大致可分为三种:低温低速、高温快速和中温闪速热解。一般地，低温低速热解温度不超过580℃，产物以木炭为主；高温快速热解温度在700~1100℃，产物以不可冷凝的燃气为主；中温闪速热解温度在500~650℃，产物中燃料油产率较高，可达到60%~80%（徐国锋，2019）。

生物质热解多联产技术就是采用热解的方法，通过对温度、停留时间、原料量等影响因素的调控，生成生物油、焦炭、生物气三种高热值产物。生物质热解多联产技术能够有效充分利用热解的炭、气、油三种产物，对于实现生物质资源的高度利用、减少对化石燃料的依赖及可持续发展有着重要的意义。

2. 生物质气化技术

生物质气化是指在空气（或氧气）及水蒸气的作用下，使生物质的高聚物发生热解、氧化、还原反应制备气体燃料（主要为一氧化碳、氢气和气态烃）的过程。生物质气化发电技术的能量转化效率高，特别适合在中国农村地区应用，作为一个重要的发展方向得到了国内外的广泛关注和研究。国内外针对生物质气化反应开发了固定床气化炉（包括上吸式气化炉和下吸式气化炉）和流化床装置，并已投入应用。

中国生物质气化技术的研究开始于20世纪80年代初期，取得了较大的进步，其中自行研制的用户气化炉及气化发电装置等已进入实用示范阶段，形成了不同系列的气化炉种类，从而满足不同种类物料的气化要求（周中仁等，2005）。

但是，生物质气化主要面对的问题还很多，主要是产品结构单一、生产的经济效益不高及生物气净化系统不完备等，导致没有广泛应用于工业上。针对这些问题，国内外许多学者尝试用生物质气化多联产的技术加以克服。生物质气化多联产技术是在无外热源且氧气不足的情况下，通过生物质自身氧化供热生成固、液、气三相产物的创新性技术。该技术可以最大限度地应用二次废弃物，真正实现生物质的清洁高效利用，对于中国长期以来贫油少气的情况改善也有很大帮助。例如科技工作者（周建斌等，2016）首次提出了生物质气化多联产技术的新进展，并已经得到应用。经过一系列实验，证实了对于农作物秸秆类生物质资源，应该使用流化床气化多联产炉；对于果壳类原料，应该使用下吸式气化多联产炉；对于木质类物料，应该使用上吸式气化多联产炉。制成的气相产物可以用于发电，液相产物则可以制备肥料，而生物炭可以被当作肥料、燃料或者其他材料加以利用。

6.2.2 生物质生物化学技术

生物质作为一种可再生资源，发展潜力巨大。生物质生物化学技术可将生物质转化为生物能源，减少化石能源的消耗，改善生态环境，实现可持续发展。可实现生物化学转化的生物质来源广泛，农作物秸秆、畜禽粪便、废水污泥等都是发展潜力巨大的可利用生物质。生物质生物化学技术将生物质通过不同微生物的作用将生物质转化为不同的产品。

生物质可通过复杂的生物化学过程生产沼气。沼气可由生物质在适宜温度、酸碱度和无氧条件下经过微生物的分解代谢生成。沼气是一种混合气体，主要成分为CH_4，占总体积的50%~70%，CO_2占总体积的25%~45%，也存在少量H_2S、H_2等物质。生物质厌氧发酵产沼气可分为三个阶段，分别为水解阶段、产酸阶段和产甲烷阶段。生物质厌氧发酵产沼气的微生物种类繁多，其中水解酸化菌、产氢产乙酸菌、同型产乙酸菌和产甲烷菌发挥着重要的作用（李叶青等，2021）。中国利用生物质厌氧发酵产沼气已有很长一段历史，推动发展生物质产沼气对实现农村经济增长，废弃物无害化、减量化、资源化处理，保护生态环境和实现碳中和具有重要意义。

生物质可通过生物化学转化生产乙醇。乙醇可直接作为燃料使用，也可按一定比例与汽油混合作为混合燃料改进发动机的燃烧效果。生物质制乙醇的原料可以选择糖类原料（如甘蔗）、淀粉类原料（如木薯）以及木质纤维素类原料（如秸秆）。不同类的原料有不同的前处理工艺，如木质纤维素类原料的结构复杂且紧密，直接进行生物化学转化较为困难，可通过物理法、化学法和生物法等方法降低木质纤维素原料的聚合度、去除木质素，实现水解效率的提高。经过前处理的原料通过乙醇发酵、蒸馏脱水可制得乙醇。通过生物质制乙醇可减少大气污染、缓解温室效应。利用可再生能源生产乙醇是一条可持续发展的道路，对解决能源短缺、保护生态环境发挥着重要作用。

在社会发展的历史长河里，化石资源的消耗对人类健康和生态环境的影响巨大，而通过可再生资源生物质生产清洁能源是一条富有发展前景的道路。生物质生物化学技术将生物质转化为了可再生能源，统筹兼顾了经济发展和环境保护，是科学发展观的具体体现。这项技术将自然、技术和经济和谐统一地凝结于一体，体现了"绿水青山就是金山银山"的发展理念。

6.2.3 生物质炼制技术

生物质炼制是一种新型的工业模式，可以大幅度提高生物质的利用率以及经济效益（陈汉平等，2018）。这一概念借鉴自石油炼制。首先通过生物技术、化学技术以及热化学处理等将可再生生物质（纤维素及木质纤维素类废弃物、工业及生活有机废弃物、糖类油脂类作物等）降解为中间平台化合物生物基合成气或者糖类。然后中间平台化合物可通过较简单的加工转化为化工生产的平台化合物，如乙醇、乳酸、乙酰丙酸、5-羟甲基糠醛、甲醇等。

1. 平台化合物

平台化合物是指最基础的用途众多的大宗化学品，可通过化工单元转化为聚合物、塑料、化学试剂等高需求度和高附加价值的产品。生物质炼制可生成化工生产所需的新型绿色平台化合物。从生物质原料到平台化合物的转化途径看，整个过程需要经过两个关键的中间平台步骤，即由生物质转化生成糖类和生物质转化为合成气。从中间糖平台和合成气平台出发制备有用化合物以及高附加值产品的步骤变得简单，不再需要非常高的反应条件，在特定温度、压力、催化剂的催化下就可进行反应。

生物质中的淀粉、纤维素、半纤维素等进行水解，得到葡萄糖、果糖、醛、酸等糖类化合物。这些糖类化合物经过微生物或者酶等催化发酵或传统的石油加工技术，可制备乙醇、乳酸、柠檬酸、乙酰丙酸、木糖醇、山梨醇、丁醇、糠醛等化工常用产品。这些典型化工产品的获得，建立在由生物质转化到低聚糖和单糖（五碳糖、六碳糖等）等糖类的关键步骤上。因此，构建糖平台十分必要。构建糖平台的主要糖类有五碳糖（木糖、L-阿拉伯糖）、六碳糖（葡萄糖、果糖、半乳糖）等单糖以及容易水解的二糖（蔗糖、乳糖）。

从生物质糖平台出发，可制备重要平台化合物乳酸。乳酸（2-羟基丙酸）可合成生物可降解的聚乳酸聚合物。乳酸制备的主要方法是微生物发酵法和化学催化法（李陆杨等，2017）。微生物发酵法是利用根霉菌和细菌等将单糖、二糖以及易分解多糖转化为乳酸。化学催化法是利用特定催化剂，直接将底物转化为乳酸。六碳底物葡萄糖和果糖是最常用的己糖（C_6）底物（Sikarwar et al., 2019）。因而，寻找各种高效催化剂和催化转化方法是科研热点。生物质高温气化、高温热解，或者微生物发酵，制得原料气，再经过脱硫净化、除氧去焦、组分调变等处理，使原料进一步转化，最终将低品位的生物质原料转化为可燃烧可制备化工产品的高品位生物基合成气。这些合成气可作为化工原料，通过一系列化工操作进而得到甲醇、二甲醚等平台化合物（肖康等，2013）。因此，构建生物基合成气平台十分必要。

构建合成气平台的主要气体有一氧化碳、氢气、甲烷。其中，加入各种气化剂的生物质气化可使生物质转化为一氧化碳、氢气、二氧化碳以及少量甲烷和小分子烃类等气体（陈汉平，2018）。根据气化剂（空气、氧气、水蒸气、氢气等）的不同，合成气成分有差异（陈汉平，2018）。惰性条件下的生物质热解可使生物质转化为炭、可凝液体与不凝气。热解与气化相比，产生的气体热值更高，因为气化得到的气体中含约50%的氮气。细菌与古菌群体在厌氧条件下协同发酵的厌氧发酵将有机生物质转化为甲烷和二氧化碳，以及少量硫化氢、氢气等。

从生物质合成气平台出发可制备重要平台化合物混合醇。合成气在催化剂（Rh基催化剂、Mo基催化剂、Cu—Co等改性费托催化剂）的作用下发生解离与合成，生成$C_1 \sim C_6$的醇类（肖康等，2013）。混合醇可作为液体燃料以及汽油等油品添加剂，可经过后续处理得到乙醇等高级醇类以及线性或者支链醇。

2. 三素分离技术

生物质资源化综合利用的重要研究方向之一是将生物质资源通过分离技术得到纤维素、半纤维素以及木质素，三者统称为"三素"。纤维素和半纤维素是由糖单元通过糖苷键连接而成的高分子聚合物，而木质素则是由大量苯环结构构成的三维立体结构的生物大分子。

物理方法处理的目的在于降低纤维素的结晶度，破坏木质素和半纤维素的结合层。物理方法的优点是操作简单、污染小，但能耗大、成本高。

物理方法包括蒸汽爆破、机械粉碎、热液处理和高能辐射等。蒸汽爆破是木质纤维原料预处理最常用的方法。该过程中的高温高压可以加剧破坏纤维素的内部氢键，增加纤维素的吸附能力，促进半纤维素的水解和木质素的转化。蒸汽爆破的优点是成本较低、效果明显，但对设备的要求较高，能耗较大。机械粉碎是指用球磨、碾磨等将纤维素物质粉碎。经粉碎的物料粉末可以提高基质浓度，有利于酶解过程中纤维素酶或木质素酶发挥作用，但能耗较高，处理效果较差。热液处理是利用高压热水使生物质中的半缩醛键断裂并生成酸，进而水解半纤维素成单糖；缺点是会产生微生物发酵的抑制物。高能辐射是利用高能射线如电子射线、γ射线来对纤维素原料进行预处理，以降低纤维素的聚合度。

化学方法主要包括酸处理、碱处理、有机溶剂处理、氧化处理。酸处理主要受温度和酸浓度的影响，酸浓度和温度越高，产生的发酵抑制产物越多，因此多采用稀硫酸和低温处理。经稀硫酸处理后，半纤维素水解，大大增加纤维素的水解性。碱处理的机理是OH^-会削弱纤维素和半纤维素之间的氢键及半纤维素和其他组分内部分子之间的酯键，从而使半纤维素部分溶解，降低纤维素的结晶度。碱处理的主要缺点是废液会造成环境污染。所用碱主要有氨水、$Ca(OH)_2$和NaOH等。有机溶剂处理是利用有机溶剂在高温条件下可以破坏木质素—碳水化合物复合体从而分解木质素。有机溶剂处理成本低，但容易造成环境污染。有机溶剂包括甲醇、乙醇、丙酮等。氧化处理是利用氧气、臭氧、过氧化氢等强氧化剂将木质素氧化分解并溶出大部分的半纤维素。氧化处理方法条件温和、操作简便，但成本较高。

物理化学结合法主要是氨纤维爆破法，即将木质纤维原料在液态氨下处理一定时间后突然减压使原料爆破。该方法的优点是可以避免高温下糖的降解和有害物质的产生，且所用液态氨可以循环使用。

生物方法是利用分解木质素的微生物降解木质素，从而提高纤维素和半纤维素的酶解糖化率。该方法的优点是设备简单、能耗低且对环境无污染，但最大的缺点是处理周期长。

3. 高值化利用技术

中国的生物质能源种类丰富，其中农业和林业所用面积就达 $670\times10^4 km^2$（焦耀华，2020），除此之外，还有更多蕴含着巨大潜力的废弃生物质原料，如垃圾、粪便、污水等。生物质被认为是化石燃料资源的主要新兴替代品，可以转化为多种能源和产品，例如食品、药品、保健品、有机化学品、高分子材料、日用化妆品、碳纤维、聚合物、黏合剂、碳量子点等，涉及多项应用领域（刘运思等，2018）。能源对于人类世界的发展至关重要，如何将零碳能源生物质能有效地转化为人类赖以生存和发展所需的能源才是至关重要的。因此，生物质炼制技术在稳定生态环境和发展循环式经济方面占据着十分重要的地位。生物质炼制可以将生物质高效地转化为各种生物制品和生物能源，通过对多种生物质产品定价以及评定重复使用次数可以实现生物循环经济。

有机化学品在社会生活中的应用十分广泛，通过生物质转化为有机化学品的常用方法一般包括酯化和醇解两部分。酯化部分主要是将生物质转化为糖单体，加氢生成糠醇，水解开环重排后即可生成中间产物酸然后进行酯化反应即可（王子华等，2020）。例如乙酰丙酸酯的制备过程包括生物水解生成乙酰丙酸，然后与醇发生酯化反应生成酯。使用乙酰丙烯酸来合成最终产品乙酰丙烯酸酯由于具有反应简单、转化效率较高、副产物少等优点成为工业中最为常用的方法之一（王子华等，2020）。随着人们对生物质能源的不断探索，已经发现有多种天然的生物质原料可以转化为有附加值的酸。虽然天然生物质原料含有丰富的纤维素和半纤维素，但是其疏水性造成了利用率相对低下的缺陷，对此人们提出了相应的解决方案，离子液体被认为是能够有效溶解纤维素的方法。科技工作者以离子液体为溶剂并将花生壳用微波法预处理，采用多种强酸作为催化剂促进了花生壳的溶解过程，最终得到了最佳的水解工艺条件（张宁等，2015）。纳米材料具有比表面积大、表面官能团丰富、易于改性等显著优势（马婷，2021），而零维纳米材料碳量子点由于其独特的光致发光性能、良好的化学稳定性和生物相容性吸引了人们的广泛关注。这些特性已被广泛应用，包括传感、生物标记（Luo et al.，2013）、生物医学（Luo et al.，2013）、光催化能量转换（Fernando et al.，2015）以及作为基因传递的纳米载体（Liu et al.，2012）。而它可以采用废弃的生物质利用简单的水热过程就可以制备得到。另外，还有些科技工作者将废弃的秸秆通过简单的碳化后与去离子水混合超声后，在160℃下水热10小时得到了80%的产物，然后通过掺杂其他微量元素，不仅丰富了碳量子点的表面官能团，而且改善了电化学性能（Yuan et al.，2015）。采用N、S元素进行共掺杂的碳量子点在光催化降解抗生素方面达到了很好的效果（Qu et al.，2020）。高分子材料由于具有良好的性能而被应用于生物、医学、催化等多方面领域。虽然天然的高分子材料种类繁多，但是结构的复杂性往往限制了其发展速度，而生物质小分子由于其来源广泛，性能稳定，可操控性较强，因此可以充分利用其优势将其按照所需条件分门别类地制备和设计。科技工作者利用茴香烯为原料制备了耐高温的聚微碳球，并且通过不断改进溶剂和引发剂浓度，优化工艺，最终重金属吸附量达到了952mg/g（雍学勇，2020）。生物质炼制技术为天然高分子材料的转化带来了新的发展途径，激发了人们勇于探索的创新精神。

6.2.4 生物质其他转化技术

1. 生物柴油

基于化石和矿物能源的不可再生性以及环境危害性，世界各国都在探索可再生绿色能源。柴油是中国主要使用的化石能源之一，每年的消费量超过1.4×10^8t。但是石油基柴油的大量使用会对环境产生多方位的危害，例如柴油的大量挥发产生刺激性气味，柴油的燃烧产生大量的含硫化合物以及$PM_{2.5}$，燃烧不充分的柴油会产生大量粉尘以及碳粒，而且会产生一些致癌的化合物。生物柴油是指以动植物油脂、微生物油脂、餐饮垃圾油等为原料制成的液体燃料，与石油基柴油相溶性极佳，是典型的清洁可再生能源。世界各国竞相研究和发展生物柴油，推动生物柴油等绿色能源的快速发展。

生物柴油基本燃料性能与石油基柴油相近，但生物柴油其他性能比后者更加优异。生物柴油主要有以下优点：（1）点火性能佳。生物柴油十六烷值（衡量燃料性能好坏的质量指标）高于石油基柴油，点火性能优于石油基柴油。（2）燃烧更充分。生物柴油含氧量高于石油基柴油，燃烧比石油基柴油更加充分。（3）普适性广。除用作车辆柴油机的替代燃料外，生物柴油也可用作非道路用柴油机替代燃料。（4）通用性好。无须改动柴油机，可直接添加使用。（5）安全可靠。生物柴油的闪点比石油基柴油高，便于安全储运和使用。（6）比较环保。生物柴油中硫含量低，且生物柴油不会产生对环境有污染的芳香烃（郑国香等，2013）。

生物柴油制备方法主要分为物理法与化学法。物理法大多是直接混合，此方法操作简单，而且加入乳化剂后可明显降低油的黏度以获得更好的效果。化学法主要有水解法和酯交换法。通过水解法可以获得用作阴离子捕收剂的脂肪酸。酯交换法的原料为动植物油脂以及低碳醇，然后发生酯交换反应产生脂肪酸单酯，最后通过物理洗涤干燥等后处理后得到生物柴油，此方法在生物柴油的生产中较为常用。

2. 微生物燃料电池

微生物燃料电池（microbial fuel cell，MFC）是一种利用微生物将有机物中的化学能直接转化成电能的装置。其基本工作原理是：在处于厌氧环境的阳极室中，在微生物参与下，有机物被分解然后产生电子，电子通过传递介质在微生物成分以及阳极之间进行有效传递，然后通过外电路传递到阴极从而形成电流。相较于传统燃料电池，微生物燃料电池具有基质源头广泛、操作方法简单以及反应环境温和等优点。

微生物燃料电池可以通过利用污水中的有机物、人畜排泄物、废弃农作物等发电，并且在产能的同时还具有处理污染物的功能。目前微生物燃料电池主要应用于废水处理以及微生物电合成制备化学品。全球性能源安全问题给生物能源及可再生能源提供了良好的发展时机。生物能源可以缓解传统化石能源的压力，同时生物能源是农业农村朝阳产业。发展生物能源，要依托农村、农业协同发展，推动生物能源产业健康、有序、稳步上升(黄瑞荣等,2021)。

6.3 生物质发电及炼制工程发展现状

6.3.1 生物质特点及分类

1. 生物质特点

生物质作为一种可再生能资源,在较短时间周期内可以重新生成,相较于传统的化石能源,具备以下几个特点:

1)时空无限性

生物质的产生在符合光照条件下没有时间及地域的限制,因此具有传统化石能源所不可比拟的时空无限性。地球生命活动为人类提供了巨大的生物质资源,这也是生物质特性的直接反映。据估计,每年地球上由植物光合作用固定的碳约 2×10^{11} t,含有约 3×10^{21} J 的能量,相当于人类每年消耗能量的 10 倍(尹芳等,2017)。

2)洁净性

生物质资源是一类清洁的低碳燃料,因其含硫量和含氮量均较低,加之灰分含量也很小,故燃烧后产生的 SO_2、NO_x 和灰尘均远少于化石燃料,是一种清洁燃料。以秸秆为例,1×10^4 t 秸秆与能量相当的煤炭比较,其使用过程中,CO_2 排放量减少 1.4×10^4 t,SO_2 排放量减少 40t,烟尘减少 100t。

3)可再生性与低碳性

CO_2 和 H_2O 是太阳能转化为生物质能过程中光合作用的反应物,也是生物质能消耗利用过程中的最终产物。生物质的可再生性表明,利用生物质能可实现温室气体 CO_2 的零排放,虽然在实际利用生物质的过程中也需要投入能量,但相较于化石燃料使用过程中排放温室气体、导致地球温室效应来说,具有一定减少 CO_2 排放的作用。

专栏 6-1 生物质可燃气

生物质可燃气就是利用农作物秸秆、林木废弃物、食用菌渣、禽畜粪便及一切可燃性生物质作为原料转换为可燃性能源。生物质可燃气燃烧排放的 CO_2 与其在生长过程中吸收的 CO_2 相同,且替代了石化能源,减少了净排放,根据《京都议定书》机制,生物质燃料 CO_2 为生态"零排放"。另外生物质气中含硫磷成分极低,为燃料油的 1/20 左右,燃烧时不会产生二氧化硫和五氧化二磷,因而不用采取任何脱硫脱磷措施,也不会导致酸雨产生,不污染大气,不污染环境。因此生物质可燃气是 CO_2 "零排放"的高环保新能源。

---

4)低能源品位

生物质的化学结构更多属于碳水化合物类,其中的氧元素含量较高,可燃性元素如 C、H 占比远低于化石能源,能源密度偏低。此外,以生物体形式体现的生物质含水量高达

90%，因此生物质在利用前需要经过预处理及提高能源品位等过程，从而增加了生物能资源利用的实际成本。

5) 分散性

除规模化种植的作物及大型农场、工厂的废弃生物质原料外，生物质的分布极为广泛且分散。生物质的分散处理与利用既不利于生物质转化成本的降低，也很难使生物质资源成为能源系统中的主流。因其分散性的特点，生物质的集中处理必然加大运输成本的比例，这也是目前生物质能在能源系统中所占比例不高的重要原因。

2. 生物质资源的分类

生物质资源十分丰富且广泛，根据其生成方式和来源，可主要分为两大类：一是工农业和生活中产生的各类剩余物，如农业剩余物、林业生物质资源、畜禽粪便等；二是人工培育的各类生物质资源，如各类油料作物、工程微藻等。目前利用的生物质资源主要是农作物秸秆、林业剩余物、畜禽粪便、城市生活垃圾、工业有机废渣和废水以及能源作物。

1) 农业剩余物

农业剩余物指农作物在生长、生产和加工过程中产生的剩余物，主要包含农作物秸秆及农作物残渣。

农作物秸秆是指去除果实的农作物茎、秆部分，包括各类粮食及经济、油料作物的秸秆，如玉米秸秆（图6.2）、高粱秸、稻草（图6.3）等。中国作为农业大国，具有丰富的秸秆资源，使其成为中国各生物质资源中产量最大且最稳定的一种。

图6.2 常见的农作物秸秆——玉米秸秆

图6.3 常见的农作物秸秆——稻草

中华人民共和国农业农村部数据显示，2021年，中国秸秆年产量达8.02×10^8t，可收集的秸秆资源量达6.71×10^8t，全国秸秆综合利用率达到87.6%。而农作物残渣具有保持水土和土壤肥力固化的功能，一般不作为能源利用。

2) 林业生物质资源

林业生物质资源包括林木生物质资源和林业剩余物资源。林木生物质资源能源主要指以能源利用为目的的种植林木，中国主要以薪炭林（图6.4）为主。林业剩余物是指林木在生产、加工过程中产生的修正去除的枝叶、林间抚育剩余

图6.4 薪炭林

物,以及木材加工过程中产生的锯末、树皮等。总的来看,林业生物质资源的主要来源有采伐剩余物、造材剩余物、木材加工剩余物及废旧木质材料四种,是许多发展中国家生物质气化转化为能源的主要原料。

> **专栏 6-2　森林抚育**
>
> 森林抚育是森林经营工作的重要措施之一,是指从造林到成熟龄以前的森林培育过程中,为保证幼林成活、促进林木生长、改善林木组成和品质、提高森林生产率所采取的各项措施,包括除草、松土、间作、施肥、灌溉、排水、去藤、修枝、抚育间伐、栽植下木等工作。森林抚育主要以中幼林为对象,是通过抚育间伐、定株修枝、合理间种、灌溉施肥、除草割灌、林业有害生物防治、促进森林顺向演替、抚育剩余物处理等为主要方式的森林经营活动。通过这些经营措施,抚育后的森林,清除了杂灌木、病腐木、枯立木、被压木、霸王树、非目的树种,森林景观、树种结构、林木生长环境明显改善,森林通透性、林木密度趋于合理,健康状况明显好转,火险等级明显降低,将对提高森林木材生产能力起到积极的作用(陈晓安,2013)。

3) 畜禽粪便

畜禽粪便主要指猪、牛、羊等牲畜和鸡、鸭、鹅等家禽所产生的粪便,具有丰富的 N 元素,是有机肥加工的重要原料,干燥后可直接燃烧供热,与秸秆一起构成了沼气发酵的两大主要原料。

4) 城市生活垃圾及废水

城市生活垃圾及废水主要指城镇居民的生活垃圾和污水,以及商业、服务业产生的含有有机物的垃圾和污水。

国家统计局数据显示,2020 年中国产生的生活垃圾达 $2.35×10^8 t$,生活垃圾无害化处理率达 99.7%。生活垃圾中含有大量有机物,如纸张、塑料、木屑等,其能源化利用是最符合中国垃圾处理"无害化、减量化、资源化"原则的方法。采用能源化的方式处理生活垃圾,即可将垃圾中的有机物质转化为有用的能源产品,如电力、热力等。而城市污水作为唯一属于非固体型的生物质能原料,可通过发酵技术在治理废水的同时获得以液体或气体为载体的二次能源。

5) 工业有机废弃物

工业有机废弃物主要指造纸、粮食食品加工、制药、皮革加工等行业在生产过程中产生的有机废渣和有机废水,一般可利用沼气技术对它们进行处理。其中制糖工业与食品工业的作物残渣(如甘蔗渣)多为纤维素类生物质,具有比较集中、利于应用的特点,是世界各国都在重点利用的生物质能原料。

6) 能源作物

能源作物主要指以能源利用为目的而种植的植物,如薪炭林、糖类作物(如甘蔗、甜高粱等)、淀粉类作物(如甘薯、木薯等)等。与普通的生物质材料相比,能源作物一般都进行规模化种植,所选择的植物也需经过筛选、嫁接、驯化培育等来提高作物产量、产能效率及所产生能量的品位。

> **专栏 6-3　常见的能源作物**
>
> 根据形成能源载体物质的成分，可把能源作物分为 3 类：（1）淀粉和糖料作物类，富含淀粉和糖类，用于生产燃料乙醇；（2）油脂作物类，富含油脂，通过脂化过程形成脂肪酸甲酯类物质，即生物柴油；（3）木质纤维素作物类，富含纤维素、半纤维素和木质素，可以通过转化获得热能、电能、乙醇和生物气体等（Bassam, 1998）。
>
> 常见的淀粉及糖料作物包含甜菜、饲用甜菜、甜高粱、甘蔗、薯类等；油脂类能源作物包含芥菜、油菜、油棕榈、花生等；主要木质纤维素作物则以纤维高粱、红麻、大麻、芒属植物等。

6.3.2　中国生物质发电技术的发展现状

随着科技的进步，生物质发电技术被广泛应用。生物质发电兼具经济性、生态性与社会性等综合效益，发展前景十分广阔。2006 年《可再生能源法》颁布并实施后，中国的生物质发电产业得到快速发展，中国节能投资公司（现为中国节能环保集团有限公司）、国家电网有限公司、五大发电集团等大型国有企业，以及民营企业、外资企业纷纷投资参与建设运营。在此背景下，中国生物质发电产业虽起步较晚，但是发展十分迅速。中国产业发展促进会生物质能产业分会发布的《2021 中国生物质发电产业发展报告》和国家能源局统计数据显示，截至 2020 年，中国生物质发电累计装机总容量约为 2952×10^4 kW，生物质发电装机容量已经是连续第三年位列世界第一。生物质年发电量约为 1326×10^8 kW·h，较 2016 年翻了一番。生物质发电投资规模达 1600 亿元，较 2019 年增长约 6.5%（图 6.5）。全国已投产生物质能发电项目达 1353 个，较 2019 年增加 259 个。年上网电量 1122×10^8 kW·h，较 2019 年增加 188×10^8 kW·h。全国生物质发电装机占可再生能源发电装机的比重达到 3.2%，发电量占可再生能源的比重达到 6.0%。中国产业发展促进会生物质能产业分会发布的《2020 中国生物质发电产业发展报告》显示，截至 2019 年底，全国垃圾焚烧发电累计装机容量达

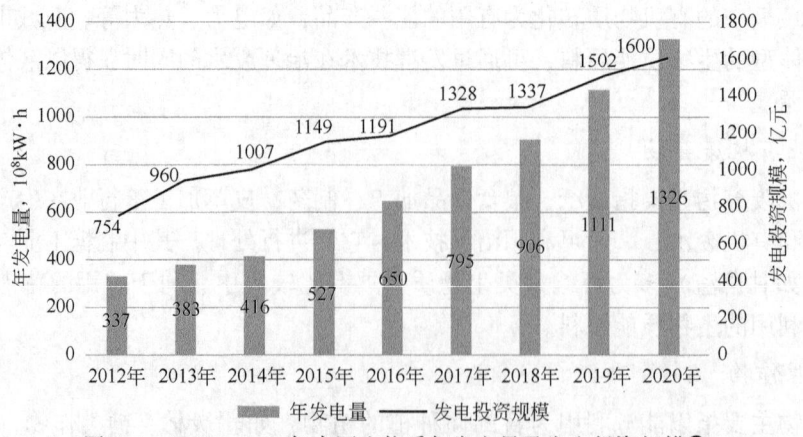

图 6.5　2012—2020 年中国生物质年发电量及发电投资规模❶

---

❶ 数据来源：2021 年 4 月 21 日发布的《2021 中国生物质发电产业发展报告》。

到 $1202×10^4$ kW，农林生物质发电累计装机容量达到 $973×10^4$ kW，沼气发电累计装机容量达到 $79×10^4$ kW（图 6.6）。

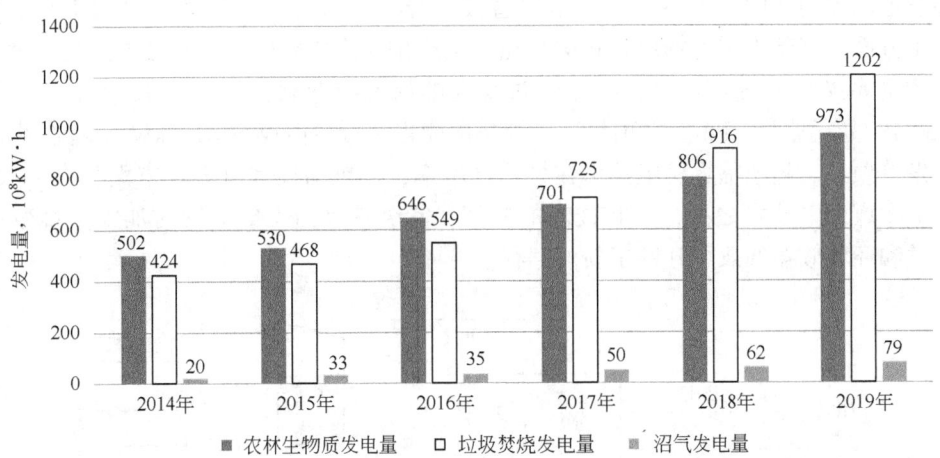

图 6.6　2014—2019 年中国各类生物质发电发电量[1]

> **专栏 6-4　生物质发电助力精准扶贫**
>
> 生物质发电除了具有环境效益以外，也兼具社会效益。我国农村最常见的资源是农作物秸秆与灌木树枝等农林生物质资源，农作物秸秆年产生量约为 $10×10^8$ t，约有 $3.4×10^8$ t 可作为燃料使用，折合标准煤量后为 $1.7×10^8$ t。农村是生物质发电原料的天然仓库，在农村投资农林生物质发电项目，是清洁高效利用大量农作物秸秆的有效方式。同时，通过对农林生物质发电的开发利用，探索实施"生物质发电扶贫"的模式，推动产业链升级，带动各行业发展，生物质发电也可助力精准扶贫。
>
> 《2020 中国生物质发电产业发展报告》及国家统计局数据显示，截至 2019 年底，农林生物质发电累计装机容量达到 $973×10^4$ kW，其中有 188 个利用小时数超过 5000h 的农林生物质发电项目，惠及农村人口超 3500 万人。中国新闻网 2020 年 4 月 23 日报道，河北善能康保生物质热电联产项目并网发电后，将有力带动秸秆等农林废弃物的回收利用，降低农民的耕种成本，并且围绕农林废弃物的回收、存储、运输等产业链，能够帮助当地 2500 户农民实现脱贫，真正实现生态保护、企业发展和农民丰收的"三赢"局面，应积极推动生物质发电助力精准扶贫的模式。

生物质发电技术主要包括直接燃烧发电、混合燃烧发电、气化发电和沼气发电四个种类。

1. 直接燃烧发电

生物质直接燃烧发电是指在特定的生物质蒸汽锅炉中通入足够的氧气，使生物质原料氧化燃烧，产生蒸汽，进而驱动汽轮机，带动发电机发电的过程（图 6.7），具有对燃料适应性好、发电量易于计量但是燃烧效率低、环保排放指标高的特点。从国际上来看，欧美发达国家的生物质直接燃烧发电已经是成熟技术。国家统计局统计数据显示，在丹麦、瑞典等欧

---

[1] 数据来源：2020 年 5 月 27 日发布的《2020 中国生物质发电产业发展报告》。

洲国家，以农林生物质为燃料的发电厂已有 300 多座。山东单县于 2006 年建成了中国首个循环流化床（CFB）直接燃烧发电示范项目，工程建设规模为 1×25MW，开创了中国利用生物质能发电的先河。中国的生物质发电以直接燃烧发电为主，直接燃烧发电技术已基本成熟。技术方面，基于中国生物质燃料的特点，国产循环流化床燃烧技术是中国直接燃烧发电市场上的主导技术（王文等，2016）。经过长期的研究与探索，中国于 2020 年开工了世界首个 660MW 超超临界 CFB 发电项目——神华国能彬长低热值煤 66×10^{4}kW 超超临界 CFB 科技示范发电项目。超超临界机组技术在技术可用率、热机动性和可靠性方面具有巨大优势，且作为洁净煤发电技术之一，CFB 技术的应用，能够在火力发电的同时加大环境效益，为经济效益和环境效益的兼顾开辟了新的路径。

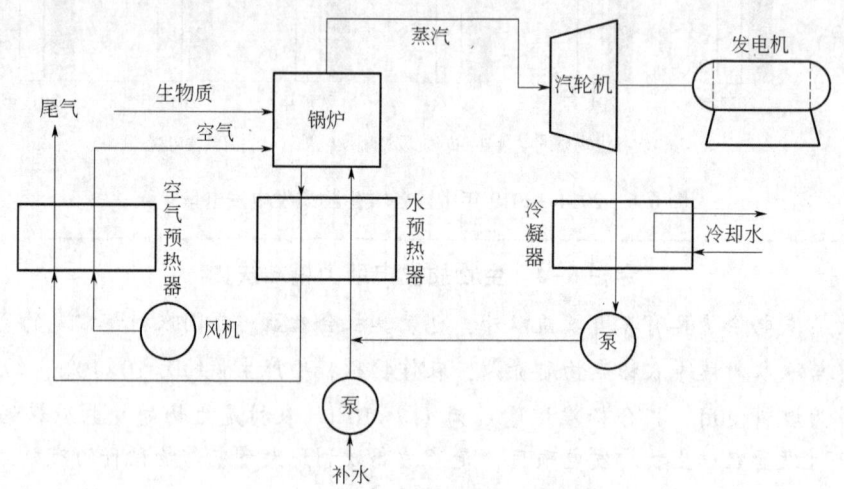

图 6.7 生物质直接燃烧发电过程

专栏 6-5　世界首个 660MW 超超临界 CFB 发电项目开工

2020 年 3 月 9 日，世界首个 660MW 超超临界 CFB 发电项目——神华国能彬长低热值煤 660MW 超超临界 CFB（循环流化床技术）科技示范发电项目在陕煤集团彬长矿区开工（图 6.8）。

该示范项目分两期建设两台 660MW 发电机组，一期项目建成后年发电量 30×10^{8}kW·h，年可实现销售收入 8 亿元。项目全面建成后，年发电量 60×10^{8}kW·h，年可实现销售收入 16 亿元。

该项目煤源为燃用煤泥、矸石、末原煤的混煤，一期项目年耗煤 190.9×10^{4}t，其中低热值的煤泥 47.7×10^{4}t、矸石 66.8×10^{4}t、末原煤 76.4×10^{4}t。项目燃煤以配套的彬长矿业公司文家坡煤矿为主。

与普通洁净煤发电技术相比，超超临界机组技术具有继承性好、容易实现大型化的特点，在机组的可靠性、可用率、热机动性、机组寿命等方面可以和亚临界机组媲美，已经有了较多的商业运行经验。CFB——循环流化床技术作为主要洁净煤发电技术之一，能够同步实现脱硫、脱硝，在充分利用劣质煤的同时，可有效减少二氧化硫和氮氧化物排放，控制酸雨形成，为火力发电和环境保护同步协调发展开辟出新空间。

图 6.8　神华国能彬长低热值煤 660MW 超超临界 CFB 科技示范发电项目

2. 混合燃烧发电

生物质混合燃烧发电是指用生物质燃料和煤以一定比例混合，共同作为锅炉燃料进行混合燃烧发电的过程。生物质与燃煤混合燃烧发电的方式分为直接混合燃烧、间接混合燃烧和并行混合燃烧。从国际上来看，生物质混合燃烧发电技术在欧美一些国家如芬兰、英国、美国较早得到应用，其中直接混合燃烧发电占据主导地位。而中国生物质混合燃烧发电发展相对缓慢，生物质混合燃烧项目数量和实际应用较少，与发达国家相比还有一定距离。技术方面，生物质混合燃烧发电锅炉分为有层燃炉、流化床锅炉、悬浮燃烧锅炉。生物质和煤混合燃烧关键在于生物质燃料的选择和积灰问题。基于中国小火电厂数量多且污染大的现状，发展生物质混合燃烧发电不仅可以充分利用煤粉燃烧发电的高效率优势，提升利用率和效率，而且仅需对小火电厂进行改造，可节省大量资金。因此，生物质混合燃烧发电技术在中国具有很大的发展潜力和良好的远景。

3. 气化发电

生物质气化发电是指生物质原料气化后，产生可燃气体，经过除焦净化后燃烧，推动内燃机或燃气轮机发电设备进行发电的过程。生物质气化发电有两种方式：生物质气化直接燃烧发电和生物质气化混合燃烧发电。生物质气化发电在燃烧中不产生污染或者有害气体，可以实现生物质能的清洁利用，具有通用性较好、环保排放指标影响小、发电效率高等优势，但也存在对生物质燃料要求高、适应性差等缺陷。从国际上看，欧洲的生物质气化直接燃烧发电和生物质气化混合燃烧发电技术都已进入较成熟的商业运行阶段。而中国生物质气化混合燃烧发电电厂仅处于示范阶段，但生物质气化直接燃烧发电技术较先进。技术方面，中国生物质在气化规模较小时采用内燃机；规模较大时采用燃气轮机。随着对固定床和流化床气化炉的研究不断深入，中国气化发电装置规模 400kW~10MW 不等，发电效率为 17%~20% 的 1~3MW 的气化炉—内燃机系统发电技术已比较成熟，与国外先进的同种类技术相当，并且设备已全部实现国产化。发电效率达到 28% 的 4~6MW 的内燃机—蒸汽轮机联合循环系统在中国已建成了相应的示范工程，大大提高了效率，为生物质气化发电技术的产业化奠定了很好的基础（李至等，2020）。

4. 沼气发电

沼气发电是随着大型沼气池建设和沼气综合利用的不断发展而出现的一项沼气利用技术，它将沼气用于发动机上，装有综合发电装置，以此来产生电能（黄英超等，2007），具有创效、节能、安全和环保的特点。从国际上来看，欧美国家的沼气发电技术先进、成熟，典型的德国沼气工程普遍采用的技术模式使得原料得以综合利用。中国沼气发电已有 30 多年的历史。市场规模方面，中国沼气发电市场自起步以来，发展稳定，根据国家能源局和中研普华产业研究院统计数据，2011—2017 年中国沼气发电市场规模实现了跨越式增长，2011 年市场规模仅为 7.89 亿元，2013 年突破 10 亿元，增速达到 19.32%（图 6.9）。2017 年中国生物质沼气发电市场规模达到 18.12 亿元，沼气发电市场 2011—2017 年年均复合增长率为 14.9%。根据国家统计局数据，截至 2020 年，全国的大中型沼气工程超过 2000 座，户用农村沼气池 1000 多万户，数量位居世界第一。技术方面，中国沼气发电的沼气发动机分为双燃料式和全烧式两类，对"沼气—柴油"双燃料发动机的研究和应用较多，在"十五"期间研制出的 20~600kW 纯燃沼气发电机组系列产品，气耗率在 $0.6 \sim 0.8 \mathrm{m}^3/(\mathrm{kW} \cdot \mathrm{h})$（沼气热值 $\geqslant 21 \mathrm{MJ/m}^3$），具有较大的性价比优势。但在技术方面，中国沼气发电技术水平仍有限，基本集中在对柴油机和汽油机的内燃机系列的改装，对发动机性能的改良研究较浅，启动机在运行中产生热负荷高、可靠性差、启动困难等技术壁垒有待突破。然而，随着技术保障体系不断建设，行业投资规模不断增加，政策扶持不断加大，中国沼气发电市场前景广阔。

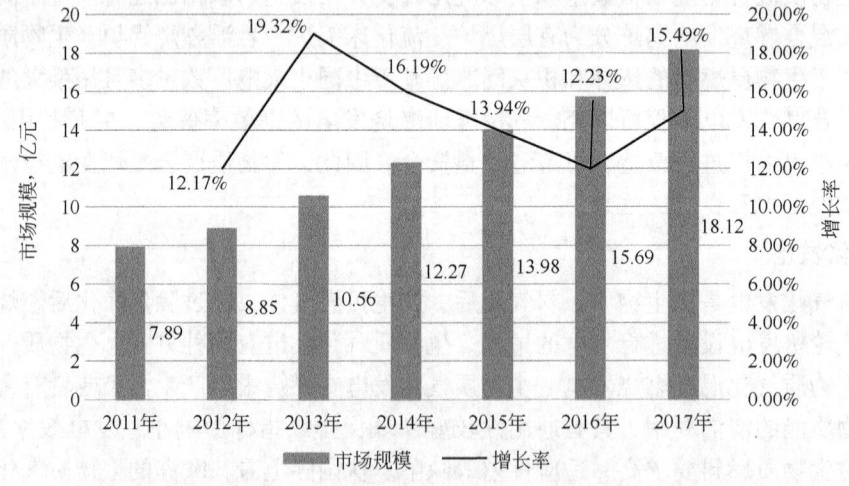

图 6.9　2011—2017 年中国沼气发电市场规模及增长率❶

6.3.3　中国生物质发电存在的问题及原因分析

传统化石能源的供应紧张以及环境问题的日益严重，对世界经济的持续发展已经造成了相对严重的影响。与其他新能源相比，生物质能在发电方面拥有质量好、可靠性高、技术较为成熟的特点，可做到发电无间歇性。世界范围内，生物质资源发电正在蓬勃兴

---

❶ 数据来源：2018 年 12 月 12 日中研普华产业研究院发布的《中国沼气发电行业市场规模趋势分析以及行业发展前景预测》。

起。在中国，秸秆发电、沼气发电、生物质气化发电等新兴生物质发电技术正处于发展的阶段。但由于生物质发电技术在中国起步的时间较晚，在实际运用过程中仍然存在需要解决的问题。

中国生物质发电所存在的问题及问题出现原因大致可归纳为以下四点：

(1) 生物质发电行业的配套政策没有形成较为成熟完整的体系。由于中国引入并发展生物质发电的时间与大多数发达国家相比较晚，因此在生物质能源的相关法律法规及政策制定方面一直落后于发达国家，仍未形成较为成熟的体系，具体表现在：财税补贴政策与生物质发电在中国的实际发展状况不相适宜，生物质发电税收政策尚待明确；标准规范规程体系尚未建立，在环境政策和经济政策上缺乏标准法规和激励措施；国家和地方政府出台的可再生能源政策可操作性不强，扶持政策落实存在一定的问题。除此之外，生物质还不是真正的商品，没有稳定的价格体系，不确定因素较多，现有生物质政策对于价格调节的效果微弱，造成生物质市场价格波动较大。

(2) 国产新技术的开发仍需要进一步加强。中国生物质发电技术尚不成熟，在核心技术领域缺少自有知识产权，用于生物质直接焚烧发电的锅炉、燃料输送系统及草木灰深加工的技术及设备仍主要依靠进口。2006 年以来，中国在生物质发电技术研究上虽然取得了重要进展，但生物质发电产业依旧受到投资过大及运行成本过高的制约，产业发展较为缓慢。中国较为成熟的国产化生物质发电设备几乎没有，但进口设备的投资额已达 1.2 万元/(kW·h) 左右（张涛等，2008），且由于自主技术的不足，配套辅助设备目前难以实现产业化。此外，中国农业生产方式和电站锅炉现状与欧洲国家差别较大，可直接借鉴的技术经验较为有限，气化发电技术、沼气发电技术、混合燃烧发电相关技术开展进度缓慢。

(3) 生物质资源利用不充分。中国是农林业资源大国，生物质资源较为丰富，仅秸秆每年就可产生约 7×10^8 t，按照能量折合约 3.8 亿多吨标准煤（王圣等，2018）。但当前不少地区存在生物质资源得不到有效利用的情况。就最常见的秸秆而言，由于目前处理方式缺少标准化，大部分秸秆的处理方式是直接焚烧，这不仅造成了生物质资源的浪费，同时也造成了大范围的烟气污染。据统计，2019 年华南地区每年可利用的农作物秸秆量为 3182×10^4 t，折合标准煤量为 1403×10^4 t，除了部分可用于工农业循环使用外，60%的秸秆量都可能被遗弃或直接焚烧处理，生物质资源形成了极大的浪费。如果这一问题不能得到妥善的解决，将会增加生物质连续发电所需的大量、稳定的生物质燃料供应难度。

(4) 由生物质发电原料收集、运输、加工以及储存造成的相对成本较高。中国生物质发电原料主要以秸秆为主，在收集阶段，由于秸秆本身经济价值较低，且夏季秸秆收集时间较短，与农忙时间存在重叠，个体农户对于秸秆的收集处理在一定程度上缺乏积极性；加上政府对于秸秆处理问题的宣传及支持缺乏力度，使得秸秆的收集方式不统一、收集人力资源不确定性强，最终导致秸秆收集成本高。在运输及加工阶段，由于秸秆自身蓬松、占空间较大、含粗纤维较高、质地粗硬的特点，在运输及加工中存在诸多不便，需要对其压块进行运输及加工；但由于秸秆压块投资较大，市场现有加工设备能力有限，导致运输及加工阶段成本的产生。在储存阶段，因秸秆收集时间较短，持续发电所需使用的秸秆资源只能通过储存实现，储存需要相应的场地及厂房，且需要对储存秸秆进行定期维护，这就造成了较高的储存成本。另外，由于中国现有生物质发电厂规模普遍较小，技术效率不高，加上原料成本高导致的价格较高，生物质发电成本高达 0.6~0.7 元/

(kW·h)，在有国家 0.25 元/(kW·h) 补贴的情况下（张涛等，2008），仍高于燃煤发电的 0.39 元/(kW·h)（王斯一等，2018），使企业面临投资成本较高的问题。中国生物质发电尚处于初始示范项目阶段，示范项目从立项、建设、发电上网到验收没有形成一定规模及相应的体系，因此对示范项目建设的进度及成本也会造成影响，在一定程度上会影响投资者的积极性，造成投入资金的相对滞后。据此，中国生物质发电项目所面临的经济性较差，效益不稳定的成本问题严重影响了整个产业的发展。

中国生物质发电现阶段所面临的问题都是不可忽视的。未来中国生物质发电要想持续稳定且高速发展，仍有赖于国家及政府的支持。

6.3.4 中国生物质资源开发的潜力与趋势

1. 中国生物质资源发展现状

中国具有丰富的生物质资源。2021 年中国产业发展促进会生物质能产业分会发布的《3060 零碳生物质能发展潜力蓝皮书》数据显示，中国生物质资源作为能源利用的开发潜力约为 4.6×10^8 t 标准煤，包括农作物秸秆、农产品加工剩余物、畜禽养殖剩余物和林业生物质资源等。与此同时，中国生物质资源的利用情况也在稳定发展。以生物质发电为例，中国生物质发电装机规模稳步增长，生物质发电量也显著提升。国家能源局数据显示，截至 2021 年底，全国生物质总装机达 3798×10^4 kW，约占电源总装机容量的 1.6%，新增发电装机 543×10^4 kW，同比增长 48.8%；2021 年生物质发电量约 1637×10^8 kW·h，同比增长 23.5%，占全部电源发电量的 2%。

除此之外，生物天然气产业化经验逐步积累。国家能源局数据显示，中国已投入运行 14 个商业化生物天然气项目，年产气量约 12775×10^4 m^3，年产有机肥 105.6×10^4 t。生物质压缩成型燃料供热规模不断扩大，全国生物质压缩成型燃料供热年利用量约 1800×10^4 t；生物液体燃料示范推广稳步开展，全国生物液体燃料年产量 400×10^4 t。

2. 中国生物质资源现况及开发潜力

中国生物质资源十分广泛。依据不同的生成方式和来源，生物质资源主要包括以下五类：农业剩余物、林业剩余物、畜禽粪便、城市生活垃圾和污水和工业废弃物。

1）农业剩余物

作为生物质资源的农业剩余物主要是农作物秸秆，农作物秸秆资源的测算主要包括两个步骤：一是计算农作物秸秆资源总量，即各种农作物产量与其对应草谷比的乘积。这相当于秸秆资源的理论总量，包括去除粮食后的根、茎、叶等所有部分，不考虑品种、地区的差异和收获方式等多种影响因素。二是计算作为能源的农作物秸秆资源潜力，在农作物秸秆资源可获得量的基础上，再考虑农作物秸秆资源的各种用途，以及难以避免的各种损耗之后的剩余量，才是可作为能源的农作物秸秆资源潜力。根据国家统计局 2020 年数据，中国农作物秸秆理论资源量为 9 亿多吨，按照可利用系数 85% 计算，可用秸秆资源约为 7.65×10^8 t，相当于 4×10^8 t 标准煤。随着中国政府对农业可持续发展政策实施，农作物秸秆的产量每年以约 2.3% 的平均增长率增长。

中国农作物秸秆资源主要集中分布在黑龙江、山东、安徽等粮食主产区，其具体分布情况如表 6.1 所示。

表 6.1 中国 2020 年各地区主要农作物秸秆产量　　　　　单位：10^4 t

省份或地区	稻谷	小麦	玉米	豆类	薯类	棉花	油料	合计
全国	21186.0	13425.4	26066.5	2287.5	2987.4	591.0	3586.4	70130.2
华北地区	224	1914.1	5908.3	594	1473.9	22.1	351.7	10488.1
北京	0.1	4.6	24.2	0.3	0.8	0	0.3	30.3
天津	50.2	62.9	109.7	0.9	1.0	1.0	0.3	226
河北	48.9	1439.3	2051.8	29.4	148.8	20.9	119.5	3858.6
山西	1.7	236.5	979.9	307	62.3	0.2	14.3	1601.9
内蒙古	123.1	170.8	2742.7	256.4	1261	0	217.3	4771.3
东北地区	4008.1	22.1	8413.9	1030.4	93.4	0	193.4	13761.3
辽宁	446.5	1.7	1793.9	25.6	29.7	0	99.7	2397.1
吉林	665.4	1.7	2973.4	72.8	31.8	0	81.4	3826.5
黑龙江	2896.2	18.7	3646.6	932.0	31.9	0	12.3	7537.7
华东地区	37397	5623.9	3629.2	301.3	335.9	29.5	724.6	48041.4
上海	30864	5.3	0.9	0.1	0.2	0.0	0.7	30871.2
江苏	1965.7	1333.9	308.3	71.6	25.8	1.1	93.0	3799.4
浙江	465.1	40.8	25.9	30.8	38.8	0.7	32.1	634.2
安徽	1560.5	1671.7	663.2	98.1	19.7	4.1	162.5	4179.3
福建	391.7	0.0	14.8	12.0	82.5	0.0	22.7	523.4
江西	2051.2	3.3	20.7	32.0	55.6	5.3	122.7	2290.8
山东	98.8	2568.9	2595.4	56.7	114.1	18.3	290.9	5743.1
中南地区	7256.5	4162.3	3208.6	217.8	468	20.1	1472.9	16806.2
河南	513.7	3753.1	2342.4	97.9	96.2	1.8	672.6	7477.7
湖北	1864.3	400.7	311.5	39.7	106.3	10.8	344.5	3077.8
湖南	2638.9	7.8	223.2	40.0	98.2	7.4	260.7	3276.2
广东	1099.6	0.1	58.2	11.8	97.3	0	113.5	1380.5
广西	1013.7	0.6	273.3	26.6	52.6	0.1	73.9	1440.8
海南	126.3	0	0	1.8	17.4	0	7.7	153.2
西南地区	2905.9	373.5	2477.2	339.2	1342.7	0.2	631.6	8070.3
重庆	489.2	6.1	251.1	41.5	286.2	0	67.1	1141.2
四川	1475.3	246.7	1065.0	138.8	551.8	0.2	392.9	3870.7
贵州	416.0	33.4	220.3	33.7	319.2	0.0	103.4	1126.2
云南	524.9	69.7	938.0	123.3	185.0	0.0	63.1	1904
西藏	0.5	17.6	2.8	1.9	0.3	0	5.1	28.2
西北地区	173.5	1329.6	2429.3	80.9	408.4	519.2	212.3	5153.2
陕西	80.5	413.2	620.2	28.3	96.1	0.1	59.1	1297.9
甘肃	1.7	268.9	616.8	37.2	222.8	3.0	61.4	1211.8
青海	0	37.6	14.8	3.5	31.8	0	30.2	117.9
宁夏	49.4	27.8	249.1	1.7	41.5	0	6.7	376.2
新疆	41.9	582.1	928.4	10.2	15.8	516.1	54.9	2149.4

数据来源：《2021 年中国统计年鉴》。

2) 林业剩余物

根据中国林业的实际情况，按照能源利用方式，可将林木生物质资源分为木质生物质资源和油料生物质资源两大类。

(1) 木质生物质资源。

据估算，森林的生物产量约占地球上全部生物量的45%，可利用的来源于天然林木的林地残余木材的资源量约为 1000×10^4 t/a，来源于人工树林的资源量约为 400×10^4 t/a，因此森林作为可再生能资源的潜力巨大。

国家林草局数据显示，截至2021年，中国拥有森林面积超 2.2×10^8 ha，其中天然林和人工树林的占比约为64%和36%，所提供的主要木质生物资源质包括薪炭林、经济林修剪、林业剩余物等，其中薪炭林是可利用效率最高的木质生物质资源。薪炭林的建造就是为了提供薪材，且薪炭林大部分是天然次生林或人工林，采集和运输条件较好，基本可以认为薪炭林资源量等于其可利用量。中国林业网、国家森林资源清查数据发布与展示系统显示，2019年，中国薪炭林面积为 739×10^4 ha，薪炭林生物质总量约 1.6×10^8 t。

(2) 油料生物质资源。

油料生物质资源主要为木本油料树种，其果实可用来生产生物柴油。截至第九次森林资源清查数据，中国经济林面积为 2021×10^4 ha，其中种子含油率超过40%的木本油料资源植物154种，南方主要种植油桐、油茶、麻风树等；云南、陕西种植油橄榄；核桃则在南北方均被广泛种植。

3) 畜禽粪便

畜禽粪便是畜禽排泄物的总称，是其他形态生物质的转化形式，包括畜禽排出的粪便、尿及其与垫草的混合物。通常根据不同畜禽的存栏数、品种、体重、粪便排泄量等因素，可以估算出畜禽粪便资源的实物量。据央广网，截至2019年，中国每年产生畜禽粪污总量达到近 40×10^8 t，折合约 3.7×10^8 t 标准煤，畜禽养殖业排放物化学需氧量达到 1268×10^4 t，占农业源排放总量的96%。除在牧区有少量被直接燃烧外，畜禽粪便主要作为沼气的发酵原料，因此中国畜禽粪便生物质资源也具有相当规模的开发潜力。

4) 城市生活垃圾和污水

城市生活垃圾的生成量与该城市的规模、能源构成、人均收入、气候、生活习惯等因素有关。近几十年来，随着中国经济高速发展，城市规模不断扩大，城市数量和人口迅速增长。

2019年中国生活垃圾产量已到达 1.79×10^8 t，仅次于美国的 2.28×10^8 t，虽然垃圾堆放量已经开始逐年递减，但2019年未处理垃圾仍有 1700×10^4 t，2009—2019年垃圾累计堆放量超过 5×10^8 t。据北极星固废网2020年提供的数据，2019年中国214个大中城市生活垃圾产量为 18850.5×10^4 t，处置量为 18684.4×10^4 t，处置率达99.1%，产生量最大的是上海市，产量为 8793.9×10^4 t；其次是北京、重庆、广州和深圳，产生量分别为 872.6×10^4 t、692.9×10^4 t、688.4×10^4 t 和 572.3×10^4 t。前十位城市产生的城市垃圾生活总量为 5621.2×10^4 t，占全部信息发布城市产生量的30%。而中国生活垃圾清运量自2010年以来逐年上升，2019年超过 2.4×10^8 t，同比增长6.81%。总的来看，随着社会的发展以及生活水平的提高，生活垃圾和废水在产生量与日俱增的同时，其处置率也逐步提高，但仍具有相当的开发潜力。

中国生活污水排放量大，且利用程度有限。据国家统计局 2018 年公布的数据，2017 年中国生活污水总量为 $699×10^8$ t。表 6.2 则更具体地表示了中国 2019 年主要城市的生活污水排放量。

表 6.2　中国 2019 年主要城市生活污水排放量　　　　　　单位：10^4 t

城市	城镇生活污水排放量	城市	城镇生活污水排放量	城市	城镇生活污水排放量
北京	107932	福州	35369	昆明	33107
天津	48742	南昌	24660	拉萨	3180
石家庄	24725	济南	19167	西安	32093
太原	14883	郑州	32449	兰州	12810
呼和浩特	7785	武汉	74719	西宁	9015
沈阳	38746	长沙	35723	银川	10519
长春	19935	广州	129844	乌鲁木齐	14239
哈尔滨	31503	南宁	44409		
上海	124648	海口	14734		
南京	66595	重庆	86628		
杭州	49377	成都	92840		
合肥	44485	贵阳	21322		

数据来源：《2020 中国统计年鉴》。

5）工业废弃物

工业废弃物可以作为二次资源加以利用，这种二次资源与自然资源相比具有生产效率高、能耗低、环境废物少等优点；还有一些废弃物可以成为农事生产必不可少的优质有机肥源。国家统计局数据显示，2017 年，全国一般工业固体废弃物产生量达 $38.6×10^8$ t，而综合利用量仅达 $20.6×10^8$ t，开发潜力巨大。工业废弃物总的来说有两类，一是工业有机废渣，二是工业有机废水。

工业有机废渣主要来自农副产品及食品加工业。据估计，中国农产品加工产生的有机废弃物可产生 $500×10^8$ m^3 的沼气，相当于 $3500×10^4$ t 标准煤的能量（石元春，2011）。而中国的工业有机废水主要来自轻工业和非轻工业两个行业，其中轻工业主要包括酒精、制糖、啤酒、造纸等行业；非轻工业主要包括制药、屠宰、石化、天然橡胶等行业。2020 年中国生态环境统计年报数据显示，中国当年产生工业有机废水总量达 $2564.8×10^8$ t，可通过厌氧发酵方式产生沼气加以利用，具有相当的开发潜力。

随着化石能源的日益枯竭和全球环境的不断恶化，可再生能源的开发变得愈发重要。与此同时，随着人类社会的不断发展和生活水平的不断提升，所产生的有机质废料不断增加，生物质资源总量提升，开发潜力增大。总的来看，中国生物质资源丰富，集中于农业、林业、畜业等生产生活的多个方面，产量逐年增加。但目前中国生物质资源开发利用的比例有限，仍有巨大的开发潜力，将会随着相关技术的不断改进渐渐投入开发利用。

3. 中国生物质资源开发趋势

生物质资源是重要的可再生资源。国际能源署数据显示，世界能源消费的约 10% 来自生物质资源。中国是一个传统的农业大国，拥有丰富的生物质资源。随着经济的发展，人们生活水平的提高，环境保护意识的增强，以及对生态时尚（即以可持续发展方式创造、生产、消费时尚）的不断追求，化石能源逐渐枯竭，对包括生物质能在内的可再生资源的合理、高效地开发利用，必然将越来越受到各国政府和科学家的高度重视。

未来，为更好地开发利用生物质资源，提升生物质开发技术、完善生物质开发相关设备将成为中国生物质资源开发的重要趋势，具体表现为：开发能值密度低、体积庞大的农、林物料的就地处理技术；秸秆和林木下脚料高效气化技术；大中型沼气换代技术；生物质生产燃料乙醇技术及工业化体系；木质纤维素生产燃料酒精工艺与关键技术（高效水解工艺与设备；高效纤维素水解酶的筛选和改造；先进的乙醇发酵与精制工艺和设备）；糖—淀粉类生产燃料酒精技术（低成本高效常规乙醇发酵工艺与设备改造；先进、低成本的燃料酒精精制工艺和设备）；利用植物油生产生物柴油的技术与设备；利用废弃食用油和动物脂肪生产生物柴油的技术与设备；利用微生物工程藻生产生物柴油的技术与设备；生物油和合成柴油生产技术；合成气生产合成柴油工艺与关键技术；以植物纤维气化生产可燃气、畜禽粪便厌氧发酵产生的沼气为原料合成生物油技术；农林纤维素类废弃物裂解液化开发生物油的工艺和设备等（孙永明等，2006）。

总体来看，中国将在可持续发展的理论指导下，科学地开发生物质资源，加强应用基础和应用技术的研究，特别是在高效直接燃烧技术和设备开发、生物质气化、液化、生物质能源林栽培等方面开展重点研究。

6.3.5 生物质炼制工程发展现状

伴随着当前化石能源的日益减少以及衍生出的环境问题，世界各国普遍认为这是由化石能源向生物质能源转化利用的黄金时代。中国作为一个农业大国，生物质能源含量十分丰富。通过利用资源丰富的生物质能源，不仅化解了化石能源枯竭的卡脖子难题，也促进了新经济体系的形成。生物质炼制这一名词最早是在1982年提出的，此外在1997年我们对"绿色炼制"加以解释。它代表了一种环境与资源呈友好关系的利用体系，最终目的是使绿色生物质原料被完全利用。生物质炼制工程充分利用现代生物工程技术、绿色合成工艺和理论将生物质资源转化为高效清洁的生物质能源及生物质基功能材料，促进生物质基产品技术的发展。

生物质炼制工程技术主要分为生物质气化技术、生物质生物化学技术、生物炼制技术以及生物质其他转化技术等方面。其中生物质气化技术是以生物质作为燃料在专用锅炉中进行燃烧，借产生的高温高压蒸汽通过汽轮机发电机转化成电能，直接燃烧发电技术多用于处理城市生活垃圾，主要适用于规模超过30MW的系统，但由于生物质种类繁多，不同的生物质组成、水分、性质均不同，因此，为处理多种生物质，要寻找合适的生物质锅炉。从20世纪80年代初期开始，在经过前人积极地探索与研究后，中国的生物质气化技术已经日益完善，不仅拥有了多项系列的燃烧炉，而且通过中国自主研发且已投入实际应用的气化炉有$\phi 3000mm$、$\phi 3200mm$、$\phi 3600mm$、$\phi 4000mm$等几种规模。根据生物质气化程度的差异，气化炉的气化强度一般可达到$600\sim800m^3/(m^2\cdot h)$（李仁贵，2022）。此外，超临界气化水因在使用期间无须对生物质进行烘干等预处理过程而受到广泛关注，不仅加快了反应的速度，而且使合成气中H_2含量较高焦炭含量较低，但对于反应条件及设备的要求相对苛刻，因此大规模使用亟待解决（肖陆飞等，2020）。为了进一步提高经济效益，进一步发展了混合燃烧发电，通过将矿物燃料与生物质燃料集中燃烧，不仅解决了不同种生物的混合优化问题，而且带来了更好的发电效果。中国目前的生物质气化技术主要有三种工艺形式，分别为固定床、流化床、直接干馏热解。一般固定床采用空气作为气化剂，根据不同的气化原料选择不同的气化类型，不论上吸式还是下吸式都具有操作简便、适用性强的特点。

生物质生物化学技术是一项综合改善环境、从源头消除污染的绿色技术。厌氧消化（AD）作为生物化学技术的重要组成部分，早在20世纪70世纪末各种厌氧消化工艺已经趋于成熟，其中上流式厌氧污泥床反应器（UASB）已有600座以上，但随着社会经济的不断发展，人们对于处理效果的要求逐渐提高。如果能适当消除启动时间长、高有机负荷下（OLR）的氨抑制作用和沼气中低甲烷含量等厌氧消化性能的瓶颈问题，沼气将成为代替化石燃料的新型能源。经过半个多世纪的前人经验总结，厌氧消化的机制主要包括水解、酸化和产甲烷三个阶段，而这些步骤中高效的共养代谢是厌氧消化过程的关键。科技工作者已经提出包括操作条件调整、共消化、预处理方法、沼气升级等多种策略来提高厌氧发酵性能。然而，繁琐的参数调整程序和过多的资本支出可能会阻碍这些增强策略的广泛应用。在2010年之前，人们普遍认为厌氧过程中不同功能物种之间的电子转移是由间接种间电子转移（IIET）或介导种间电子转移（MIET）来实现的，而科技工作者（Summers et al., 2010）在2010年首次发现了直接种间电子传递（DIET）现象，并且观察到导电聚集体的形成证实纳米线和c型细胞色素也参与DIET过程。与使用代谢中间体来传递电子的MIET相比，DIET通过传导途径直接传递由微生物产生的电子，使DIET具有更高的电子转移速率，因此在不形成或消耗中间体的情况下更节能。有关研究显示（Stams et al., 2009）当丙酸盐氧化产生的50%的电子通过DIET而不是IHT转移时，可节省约85kJ/mol的能量。为了进一步阐明DIET机制在增强AD过程中的重要作用，科技工作者选择了三种具有代表性的导电材料（即零价铁ZVI、磁铁矿和生物炭），追踪了厌氧共消化过程中消化液的脱水性和理化性质，并评估了过氧化物改善消化液脱水性的可行性（Liang et al., 2022），结果显示ZVI和生物炭可获得更高的甲烷产率和更好的消化液脱水性。此外，采用微波热解炭化的方法从不同生物质中合成了生物炭，并将其作为添加剂用于厌氧消化，基于热重分析说明了通过添加生物炭提高了消化过程的稳定性（Liu et al., 2019）。活性炭通常具有较大的表面积和较高的内部孔隙率，虽然其比生物炭（2~5μS/cm）高得多的电导率（3000μS/cm），但研究显示生物炭更适合作为电子转移的连接体，因此导电碳材料增强厌氧消化性能仍然需要进行进一步的讨论。

生物炼制技术是以可再生物质为原料，在酶及其他生物催化剂的作用下生产出人类赖以生存的平台化合物。生物质转化为糖类进一步形成现代化工所需的产品，需选择合适的生物催化剂，获得微生物的功能基因是突破的关键。国内外主要采用基因重组技术来改变原有菌种性能，在产品质量得到保证的前提下提高产品数量。此外，利用宏基因组学对微生物群落及其成员的生理潜能提供了深入研究，发现从土壤、海洋和人类肠道样本在内的多种环境中对宏基因组进行了测序（Manousos, 2022），为了解微生物基因组多样性和功能复杂性提供了思路。21世纪是生物能源世纪，不断扩大生物质炼制技术在食品、医药、材料、能源等方面的应用领域，必然会给人们带来新的理解和认识，可以预想未来人们将进一步了解基因的信息与表达、微生物的代谢途径以及利用策略，它将会成为人类社会可持续发展的重要步骤。

6.4 生物质发电和炼制工程的主要政策

6.4.1 生物质发电政策的原则

随着时代的变迁及人类在第三次科技革命的浪潮下对于能源需求的变化,生物质发电技术的研究与开发已经成为世界能源领域研究的热门课题之一,受到来自各国政府的关注。为了扶持和鼓励可再生能源的发展,各国政府纷纷出台或修订政策和法规。中国于2005年2月出台了《可再生能源法》,并在2006年1月1日开始正式施行。

根据发布并施行的生物质发电政策,生物质发电政策制定的一般原则包括以下五个方面。

(1) 激励原则。生物质发电作为新兴的可再生能源,开发利用前景广泛,所以在生物质发电方面,政府应予以适当的优惠及财政补贴,鼓励农村地区发展使用可再生能源,鼓励行业现有企业发展,吸引更多资金、技术、人才进入生物质发电市场,从而促进生物质发电完整产业链的发展与成熟。

(2) 环保及可持续发展原则。在发展可再生能源、促进经济发展的同时,政策的制定同样需要考虑环境保护的因素。生物质发电的长期可持续发展离不开发展过程中的环境保护,不能以环境为代价来促进产业的快速发展。

(3) 由中央制定发电政策的总方向,地方政府根据当地生物质资源、技术条件、经济发展目标等不同的实际情况制定地方性具体政策。

(4) 明确社会各阶层责任、权利与义务,分清政府和企业用户在生物质能源开发利用中的责任、权利及义务,尤其是电网经营企业承担的收购可再生能源电力义务。

(5) 全社会承担的可再生能源产品与常规能源的差价,由全社会用户分担,以此来促进传统能源的转型升级。

关于制定出适宜的生物质发电方面有关的政策,应以促进鼓励生物质发电产业化规模化为目标。在能源革命及节能减排的大背景之下,可再生能源产业的发展对于中国能源的战略部署及转型意义重大,而大力发展生物质能发电对于促进可再生能源在中国能源结构中占比增加具有正向作用。生物质发电仍尚未成熟,政策对于生物质发电发展的扶持及促进作用是不可忽略的,生物质发电政策的制定及实施对于减少生物质资源的浪费、推动整个产业稳步发展具有指导性作用。

> **专栏 6-6　世界各国生物质发电产业扶持政策**
>
> 世界各国纷纷出台或修订政策和法规,鼓励可再生能源发展。世界上许多国家都把发展可再生能源作为实现可持续发展的重要选择加以重视。
>
> 在欧美发达国家,生物质发电技术已经非常成熟,甚至已经成为一些国家重要的发电和供热方式。目前,欧盟是全球生产和消费生物质燃料最多的地区,美国紧随其后,这两大主体引领着全球生物质能源的发展。通过对比各国生物质能源相关的政策和法规,我们可以发现,上网电价优惠、税收减免和财政补贴是各国最为常用的激励性政策手段。

瑞典实行固定电价制度，对生物质发电采取市场价格加每千瓦时 0.9 欧分的补贴；每年从政府预算中支出 3600 万欧元，支持生物质燃烧和转换技术，主要是技术研发和商业化前期技术的示范项目补贴。

丹麦对生物质发电的上网电价为每千瓦时 4.1 欧分，政府再给予每千瓦时 13 欧分的补贴；制定了每年给予生物质能生产企业 400 万欧元的投资补贴计划，这一计划使目前丹麦生物质能发电的上网电价相当于每千瓦时 8 欧分。

德国实行固定电价制度，生物质发电的上网电价根据电站装机规模不同而设置不同的电价，小于 500kW 的为每千瓦时 10.1 欧分，500~5000kW 为每千瓦时 8.9 欧分，5000kW 以上的每千瓦时 8.4 欧分；从 1990 年开始，德国的 KFW 银行为私营企业从事生物质能开发提供低息贷款，比市场利率低 50%。

意大利生物质电厂的上网电价为每千瓦时 17.25 欧分；对初始设备投资提供 40%的资助，以推动农林废弃物的综合利用。

美国现在的可再生能源生产税为生物质发电提供了每千瓦时 1.8 美分的税收减免，同时美国联邦还为地方性和农村地区建设的生物质发电提供每千瓦时 1.5 美分的税收优惠。

数据来源：国际能源网。

6.4.2 生物质发电相关政策回顾

2005 年 2 月 28 日通过的《可再生能源法》中明确指出"国家鼓励和支持可再生能源并网发电"。自 2006 年 1 月 1 日《可再生能源法》实施以来，它为中国的可再生能源发展提供了重要法律保障。随后，一系列相关的法律、法规、政策等陆续出台，有力推动了中国可再生能源利用的发展。作为可再生能源应用的生物质发电项目能也得到了快速发展。国务院等有关部门相继发布了与生物质发电有关的一系列政策与规划，如《可再生能源中长期发展规划》《生物质能发展"十二五"规划》《生物质能发展"十三五"规划》等。生物质能发电政策框架和发展规划也逐渐形成。这些政策的出台有力推动了生物质发电技术在中国的应用与推广。总结中国鼓励生物质发电的相关政策，大致可以分为三类：电价制度、电价补贴制度和财税政策。

1. 电价制度

1) 农林生物质发电的上网电价标准

2010 年颁布的《国家发展改革委关于完善农林生物质发电价格政策的通知》（发改价格〔2010〕1579 号），明确了全国统一的农林生物质发电标杆上网电价标准：对农林生物质发电项目实行标杆上网电价政策。未采用招标确定投资人的新建农林生物质发电项目，统一执行标杆上网电价 0.75 元/(kW·h)（含税）。通过招标确定投资人的，上网电价按中标确定的价格执行，但不得高于全国农林生物质发电标杆上网电价；对已核准的农林生物质发电项目（招标项目除外），上网电价低于上述标准的，上调至 0.75 元/(kW·h)；高于上述标准的国家核准的生物质发电项目仍执行原电价标准。

2) 垃圾发电的上网电价标准

2012 年颁布的《国家发展改革委关于完善垃圾焚烧发电价格政策的通知》（发改价格

〔2012〕801号),明确了垃圾发电上网电价标准:以生活垃圾为原料的垃圾焚烧发电项目,均先按其入厂垃圾处理量折算成上网电量进行结算,每吨生活垃圾折算上网电量暂定为280kW·h,并执行全国统一垃圾发电标杆电价0.65元/(kW·h)(含税)。其余上网电量执行当地同类燃煤发电机组上网电价。

2. 电价补贴制度

1) 申请补贴流程

根据2020年3月印发的《财政部办公厅关于开展可再生能源发电补贴项目清单审核有关工作的通知》(财办建〔2020〕6号)的相关要求,符合中国可再生能源发展相关规划的生物质发电项目;符合国家能源主管部门要求,按照规模管理的需求纳入年度建设规模管理范围内;符合国家可再生能源价格政策,上网电价已获得价格主管部门批复且于2018年1月底前全部机组完成并网的生物质发电项目可纳入补贴清单。

对于符合申报补贴清单的生物质发电企业,国家电网、南方电网和地方独立电网企业组织首先对申报项目材料的真实性进行初审。电网企业将符合要求的生物质发电项目汇总后,向各省(区、市)能源主管部门申报审核。在进行确认后将结果反馈电网企业。电网企业经过确认后按要求通过信息平台提交国家可再生能源信息管理中心,由国家可再生能源信息管理中心对申报项目资料的完整性、支持性文件的有效性和项目情况的真实性进行复核,并将复核结果反馈电网企业。电网企业将复核后符合条件的项目形成补贴项目清单,并在网站上进行公示。公示期满后,国家电网、南方电网正式对外公布各自经营范围内的补贴清单,并将公布结果报送财政部、国家发展改革委和国家能源局。地方独立电网需报送所在地省级财政、价格、能源主管部门确认后,再公布经营范围内的补贴清单。

2) 补贴标准

根据2006年1月《国家发展改革委关于印发〈可再生能源发电价格和费用分摊管理试行办法〉的通知》(发改价格〔2006〕7号)的相关要求,生物质发电项目上网电价实行政府定价的,由国务院价格主管部门分地区制定标杆电价,电价标准由各省(自治区、直辖市)2005年脱硫燃煤机组标杆上网电价加补贴电价组成。补贴电价标准为每千瓦时0.25元。发电项目自投产之日起,15年内享受补贴电价。根据国家发展改革委、财政部、国家能源局2020年9月11日《关于印发〈完善生物质发电项目建设运行的实施方案〉的通知》(发改能源〔2020〕1421号)中明确的"以收定补、新老划段、有序建设、平稳发展"的总体思路,补贴资金安排仍沿用现有政策,且纳入规则为:按项目全部机组并网时间先后次序排序,并网时间早者优先,直至入选项目所需补贴总额达到2020年中央新增补贴资金额度15亿元为止。

3) 费用支付和分摊

根据2006年1月《国家发展改革委关于印发〈可再生能源发电价格和费用分摊管理试行办法〉的通知》(发改价格〔2006〕7号)的相关要求:可再生能源发电项目上网电价高于当地脱硫燃煤机组标杆上网电价的部分、国家投资或补贴建设的公共可再生能源独立电力系统运行维护费用高于当地省级电网平均销售电价的部分,以及可再生能源发电项目接网费用等,通过向电力用户征收电价附加的方式解决。可再生能源电价附加(A)计算公式为

$$A = T/V \tag{6.1}$$
$$T = \sum \left[(P-BP) \times RV + (MC-AP \times SV) + OE\right] \tag{6.2}$$

式中　　A——可再生能源电价附加；

　　　　T——可再生能源电价附加总额；

　　　　V——全国加价销售电量；

　　　　P——可再生能源发电价格；

　　　　BP——当地省级电网脱硫燃煤机组标杆电价；

　　　　RV——电网购可再生能源电量；

　　　　MC——公共可再生能源独立电力系统运行维护费用；

　　　　AP——当地省级电网平均销售电价；

　　　　SV——公共可再生能源独立电力系统销售电量；

　　　　OE——可再生能源发电项目接网费用以及其他合理费用。

3. 财税政策

1) 增值税

根据财政部和国家税务总局两部委2008年联合下发的《关于资源综合利用及其他产品增值税政策的通知》（财税〔2008〕156号）的相关规定：从2008年7月1日起对销售以垃圾为燃料生产的电力或者热力实行增值税100%即征即退政策。同时文件将垃圾的范围扩大到城市生活垃圾、农作物秸秆、树皮废渣、污泥、医疗垃圾等。根据财政部和国家税务总局2015年6月12日下发的《资源综合利用产品和劳务增值税优惠目录》（财税〔2015〕78号）中的相关规定：餐厨垃圾、畜禽粪便、稻壳、花生壳、玉米芯、油茶壳、棉籽壳、三剩物、次小薪材、农作物秸秆、蔗渣，以及利用上述资源发酵产生的沼气生产生物质压块、沼气等燃料、电力、热力，享受增值税100%即征即退政策。

2) 所得税

根据全国人大2007年3月16日通过的《中华人民共和国企业所得税法实施条例》的相关规定：生物质发电企业享受企业所得税减免。企业从事条款规定的符合条件的环境保护、节能节水项目的所得，自项目取得第一笔生产经营收入所属纳税年度起，第一年至第三年免征企业所得税，第四年至第六年减半征收企业所得税。根据经国务院批准、自2008年1月1日起施行的《资源综合利用企业所得税优惠目录（2008年版）》（财税〔2008〕117号）的相关规定：生物质发电因资源综合利用可享受收入减按90%的所得税优惠。

专栏6-7　农发行韶关分行发放贷款支持地方生物质发电项目

国家发展改革委、财政部、国家能源局2020年9月11日印发的《完善生物质发电项目建设运行的实施方案》中明确指出，鼓励金融机构给予生物质发电项目中长期信贷支持。以农发行韶关分行为代表的金融机构认真贯彻落实各项决策部署，在给予金融扶持的同时探索创新扶贫新途径，有力推动生物质发电项目建设和社会经济发展。

根据中国新闻网2020年12月31日的报道，农发行韶关分行向韶能集团翁源致能生物质发电有限公司发放2137.45万元现代农业园区贷款，用于支持翁源致能生物质发电项目建设。该项目批复金额70000万元，截至目前累计发放贷款51837万元。

> 在新冠肺炎疫情期间,为了帮助和支持生物质发电项目的建设,维持企业的正常运营,农发行韶关分行累计向该企业发放25748.7万元贷款(其中16395.9万元为用于支持企业复工复产的贷款),解决了企业资金不足的问题。农发行韶关分行发放贷款支持地方生物质发电项目具有良好的综合效益,给予农村经济新活力,有力推动了经济和社会的发展。

3) 金融扶持政策

金融扶持政策主要包括与生物质发电有关的专项资金制度与信贷支持。根据财政部2015年4月2日《关于印发〈可再生能源发展专项资金管理暂行办法〉的通知》(财建〔2015〕87号)的相关规定:"可再生能源发展专项资金"是指通过中央财政预算安排,用于支持可再生能源和新能源开发利用的专项资金。其中包括生物质能发电利用的相关资金。发展专项资金的使用方式包括无偿资助和贷款贴息。根据国家发展改革委、财政部、国家能源局2020年1月20日印发的《可再生能源电价附加资金管理办法》(财建〔2020〕5号)的相关规定:财政部根据电网企业和省级相关部门申请以及本年度可再生能源电价附加收入情况,按照以收定支的原则向电网企业和省级财政部门拨付补助资金。各级财政部门收到补助资金后,应尽快向本级独立电网企业或公共可再生能源独立电力系统项目单位分解下达预算,并按照国库集中支付制度有关规定及时支付资金。根据国家发展改革委、财政部、国家能源局2020年9月11日《关于印发〈完善生物质发电项目建设运行的实施方案〉的通知》(发改能源〔2020〕1421号)的相关规定:鼓励金融机构在风险可控、商业可持续的前提下给予生物质发电项目中长期信贷支持。建立生活垃圾处理收费制度,合理制定垃圾处理收费标准,确保垃圾处理收费政策落实到位。鼓励地方政府统筹各类资金,对生物质发电相关的农林废弃物和生活垃圾"收、储、运、处理"各环节予以适当支持和补偿。

4. 发展规划政策

国家能源局2016年10月28日印发的《生物质能发展"十三五"规划》中明确:到2020年,生物质能基本实现商业化和规模化利用。稳步发展生物质发电:在农林资源丰富区域,统筹原料收集及负荷,推进生物质直燃发电全面转向热电联产;在经济较为发达地区合理布局生活垃圾焚烧发电项目,加快西部地区垃圾焚烧发电发展;在秸秆、畜禽养殖废弃物资源比较丰富的乡镇,因地制宜推进沼气发电项目建设。

在2021年8月11日国家发展改革委、财政部、国家能源局印发的《2021年生物质发电项目建设工作方案》中提出:按照"以收定补、央地分担、分类管理、平稳发展"的思路,进一步完善生物质发电开发建设管理,合理安排2021年中央新增生物质发电补贴资金,明确补贴资金央地分担规则,推动新开工项目有序竞争配置,促进产业技术进步,持续降低发电成本,提高竞争力,实现生物质发电行业有序健康、高质量发展的要求。

6.4.3 生物质炼制工程的主要政策

随着能源、资源、环境问题的日趋严重,生物质炼制已成为国家战略性研究方向。在国务院关于印发节能减排"十四五"规划的通知(国发〔2021〕33号)中提出调整能源消费结构,加快生物质能等清洁能源商业化利用,随后国务院出台相应的政策,如《关于发展生物能源与生物化工财税扶持政策的实施意见》《生物质能发展"十二五"规划》《生物质能发展"十四五"规划》等。中国生物能源与生物化工产业处于起步阶段,制定并实施有关财税扶持政策将为生物能源与生物化工产业的健康发展提供有力的保障。总结中国关于生物炼制的相关政策,大致可以分为 5 类:弹性亏损补贴政策、示范补助政策、原料基地补助政策、税收优惠政策、发展规划政策。

1. 弹性亏损补贴政策

《关于发展生物能源与生物化工财税扶持政策的实施意见》提出:为化解石油价格变动对发展生物能源与生物化工所造成的市场风险,为市场主体创造稳定的市场预期,将建立风险基金制度与弹性亏损补贴机制。当石油价格高于企业正常生产经营保底价时,国家不予亏损补贴,企业应当建立风险基金;当石油价格低于保底价时,先由企业用风险基金以盈补亏。如果油价长期低位运行,将启动弹性亏损补贴机制。

2. 示范补助政策

国家鼓励具有重大意义的生物能源及生物化工生产技术的产业化示范,以增加技术储备,对示范企业予以适当补助。在财政部印发的《生物能源和生物化工非粮引导奖励资金管理暂行办法》(财建〔2007〕282 号)中提出:申请生物能源与生物化工联产引导奖励资金的企业需要有已完成中试或已有成熟的工业装置及生产经验,具有先进的技术与装备基础;企业具备能力扩大产业化,有详细的扩大产业化实施方案。示范内容包括秸秆生产糠醛、木糖等化工产品联产乙醇;或乙醇联产乙酸、乙烯等产品;其他生物化工技术放大产业化示范。

3. 原料基地补助政策

国家鼓励开发冬闲田、盐碱地、荒山、荒地等未利用土地建设生物能源与生物化工原料基地,从而确保发展生物能源与生物化工不与粮争地。《财政部关于印发〈生物能源和生物化工原料基地补助资金管理暂行办法〉的通知》(财建〔2007〕435 号)中提出:原料基地符合条件的,中央财政安排专项资金用于原料基地补助,资金使用范围;开发生物能源与生物化工原料基地要与土地开发整理、农业综合开发、林业生态项目相结合,享受有关优惠政策。对以"公司+农户"方式经营的生物能源和生物化工龙头企业,国家给予适当补助。林业原料基地补助标准为 200 元/亩;补助金额由财政部按该标准及经核实的原料基地实施方案予以核定。农业原料基地补助标准原则上核定为 180 元/亩,具体标准将根据盐碱地、沙荒地等不同类型土地核定;补助金额由财政部按具体标准及经核实的原料基地实施方案予以核定。

4. 税收优惠政策

对国家确实需要扶持的生物能源和生物化工生产企业,国家给予税收优惠政策,以增强相关企业竞争力。在增值税政策方面,《财政部、国家税务总局关于调整完善资源综合利用产品及劳务增值税政策的通知》的规定:对纳税人销售自产的资源综合利用产品和提供资源综合利用劳务,可按规定享受增值税即征即退的优惠政策,其中对纳税人以部分农林剩余物等为原料生产生物质压块、沼气等燃料,电力、热力等,可按规定实行增值税 100% 即征即退。在企业所得税政策方面,对企业以《资源综合利用企业所得税优惠目录》规定的资源作为主要原材料,生产国家非限制和禁止并符合国家和行业相关标准的产品取得的收入,减按 90% 计入收入总额;自 2018 年起将高新技术企业和科技型中小企业的亏损结转年限由 5 年延长至 10 年;对企业研发费用在税前据实扣除的基础上,允许按照 75% 在税前加计扣除；企业购置用于符合条件的环境保护、节能节水、安全生产等专用设备投资额的 10%，可以从当前的应纳税额中抵免等。

5. 发展规划政策

在国家发展改革委、能源局印发的《能源技术革命创新行动计划（2016—2030 年）》中提出：到 2050 年实现生物航空燃料技术支撑商业化应用，形成多元化生物质原料可持续供应保障体系，低值生物质生物炼制和绿色多联产技术形成国际竞争力，生态能源农场具有持续绿色能源贡献能力。

实现绿色生物炼制技术。突破烃类大宗化学品绿色炼制转化的共性关键技术，研发分散生物质原料高效清洁收集模式，升级生物能源、生物基材料和化学品联产技术，建立生物质生化转化技术平台；研制大型连续高效发酵转化关键设备，研发国产化、成套化、标准化的生物质绿色制造和多联产装备体系，优化废弃物原料智能化收集、高效转化和资源综合利用等关键技术体系，推进生物质能源与化工产品的配额应用，形成产业化应用模式。

6.5 生物质发电项目和炼制工程项目投资建设规定

6.5.1 生物质发电项目投资建设并网规定

现行中国关于生物质发现项目投资建设的规定主要为 2020 年由国家发展改革委、财政部、国家能源局联合发布的《关于印发〈完善生物质发电项目建设运行的实施方案〉的通知》（发改能源〔2020〕1421 号）。该方案为做好 2020 年生物质发电项目建设、完善项目建设运行管理、推动行业持续健康发展提供了宝贵的指导意见和建议，并要求有关单位贯彻执行。该方案出台背景、起草过程、总体思路等相关事项解读如下：

1. 出台背景

近年来，在国家政策支持下，生物质发电建设规模持续增加，项目建设运行保持较高水平，技术及装备制造水平持续提升，助力构建清洁低碳、安全高效能源体系，对各地加快处理农林废弃物和生活垃圾发挥了重要作用。为促进生物质发电等可再生能源发电行业健康发展，2020 年 1 月，财政部、国家发展改革委、国家能源局联合出台了《关于促进非水可再生能源发电健康发展的若干意见》（财建〔2020〕4 号），明确按照"以收定支"的原则合理确定新增补贴项目装机规模。为做好 2020 年生物质发电项目建设运行管理，合理安排 2020 年中央新增生物质发电补贴资金，推动行业持续健康发展，制定该方案。

2. 起草过程

为推动生物质发电项目有序建设、平稳发展，国家发展改革委、财政部、国家能源局研究制定了该方案。在该方案编制过程中，分地方、企业、协会和媒体等 3 个层面多次召开座谈会，充分听取了各省（区、市）发展改革委、能源局，主要生物质发电企业、研究机构、行业协会、专家和媒体的意见建议。其中，参会企业涵盖了农林、垃圾和沼气发电产业，既有中央企业、地方国企，也有民营企业，投资建设项目覆盖了东、中、西部；行业协会包括多个行业内具有代表性、影响力的协会；参会媒体既有行业媒体，也有大众媒体。同时，结合全国人大代表建议和全国政协委员提案办理，听取采纳了有关全国人大代表和全国政协委员的意见。

3. 总体思路

该方案深入贯彻习近平生态文明思想，坚持创新、协调、绿色、开放、共享的新发展理念，落实"四个革命、一个合作"能源安全新战略，以及习近平总书记在扎实推进长三角一体化发展座谈会上关于"推进环太湖地区城乡有机废弃物处理利用，形成系列配套保障措施，为长三角地区生态环境共保联治提供借鉴，为全国有机废弃物处理利用作出示范"的重要指示精神，明确了"以收定补、新老划段、有序建设、平稳发展"的总体思路，坚持稳中求进，推动生物质发电行业平稳有序发展。围绕"补贴资金申报""生物质发电项目建设"两项主要任务，一方面坚持"稳"，补贴资金安排仍沿用现有政策，保持政策连续性、稳定性；另一方面坚持"进"，坚定改革方向，持续完善生物质发电项目管理政策，明确市场预期，促进生物质发电行业提质增效。

4. 项目申报的条件、程序和纳入补贴规则

项目申报补贴须符合4个条件：一是项目须纳入生物质发电国家、省级专项规划；二是项目须为2020年1月20日（含）以后全部机组并网的当年新增项目，其中，2020年1月20日前部分机组并网，在2020年1月20日后实现全部机组并网的项目也属于本次申报范围；三是须符合国家相关法律法规、产业政策、技术标准等要求，配套建设高效治污设施，垃圾焚烧发电项目所在城市已实行垃圾处理收费制度；四是申报情况必须属实，不能出现弄虚作假、违规掺烧等情况，并提交信用承诺书。

工作程序分为4个步骤：一是地方组织申报、审核和公示；二是国家可再生能源信息管理中心统一复核；三是按规则进行汇总；四是公布补贴名单。

纳入当年补贴项目规则：申报项目按其全部机组并网时间先后次序排序，并网时间早者优先，根据该方案中的补贴额度测算规则对入选项目所需补贴额度进行测算并累加，直至入选项目所需补贴总额达到今年15亿元额度为止。未能纳入2020年中央补贴规模的2020年并网项目，结转至次年依序纳入。

5. 建立生物质发电补贴申报信用承诺制度

为营造生物质发电企业公平竞争的市场环境，保障申报补贴项目的合法利益，防止项目运行中出现违规掺烧化石燃料、骗取补贴等违法违规行为，最大限度保证补贴资金合理使用，该方案引入了信用承诺制度，申报单位需承诺项目不存在弄虚作假情况，建设运行合法合规。违背承诺的，自愿承担由此引发的一切经济责任和法律责任。同时，承诺信息、践诺信息将纳入信用记录，进行归集应用。

6. 加强投资检测预警的主要目的和要求

为促进生物质发电产业持续健康发展，该方案提出通过建立监测预警制度，综合评估行业发展情况，引导企业科学、有序建设，理性投资。一方面，对农林生物质发电产业发展规模进行年度预警；另一方面，对需补贴的生物质发电项目投资建设情况进行监测，按月发布项目并网信息。

行业发展年度预警，依据各省农林生物质资源总量、资源分布、利用方式、项目布局等条件，科学测算合理发展规模，并根据各省发电项目建设规模与年度合理规模比较情况发布监测预警，对不同颜色等级地区实现分类管理。发展规模接近合理规模的黄色

预警地区要把握好发展建设节奏；达到或超过合理规模的红色预警地区，要严格控制、管理建设规模。

补贴项目投资建设月度监测，针对需补贴的生物质发电项目投资建设和中央补贴资金使用情况进行监测，按月发布项目并网信息，新增项目补贴额度累计达到当年15亿元中央补贴资金总额后，地方不再新核准需中央补贴的项目。

为及时掌握全国生物质发电项目核准、建设情况，各省（区、市）需组织生物质发电企业按监测要求，及时报送项目核准、建设、开工等信息。

7. 推动完善生物质发电项目补贴机制

为保障和支持生物质发电发展，做好政策衔接和平稳过渡，为行业发展提供良好的政策环境，根据财建〔2020〕4号文件等文件要求，该方案对完善生物质发电项目补贴机制明确提出有关要求。

关于项目竞争性配置，按照财建〔2020〕4号文件提出的"通过竞争性方式配置新增项目。在年度补贴资金总额确定的情况下，进一步完善非水可再生能源发电项目的市场化配置机制"的要求，并充分考虑政策平稳过渡，该方案明确，自2021年1月1日起，规划内已核准未开工、新核准的生物质发电项目全部通过竞争方式配置。同时，为促进生物质发电项目充分发挥环境治理和增加可再生能源供给等方面的作用，确保补贴资金科学高效使用，在建项目应在合理工期内建成投产。

关于补贴资金中央地方分担。为加大对生物质发电的支持力度，让更多的生物质发电项目享受政策支持，充分调动和发挥地方积极性，在现有中央补贴资金的基础上，该方案明确，自2021年起，新纳入补贴范围的项目（包括2020年已并网但未纳入当年补贴规模的项目及2021年起新并网纳入补贴规模的项目）补贴资金由中央地方共同承担，更好地支持和促进生物质发电行业发展。同时，考虑到不同地区经济发展水平，分地区差异化地合理确定分担比例。

8. 落实生物质发电支持政策

生物质能利用对促进农林废弃物和城乡有机废弃物处理，推进城乡环境整治，替代化石能源，减少温室气体排放等具有重要作用，国家支持生物质能产业持续健康发展。该方案明确，一方面要立足于多样化用能需求，不断拓展生物质能利用渠道，坚持宜气则气、宜热则热、宜电则电，鼓励加快生物质能非电领域应用，提升项目经济性和产品附加值，降低发电成本，减少补贴依赖；另一方面，不断落实生物质发电支持政策，鼓励金融机构给予生物质发电项目中长期信贷支持，建立生活垃圾处理收费制度，鼓励地方政府统筹各类资金，对生物质发电相关的"收、储、运、处理"环节予以支持和补偿。鼓励具备条件的省（区、市）探索生物质发电项目市场化运营试点，逐步形成生物质发电市场化运营模式。

6.5.2 生物质炼制工程的投资建设规定

中国关于生物质炼制项目投资建设的规定主要为《财政部、国家能源局、农业部关于印发〈绿色能源示范县建设补助资金管理暂行办法〉的通知》（财建〔2011〕113号）和《国家能源局、财政部、农业部关于印发〈绿色能源示范县建设管理办法〉的通知》（国能新能源〔2011〕164号）的要求及有关技术标准和规范，适用于示范县内中央财政支持的生物质气化工程、生物质成型燃料工程、其他可再生能源开发利用工程等项目建设,完善项目建设运行管理。现将工程建设要求、补助范围、项目申请条件等相关事项解读如下:

1. 工程建设要求

1) 生物质气化工程

主导技术:生物质气化工程气炭或气炭电多联产的主导工艺宜采用干馏热解工艺,气电联产的主导工艺宜采用固定床或流化床气化工艺。

实施条件:农作物秸秆、林业废弃物和农林产品加工剩余物等废弃生物质资源年供应能力不小于400t。

技术指标:固定床和流化床的气化效率不低于72%,燃气低位热值不小于$4.6MJ/m^3$;干馏热解气化工程系统能源转化效率不低于70%,燃气低位热值间接式不小于$14.6MJ/m^3$,直接式不小于$8.4MJ/m^3$;燃气中CO含量不大于20%,焦油含量不大于$10mg/m^3$;气化站内必须安装加臭装置和漏气报警装置。

2) 生物质成型燃料工程

主导技术:生物质成型燃料工程宜采用环模、平模成型技术。农户炊事采暖采用高效低排放生物质炉灶炕,禁止推广使用炉灶分离的户用秸秆气化炉。

实施条件:秸秆、木屑等农林剩余物资源,年供应能力不小于6000t;成型设备、生物质锅炉、灶具、节能灶炕等产品,应由有资质的检测单位出具检测合格报告,并通过省级相关管理部门或行业管理机构的鉴定、评议或认定;示范县申报推广的高效低排放生物质炉具或高效预制组装架空炕连灶(节能炕),应达到一定规模。

技术指标:颗粒燃料成型设备单机产量大于1000kg/h,主机能耗不大于$60kW·h/t$,成型率大于95%;易损件单次使用寿命大于300h;噪声不大于85dB,粉尘浓度不大于$10mg/m^3$;产品直径不大于25mm,长度不大于直径的4倍,密度不小于$1000kg/m^3$,机械耐久性不小于95%。

块状燃料成型设备:单机产量大于1000kg/h,主机能耗不大于$40kW·h/t$,成型率大于95%;易损件单次使用寿命大于300h;噪声不大于85dB,粉尘浓度不大于$10mg/m^3$;产品直径或横截面的对角线长度大于25mm,密度不小于$800kg/m^3$,机械耐久性不小于95%。

生物质炉灶炕:采暖炉热效率不小于70%,炊事采暖炉热效率不小于60%,烤火炊事炉、藏炉综合热效率不小于75%,省柴灶热效率不小于35%,高效预制组装架空炕连灶综合热效率不小于70%,生物质锅炉热效率不小于75%。

环保指标:烟气中CO平均排放浓度小于0.2%,SO_2平均排放浓度小于$30mg/m^3$,烟尘排放平均浓度小于$50mg/m^3$,林格曼烟气黑度小于1级。

2. 补助范围

1) 生物质气化工程

利用农作物秸秆、林业废弃物和农林产品加工剩余物等废弃生物质资源制取燃气,可同时产炭或发电等多联产能源产品的气化项目,单个项目原则上集中供应居民生活燃气200户及以上。示范补助资金重点支持燃气清洁净化处理设施、储气罐及输送管网建设。

2) 生物质成型燃料工程

利用农作物秸秆、林业废弃物和农林产品加工剩余物制成成型燃料的固化成型项目，单个项目年产能在5000t及以上，原则上用于1000户及以上的农户炊事采暖及医院、学校、政府机关、孤儿院、幼儿园、养老院等公共机构供热采暖。示范补助资金重点支持生物质炊事采暖炉具购置，生物质生活用锅炉、炕具及灶具改造。

3. 项目申请条件

（1）项目已纳入绿色能源示范县建设实施方案，并在3年内建成；

（2）具备较好的项目建设条件，前期准备工作基本就绪，建设方案经过主管部门审核；

（3）项目技术工艺及产品质量符合《绿色能源示范县建设技术管理暂行办法》要求；

（4）项目业主原则上为独立法人单位，注册资本金不少于300万元。项目业主单位财务管理制度完善、银行信用良好，并按市场化原则建设和运作项目。

4. 补助方式与标准

中央财政对符合支持范围及条件的绿色能源示范县给予适当补助。示范补助资金（不含可再生能源建筑应用补助资金）规模根据各县符合支持方向的示范项目实际完成投资、新增绿色能源生产能力及用户数量等相关因素综合确定。

中央财政示范补助资金要与地方安排的补助资金统筹使用，可采取财政补贴、以奖代补、贷款贴息等补助方式支持示范项目建设。具体补助标准由地方综合考虑项目建设内容、投资规模、企业自筹资金等因素自行确定。

中央财政示范补助资金可安排用于能源服务体系建设，资金额度应控制在中央财政示范补助资金总额的5%以内。

地方财政要安排相应资金予以支持，增强示范项目建设的可持续性，发挥和放大示范效应。具体补助资金规模和负担方式由地方视财力自行确定。地方财政支持情况将作为审核示范县实施方案和中央财政安排补助资金的因素之一。

5. 监管与考核

纳入绿色能源示范县建设范畴且享受财政补助的项目，要严格按照批复的实施方案进行，不得随意调整。如确需调整的，须按规定程序报批。

享受财政补助的示范项目单位要建立项目建设和资金管理台账，定期向县级能源、财政和农业（农村能源主管部门）等有关部门报告项目进展及资金使用等有关情况，并对上报信息的真实性、准确性负责。

地方能源主管部门要会同财政、农业（农村能源主管部门）等有关部门加强对示范项目质量与进度、投资资金到位及财政资金使用等情况的跟踪、检查和监督，按规定进行绩效考评，确保资金使用规范、安全、有效。

国家能源局会同财政部、农业农村部依据批复的示范县实施方案，组织对绿色能源示范县项目抽查、中期评估、目标考核和总体评价。

示范补助资金必须专款专用，任何单位不得以任何理由、任何形式套取、截留、挪用。对弄虚作假、骗取财政补助资金的示范县、项目单位和个人，除追缴扣回财政补助资金、取消示范项目资格和示范县资格外，还应追究相关人员的责任；对违反规定的地方有关部门，按照《财政违法行为处罚处分条例》（国务院令第427号）等有关规定进行处理。

思考题

1. 生物质具有什么特点？
2. 生物质发电技术有哪几种形式？每种生物质发电形式的特点分别是什么？
3. 中国生物质发电所存在的问题有哪些？
4. 生物质炼制工程技术分为哪几类？每类生物质炼制工程技术的特点分别是什么？
5. 生物质发电政策制定的一般原则包括哪五个方面？
6. 中国鼓励生物质发电的相关政策分为哪几类？
7. 中国关于生物质炼制的相关政策分为哪几类？
8. 如何分离生物质的木质素、纤维素和半纤维素？
9. 生物质炼制的平台化合物包括哪些？如何提高生物质的价值？
10. 哪些生物质原料适合于生物质发电技术？
11. 生物质发电和燃煤发电有什么异同？

第7章 核电

第7章案例集

　　轻原子核的融合和重原子核的分裂都能放出能量，分别称为核聚变能和核裂变能。原子核在聚变或者裂变时释放大量热量，能量按照核能—机械能—电能进行转换，这种电力即可称为核电。核电站是利用原子核内部蕴藏的能量产生电能的新型发电站。核电站大体可分为两部分：一部分是利用核能生产蒸汽的核岛，包括反应堆装置和一回路系统；另一部分是利用蒸汽发电的常规岛，包括汽轮发电机系统。核电站用的燃料是铀。铀是一种很重的金属。用铀制成的核燃料在一种叫"反应堆"的设备内发生裂变而产生大量热能，再用处于高压下的水把热能带出，在蒸汽发生器内产生蒸汽，蒸汽推动汽轮机带着发电机一起旋转，电就源源不断地产生出来，并通过电网送到四面八方。这就是最普通的压水反应堆核电站的工作原理。

　　核电与煤电、水电一起构成世界电源的三大支柱，在世界能源结构中有着重要的地位。已故中国科学院院士、著名核物理学家王淦昌在《21世纪主要能源展望》中说，目前化石燃料在能源消耗中的比重仍占绝对优势，但是，此类能源资源有限，污染环境，有温室效应，因此寻找新的、干净的、安全的理想新能源，成为当代科学技术要解决的重要课题。他指出，在新能源开发中比较现实的是核能，它将逐渐发展成为21世纪的一种主要能源。他预测，21世纪中后期，核聚变能可能成为核能新秀。在中国，一般认为核聚变的核能属于新能源，而将核裂变发电归为常规能源。

　　核能是不是新能源呢？按照联合国开发计划署（UNDP）的划分方式，核能并不包含在新能源中，但是核能是新能源似乎是我们常识性的观点，为什么？一方面是不同的划分方式，联合国开发计划署认为新能源是直接或者间接地来自太阳或地球内部深处所产生的热能，而另一种通常的定义是具有很高开发价值，目前尚未得到广泛使用，技术上不太成熟或正在开发研究的能源，我们通常讲核能是新能源，很大程度是基于这种考虑，但这也是一种基于中国国情的说法，新能源和常规能源在不同的国家和地区根据其开发利用的程度不同，划分方法是不一样的。例如，核能在法国就是常规能源，在中国就是新能源。

　　20世纪50年代初，随着第一代商业核电站的投产，世界上很多国家开始用核电来生产电力或作为动力，核电当时被认为是具有十分广阔前景的新能源。历经多年的发展，核裂变核能的开发利用已经比较成熟。因此，核电在世界能源结构中有着重要的地位，人们已将核裂变核能列为常规能源，而不是新能源。

　　核能利用的另一途径是可控的核聚变。与核裂变核能的利用不同，核聚变核能的利用至今还没有找到能够长时间稳定控制的有效方法，目前的研究也仅仅停留在试验阶段，实现真正意义的商用发电还有很长的路要走，因此世界上公认热核聚变的核能是新能源的一种。当今，世界科学家已研制出利用正反物质的核聚变来制造出无任何污染的新型核能源，也叫第四代核能源。正反物质的原子在相遇的瞬间灰飞烟灭，此时，会产生高当量的冲击波以及光辐射能。这种强大的光辐射能可转化为热能，如果能够控制正反物质的核反应强度作为人类的新型能源，那将是人类能源史上的一场伟大的能源革命。

7.1 概述

世界上一切物质都是由原子构成的，原子又是由原子核和它周围的电子构成的，原子核中的核子重新分配时释放出巨大的能量。轻原子核的融合和重原子核的分裂都能释放出能量，分别称为核聚变能和核裂变能，简称核能（nuclear energy），又称原子能。

核能可分为三类：

(1) 裂变能，即重元素（如铀、钍等）的原子核发生分裂时释放出来的能量。

(2) 聚变能，即由轻元素（氘和氚）原子核发生聚合反应时释放出来的能量。所谓轻核聚变，是指在高温下（几百万摄氏度以上）两个质量较小的原子核结合成质量较大的新核并放出大量能量的过程，也称热核反应。它是取得核能的重要途径之一。由于原子核间有很强的静电排斥力，因此在一般的温度和压力下很难发生聚变反应。而在太阳等恒星内部，压力和温度都极高，所以就使得轻核有了足够的动能克服静电斥力而发生持续的聚变。自持的核聚变反应必须在极高的压力和温度下进行，故称为"热核聚变反应"。氢弹就是利用氘、氚原子核的聚变反应瞬间释放巨大能量这一原理制成的，但它释放能量有着不可控性，所以有时造成了极大的杀伤破坏作用。目前正在研制的"受控热核聚变反应装置"也是应用了轻核聚变原理，由于这种热核反应是人工控制的，因此可用作能源。

(3) 原子核衰变时发出的放射能，这是自然条件下慢得多的裂变形式。

核能与化学能有哪些区别？化学能是靠化学反应中原子间的电子交换而获得能量。例如煤或石油燃烧时，每个碳或氢原子氧化过程中，只能释放出几个电子伏能量，而核能则靠原子核里的核子（中子或质子）重新分配获得能量，这种能量大得出奇。例如，每个铀原子核裂变时，就能放出 2×10^8 eV 能量，所以 1kg 铀裂变时释放出来的能量相当于 2500t 标准煤。等量的聚变燃料在聚变时释放出来的能量又比裂变能大 4~5 倍。

7.1.1 核能物理基础

物质由分子构成，分子由原子构成，原子中的原子核又由质子和中子构成，原子核外包覆与质子数量相等的电子。质子带正电，中子不带电。电子受原子核中正电的吸引，在"轨道"上围绕原子核旋转，类似于地球和围绕地球的卫星。不同元素的原子核包含的电子、质子数量也不同，如氢和氢同位素只有 1 个质子和 1 个电子，铀是天然元素中最重的原子，有 92 个质子和 92 个电子。

有些元素可以自发地放出射线，称为放射性元素。射线包括三种：α 射线（氦原子核流）、β 射线（高速电子流）、γ 射线（高能光子流），其中 γ 射线因不带电性，穿透能力最强。放射性元素在释放看不见的射线后会变成别的元素，在这个过程中，原子的质量会减轻。1905 年爱因斯坦在相对论中指出，物质的质量和能量是同一事物的两种不同形式。质量消失但同时会产生能量，两者之间有一定的定量关系：转化成的能量 $E = mc^2$，其中 $E =$ 能量，$m =$ 质量，$c =$ 光速常量。核能符合爱因斯坦的方程，当较重的原子核转变成较轻的原子核时会发生质量亏损，损失的质量转换成巨大的能量，这就是核能的本质。

当中子撞击铀原子核时，一个铀原子核吸收一个中子而分裂成两个较轻的原子核，同时发生质能转换，释放出很大的能量，并产生两个或三个新的中子，继续撞击其他铀原子核。在一定条件下，新产生的中子会继续引起更多的铀原子核裂变，这样一代代传下去，像链条一样环环相扣，迅速集聚极大的能量，这就是核裂变反应，或称为链式裂变反应。裂变反应释放的核能叫作核裂变能。

在一定条件下（如超高温和高压），氘的原子核和氚的原子核以极大的速度直接发生碰撞，结合成1个氦原子核，并放出1个中子和17.6MeV能量，这种核反应形式叫核聚变反应。核聚变不是一种自发的反应，它的发生要求条件十分苛刻，需将反应物置于高温、高压的状态，并且长期持续下去。

如果人为控制，可以使核能缓慢地释放出来，实现这种过程的设备叫作核反应堆。核反应堆是通过控制裂变反应中新产生的中子的数量或吸收多余的中子，来控制链式裂变反应的速度，将核能缓慢地释放出来，是和平利用核能的最主要的设施。

7.1.2 核能利用发展简史

1. 核能简史

人类对核知识的认识已经有一个多世纪了，在此期间专家们在核领域不断地研究，发现了许多有益于人类的核能源，核能源对其他领域也产生了重要的影响和变化。

1) 核能发现史

核能是人类历史上的一项伟大发现，这离不开早期西方科学家的探索发现，他们为核能的应用奠定了基础。

19世纪末，英国物理学家汤姆逊发现了电子。

1895年，德国物理学家伦琴发现了X射线。

1896年，法国物理学家贝可勒尔发现了放射性。

1898年，居里夫人与居里先生发现新的放射性元素钋。

1902年，居里夫人经过4年的艰苦努力又发现了放射性元素镭。

1905年，爱因斯坦提出质能转换公式。

1914年，英国物理学家卢瑟福通过实验，确定氢原子核是一个正电荷单元，称为质子。

1935年，英国物理学家查得威克发现了中子。

1938年，德国科学家奥托·哈恩等用中子轰击铀原子核，发现了核裂变现象。

2) 核能利用史

当我们回顾放射性物质原料的发现史和核技术发明史时，我们发现，核技术发明者起初并没有滥用新技术进行反人类的意图。物理学家在19世纪末发现了放射性物质及其威力，20世纪初，放射性物质被用于医学。但是，第二次世界大战爆发后，科学家们开始研究用放射性物质制造核武器，在这方面的研究得到发展。第二次世界大战结束后，科学家们重新开始研究和平利用核技术的问题。

核技术应用主要包括核能的利用及同位素和辐照技术的利用。核能的应用领域主要包括以下几方面：

(1) 同位素和辐照技术的利用。

利用放射性同位素衰变时放出的能量做成电池，广泛用于宇宙飞船、人造卫星、无人管理的灯塔、心脏起搏器等。

在医学领域，许多病症需要用放射性物质来治疗和预防。如核放射和核药物对确诊和治疗癌症就有很大的功效。科学家们制造了各种核放射仪器，用其确诊脑癌、肠癌、前列腺癌和乳腺癌。这些机器对医生对病人对症下药提供了很大的帮助。此外，核放射物还能确诊甲状腺、传染病、关节炎、贫血等病症，这使医学越来越依赖于核技术。

在食品领域，核技术对食品的影响越来越大。如有些容易腐坏的食品，现今可以通过核放射物处理就不易腐坏。与此同时，专家们利用核技术消灭食物和植物中的病毒和细菌，从而延长食物的有效期。核技术对食品的另一益处是改变植物基因，以增加植物的种类，从中挑选优质品种。科学家还能够利用核技术提高农作物的产量和质量，并且能够使农作物抵抗各种灾害。

核能还可以用于其他重要事务，如在核技术的帮助下，可以勘探地下水源，并且在核技术的帮助下发现水坝受损或水坝渗水。此外，核技术还能淡化水、能扫雷。

(2) 利用重核裂变会放出巨大能量。

1938年，德国科学家奥托·哈恩和斯特拉斯曼用中子轰击铀原子核，发现了核裂变现象。铀-235是自然界存在的易于发生裂变的唯一核素。当一个中子轰击铀-235原子核时，这个原子核能分裂成两个较轻的原子核，同时产生2~3个中子和β、γ等射线，并放出能量。如果新产生的中子又打中另一个铀-235原子核，引起新的裂变。以此类推，这样就使裂变反应不断地持续下去，这就是链式裂变反应。在链式反应中，核能就连续不断地释放出来。

1942年12月2日，在美国芝加哥大学，一批科学家在恩里科·费米的领导下，聚精会神地操纵着一座由40t天然铀短棒和385t石墨砖构成的庞然大物。下午3点25分，启动运行成功。这个庞然大物，就是世界上第一座人工核反应堆。虽然从反应堆发出的功率只有0.5W，还不足以点亮一盏灯，但其意义非同小可，它首次实现了自持链式反应，从而开始了受控的核能释放，标志着人类从此进入了核能时代。核电站、空间堆电源、核供热堆、用于船舶或潜艇的核动力装置，是实际应用核裂变能的主要代表。

(3) 利用轻核聚变能量。

在1938年，即发现铀核裂变的前5年，人们就已经发现了核聚变。都带正电的原子核间既彼此吸引又互相排斥，核力是一种短程力，两个带正电的原子核互相接近时，它们之间的静电斥力也越来越大。当两个原子核之间相距只有约3×10^{-12}mm时，它们之间的吸引力才会大于静电斥力，两个原子核也才可能聚合到一起同时释放出巨大的能量，这就是核聚变。

20世纪下半叶，聚变能的研究取得了重大的进展，而托卡马克类型的磁约束研究更是一路领先，并成为世界上第一座热核反应堆的设计基础。托卡马克在俄语中是"环形""真空""磁""线圈"几个词的组合，即"环流磁真空室"的缩写。苏联著名物理学家塔姆在20世纪50年代初提出了用环形强磁场约束高温等离子体的设想。受这一思想的启发，苏联物理学家阿奇莫维奇开始了这一装置的研究。最初，他们在环形陶瓷真空室外套多匝线圈，利用电容器放电使真空室形成环形磁场。与此同时，用变压器放电，使等离子体电流产生极向磁场。后来又利用不锈钢真空室代替陶瓷真空室，还改进了线圈的工艺，增加了匝数，改进了磁场位形，最后成功地建成了一个高温等离子体磁约束装置。阿奇莫维奇将这一形如面包圈的环形容器命名为托卡马克。

在托卡马克装置中，聚变反应是在圆环形的聚变反应室内进行的。这个室像一个汽车轮胎的内胎。圆环上绕的线圈产生的强磁场，使等离子体保持在圆环的中心，不会和圆环的内壁接触。首先用感应产生的大电流，对等离子体进行加热。这种加热是利用等离子体有电阻的特性进行的，但随着温度的升高，等离子体电阻又急剧下降。所以在一般情况下，欧姆加热很难使等离子体内的离子温度超过 $1\times10^7℃$。因此需要在欧姆加热的基础上，对等离子体进行二次加热。这可以采用中性束的办法，即注入高能量的不带电的原子束。1978 年美国科学家用这个办法将等离子体加热到 $7\times10^7℃$。自 20 世纪 70 年代起，世界范围内掀起了托卡马克的研究热潮。全世界有 30 多个国家及地区开展了核聚变研究，运行的托卡马克装置有几十个。

由中国、美国、欧盟、日本、俄罗斯、韩国共同参与的国际热核反应堆合作计划（ITER）因其最终选址问题再次引起了人们的兴趣。国际热核实验反应堆是继国际空间站之后最大的国际科学合作项目，ITER 托卡马克综合设施的建设始于 2013 年，至 2015 年 6 月，建筑成本已超 140 亿美元。截至 2021 年 5 月，ITER 对第一等离子体的完成率接近 75%，并将于其后数年开始尝试启动反应堆。预计于 2025 年正式开始等离子体实验，2035 年进一步开始进行全氘—氚聚变实验。如能在未来开发成功，将在很大程度上改变目前世界能源格局，使人类拥有取之不尽、用之不竭的理想的洁净能源。这预示着在能源革命中占有重要地位的核聚变能开发和利用的曙光已出现，核能文明时代即将到来。

总之，核技术是一门十分有益的知识，科学家们还正在研究将核技术用于其他非军事的领域，造福于人类。

2. 核能发电简史

核能的最大用途就是生产电力。1954 年，苏联在莫斯科附近的奥布宁斯克建成了世界上第一座核电站——奥布灵斯克核电站，输出功率为 5000kW。到 20 世纪 60 年代中期，核电站走向实用化和商品化。工业发达国家核电发电成本已与燃煤火力发电站持平甚至略低。已建成的核电站其原理均是利用铀的裂变能。铀-235 原子核完全裂变放出的能量是同量煤完全燃烧放出能量的 270 万倍。这就意味着，一座 100×10^4kW 的火电厂每年要烧掉约 330×10^4t 煤，而同样容量的核电站一年只需耗用大约 1.2t 核燃料。国际原子能机构（IAEA）发布的 2021 年版年度报告《直至 2050 年能源、电力和核电预测》指出，截至 2020 年底，全球共有 442 台在运核电机组，总装机容量 392.6GW，另有 52 台核电机组在建，总装机容量为 54.4GW，预测 2050 年核电装机容量在低值情景下预计为 394GW，高值情景下为 792GW。

世界核电产业的发展可以分为 5 个阶段：探索发现阶段（19 世纪末—1950 年）、试验示范阶段（1951—1968 年）、高速发展阶段（1969—1979 年）、滞缓发展阶段（1980—2000 年）、复苏发展阶段（21 世纪以来）。在整个发展阶段，核电技术也实现了从第一代到第四代的跨越。

1）探索发现阶段（19 世纪末—1950 年）

19 世纪末到 20 世纪 50 年代，是核电产业的探索与发现阶段。1938 年，核裂变现象的发现标志着核能的问世。由于恰逢世界大战，核能主要用于制造原子弹，20 世纪 40 年代初到 50 年代末，铀矿的开采掀起热潮。然而，1945 年"小男孩"原子弹的爆炸使得人们开始反对核能的军事运用。20 世纪 50 年代初期，人们开始探索核能的和平利用，核潜艇发动机的成功制造使核能用于发电成为可能，核电站应运而生。

2) 试验示范阶段（1951—1968 年）

20 世纪 50 年代和 60 年代是核能用于发电的试验和示范阶段，该阶段建立的一批的核电站主要目的是通过试验示范形式来验证核电在工程实施上的可行性，是第一代核电站。在此期间，世界共有 38 个机组投入运行，属于早期原型反应堆，容量均在 300MW 左右。在 1960 年，世界共有 5 个国家建成 20 座核电站，装机容量 1279MW，基本上都为实验示范性核电站。20 世纪 60 年代以后，由于核浓缩技术的发展，核能发电的成本开始低于火力发电的成本，核能发电开始商业化。由于技术复杂，经济性较差（美国当时每千瓦投资建成价为 1220 美元），在这一时期商业核电站发展速度缓慢，但为下一阶段核电产业的商业推广与高速发展奠定了基础。

3) 高速发展阶段（1969—1979 年）

在 20 世纪 60 年代末到 70 年代初这段时期，一方面，不同类型的核电站在技术上都已相对成熟；另一方面，核电相比其他能源已具有一定的经济竞争力（单位投资基础价仅为 119~158 美元/kW），核能备受欢迎，核电站形成了大发展的局面。特别是 1973 年中东战争后，资本主义世界石油危机达到高峰时期，各工业国家纷纷大建核电站，世界核电发展也达到了高峰。该阶段建立的核电厂的主要目的是实现商业化、标准化、系列化和批量化，以提高经济性。该阶段所建的大批核电机组单机容量在 600~1400MW，属于第二代核电站。

4) 滞缓发展阶段（1980—2000 年）

进入 20 世纪 80 年代以后，各国开始大力采取节约能源以及能源结构调整的措施，发达国家经济增长放缓，全球对电力需求减少甚至开始下降，核电发展遇到重重困难。三哩岛核电站和切尔诺贝利核电站事故的发生，可谓雪上加霜，世界核电发展几乎停滞，特别是欧美地区核电发展徘徊不前甚至出现倒退。据国际能源机构统计，在 1990 年至 2004 年间，全球核电总装机容量年增长率由此前的 17% 降至 2%。该阶段的核电站以第二代核电站为主，但在事故发生之后，各国对正在运行的第二代机组进行了不同程度的改进，安全性和经济性都有了不同程度的提高。同时，该阶段也建立了一批新的更安全、更经济的第三代核电站。

5) 复苏发展阶段（21 世纪以来）

进入 21 世纪，由于核电安全技术的快速发展、高涨的油气和煤炭价格使得核电相对便宜，尤其是燃烧化石能源导致的严重环境污染和气候变暖，令许多国家将核能列入本国中长期能源政策。世界各国都制定了积极的核电发展规划。欧盟发表了关于能源供应安全的绿皮书，并重申必须依靠核能减少温室气体排放。美国表示将考虑建造新核电厂并放弃不后处理乏燃料的卡特理论。一些亚洲国家也纷纷制定了重大的核计划，如日本、中国和韩国。一些欧洲国家也在继续实施核计划或重新考虑核问题，如目前芬兰正在建设一座新的核电站，这是欧洲自 1991 年以来的首例；瑞典曾于 1980 年决定逐步放弃核能，但现已决定推迟关闭核反应堆，民意测验表明大部分瑞典人赞成继续实施核电计划。总之，世界核电的发展开始进入复苏期。21 世纪初，核电产业的三件大事进一步推动了这种复苏进程。另外，日本福岛核泄漏事故虽然导致欧美日等国家核能发展暂时放缓，但从全球看来，世界核电产业并没有停止向前发展的脚步。在后福岛时代，韩国与中国等国家核电产业发展依旧快速上升，全球核电产业开始向亚太地区转移，中国在整个产业发展中扮演的角色越来越重。该阶段已开始研制新的反应堆，开启了建设"第四代"核电站的大门。

中国核电产业发展经历了三个发展阶段：起步阶段（20世纪70年代初—1993年）、适度发展阶段（1994—2005年）、积极快速发展阶段（2006年至今）。

7.1.3 核能电站的基本设置

1. 核电站

核电站一般分为两部分：利用原子核裂变生产蒸汽的核岛（包括反应堆装置和一回路系统）和利用蒸汽发电的常规岛（包括汽轮发电机系统），使用的燃料一般是放射性重金属——铀、钚。

反应堆是核电站的关键设备，链式裂变反应就在其中进行。世界上核电站常用的反应堆有压水堆、沸水堆、重水堆、改进型气冷堆以及快堆等，但用得最广泛的是压水堆。压水堆是以普通水作冷却剂和慢化剂，它是从军用堆基础上发展起来的最成熟、最成功的动力堆堆型。

1) 压水堆核电站

这类核电站是以压水堆为热源的核电站。它主要由核岛和常规岛组成。压水堆核电站核岛中的四大部件是蒸汽发生器、稳压器、主泵和堆芯。在核岛中的系统设备主要有压水堆本体、一回路系统，以及为支持一回路系统正常运行和保证反应堆安全而设置的辅助系统。常规岛主要包括汽轮机组及二回路系统，其形式与常规火电厂类似。

2) 沸水堆核电站

这类核电站是以沸水堆为热源的核电站。沸水堆是以沸腾轻水为慢化剂和冷却剂并在反应堆压力容器内直接产生饱和蒸汽的动力堆。沸水堆与压水堆同属轻水堆，都具有结构紧凑、安全可靠、建造费用低和负荷跟随能力强等优点。它们都需使用低富集铀作燃料。沸水堆核电站系统有主系统（包括反应堆）、蒸汽—给水系统、反应堆辅助系统等。

3) 重水堆核电站

这类核电站是以重水堆为热源的核电站。重水堆是以重水作慢化剂的反应堆，可以直接利用天然铀作为核燃料。重水堆可用轻水或重水作冷却剂。重水堆分压力容器式和压力管式两类。重水堆核电站是发展较早的核电站，有各种类别，但已实现工业规模推广的只有加拿大发展起来的坎杜型压力管式重水堆核电站。

4) 快堆核电站

这类核电站是由快中子引起链式裂变反应所释放出来的热能转换为电能的核电站。快堆在运行中既消耗裂变材料，又生产新裂变材料，而且所产可多于所耗，能实现核裂变材料的增殖。世界上已商业运行的核电站堆型，如压水堆、沸水堆、重水堆、石墨气冷堆等都是非增殖堆型，主要利用核裂变燃料，即使再利用转换出来的钚-239等易裂变材料，它对铀资源的利用率也只有1%~2%，但在快堆中，铀-238原则上都能转换成钚-239而得以使用，但考虑到各种损耗，快堆可将铀资源的利用率提高到60%~70%。❶

---

❶ 数据来源：核电站_EEPW百科（http://baike.eepw.com.cn/baike/show/word/%E6%A0%B8%E7%94%B5%E7%AB%99）。

2. 核电站工作原理

核电站中，用铀制成的核燃料在一种叫"反应堆"的设备内发生裂变而产生大量热能，再用处于高压下的水把热能带出，在蒸汽发生器内产生蒸汽，蒸汽推动汽轮机带着发电机一起旋转，就会产生电，这就是最普通的压水反应堆核电站的工作原理。利用蒸汽通过管路进入汽轮机，推动汽轮发电机发电，使机械能转变成电能。一般说来，核电站的汽轮发电机及电气设备与普通火电站大同小异，其奥妙主要在于核反应堆。

核反应堆，又称为原子反应堆或反应堆，是装配了核燃料以实现大规模可控制裂变链式反应的装置。

核反应堆的原理是，当铀-235的原子核受到外来中子轰击时，一个原子核会吸收一个中子分裂成两个质量较小的原子核，同时放出2~3个中子。裂变产生的中子又去轰击另外的铀-235原子核，引起新的裂变。如此持续进行就是裂变的链式反应。

链式反应产生大量热能。用循环水（或其他物质）带走热量才能避免反应堆因过热烧毁。导出的热量可以使水变成水蒸气，推动汽轮机发电。由此可知，核反应堆最基本的组成是裂变原子核+热载体。但是只有这两项是不能工作的。因为高速中子会大量飞散，这就需要使中子减速，增加与原子核碰撞的机会；核反应堆要依人的意愿决定工作状态，这就要有控制设施；铀及裂变产物都有强放射性，会对人造成伤害，因此必须有可靠的防护措施。综上所述，核反应堆的合理结构应该是：核燃料+慢化剂+热载体+控制设施+防护装置。

3. 核电站的基本设置

核电厂由核岛（主要是核蒸汽供应系统）、常规岛（主要是汽轮发电机组）和电厂配套设施三大部分组成。

核电站大体可分为两部分：一部分是利用核能产生蒸汽的核岛，包括反应堆装置和一回路系统；另一部分是利用蒸汽发电的常规岛，包括汽轮发电机系统。核燃料在反应堆内产生的裂变能，主要以热能的形式出现。它经过冷却剂的载带和转换，最终用蒸汽或气体驱动涡轮发电机组发电。核电厂所有带强放射性的关键设备都安装在反应堆安全壳厂房内，以便在失水事故或其他严重事故下限制放射性物质外溢。为了保证堆芯核燃料在任何情况下等到冷却而免于烧毁熔化，核电厂设置有多项安全系统。

核电站除了关键设备——核反应堆外，还有许多与之配合的重要设备。以压水堆核电站为例，它们是主泵、稳压器、蒸汽发生器、安全壳、汽轮发电机和危急冷却系统等。它们在核电站中有各自的特殊功能。

1) 主泵

如果把反应堆中的冷却剂比做人体血液的话，那主泵则是心脏。它的功用是：在正常运行时，使冷却剂强迫循环通过堆芯，载出堆芯热量，然后流过蒸汽发生器传热管内侧，将热量传给蒸汽发生器二次侧给水；在事故工况下，排出堆内衰变热。

2) 稳压器

稳压器（PRZ）又称压力平衡器，是用来控制反应堆系统压力变化的设备。在正常运行时，稳压器起保持压力的作用；在发生事故时，稳压器提供超压保护。稳压器里设有加热器和喷淋系统，当反应堆里压力过高时，喷洒冷水降压；当堆内压力太低时，加热器自动通电加热使水蒸发以增加压力。

3)蒸汽发生器

蒸汽发生器（SG）的作用是把通过反应堆的冷却剂的热量传给二次回路水，并使之变成蒸汽，再通入汽轮发电机的汽缸做功。

4)安全壳

安全壳（Containment）用来控制并限制放射性物质从反应堆扩散出去，以保护公众免遭放射性物质的伤害。万一发生罕见的反应堆一回路水外逸的失水事故时，安全壳是防止裂变产物释放到周围的最后一道屏障。安全壳一般是内衬钢板的预应力混凝土厚壁容器。

5)汽轮发电机

核电站用的汽轮发电机在构造上与常规火电站用的大同小异，所不同的是由于蒸汽压力和温度都较低，所以同等功率机组的汽轮机体积比常规火电站的大。

6)危急冷却系统

为了应付核电站一回路主管道破裂的极端失水事故（LOCA）的发生，近代核电站都设有危急冷却系统。它是由安全注射系统和安全壳喷淋系统组成。一旦接到极端失水事故的信号后，安全注射系统向反应堆内注射高压硼水，喷淋系统向安全壳喷水和化学药剂，缓解事故后果，限制事故蔓延。

(1)安全注射系统。当核电站一回路系统的管道或设备发生破损事故后，安全注射系统用来向堆芯紧急注入高压硼水，防止堆芯因失水而造成烧毁。

安全注射系统设有两套安全注射管系。一套为安全注射箱（ACC）管系，在安全注射箱内储有一定容积的高压硼水，并用氮气充压，使注射箱内维持恒定的压力。当一回路系统一旦发生大破裂事故，其压力低于安全注射箱的压力时，安全注射箱内的高压硼水就通过止水阀自动注入一回路系统。另一套为安全注射泵管系，当一回路系统发生破损事故而压力下降至一定值时，安全注射泵就自动启动，将换料水箱内的高压硼水注射至一回路系统，换料水箱内的高压硼水被汲完后，安全注射泵可改汲从一回路系统泄漏至安全壳底部的地坑水，使高压硼水仍能连续不断地注入一回路系统冷却堆芯。

在核电站失去外电源情况下，安全注射泵的电源可由应急柴油发电机组自动供电。

(2)安全壳喷淋系统。在核电站发生失水事故或二回路主蒸汽管道破裂事故时，安全壳内充满了带放射性高压蒸汽，安全壳喷淋系统将用来降低安全壳内压力和温度，使放射性蒸汽凝结下来。

在安全壳的上部设有相当数量的喷淋头，当安全壳内由于发生主管道破损事故而蒸汽压力升高时，安全壳喷淋系统的泵就自动启动，将换料水箱内的高压硼水和NaOH储存箱内供除碘用的NaOH溶液一起汲入，以一定的比例混合，再由喷淋头喷入安全壳内。当换料水箱的水被用尽后，喷淋泵可改汲安全壳内的地坑水。此时，地坑水先由设备冷却水冷却后再重新喷淋至安全壳内。

在核电站断电情况下，安全喷淋泵的电源也由应急柴油发电机组自动供电。

4. 核电站的安全措施

1)核电站在设计上所采取的安全措施

为了确保压水反应堆核电厂的安全，从设计上采取了所能想到的最严密的纵深防御措施。

为防止放射性物质外逸，设置了四道屏障：（1）裂变产生的放射性物质90%滞留于燃料芯块中；（2）密封的燃料包壳；（3）坚固的压力容器和密闭的回路系统；（4）能承受内压的安全壳。

在出现可能危及设备和人身的情况时，设置多重保护：（1）进行正常停堆；（2）因任何原因未能正常停堆时，控制棒自动落入堆内，实行自动紧急停堆；（3）如任何原因导致控制棒未能插入，高浓度硼酸水自动喷入堆内，实现自动紧急停堆。

2）核电站在管理方面采取的安全措施

核电厂有着严密的质量保证体系，对选址、设计、建造、调试和运行等各个阶段的每一项具体活动都有单项的质量保证大纲。另外，还实行内部和外部监察制度，监督检查质量保证大纲的实施情况和是否起到应有的作用。另外，对参加核电厂工作的人员的选择、培训、考核和任命有着严格的规定。领取操纵员执照，然后才能上岗，还要进行定期考核，不合格者将被取消上岗资格。

3）发生自然灾害时核电站能安全停闭

在核电厂设计中，始终把安全放在第一位，在设计上考虑了当地可能出现的最严重的地震、海啸、热带风暴、洪水等自然灾害，即使发生了最严重的自然灾害，反应堆也能安全停闭，不会对当地居民和自然环境造成危害。

在核电厂设计中甚至还考虑了厂区附近的堤坝坍塌、飞机坠毁、交通事故和化工厂事故之类的事件。例如一架喷气式飞机在厂区上空坠毁，而且碰巧落到反应堆建筑物上，设计要求这时反应堆还是安全的。

4）核电站的纵深防御措施

核电站的设计、建造和运行，采用了纵深防御的原则，从设备上和措施上提供多层次的重叠保护，确保放射性物质能有效地包容起来不发生泄漏。纵深防御包括以下5道防线：

第一道防线：精心设计，精心施工，确保核电站的设备精良。有严格的质量保证系统，建立周密的程序、严格的制度和必要的监督，加强对核电站工作人员的教育和培训，使人人关心安全，人人注意安全，防止发生故障。

第二道防线：加强运行管理和监督，及时正确处理不正常情况，排除故障。

第三道防线：设计提供多层次的安全系统和保护系统，防止设备故障和人为差错酿成事故。

第四道防线：启用核电站安全系统，加强事故中的电站管理，防止事故扩大。

第五道防线：厂内外应急响应计划，努力减轻事故对居民的影响。

有了以上互相依赖相互支持的各道防线，核电站是非常安全的。

5）核电站废物严格遵照国家标准，正常情况下对人民生活不会产生有害影响

核电厂的三废治理设施与主体工程同时设计、同时施工、同时投产，其原则是尽量回收，把排放量减至最小。核电厂的固体废物完全不向环境排放，放射性液体废物转化为固体也不排放；像工作人员淋浴水、洗涤水之类的低放射性废水经过处理、检测合格后排放；气体废物经过滞留衰变和吸附、过滤后向高空排放。核电厂废物排放严格遵照国家标准，而实际排放的放射性物质的量远低于标准规定。

7.1.4　核能发电优势

自然界中，除有机燃料外，核能、水力、风力、太阳能、地热、潮汐能也都是可资利用的能源。水力是无污染的能源，应充分开发使用，但水力资源终究有限，且受地理条件限制。水力发电量又随季节变化很大，故光靠水力替代不了有机燃料，满足不了日益增长的能源需求。风力、太阳能、地热、潮汐能等，都因受多种条件的限制，只能在一定条件下有限开发，很难大量使用。技术上已较成熟且能大规模开发使用的，唯有核能。而从人类能源需求的前景来看，发展核能更是必由之路，这是因为核能有其无法取代的优点，主要表现在以下几个方面：

(1) 核能是地球上储量最丰富的能源，又是高度浓集的能源。1t 金属铀裂变所产生的能量，相当于 $270×10^4 t$ 标准煤。按照地球上有机燃料的储量和人类耗能的情况来估算，地球上煤的储量大概还过 200 多年即将耗尽，石油则只够用三四十年。人类已经面临如何选择后继能源的问题。地球上已探明的核裂变燃料，即铀矿和钍矿资源，按其所含能量计算，相当于有机燃料的 20 倍，只要及早开发利用，即有能力替代和后继有机燃料。更进一步说，地球上还存在大量的聚变核燃料氘，能通过聚变反应产生核能。1t 氘聚变产生的能量相当于 $1100×10^4 t$ 标准煤。自然界每吨海水或河水中均含有 3g 氘，所以，将来聚变反应堆成功后，1t 海水即相当于 33t 标准煤❶。那时，人类将不再为能源问题所困扰。

(2) 核电是相对清洁的能源。世界上大量燃烧化石燃料发电厂，会产生大量的二氧化碳和其他污染气体。核能发电不像化石燃料发电那样排放巨量的污染物质到大气中，因此核能发电不会造成空气污染和排放二氧化碳。经测算，一台百万千瓦核电机组每年可减排二氧化碳 $600×10^4 t$、二氧化硫 $2.6×10^4 t$、氮氧化物 $1.4×10^4 t$❷。核电站严格按照国际上公认的安全规范和卫生规范设计，放射性三废，按照尽力回收储存、不向环境排放的原则，进行严格的回收处理，向环境排放的只是处理回收后残余的一点尾水尾气，数量甚微。总之，发展核电替代部分煤电，如果核废料能够得到安全处理，则可以减少污染物的排放，减缓地球温室效应，有利于改善环境。

(3) 核电是高效的能源，1kg 铀-235 的原子核全部裂变，可以释放相当于 2700000kg 标准煤完全燃烧放出的能量。核燃料能量密度比起化石燃料高几百万倍，故核能电厂所使用的燃料体积小，运输与储存都很方便，一座 1000MW 的核能电厂一年只需 30t 铀燃料，一航次的飞机就可以完成运送。

总之，核能的优点终将为人们所确认。它的利用是解决能源问题必由之路。核能在能源中的比例必将逐步加大，从而改善能源结构，并将彻底解决人类对能源的需求。

与重核裂变相比，轻核聚变发电有着无可比拟的优点，主要体现在以下几个方面：

(1) 能量巨大。核聚变比核裂变释放出更多的能量。例如，铀-235 的裂变反应将 0.1% 的物质变成了能量；而氘的聚变反应将近 0.4% 的物质变成了能量。30mg 的氘通过聚变反应能释放出相当于 300L 汽油的能量。

(2) 资源蕴藏丰富。重核裂变使用的主要原料是铀，目前探明的储量仅够使用约 100 年；而轻核聚变使用的是海水中的氘，1L 海水能提取 30mg 氘，在聚变反应中能产生约等于

---

❶ 数据来源：21世纪教育网（https://www.21cnjy.com/H/18/146068/4618044.shtml）。
❷ 数据来源：国际能源网（https://www.sohu.com/a/438813833_257552）。

300L 汽油的能量，即"1L 海水约等于 300L 汽油"，地球上海水中就有 $45×10^{12}$t 氘，足够人类使用数百亿年。而且地球上锂储量有 2000 多亿吨，锂可用来制造氚，足够人类在聚变能时代使用。因此受控核聚变的燃料取之不尽、用之不竭。

（3）成本低廉。1kg 氘的价格只为 1kg 浓缩铀的 1/40。1kg 浓缩铀的成本约为 1.2 万美元，而 1kg 氘仅需 300 美元。

（4）安全、无污染核。聚变不产生放射性污染物，万一发生事故，反应堆会自动冷却而停止反应，不会发生爆炸事故。

但是，实现核聚变的条件十分苛刻，为了使 2 个原子核聚变，必须使 2 个原子核的一方或双方有足够的能量，去克服彼此之间的静电斥力，满足这样的条件需要几千万甚至几亿摄氏度的高温。

7.2 核电技术

7.2.1 国外核电技术

1. 第一代核电技术

20 世纪 50 年代至 60 年代初，苏联、美国等建造了第一批单机容量在 300MW 左右的核电站，如美国的希平港核电站和英第安角 1 号核电站、法国的 Chooz 核电站、德国的 Obrigheim 核电站、日本的美浜 1 号核电站等。第一代核电厂属于原型堆核电厂，主要目的是通过试验示范形式来验证核电在工程实施上的可行性。

2. 第二代核电技术

20 世纪 70 年代，因石油涨价引发的能源危机促进了核电发展，世界上已经商业运行的 400 多台机组大部分在这段时期建成，称为第二代核电机组。第二代核电厂主要是实现商业化、标准化、系列化、批量化，以提高经济性。自 20 世纪 60 年代末至 70 年代世界上建造了大批单机容量在 600~1400MW 的标准化和系列化核电站，以美国西屋公司为代表的 Model 212（600MW，两环路压水堆，堆芯有 121 盒组件，采用 12ft 燃料组件）、Model 312（1000MW，3 环路压水堆，堆芯有 157 盒组件，采用 12ft 燃料组件）、Model 314（1040MW，3 环路压水堆，堆芯有 157 盒组件，采用 14ft 燃料组件）、Model 412（1200MW，4 环路压水堆，堆芯有 193 盒组件，采用 12ft 燃料组件）、Model 414（1300MW，4 环路压水堆，堆芯有 193 盒组件，采用 14ft 燃料组件）、System80（1050MW，2 环路压水堆）以及一大批沸水堆（BWR）均可划入第二代核电站范畴。法国的 CPY、P4、P4′也属于 Model 312、Model 414 一类标准核电站。日本、韩国也建造了一批 Model 412、BWR、System80 等标准核电站。[1]

第二代核电技术是世界正在运行的 439 座核电站（2007 年 9 月统计数）主力机组，总装机容量为 $3.72×10^8$kW。在三哩岛核电站和切尔诺贝利核电站发生事故之后，各国对正在运行的核电站进行了不同程度的改进，在安全性和经济性都有了不同程度的提高。

从事核电的专家对第二代核电站进行了反思，当时认为发生堆芯熔化和放射性物质大量

---

[1] 数据来源：北极星核电网。

向环境释放这类严重事故的可能性很小,不必把预防和缓解严重事故的设施作为设计上必需的要求,因此,第二代核电站应对严重事故的措施比较薄弱。

3. 第三代核电技术

对于第三代核电技术,有各种不同看法。

美国核电用户要求文件(URD)和欧洲核电用户要求文件(EUR)提出了第三代核电站的安全和设计技术要求,包括改革型的能动(安全系统)核电站和先进型的非能动(安全系统)核电站,并完成了全部工程论证和试验工作以及核电站的初步设计,它们成为第三代核电站的主力堆型。

中国自主创新的第三代核电项目正在浙江三门和山东海阳进行建设,和正在运行发电的第二代核电机组相比,预防和缓解堆芯熔化成为设计上的必需的要求,而这一点也正是作为第二代核电站的福岛核电站事故中暴露出来的弱点。据悉,中国第三代核电站将装备有蓄水池,这样的"大水箱"在紧急情况下能释放出大量的水,从而达到降温等应急需求。

通过总结经验教训,美国、欧洲和国际原子能机构都出台了新规定,把预防和缓解严重事故作为设计上必需的要求,满足以上要求的核电站称为第三代核电站。

世界上技术比较成熟、可以据以建造第三代核电机组的设计,主要有美国的 AP1000(压水堆)和 ABWR(沸水堆),以及欧洲的 EPR(压水堆)等型号,它们发生严重事故的概率均不到第二代核电机组的 1/100。美国、法国等国家已公开宣布,今后不再建造第二代核电机组,只建设第三代核电机组。而中国有 13 台第二代核电机组正在运行发电,未来重点放在建设第三代核电机组上,并开发出具有中国自主知识产权的中国品牌的第三代先进核电机组。为此,国务院决定以浙江三门和山东海阳两个核电项目作为第三代核电自主化依托工程,建设 4 套第三代 AP1000 压水堆核电机组。国家中长期科技发展规划纲要已将"大型先进压水堆核电站"列为重大专项(CAP1400)。

4. 第四代核电技术

第四代核能系统概念(有别于核电技术或先进反应堆),最先由美国能源部的核能、科学与技术办公室提出,始见于 1999 年 6 月美国核学会夏季年会,同年 11 月的该学会冬季年会上,发展第四代核能系统的设想得到进一步明确;2000 年 1 月,美国能源部发起并邀请阿根廷、巴西、加拿大、法国、日本、韩国、南非和英国等 9 个国家的政府代表开会,讨论开发新一代核能技术的国际合作问题,取得了广泛共识,并发表了"九国联合声明"。随后,由美国、法国、日本、英国等核电发达国家组建了"第四代核能系统国际论坛(GIF)",拟于 2~3 年内定出相关目标和计划;这项计划总的目标是在 2030 年左右,向市场推出能够解决核能经济性、安全性、废物处理和防止核扩散问题的第四代核能系统(Gen-Ⅳ)。

第四代核能系统将满足安全、经济、可持续发展、极少的废物生成、燃料增殖的风险低、防止核扩散等基本要求。世界各国都在不同程度上开展第四代核电能系统的基础技术研发工作。第四代核电能系统包括三种快中子反应堆系统和三种热中子反应堆系统。

7.2.2 国内核电技术

中国核电发展从"十五"规划中的"适度发展"、"十一五"规划中"积极发展"到"十二五"规划的"安全高效发展"的方针。1985 年,中国建设第一座自主设计的秦山核电站（浙江海盐县，30×10^4 kW 压水堆），结束了中国大陆无核电的历史，实现零的突破；同时中国还引进大亚湾 100×10^4 kW 压水堆核电站，中国先后又建设秦山二期、岭澳、秦山三期和田湾核电站。2007 年中国决定在浙江三门核电站和山东海阳核电站引进 AP1000（美国的先进非能动压水堆）技术。AP1000 关键技术主要利用各种非能动安全方法（例如对流、传导和辐照）代替复杂冗余的交流电源作为动力进行热传递。到 2012 年，中国具备核电站建造的专有技术体系和知识产权，不仅能成功地研制出第三代核电技术，而且实现铀浓缩离心机的国产化，建成核燃料原件，核燃料供应完全立足本国，这些都证实中国核电发展已经进入世界前列。

2015 年中国自己研发"华龙一号"，标志中国核电发展迈入自主研制的第三代核电技术。2019 年 5 月 28 日，中法合作的第三代 EPR（法国的欧洲压水堆）技术也应用到广东台山核电厂 2 号机组（同样应用 EPR 三代压水堆的 1 号机组已于 2018 年 6 月 29 日成功并网发电）。第三代核电技术改进反应堆的设计技术，确保在事故工况下对造成环境和社会后果实际可控，不会再发生像福岛核电站一样的核事故。

中国自己研发的第三代核电技术"华龙一号"也在福建福清和广西防城港开工建设。"华龙一号"拥有完善的严重事故预防和缓解措施、设置多道实体安全屏障，贯彻纵深防御原则，实现放射性物质包容，使用双层安全壳能承受严重事故下内部产生高辐照、高温高压、外部环境地震、火灾等不受破坏，标志中国核电技术发展达到一个新台阶。同时，作为第四代核电技术——高温气冷堆的示范工程（60×10^4 kW）于 2020 年山东荣成建成，同年 10 月，2 号反应堆的冷试一次成功。11 月，1 号反应堆冷态功能试验一次成功，完成双堆冷试，核岛核心系统建设质量得到全面检验。2021 年 8 月 14 日，高温气冷堆核电站示范工程汽轮机非核蒸汽冲转试验获成功；8 月 20 日，该工程获国家核安全局颁发《核设施运行许可证》，标志着示范工程已通过运行前的核设施安全许可审批，具备装料运行条件；8 月 21 日，该工程首批核燃料成功装入 1 号反应堆，正式进入"带核运行"状态；2021 年 9 月 12 日 9 时 35 分，高温气冷堆核电站示范工程 1 号反应堆首次达到临界状态，机组正式开启带核功率运行，成为世界首座球床模块式高温气冷堆商用核电站示范工程。

中国核能行业协会公布的数据显示，截至 2020 年末，中国运行核电机组共 49 台，装机容量为 5102.716×10^4 kW。根据《中华人民共和国国民经济和社会发展第十四个五年规划和 2035 年远景目标纲要》，至 2025 年，中国核电运行装机容量达到 7000×10^4 kW。此外，中国核能行业协会发布的《中国核能发展与展望（2021）》数据显示，到 2025 年，中国在运核电装机达到 7000×10^4 kW·h；到 2035 年，核电在运装机容量合计将达到 1.2×10^8 kW·h；核电发电量约占全国发电量的 8%。

我们在核电发展过程将继续坚持"引进来"和"走出去"的技术引进和自主创新相结合的战略。我们一方面要深化与核电发达国家全面合作，引进国外最先进的核技术，稳步实施引进消化、自主创新和全面推广"三步走"战略。例如，中国引进、消化吸收 AP1000，再自主研发出第三代 CAP1400 核电技术，大大提升我们核电技术的竞争力；另外一方面，要以"华龙一号"为出口重点（目前已出口巴基斯坦 2 台），有效整合国内资源，带动核技术、核环保等一系列核工业产业链走出去，拓展国际市场。因此，中国未来核电发展将进入生机勃勃的春天。

7.3 核废料处理技术

7.3.1 核废料的管理及处置

核废料（nuclear waste material），泛指在核燃料生产、加工和核反应堆用过的不再需要的并具有放射性的废料，也专指核反应堆用过的乏燃料，经后处理回收 ^{239}Pu 等可利用的核材料后，余下的不再需要的并具有放射性的废料。

核废料的管理原则是：(1) 尽量减少不必要的废料产生并开展回收利用；(2) 对已产生的核废料分类收集，分别储存和处理；(3) 尽量减少容积以节约运输、储存和处理的费用；(4) 向环境稀释排放时，必须严格遵守有关法规；(5) 以稳定的固化体形式储存，以减少放射性核素迁移扩散。

国际原子能机构（IAEA）对于核废料的处理和处置有严格的规定，要求各国遵照执行。核废料处理的基本方法是稀释分散、浓缩储存以及回收利用。核废料处置包括控制处置（稀释处置）和最终处置。核废料的控制处置是指液体和气体核废料在向环境中稀释排放时，必须控制在法规排放标准以下。核废料的最终处置是指不再需要人工管理，不考虑再回取的可能。因此，为防止核废料对环境和人类造成危害，必须将其与生物圈有效地隔离。最终处置的主要对象是高放射性核废料。

国际上，核废料的处理，通常采用海洋和陆地两种方法处理核废料，一般是先经过冷却、干式储存，然后再将装有核废料的金属罐投入选定海域 4000m 以下的海底，或深埋于建在地下厚岩石层里的核废料处理库中。美国、俄罗斯、加拿大、澳大利亚等一些国家幅员辽阔，荒原广袤，一般采用陆地深埋法。为了保证核废料得到安全处理，各国在投放时要接受国际监督。

通常所说的核废料包括中低放射性核废料和高放射性核废料两类，前者主要指核电站在发电过程中产生的具有放射性的废液、废物，占到了所有核废料的 99%；后者则是指从核电站反应堆芯中换出来的燃烧后的核燃料，具有高度放射性。

中低放射性核废料危害较低，国际上通行的做法是在地面开挖深 10~20m 的壕沟，然后建好各种防辐射工程屏障，将密封好的核废料罐放入其中并掩埋，一段时间后，这些废料中的放射性物质就会衰变成对人体无害的物质。这种方法经过几十年的发展，技术已经十分成熟，安全性也有保障。中国已经建成两个中低放射性核废料处置场，其中北龙中低放射性核废料处置场位于广东省大亚湾附近，另外一个则建在甘肃省某地。

高放射性核废料则含有多种对人体危害极大的高放射性元素，其中一种被称为 Pu 的元素，只需 10mg 就能致人毙命。这些高放射性元素的半衰期长达数万年到十万年不等，如果不能妥善处置，将会给当地环境带来毁灭性影响。冷战期间，苏联出于成本等因素考虑，将核武器工厂产生的高放射性核废料直接排入了附近的河流湖泊当中，造成了严重生态灾难。位于著名的原子能城车里雅宾斯克旁边的加腊苏湖曾经是野生动物的乐园，如今却因受到核废料污染变成了一潭死水，据俄罗斯环保专家称，该湖的生态环境在未来十几万年内都无法得到恢复。

为了寻找安全处理高放废料的方法，人类从 20 世纪 50 年代起就开始了相关研究。有人曾提出用火箭把高放射性核废料送到宇宙空间。可是这种方法费用极高，而且火箭发射还有失败的风险，所以这种方法仅停留在设想阶段。之后，有人又提出了冰盖处置的设想，就是把高放射性核废料放置在南极或北极的冰盖上,由高放射性核废料本身产生热量融化冰层,使废料桶最后沉到冰层底部,从而被永久隔离。但是由于冰盖路途遥远,冰盖的地质演化具有不确定性,这种方法也只能是纸上谈兵。除此之外,还有科学家提出将核废料抛入深海沟等方法,但这些方法不是费用太高,就是在技术上无法实现,最重要的是它们都无法确保绝对安全,而这恰恰是高放射性核废料处理的基本要求。经过多年的试验与研究,目前世界上公认的最安全可行的方法就是深地质处置方法,即将高放射性核废料保存在地下深处的特殊仓库中永久保存。

7.3.2 核安全

在核能和平利用发展的过程中,核安全的概念也得到不断发展和完善。在核电建设的早期,已应用多重保护、纵深防御等原则创造了核电安全的良好纪录。截至目前,严重的核事故包括切尔诺贝利核事故、吉斯亭灾难、苏联 K-431 核潜艇事故、苏联核潜艇 K-19 事故、白垩河核反应堆事故、温德斯格尔火灾、三哩岛核泄漏事故、哥斯达黎加放疗事故、萨拉戈萨放疗事故、戈亚尼亚事故、教堂岩铀矿石泄漏、SL-1 和福岛第一核电站事故等等。在总结各国经验教训的基础上,1988 年国际原子能机构国际核安全咨询组提出了"核电厂基本安全原则",1993 年国际原子能机构又发布了安全法则——《核设施的安全》,在对核安全重要性、安全目标和安全原则达成广泛共识的基础上,1994 年通过了《核安全公约》。核安全基本原则可以归纳成国家核安全监管、核安全管理和核安全技术原则三大类。

1. 国家核安全监管

鉴于核安全的重要性、核设施事故有超越国界影响的可能性,以及对国际社会的重要性,核安全的责任由核设施所在国承担。为此必须立法确立国家监管体制,明确划分核安全责任,建立独立的核安全监管机构。

(1) 政府必须负责建立和维持一个核安全法律框架,为核安全国家监管提供法律基础。

(2) 政府必须建立一个核安全监管机构,独立行使核安全监督管理职权;负责制定核安全法规和建立许可证制度。

(3) 立法必须确定核安全的首要责任由核设施营运组织承担。

2. 核安全管理

营运组织依法对所营运的核设施承担首要的安全责任,负责申请和持有核安全许可证,实施核安全管理,保证核设施的安全。在进行核安全管理时,必须遵循下列原则:(1) 建立和保持权责明确、合理高效的组织机构;(2) 制定和贯彻安全优先的政策;(3) 培植安全文化;(4) 保证有足够数量的合格人员;(5) 执行质量保证制度;(6) 实行安全审评与验证;(7) 做好核事故应急计划与准备;(8) 充分考虑人的能力及其局限性。

3. 核安全技术原则

核安全的目标是在核设施内建立和维持有效的防御辐射危害的措施,以保护个人、社会和环境免受损害。这种有效防御的技术基础就是纵深防御原则。

(1) 核设施的设计和运行必须贯彻纵深防御的原则,具有多重保障和多层次的保护以防止放射性物质的释放,并保证可能导致严重放射性后果的各种失效或综合失效的发生概率极低,事故后果可得到减缓。

(2) 核电厂(反应堆)安全运行必须保证:第一,控制反应堆功率水平;第二,保持堆芯冷却;第三,保证放射性物质包容于适当的屏障之内。

7.4 核电发展现状

7.4.1 国外核电发展现状和趋势

2011年3月日本福岛核事故给全球核工业发展造成沉重打击,但全球就绿色发展达成普遍共识,能源结构即将迎来清洁化、低碳化转型,大部分核电国家仍然坚持发展核电,20多个无核电国家已决定将核电纳入能源结构。全球核电正在走出福岛核事故阴影,并呈现新的发展特点。

1. 总体发展平稳,发展中心已从西方传统核电大国转向亚洲国家

图7.1显示了1990年至2020年全球核电装机容量总体发展趋势。从该图可以看出,虽然受到2008年全球金融危机和2011年福岛核事故冲击,但全球核电市场在过去20年中整体呈增长趋势,处于总体平稳、增速放缓状态。由于西方传统核电大国的核电在电力结构中

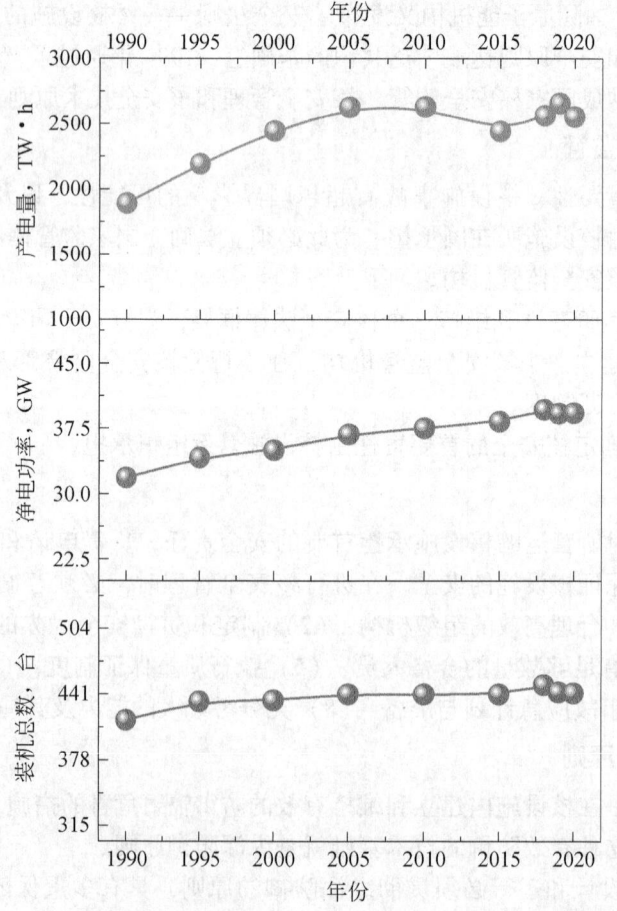

图7.1 全球核电装机总数、容量及产电量(1999—2020年)❶

---

❶ 数据来源:IAEA《2021年国际核电状况与前景》报告。

已占有较高份额，且德国、瑞士等国已宣布放弃核电，全球核电发展中心已转移至核电份额相对较低、能源需求快速增长的亚洲国家。在福岛核事故后建成投运的 59 台核电机组中，47 台位于亚洲国家。

2. 模块化小堆等先进核反应堆技术成为未来创新高地，各国展开激烈竞赛

由于具有安全水平高、厂址适应性好、可满足多种能源需求等特点，模块化小堆已成为目前的创新热点。全球迄今已推出超过 70 种小堆。美、俄等主要核国家已将小堆设为未来核工业发展的制高点，积极推进相关研究，力争早日建成首堆，在这场全球竞争中占据优势地位。美国技术开发商目前已至少推出 18 种小堆设计，包括压水堆、高温气冷堆、钠冷快堆、熔盐堆、热管堆等多种堆型。其中纽斯凯尔电力公司小堆的商业化进程最快，已获得美国核管理委员会颁发的首份小堆设计合格证，准备于 2029 年在爱达荷国家实验室建成由 12 座小堆组成的电厂。美国核管理委员会 2020 年 6 月宣布接收奥克洛公司提交的在爱达荷国家实验室建设和运营一座 Aurora 反应堆的联合许可证申请，即将启动评审。Aurora 是一种快堆，利用热管将热量从堆芯传导至超临界二氧化碳动力转换系统，使用高丰度低浓铀金属燃料，装机容量约为 1.5MW。美国能源部 2020 年 5 月启动"先进反应堆示范计划"，迄今已宣布在该计划下为 10 种反应堆技术的研发提供资助，目标是 5~7 年内帮助技术开发商建设 2 座示范堆，并支持有望在 21 世纪 30 年代中期实现商业应用的创新型先进反应堆研发。美国能源部核能办公室在 2021 年 1 月发布的《战略愿景》文件中为先进反应堆技术的研发设定了多个目标，包括 2025 年建成微堆示范堆，2028 年建成 2 种先进反应堆的示范堆，2029 年首座小堆电厂投运，2035 年建成至少 2 种创新型先进反应堆的示范堆（伍浩松，2021）。

俄罗斯首座浮动式核电厂 2019 年 12 月实现并网发电，成为全球首座模块化小堆核电厂。俄罗斯还积极推进首座陆地小堆的建设工作，准备 2027 年建成首座陆地小堆电厂。英国罗尔斯·罗伊斯公司 2019 年 11 月宣布准备在现有核场址建设首批小堆；如果取证顺利，首座小堆电厂将在 2030 年前投运。法国原子能与替代能源委员会等多家机构 2019 年 9 月联合推出一种小型压水堆设计，并表示这种小堆将在 2030 年前实现商业化应用。加拿大核实验室 2017 年宣布将于 2026 年前建成首座小堆，并为此与多国技术开发商开展合作。韩国在本国不再开展核电建设的背景下，积极向海外推广 SMART 小堆设计，并于 2020 年 1 月与沙特阿拉伯签署合同，将组建合资企业，负责推进 SMART 商业化以及在沙特阿拉伯的首堆建设（伍浩松等，2021）。

3. 具备发展潜力，但面临其他能源尤其是可再生能源的竞争

为推动新冠疫情后的经济快速复苏，许多国家已宣布经济复兴计划，将实现"碳达峰、碳中和"设为未来能源发展的重要目标。作为一种技术成熟的清洁基荷能源，核电具有发展潜力：绝大部分核电国家，尤其是受到福岛核事故直接冲击的日本仍然坚持发展核电，有超过 20 个无核电国家准备发展核电。但是，受两方面因素影响，未来核电的发展将面临其他能源尤其是可再生能源的严峻挑战。一方面是受福岛核事故影响，全球在投入巨资对在运机组进行安全升级的同时，还对新建项目提出了更高的安全要求，增加了项目造价。由于安全相关费用在 2011 年福岛事故后急剧上升，项目造价从 2013 年 220 亿美元上升至 460 亿美元，三菱重工牵头的日本联合体 2019 年 1 月宣布退出土耳其锡诺普核电建设项目（伍浩松等，2021）。另一方面是随着页岩气开发技术和新能源技术的进步，燃气电厂和可再生能源电厂呈现规模化发展趋势，发电成本持续下降，核电面临的竞争压力进一步加大。根据美国核能协会公布的数据，尽管核发电成本近年来在总体上呈逐步降低的趋势，但由于面临天然气电厂和可再生能源电厂的激烈竞争，美国自2013年以来已有11台机组永久关闭，另有至少7台机组宣布将在2025年之前关闭（伍浩松，2021）。

4. 核能多元化应用备受关注，未来发展前景得到拓展

为了实现碳减排目标，许多国家开始关注并积极研究核能的多元化应用，即将核能用于制氢、区域供暖、海水淡化等，并大力推动"核能—可再生能源混合系统"（简称"混合能源系统"）的技术研发，大幅拓展核能未来发展前景。美国、加拿大和日本在2018年5月的清洁能源部长级会议上共同发起全球倡议"核能创新：清洁能源未来"，呼吁全球发展新型能源系统，例如混合能源系统、核能热电联产、核能制氢等。美国正在积极推进核能制氢和混合能源系统研究，拟于2027年建成首个混合能源系统。芬兰2020年2月宣布启动模块化小堆区域供暖研究，目的是减少化石燃料的使用，降低碳排放（伍浩松等，2021）。沙特阿拉伯等国也关注利用模块化小堆进行海水淡化。

5. 全球核电市场竞争激烈，已成为各国政治角力的战场

世界步入大国战略竞争时代，各国在能源、科技、金融等领域进行激烈博弈，核电项目已成为各国政治角力的战场。国际核电公开招标有限，核电强国为确保本国供应商获得订单，倾力提供全方位支持。核电之争已不仅是企业之间的竞争，某种程度上也是国家间综合实力的比拼。

核电已成为地缘政治博弈的重要抓手。美、俄、法等核电强国政府领导人频频利用外交场合，充当"推销员"，将核电合作列为双边会谈的重要议题之一，并从政治、外交、融资等方面给予一系列政策的大力支持。美国能源部2020年4月发布《重塑美国核能竞争优势》报告，提出政府、国会和监管行动层面的政策建议，目标是恢复核能技术领域的全球领导地位，增强美国民用核技术、设备和燃料供应企业的竞争力，积极开拓国际核工业市场。

7.4.2 国内核电发展现状

中国核能开发利用经过多年努力，已取得了世人瞩目的成就，现已经跻身世界核电大国的行列，具备了向"核电强国"迈进的基础条件。截至2021年8月底，中国大陆在运核电机组有51台，装机容量为$5326×10^4$kW；在建核电机组数为18台，装机容量为$1902×10^4$kW，在建机组数保持全球领先。中国运行核电机组始终保持着良好的运行记录，从未发生国际核事件分级（INES）二级及以上的运行事件，核电安全总体水平位居国际先进行列。自1994年以来，中国核能发电已累计达到$2.6×10^{12}$kW·h以上，等效减排二氧化碳约$21×10^8$t❶。近年来，中国核电建设取得了一系列突破性进展，全球AP1000首堆、EPR首堆相继在中国建成投产并完成首个燃料循环运行。中国自主三代核电技术"华龙一号"首堆工程并网发电，"国和一号"示范工程建设有序推进，高温气冷堆示范工程冷试成功，具备了核电自主创新和自主设计能力，实现了核电技术由"二代"向"三代"的跨越；形成了每年8~10台套核电主要设备国产化制造能力；具备了同时建造30台核电机组工程施工能力，

---

❶ 数据来源：中国核学会2021年学术年会。

建立了较为完整、自主的核燃料循环产业链，核燃料生产与供应能力满足核电发展的需要。目前，已完成初可研阶段的核电厂址总规划容量约 $4×10^8 \mathrm{kW}$，其中沿海厂址超过 $2.3×10^8 \mathrm{kW}$、内陆厂址接近 $2×10^8 \mathrm{kW}$[1]。核能科技创新体系和创新能力不断提升，核能法规和标准体系不断完善，专业人才队伍不断扩大。核能国际合作与交流不断加强，核电"走出去"取得重大成果。

在核电产业链方面，中国是世界上少数几个具有完整的核工业体系的国家之一，并在此基础上形成了完整的核电产业链。核电产业链主要由核电装备制造、核电站设计建设、核电站运营、核燃料供应及核废料处理等上下游环节组成，主要体现在以下几个方面：

1. 核电装备制造国产化水平不断提高

中国通过引进、消化、吸收和创新，持续推动核电装备的国产化，不断提升核电装备制造能力，已经逐步实现了主泵、压力容器、蒸汽发生器、主管道、先进核燃料、核级焊材等核安全关键设备和材料的自主研发和国产化。中国初步形成了年产 10 套左右百万千瓦级核电主设备的能力，具有自主知识产权的三代核电机型"华龙一号"和"国和一号"示范工程设备国产化率均已达到 90%以上，形成了国内三代核电装备产业链[2]。

2. 核电站设计建设水平进入全球前列

中国通过几十个核电项目的工程实践，不断积累经验，核电站设计和建设水平进入世界前列。中国已经建立起一支专业配置齐全、知识和年龄结构较为合理的核电工程研究设计队伍，形成了设计管理和接口控制程序以及质量管理体系，掌握了一些国外成熟的核电设计技术，具备了自主设计建设 $30×10^4 \mathrm{MW}$、$60×10^4 \mathrm{MW}$ 及以上级别的压水堆核电站的能力。在设备采购和工程项目管理中，实行了招投标制和工程监理制，在质量、进度、投资、技术和环境五大控制方面积累了较丰富的经验。中国已具备同时建造 30 多台核电机组的工程施工能力。

3. 核电站运营能力全球领先

中国在运核电站的安全水平和运行业绩良好，运行水平不断提高，主要运行特征参数好于世界平均水平，相当一批指标达到世界先进水平。2019 年 9 月 3 日，国务院新闻办公室发表了首部《中国的核安全》白皮书，生态环境部原副部长刘华在国新办新闻发布会上表示，近五年世界核电运营者协会（WANO）统计的数据显示，中国核电厂运行机组 80%的指标优于世界中值水平，其中 70%的指标达到了世界先进值，总体运行指标处于世界前列。中国广核集团（简称"中广核"）发布的 2020 年企业社会责任报告显示，2020 年，中广核 24 台在运核电机组保持安全稳定运行，在世界核电运营者协会衡量核电机组运营业绩的 WANO 指标中，72.6%的机组 WANO 业绩指标进入世界先进水平，平均能力因子连续三年保持 92%以上，其中宁德核电站 2 号机组 12 项业绩指标全部达到世界卓越水平；截至 2020 年 12 月 31 日，岭澳核电站 1 号机组实现连续稳定运行 5291 天，继续刷新并保持着国际同类型机组安全运行天数纪录。中国核电（简称"中核"）发布的 2021 年企业社会责任报告显示，2021 年，公司在运 25 台机组累计安全运行超 220 堆年；19 台机组获得 WANO 综合

---

[1] 数据来源：CNEA 核能协会。
[2] 数据来源：核电的战略定位与作用（上）：核电应是国家战略性资源（https://news.bjx.com.cn/html/20210226/1138586.shtml）。

指数满分,综合指数平均值达到 99.51 分,双双位居世界第一,秦山核电站安全发电 30 周年并获准延续运行。

4. 核燃料供应及核废料处置处理能力不断增强

中国建立了较为完整、自主的核燃料循环产业链,核燃料生产与供应能力满足核电发展的需要,形成了包括铀矿地质勘探、铀矿采冶、铀转化、铀浓缩、元件制造以及乏燃料后处理、放射性废物管理等环节的较完整的核燃料循环工业体系,在一些关键环节实现了生产能力的扩大和工艺技术的跨越提升。全部核电站燃料元件均实现国内生产,可满足目前已投运核电站的燃料需求。中国海外铀资源开发工作得到加强,核燃料供应保障能力相应增强。铀纯化转化、铀浓缩、核燃料元件制造产能大幅提高,乏燃料运输能力建设稳步推进,形成干式和湿式结合的离堆储存格局,后处理产业能力建设按计划推进,可以确保核电持续、批量化发展的需要。

5. 构建了核电技术自主创新体系

中国早期核工业以军用为主,形成了基础研究、应用研究的科技力量和知识积累。在此基础上,中国逐步建立了专业齐全的核科研体系,建成了具有国际水平的大型核动力技术试验基地,初步形成了较完善的核电工程设计分析的骨干程序系统,形成了一套先进反应堆设计方法和试验验证手段。实验快中子增殖堆和高温气冷实验堆等多项关键技术取得进展,海上小堆技术发展迅速,自主开发的第三代、第四代核电关键技术取得了明显的成效。中国已经完成第三代核电技术研发,拥有"华龙一号"和"国和一号"两种自主三代核电技术。中国大力推进先进核技术研发,形成了钠冷快堆、钍基熔盐堆、铅基快堆、聚变堆等先进反应堆系统;积极推进核聚变研究,并走在了世界前列;探索开展国际创新合作,参与国际热核聚变实验堆建设。

6. 形成了核电发展的人力资源保障体系

中国初步构建了保障核电持续发展的人力资源体系,探索建立健全高等院校、科研机构与企业互联互通的人才教育培训机制。《中国的核安全》白皮书显示,截至 2019 年 6 月,全国开办核工程类专业的大学共 72 家,其中专门设立核学院的有 47 家,每年招收核工程类专业本科人数约 3000 人。

7. 储备了一定数量的核电厂址

核电站的选址条件非常苛刻,符合要求的厂址资源非常稀缺,属于战略资源。近年来,由于核电发展节奏放缓,部分厂址的保护工作面临人力和经济成本增加、地方政府调整产业规划导致厂址另作他用等问题,核电的可持续发展深受影响。

7.4.3　国内核电发展趋势

总结核电发展取得的成绩,吸取积累经验,结合时代新要求,中国核电发展目前呈现了新的发展趋势:

1. 核电是中国未来能源发展向清洁低碳转型所必选

2020 年 9 月 22 日,习近平总书记在第七十五届联合国大会一般性辩论上的讲话中指出:"应对气候变化《巴黎协定》代表了全球绿色低碳转型的大方向……中国将提高国家自主贡献力度,采取更加有力的政策和措施,二氧化碳排放力争于 2030 年前达到峰值,努力争取2060年前实现碳中和。"中国能源结构将加快向以清洁低碳能源转型的跨越式发展，保持与碳中和国家战略相适应的核电发展规模空间，是中国兑现减排承诺、助力全球达成温控目标的必然选择。党的十九届五中全会提出了关于能源"十四五"及中长期发展的目标与举措。"十四五"要实现能源资源配置更加合理，利用效率大幅提高，主要污染物排放总量持续减少。2035年碳排放达峰后稳中有降，生态环境根本好转。为此，要积极推进能源革命，加快数字化发展，加快推动清洁低碳发展，持续改善环境质量。"碳中和"目标的提出，为包括核电在内的清洁能源电力提供了更广阔的发展空间。据中国电力企业联合会预测，到2030年和2050年清洁能源电力占比将分别达48%和83%，能源结构呈现清洁低碳发展趋势。

当今，中国电力行业发电量全球第一，以煤电为主，是中国温室气体排放最大的行业，也是中国大气污染物排放最大的行业之一。华经产业研究院数据显示，2021年中国发电量累计值为 $81121.8\times10^8 kW\cdot h$，相比2020年增长了 $6951.4\times10^8 kW\cdot h$，累计同比增长8.1%；从发电结构来看，2021年全国风力发电量为 $5667\times10^8 kW\cdot h$，占比为6.99%；核能发电量为 $4075.2\times10^8 kW\cdot h$，占比为5.02%；火力发电量为 $57702.7\times10^8 kW\cdot h$，占比为71.13%；水力发电量为 $11840.2\times10^8 kW\cdot h$，占比为14.60%；太阳能发电量为 $1836.6\times10^8 kW\cdot h$，占比为2.26%。与核电技术发达国家相比，火电占比过高，核电占比仍旧很低（图7.2），未来的开发空间极大。

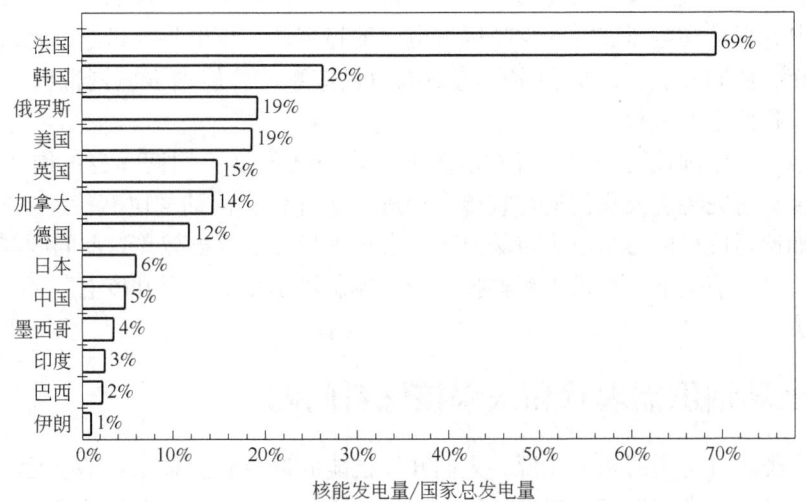

图7.2 各国2021年核发电量在总发电量所占份额❶

中国电力行业 CO_2 排放约为 $40\times10^8 t$，占中国碳排放总量的40%左右。同时，燃煤 SO_2、氮氧化物（NO_x）和细颗粒物（$PM_{2.5}$）排放也是中国酸雨和大气污染的主要原因之一。生命周期评价表明，以中国目前使用的主流核能发电技术，核电和可再生能源发电可以使单位发电量碳排放降低90%以上（王彦哲，2021），并大幅度减少大气污染物排放，而核电对公众的放射性影响与煤电相当，或低于煤电。因此，应大力加强核电的公众可接受性的科普教育，制定持续稳定的核能中长期发展战略，推动电力系统清洁低碳转型。

---

❶ 数据来源：IAEA《2021年国际核电状况与前景》报告。

2. 发展核电是促进能源高质量的重要选择

中国是世界上最大的能源生产国和消费国，保障能源安全始终是重大战略问题。一方面，中国能源结构中石油、天然气短缺，严重依赖进口，对外依存度不断攀升；另一方面，国际局势复杂变化，对中国能源安全保障不断提出新挑战、增加新风险。核能能量密度大，是中国清洁低碳、安全高效能源体系的重要组成部分，是积极应对气候变化、兑现减排承诺和清洁低碳发展的现实选择；同时，核能还可在清洁供暖、海岛开发、特殊及偏远地区供电、海水淡化及工业供气等多国民经济建设领域发挥重要作用。

3. 发展核电是满足中国能源电力消费持续增长的客观要求

未来中国经济总量还将持续增长，中国人均能源电力消费水平将不断提高，终端消费由一次能源更多向以电力为主的二次能源转变，电力需求仍有较大增长空间，2030 年之前将保持较快增速，2050 年之前电源装机将保持快速、持续增长，常规转型情景与电气化加速情景下，2030 年装机容量分别达到 28.7×10^8 kW、36.3×10^8 kW，2050 年装机容量分别达到 44.3×10^8 kW、57.5×10^8 kW。[1] 增量部分将以清洁能源电力为主，核能等清洁低碳能源发展前景广阔。

4. 发展核电是保障电网安全运行、与风电与光伏电协调发展的迫切需求

核电具有运行稳定、可靠、换料周期长等特点，适于承担电网的基本负荷及必要的符合跟踪，是目前唯一可大规模替代化石能源的基荷并具备一定负荷跟踪能力的电源，可为电网提供坚强的电源保障和电压支撑，保持区域电网的稳定性。核电将与风电、光伏发电等清洁能源互为补充、协同发展，形成稳定的清洁电力供应系统，能增强电网抵御严重事故的能力、降低大面积停电的风险。

此外，当前，中国核能产业还存在着产业链供应链发展不均衡、自主创新能力有待提升、法规标准有待完善、公众沟通与宣传有待进一步加强、内陆核电有待深入推进等问题；同时还面临如何适应核电参与电力市场改革、市场现货交易等挑战。这些问题与挑战，只能在保障核电安全的前提下，通过不断科技创新、体制机制创新，提升核电经济性和市场竞争力，逐一解决。

7.4.4 全球铀供需现状和未来核燃料问题

核能是人类最具希望的未来能源。人们开发核能的途径有两条：一是重元素的裂变，如铀的裂变；二是轻元素的聚变，如氘、氚、锂等。重元素的裂变技术，已经得到实际性的应用；而轻元素聚变技术，也正在积极研制之中。不论是重元素铀，还是轻元素氘、氚，在海洋中都有相当巨大的储藏量。

铀（uranium）为银白色金属，是存在于自然界中的一种稀有化学元素，具有放射性，是最重要的核燃料，元素符号 U。铀是 1789 年由德国化学家克拉普罗特从沥青铀矿中分离出来的，并用 1781 年发现的天王星 Uranus 为它命名。铀在接近 0K 时有超导性，有延展性，并具有微弱放射性。1938 年发现铀核裂变后，铀开始成为主要的核原料，也开始被用作热核武器氢弹的引爆剂。

浓缩铀是指经过同位素提炼后，铀-235 含量超过 90% 的铀金属。根据铀-235 含量的不

---

[1] 数据来源：煤炭资讯网。

同，浓缩铀可以分为高浓缩铀（HEU）（20%以上）、低浓缩铀（LEU）（2%~20%）和微浓缩铀（SEU）（0.9%~2%）。铀-235 含量超过 85% 则被称为武器级浓缩铀，直接用于制造原子弹。因此，铀不仅是一种能源资源，也是一种战略资源，对国民经济、核电事业以及国防工业的发展具有重要作用。

根据国际原子能机构的定义，丰度为 3% 的铀-235 为核电站发电用低浓缩铀。铀有 12 种同位素（铀-226~铀-240）。其中的铀-234 不会发生核裂变，铀-238 在通常情况下也不会发生核裂变，而铀-235 这种同位素原子能够轻易发生核裂变，也就是说，做核燃料的实际上是铀-235。但是，从矿山里开采出来的铀里面，铀-235 的含量却又是很低，仅占 0.64%，绝大部分是铀-238，它占了 99.2%。研究结果表明，在铀核燃料中铀-235 的含量要达到 3% 以上才能燃烧。因此，开采出来的铀需要经过提纯、浓缩的手续，把铀-235 的含量比例提高之后，才能用作燃料。

1. 铀矿资源

随着核电技术和核电事业的日趋完善与快速发展，在关注核电发展的同时，我们也要关注世界铀资源的状况。常规铀矿资源是指可回收的主要产品、共产品或重要副产品的铀矿资源，据国际原子能机构估计，全球常规铀资源量为 1620×10^4t，如按现在消费能力可供 250 年。非常规铀矿资源仅仅是以少量副产品回收的铀矿资源，如与磷块岩、非有色金属矿石、碳酸岩、黑色页岩和褐煤伴生的铀，其中，磷块岩中的铀占大多数，并且是唯一曾实现过商业化生产的非常规铀矿资源。世界上具有丰富的非常规铀资源，如磷酸盐的中铀资源（2200×10^4t）和海水中的铀资源（超过 40×10^8t）。按照成本范围划分，全球已查明的铀矿资源量分别为：小于 40 美元/kg 的铀资源为 297×10^4t，小于 80 美元/kg 的铀资源为 446×10^4t，小于 130 美元/kg 的铀资源为 547×10^4t（闫强，2011）。

世界铀资源量较多的国家有澳大利亚、尼日尔、哈萨克斯坦、加拿大、纳米比亚、美国、俄罗斯、巴西、南非和中国，铀资源量均在 10×10^4t 以上，合计占世界铀资源量的 91.5%；其次为乌克兰、乌兹别克斯坦、蒙古国和坦桑尼亚等。而核电主要集中在美国、法国、日本、俄罗斯、韩国、中国等国家。可以看出，全球核电与铀资源的分布基本上是不匹配的，铀资源供应具有全球配置的特点。

2. 铀的产量与需求

华经产业研究院发布的《2021—2026 年中国天然铀市场调查研究及行业投资潜力预测报告》显示，截至 2020 年 12 月，全球共有 442 座在运反应堆（分布在 31 个国家），铀产量方面，由于天然铀价格持续保持在低位，减产目前已成为当前天然铀生产企业的主基调，导致天然铀总产量在 2016 年创下 6.32×10^4t 的年产量新高后持续下降。截至 2020 年全球天然铀产量为 4.77×10^4t，同比下降 12.8%，2020 年产量可满足世界核电业约 74% 的年度用铀需求。2020 年全球有 15 个天然铀生产国。第一大生产国哈萨克斯坦产量为 1.95×10^4t，约占全球总产量的 40.9%。哈萨克斯坦、澳大利亚和纳米比亚三国产量之和约占全球总产量的 65.1%。在 15 个产铀国中，8 个国家产量同比下降，降幅最大的 4 个国家为美国、加拿大、南非和哈萨克斯坦，降幅依次为 89.7%、44%、27.7% 和 14.6%。

全球 2030 年铀累计需求量如表 7.1 所示（闫强，2011），低方案铀需求量约 221×10^4t，中方案铀需求量约 277×10^4t，高方案铀需求量约 325×10^4t。全球现有已查明铀矿资源量为 547×10^4t，足以满足 2030 年前的需求。如果以在役核电还可以服役 30 年、2030 年前新投入运营的核电服役 60 年计算，则全部核电（2030 年之后投入运营的不计算在内）全寿期对铀的累计需求量分别为：低方案铀需求量约 639×10^4 t，中方案铀需求量约 909×10^4 t，高方案铀需求量约 1139×10^4 t。全球常规铀矿资源总量为 1620×10^4 t，能够满足未来几十年的需求。另外，全球还有非常规铀矿资源近 3000×10^4 t，这些铀矿资源都为核电发展提供了燃料保障。再者，第四代核电技术共为核电发展提供了燃料保障。第四代核电技术共有 6 种方案，其中的 4 种方案是快中子堆，快中子堆对核燃料的利用率可大幅度提高 60~70 倍。以此推算，现有的铀矿资源可以供人类使用千年以上。因此就全人类而言，无须担心铀矿资源的供应问题。

表 7.1 全球 2030 年前核电装机容量及铀矿需求预测

预测年份	低方案			中方案			高方案		
	当年投运机组 MW	当年铀需求量, t	累计铀需求量, t	当年投运机组 MW	当年铀需求量, t	累计铀需求量, t	当年投运机组 MW	当年铀需求量, t	累计铀需求量, t
2025	737463	123803	1535058	947838	161586	1875360	1127838	193914	2166528
2030	855781	142379	2209798	1136273	191171	2772045	1376273	232919	3253113

天然铀是中国重要的战略资源，也是中国核工业发展的基础原料，在军事上主要用来制造核武器和核动力燃料，在国民经济建设方面主要是用作核电反应堆的燃料。据统计，2020 年中国天然铀产量为 1855t，与 2019 年持平。"两碳目标"下，中国反应堆铀需求处于不断增长趋势，在 2021 年对天然铀的需求突破 1×10^4 t，2025 年、2030 年、2035 年、2040 年和 2060 年，对天然铀需求分别达 1.2×10^4 t、1.9×10^4 t、2.8×10^4 t 和 3.7×10^4 t❶，供需缺口较大。如果全部依靠进口，铀资源的对外依存度较高。

与澳大利亚、加拿大和哈萨克斯坦等铀资源大国相比，中国铀资源赋存具有如下特点：铀矿的品位较低，单个铀矿床的规模偏小，铀矿石类型较为复杂，共生伴生矿产的种类多，综合回收成本较高；但中国特定的地质条件也使中国铀矿的分布较为广泛，潜在总量比较巨大。随着核电在国家能源结构中的地位越加突出，铀资源的供应将是其重要影响因素。尽管中国的铀资源储量在总量上还是比较丰富，铀资源的生产量也在逐年扩大，但与快速发展的核电建设规模以及未来核电在整个国家能源结构中的份额相比，铀资源的国内供应量与需要量之间的缺口十分明显，供需矛盾在未来的 10 年乃至更长时间都将是核电持续发展的重大挑战。在这种背景下，亟须开展前瞻性的铀资源保障能力的战略研究，以保障国家的能源安全。

总之，铀资源的稳定供应是发展核电的基础。地域分布很不均衡是全球铀资源的基本特点。虽然就世界平均水平而言，全世界铀资源的生产能力不断提高，从总体上看，天然铀目前几乎能够完全满足核电发展的需要，但是，由于世界主要铀生产国和主要铀消费国间非常不匹配，因此某些核电大国仍然存在着严重的铀资源供需矛盾。核电在中国能源战略中将扮演越来越重要的角色，因此，铀资源的稳定、持续、多元供给就成为中国核电发展的重要影响因素。尽管中国铀资源储量在总量上比较丰富，铀资源的生产量随着生产能力的提高也在逐年增大，但与快速发展的核电建设规模以及未来核电在整个国家能源结构中的份额相比，

---

❶ 数据来源：华经产业研究院。

铀资源的国内供应量与需要量之间的缺口巨大。因此，为了实现中国核电的中长期发展目标，中国铀资源的保障策略和根本出路在于构建"国内生产、海外开发、国际贸易"多策并举的全球铀资源配置体系。

7.5 核电主要政策

7.5.1 核电政策的原则和目的

中国核电发展的政策，就是在确保安全的基础上，继续稳步有序地推进核电建设。强调安全是核电的生命线，发展核电必须按照确保环境安全、公众健康和社会和谐的总体要求，要把安全第一的方针落实到核电建设全过程及其所有相关产业。

《中国核电行业"十四五"规划及2035年远景目标建议报告》指出，一是始终筑牢核电安全发展的生命线；二是始终坚持以我为主、国际合作的发展原则；三是始终坚持核电创新发展，适应现代能源体系的客观要求；四是始终保持核电发展战略定力，促进我国能源安全和高质量发展。这也正是中国核电政策的原则和目的。

国家政策是核电发展的基础。福岛核事故后，国家的核电政策有所调整，从"积极发展阶段"转向"安全高效，稳步发展"阶段。

7.5.2 核电产业发展政策

根据《中华人民共和国国民经济和社会发展第十四个五年规划和2035年远景目标纲要》，至2025年，中国核电运行装机容量达到$7000 \times 10^4 \text{kW}$，对此全国各省市也陆续提出了发展目标。本书将对国家层面、地方层面核电政策的重点内容及发展目标进行深度解读。

1. 政策历程图

核电是中国能源供应体系的重要分支，也是新能源的重要组成部分。根据中国国民经济"八五"计划至"十四五"规划，国家对核电行业的支持政策经历了从"适当发展"到"积极推进发展"再到"安全稳妥发展"的变化。"八五"计划（1991—1995年）至"十五"计划（2001—2005年）时期，国家层面提倡适当、适度发展核电；从"十一五"规划开始，规划明确了将积极推进核电建设，且重点建设百万千瓦级核电站；"十二五"至"十三五"期间，规划明确了要安全高效发展核电，并突出了沿海核电建设这一重点。到"十四五"时期，根据《中华人民共和国国民经济和社会发展第十四个五年规划和2035年远景目标刚要》，安全稳妥推动沿海核电建设成为"十四五"时期的重要任务。核电政策历程图如图7.3所示。

2. 国家层面政策汇总

1）国家层面核电行业政策汇总

自2007年以来，国务院、国家发展改革委、国家能源局等多部门都陆续印发了支持、规范核电行业的发展政策，内容涉及核电发展技术路线、核电厂建设规范、核电厂安全运行规范、上网电价政策等内容，见表7.2。

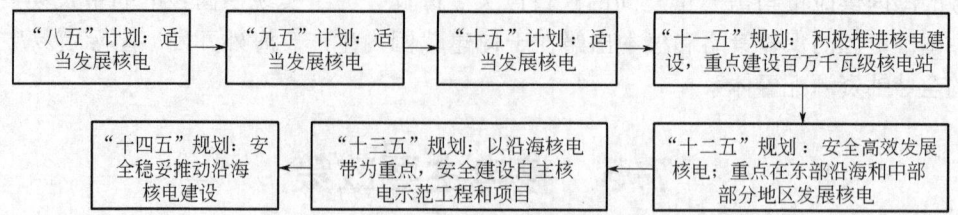

图 7.3 中国国民经济规划核电政策历程图❶

表 7.2 国家层面有关核电行业政策

发布时间	发布部门	政策名称	政策性质
2007 年 11 月	国家发展改革委	《核电中长期发展规划（2005—2020 年）》	支持类
2008 年 4 月	财政部、国家税务总局	《财政部、国家税务总局关于核电行业税收政策有关问题的通知》	支持类
2012 年 7 月	国务院	《"十二五"国家战略性新兴产业发展规划》	支持类
2012 年 10 月	国家发展改革委、财政部等	《核安全与放射性污染防治"十二五"规划及 2020 年远景目标》	规范类
2013 年 1 月	国务院	《能源发展"十二五"规划》	支持类
2013 年 6 月	国家发展改革委	《国家发展改革委关于完善核电上网电价机制有关问题的通知》	规范类
2014 年 6 月	国务院	《能源发展战略行动计划（2014—2020 年）》	支持类
2016 年 3 月	国家能源局	《2016 年能源工作指导意见》	支持类
2016 年 11 月	国家发展改革委、国家能源局	《电力发展"十三五"规划（2016—2020 年）》	支持类
2016 年 12 月	国家发展改革委、国家能源局	《能源发展"十三五"规划》	支持类
2016 年 12 月	国家能源局	《能源技术创新"十三五"规划》	支持类
2017 年 2 月	国家发展改革委、国家能源局	《保障核电安全消纳暂行办法》	规范类
2017 年 2 月	国防科工局	《"十三五"核工业发展规划》	支持类
2017 年 2 月	国家能源局	《2017 年能源工作指导意见》	支持类
2017 年 3 月	环境保护部、国家发展改革委、财政部等	《核安全与放射性污染防治"十三五"规划及 2025 年远景目标》	规范类
2017 年 9 月	全国人大常务委员会	《中华人民共和国核安全法》	规范类
2018 年 2 月	国家能源局	《2018 年能源工作指导意见》	支持类
2018 年 6 月	国务院	《国务院关于印发打赢蓝天保卫战三年行动计划的通知》	支持类
2018 年 8 月	国务院办公厅	《国务院办公厅关于加强核电标准化工作的指导意见》	支持类
2018 年 9 月	国防科工局	《中华人民共和国原子能法（征求意见稿）》	支持类
2018 年 10 月	国家发展改革委、国家能源局	《清洁能源消纳行动计划（2018—2020 年）》	规范类
2019 年 3 月	国家发展改革委	《国家发展改革委关于三代核电首批项目试行上网电价的通知》	规范类

---

❶ 数据来源：前瞻产业研究院。

续表

发布时间	发布部门	政策名称	政策性质
2019年6月	国家发展改革委	《国家发展改革委关于全面放开经营性电力用户发用电计划的通知》	支持类
2020年12月	国家能源局、生态环境部	《国家能源局、生态环境部关于加强核电工程建设质量管理的通知》	规范类
2021年3月	国家能源局	《清洁能源消纳情况综合监管工作方案》	规范类
2021年3月		《中华人民共和国国民经济和社会发展第十四个五年规划和2035年远景目标纲要》	支持类

数据来源：前瞻产业研究院。

2）核电电价政策

在核电电价方面，中国主要经历了"还本付息电价"至"标杆上网电价变化"。2013年6月，发布的《国家发展改革委关于完善核电上网电价机制有关问题的通知》明确：对新建核电机组实行标杆上网电价政策。2019年3月印发的《国家发展改革委关于三代核电首批项目试行上网电价的通知》明确，未来3年三代核电首批项目试行上网电价。国家层面有关核电价格政策见表7.3。

表7.3 国家层面有关核电价格政策

时间	定价机制/政策	电价机制
20世纪90年代	还本付息电价	也称为财务水平电价。电价是销电收入和供电量之比，而销售收入是考虑总成本费用、销售利润、销售税金的和
1994年	本—利浮动电价	广东大亚湾核电站采用此模式，该电价是一个不确定值，由合营双方协商平衡后确定
2001年4月	《国家计委关于规范电价管理有关问题的通知》	明确电网输配电价格机制、逐步实行"厂网分开，竞价上网"
2013年6月	《国家发展改革委关于完善核电上网电价机制有关问题的通知》	对新建核电机组实行标杆上网电价政策；适用于2013年1月1日后投产的核电机组。2013年1月1日以前投产的核电机组、电价仍按原规定执行
2019年3月	《国家发展改革委关于三代核电首批项目试行上网电价的通知》	明确未来3年三代核电首批项目试行上网电价。其中广东台山一期核电项目试行价格为每千瓦时0.4350元；浙江三门一期核电项目试行价格为每千瓦时0.4203元；山东海阳一期核电项目试行价格为每千瓦时0.4151元

数据来源：前瞻产业研究院。

3）核电消纳政策

在核电消纳方面，"十三五"以来，国家发展改革委、国家能源局等相关部门也陆续出台相关政策推进核电消纳工作，具体内容包括扩大核电消纳范围、实行保障性消纳政策等。国家层面有关核电消纳政策见表7.4。

表7.4 国家层面有关核电消纳政策

发布时间	发布部门	政策名称	重点内容
2017年2月	国家发展改革委、国家能源局	《保障核电安全消纳暂行办法》	合理扩大核电消纳范围，鼓励核电参与跨省区市场交易；鼓励核电开展"优价满发"试点；鼓励新建核电项目结合本地实际，配套建设抽水蓄能等调峰电源

续表

发布时间	发布部门	政策名称	重点内容
2018年9月	国防科工局	《中华人民共和国原子能法（征求意见稿）》	核电机组发电量纳入优先发电计划。按照优先发电优先购电计划管理有关工作要求做好保障消纳工作；2020年，全国核电实现安全保障性消纳
2018年10月	国家发展改革委、国家能源局	《清洁能源消纳行动计划（2018—2020年）》	鼓励参与跨省跨区市场化交易的市场主体消纳优先发电计划外送清洁能源电量，完善清洁能源消纳交易机制和辅助服务市场建设等
2019年6月	国家发展改革委	《国家发展改革委关于全面放开经营性电力用户发用电计划的通知》	督促电网企业优化清洁能源并网接入和调度运行，实现清洁能源优先上网和全额保障性收购，规范清洁能源电力参与市场化交易，完善清洁能源消纳交易机制和辅助服务市场建设
2021年3月	国家能源局	《清洁能源消纳情况综合监管工作方案》	国家鼓励核电发展，对核电实行保障性消纳政策

数据来源：前瞻产业研究院。

7.5.3 核电项目投资建设规定

1. 核电技术经济性评价

核电经济性可从宏观和微观两个层次来评价（刘江华等，2008）。宏观上讲，核电经济性主要从以下两个方面来评价：一是核电对社会经济发展的影响，即核电在促进国家能源结构优化调整、保障能源安全、推动相关产业优化升级、促进国民经济发展方面发挥的作用；二是核电对环境的影响，即核能发电过程中不释放常规化石能源发电产生的 CO_2、SO_2 和 CO 等破坏环境的气体，但核电在发电过程中以及产生的废弃物产生有害的辐射，国际上一致认为，目前的处理手段使得在可以预见的时期内不会危害环境，使得核电与煤电等其他发电方式相比具有清洁无污染的特点，具有很好的环境效益。微观上讲，核电经济性表现在发电成本和上网电价上，只有成本低，电价具有竞争力，项目才能够顺利实施。

对核电的经济性研究主要集中于从微观角度来评价和分析，即从核电建设项目投入和产出分析核电的成本、电价等指标。《建设项目经济评价方法与参数（第三版）》指出"建设项目经济评价的内容的选择，应根据项目性质、项目目标、项目投资者、项目财务主体以及项目对经济与社会的影响程度等具体情况确定。"在规范制定中，应明确表明项目计算期定为30年是最能体现当前技术水平下核电经济性的评价期。另外，核电建设在厂址选定上的分析非常全面，一般都涉及社会、人文、经济等多个方面，并进行全面综合评价，在经济评价中可以对国民经济评价不作要求，重点做好财务评价、不确定性分析与风险分析。核电的经济性指标一般涉及三项内容：（1）项目投资，即建设投资与全部生产流动资金之和；（2）上网电价；（3）业主收益期望，包括项目资本金内部收益率和项目投资回收期等指标。通常情况是已知两个方面的内容，或者说把其中两方面的情况加以估计，认为是已知条件，去计算、分析第三项内容。有下面三种情况：（1）已知项目投资情况和上网电价情况，通过费用—效益分析，计算出其经济性状况，通常用指标净现值、内部收益率、投资回收期表示，并与各个指标的基准值进行比较来评判项目的经济性。这也是建设部和发展改革委发布的《建设项目经济评价方法与参数（第三版）》所规定的内容，但这需要较准确地预测项目建成后的电价水平以确定上网电价这个关键参数来保证效益分析的准确性。（2）已知项目投资情况和业主收益要求，计算上网电价，所依据的基本原理是成本—效益分析。

(3) 已知上网电价和业主收益要求,推算项目投资情况,也就是计算这种情况下的最低投资要求,与各个指标的基准值进行比较来评判项目的经济性。这也是建设部和发展改革委发布的《建设项目经济评价方法与参数(第三版)》所规定的内容,但这需要较准确地预测项目建成后的电价水平以确定上网电价这个关键参数来保证效益分析的准确性。

从世界范围来看,各国在运、在建核电站的经济性表现总体良好。虽然核电具有初始投资大、财务费用高的特点,但同时具有运行寿命长、负荷因子高、燃料成本所占份额小且受资源价格影响小等特点。对全世界大多数在运核电站而言,随着这些核电站度过还贷高峰期,以及运行维修管理优化与延寿改进,核电机组可用率大大提高,核发电成本的竞争力得到了较大幅度的提升。

2. 核电项目风险评价

核电项目具有区别于其他项目的特殊性,因此,业主在进行投资风险评价时,要和核电项目的具体特点相联系起来,才能准确识别相应的风险,从而更好地为投资决策提供有用的信息(邹树梁等,2013)。

1) 核电风险因素识别

(1) 政治风险。政治风险是指完全或部分由政府官员行使权力和政府组织的行为而产生的不确定性(郭仲伟,1987)。通常将政治风险分为两类:宏观政治风险和微观政治风险。宏观政治风险对一国之内的所有企业都有潜在的影响,如"恐怖活动""内战""军事政变"等不确定性事件都会对整个项目产生不可预估的风险。微观政治风险仅针对特定企业、产业产生影响。例如,2011年日本福岛核事件的发生,导致国务院推迟核电项目的审批。

(2) 法律风险。法律风险是指由于国家出台新的法律政策,针对核电项目的保护或限制的不确定性,以及外部法律环境发生重大变化而造成不利法律后果的可能性。通常法律风险的形式主要有有关政策法规健全程度、政策法规执行的规范性等。

(3) 自然环境风险。自然环境风险主要是指那些具有不可抗力的自然风险,如洪水、地震、滑坡、泥石流、台风、龙卷风、雷击、干旱等。自然界的灾害具有突发性,不仅会对核电建设安全造成严重的威胁,同时会导致工程项目停工或中断,给核电项目的建设带来不可预估的损失,从而影响到业主及承包商的利益。

(4) 经济风险。经济风险是指国家经济政策发生变化,由于市场经济的作用而对核电项目产生的不确定性,主要表现为国家宏观经济的调整、金融动荡以及核燃料价格浮动等带来的影响。

(5) 管理风险。核电项目大多为施工周期长、资金密集、人才密集、技术密集的项目,因此需要高素质的管理团队。管理风险主要包括管理机构或管理机制不合理、决策或判断失误、承包模式选择错误、缺乏足够的适当保险、工程时间和进度计划设计不合理引起的工程延期、电力市场估计错误等。

(6) 安全风险。安全风险主要是指核电项目在建设过程中造成人员伤亡的不可预见的风险。安全风险也体现了外部社会环境对于核电项目的反对意见。安全风险主要包括自然灾害、人员伤亡以及社会动荡对项目造成的影响。

(7) 财务风险。财务风险主要体现在企业的资金筹集对项目建设期的影响。财务风险主要包括项目资金筹集的畅通程度、利率变动频率、资本市场投资收益率等指标。

2) 核电项目投资风险指标体系构建原则

核电项目评价指标体系的构建过程主要遵循以下原则（卢有杰等，2002）：（1）系统性和科学性原则，即指标体系在构建时要综合、全面、客观、合理，同时避免指标过多以及指标之间的交叉重复，并在原有研究成果的基础上结合实际情况逐步完善，不断增强指标体系的系统性和科学性；（2）可比性和适用性原则，即不同行业的企业在同一评价指标体系上的定义区间、数量化标准等方面应相同，同时必须突出重点，适用于本行业。因此，构建的指标体系必须适合中国核电项目的特点，相互之间也要有一定的可比性。

3) 风险估计

项目风险估计包括对项目风险和风险的相互作用的估计，以用来对可能的项目结果的范围进行估计。它主要与确定哪些风险事件需要响应有关。其中需要对各种风险源以及风险事件进行定性的或定量的分析。对核电项目进行风险估计比较复杂，需要考虑的因素很多。例如，机会和威胁可能会以未预期的方式相互影响（如计划延迟可能会强迫考虑新的策略，以缩短项目的总工期）。一个单一的风险事件可以引起多种效果，如关键构件（压力壳、蒸汽发生器、核燃料等）交付延迟或质量不合格可以引起费用超支、计划延迟、罚款等后果。对项目进行估计，可以采取模糊评判的方法，确定各种风险的重要性和优先级。这需要有一定数量的专家，并且要求具有一定的相似项目的经验，同时，需要进行细致全面的调查，收集丰富的历史资料。

风险估计的方法有主观概率和客观概率两种方法。客观概率方法是指根据收集的有关核电项目的历史数据，进行概率分析，确定风险的概率分布，但这需要有足够的样本，需要收集足够丰富的数据。在当前环境下，中国的核电项目数量比较少，并且有的数据不能得到，需要开展多方合作，获得足够的信息资料。另一种方法是利用理论概率分布，在小样本或根本没有可以利用的历史数据的情况下，利用理论概率分布来估计事件发生的概率或概率分布。

主观概率是指在一定的条件下，对未来风险事件发生概率大小的一种主观相信程度的度量。主观概率无法使用试验或统计的方法来验证其正确性。它的大小常常是通过人们长期积累的经验、对项目活动及其风险事件的了解而估计的。对于核电厂建设而言，国内有关方面的数据和资料很少，需要根据民用建筑的经验和核电工程的特点、复杂程度以及其他主客观条件，对核电工程的竣工概率进行量化估计。

另外，也可以采用模拟的方法进行风险估计。在项目管理中，最常见的模拟形式是使用项目网络作为项目模型的计划模拟。大多数计划项目都是采用蒙特卡洛模拟方法。

4) 项目风险估计

项目风险估计是指对项目各阶段的单个风险进行估计和量化，但并没有考虑各风险的综合效果，也没有考虑这些风险是否可以为项目主体所接受。风险评价是对项目所有阶段的主体风险、各个风险之间的相互影响、相互作用以及对项目的总体影响、项目主体的承受能力进行研究。首先需要确定要实施的核电项目的风险评价基准。然后对项目的整体风险水平进行评价。对核电项目进行风险评价时，也有定性和定量两种方法。采用的定性方法有主观评分法、层次分析法等。定量分析可以采用等风险图法、决策树方法、网络模型等方法。为了更准确地对项目的风险进行评价，应该综合多种方法，然后再根据各种风险评价方法的结果，对项目可能面临的各种风险进行综合的评价，如可以采用加权、模糊评判等方法。

5) 风险规划

风险规划就是制定风险规避策略以及具体实施措施和手段的过程，包括确定用于增加机会的步骤以及对威胁的反应。这一阶段必须考虑两个问题：第一，风险管理策略本身是否准确、可行；第二，实施管理策略的措施和手段是否符合项目的总目标。对于确定的项目可能面临的各种风险，可以根据其特点采取不同的风险响应策略：缓解、预防、转移、回避、接受和后备措施。其中，可以对重要的阶段和工程构件（如蒸汽发生器）的制造、运输采取投保的方法进行风险转移。风险规划的结果是制定项目风险管理计划、应急计划、储备、保险等。

6) 风险控制

风险控制是指在项目实施的过程中，建立项目风险控制体系以及风险管理组织机构，安排负责项目风险管理的项目经理。项目风险管理部门按照制定的项目风险管理计划，对项目实施进行风险监控，对实施过程中的风险事件做出响应。当出现新的风险事件或与原来的估计有差别时，动态地进行风险识别、风险估计、风险评价和风险规划过程。即使最全面、最充分的风险分析也不能正确地识别出所有的风险和可能事件，仍需进行控制和重复。同时，将项目实施过程中的风险管理信息，进行分类汇总，不断进行总结，为以后的风险管理工作积累信息。

3. 环境评价

1) 核电项目环评的内容

关于内陆核电项目环评内容，其中参照建设项目环境影响评价的内容，本书不再赘述。就内陆核电项目选址决策的环境影响评价的内容而言，《核电厂厂址选择安全规定》及 GB 6249—2011《核动力厂环境辐射防护规定》规定，核电项目选址决策的环境影响评价应包括以下内容：一是可能发生的自然或人为的外部事件对核动力厂安全的影响；二是核电项目对其周围区域环境、当地生态系统和公众可能产生的影响；三是论证场外实施应急计划的可行性，即在假定核电站发生事故工况，周围的环境特征对实施应急计划的影响。举例来说，核电站耗水量大，需要大量的冷却水，万一遭遇枯水干旱期，核电站周围是否能保证有足够的水源，这也是中国前期核电项目均设在沿海地区的一个重要原因。因此，适宜的核电厂厂址必须排除上述因素的影响或是通过设计配套的工程方案排除可能存在的干扰。同样，在内陆核电项目选址决策的环评影响评价中，必须考虑到内陆地区水资源稀缺、枯水干旱等气候灾害，并提出切实可行的工程方案排除这些不利因素的影响。另外，作为环境法的基本原则的公众参与原则也是环境影响评价的重要内容。关于环境影响评价中的公众参与，《中华人民共和国环境影响评价法》《规划环境影响评价条例》《环境影响评价公众参与办法》都有相应的规定。而《环境影响评价公众参与办法》还详细规定了核电项目选址、建造和运行各阶段的环境影响报告书均须编制公众参与篇章。因此，公众参与也是内陆核电项目选址决策中环境影响报告书的重要内容之一。

根据《环境影响评价技术导则 核电厂环境影响报告书的内容和格式》（HJ 808—2016）的具体要求，关于核电厂建设项目的环境影响评价，按照《中华人民共和国放射性污染防治法》的规定，核电厂营运单位应当在申请选址审批、建造许可证和首次装料批准书前，分别编制选址阶段、建造阶段和运行阶段的环境影响报告书。

选址阶段的环境影响报告书主要根据资料调研、实地调查或实验的手段，获得核电厂厂址所在区域和可能受影响区域的环境特征资料，特别是关于厂址地理位置、周围区域人口分布、土地利用与资源概况、水体利用与资源概况、气象、水文，以及地形地貌等环境资料，并根据参考核电厂（或原型堆）的数据资料，评估核电厂的潜在环境影响。

建造阶段环境影响报告书，主要根据实地调查和实验的手段，获得核电厂厂址所在区域和可能受影响地区的环境特征资料，并根据核电厂的设计资料、气载和液态流出物的设计排放量、放射性固体废物的设计产生量，以及环境保护设施的设计资料，评估核电厂的潜在环境影响。这个阶段评价的重点，是论证核电厂的工程设计能否满足环境保护的要求，从设计上保证环境保护设施得到落实。

运行阶段环境影响报告书，主要根据实地调查和实验的手段，获得核电厂厂址所在区域和可能受影响地区的环境特征资料，并根据核电厂的最终设计，特别是关于环境保护设施（含应急设施）的性能评估核电厂的潜在环境影响，阐述与环境保护有关的核电厂实际设计资料、环境保护设施的性能，以及气、液态流出物排放量有关的内容。按照监测技术规范，制定完整详细的流出物监测和环境监测计划，提供核电厂运行前环境调查结果，重点是辐射环境本底（现状）的调查结果。这个阶段的评价重点，是实现气、液态流出物年排放量申请值的优化，检验核电厂建设和环境保护措施是否符合国家和地方的有关规定和要求。

核电厂环境影响报告书的主要内容涵盖如下几方面：

（1）核电项目概述：核电站名称、建设规模和规划、建设目的和性质，以及环评依据和标准等。

（2）厂址及周边环境：厂址位置、人口分布、土地利用及资源概况（陆地资源和水产资源）、气象特征（区域气候和当地的气象条件、联合频率、混合层高度及扩散参数值、厂址气象观测）、工程水文条件（地表水、地下水、洪水等）、地形地貌等。

（3）环境质量现状：辐射环境质量现状、非辐射环境质量现状、受纳水体环境质量现状调查与评价，以及电磁环境现状调查与评价。

（4）核电厂详述：核动力厂平面布局及规划、反应堆和蒸汽—电力系统（燃料元件性能的描述、气轮机和冷凝器的描述、反应堆—蒸汽发生器系统流程图）、核动力厂用水和散热系统、输电系统、工程安全设施、放射性废物处理以及化学物质排放等。

（5）核电厂施工建设过程的环境影响：土地利用、水的利用和施工影响控制。

（6）核电厂运行的环境影响：散热系统的环境影响、正常运行的辐射影响以及其他环境影响。

（7）核电厂事故的环境影响和环境风险：放射性事故（后果评价）、严重事故、场内运输事故、其他事故以及事故应急。

（8）流出物监测与环境监测：辐射监测、其他监测、监测设施以及质量保证。

（9）公众参与：公众参与概况、公众意见的分析和评述、专家咨询和公众意见信息反馈。

（10）厂址比选：选址过程、候选厂址评价与比选、推荐厂址评价。

（11）利益代价分析。

（12）结论与承诺。

从公布的内陆核电项目环评影响报告书的内容来看，中国内陆核电项目均为一个建设项目、一个建设方案。任何一个内陆核电项目在选址、施工建设以及运行阶段出具的环境影响评价均没有提供可供选择的替代方案。替代方案作为内陆核电项目环境影响评价制度的重要内容，其重要性不言而喻。在内陆核电项目的环境影响评价报告书中必须包含可供选择的替代方案，即在内陆核电项目的选址、施工建造以及运营、退役阶段的环境影响报告书中都必须包含有可供选择的替代方案内容。同时，替代方案应当根据拟建核电项目的建设目的设计制定。发展内陆核电项目的目的是解决内陆地区能源短缺问题并同时减轻节能减排的压力，那么替代方案就必须同时满足解决能源短缺问题和缓减节能减排压力两方面的要求，两者缺一不可。举例来说，如果设计的替代方案是建设火力发电站，就不能作为替代方案。固然这种方案能解决能源短缺的问题，但由于火力发电需要大量的燃料而增大了节能减排的压力；如果提供的替代方案是建设潮汐能发电站或太阳能发电站，那么安全、清洁的潮汐源或太阳能就能取代核能，在解决能源短缺问题的同时减轻节能减排的压力，因此可以作为内陆核电项目选址决策中环境影响报告书的替代方案。

2）核电项目环评的程序

根据《建设项目环境影响评价技术导则 总纲》（HJ 2.1—2016）的规定，分析判定建设项目选址选线、规模、性质和工艺路线等与国家和地方有关环境保护法律法规、标准、政策、规范、相关规划、规划环境影响评价结论及审查意见的符合性，并与生态保护红线、环境质量底线、资源利用上线和环境准入负面清单进行对照，作为开展环境影响评价工作的前提和基础。环境影响评价工作一般分为三个阶段，即调查分析和工作方案制定阶段、分析论证和预测评价阶段、环境影响报告书（表）编制阶段。

3）核电项目环评结果的公开

环评属于事前监督，是一种科学的环境保护机制。一个核电项目的环境影响评价，既要有相关专家的参与，也要有与之相关的公众参与。因此，环境影响报告书除商业涉密外应对社会全面公开，让环评全过程透明化和公开化。2006年发布的《环境影响评价公众参与暂行办法》，针对环评报告书过于专业等情况，要求建设单位或其委托的环评机构应公开环评报告书简本；2008年12月24日，国家核安全局发布《关于征求〈核电厂环境影响评价公众参与实施办法〉意见的函》，第十一条规定：核电厂建设单位在其委托的环境影响评价机构得到环境影响评价的初步结论后，采用便于公众知悉的方式向公众公告核电厂环境影响评价的主要内容和相关信息，并发布环境影响报告书简本。环境保护部（2018年3月撤销）要求，自2012年9月起，建设单位向各级环保部门报送环境影响报告书，应同时提交报告书简本，各级环保部门在本部门网站上同时公布报告书简本，并制定了《建设项目环境影响报告书简本编制要求》。

4. 核电项目申请、审批

执照申请是核电项目工程建设阶段和生产运营阶段的重要工作，根据国家核电监督管理相关法律、法规的要求，核电厂运营单位需要向国家和地方有关监管部门提交各类许可证申请文件和支持性材料，接受审查、监督检查并最终获取相应许可。党的十八大以来，按照中央全面深化改革的总体部署，国务院全面开展深化行政审批制度改革，加快简政放权步伐，逐步取消和下放一批行政审批等事项，投资项目核准管理制度不断完善，其中也包括核电项目的审批流程如何进一步准确深刻地理解政策的变化，从整体上把握及落实政策要求，保证新建核电项目核准阶段的执照申请工作顺利完成是核电建设单位关心及考虑的重要问题之一。

核电项目执照申请主要工作流程包括：

（1）初步可行性研究阶段。对于一个新开发核电项目而言，在本阶段一般先要通过现场实地踏勘和必要的资料收集，进行厂址区域普选；厂址普选报告通过审查后，根据推选的候选厂址开展本阶段外委专题工作，并向地方政府及有关主管部门申请本阶段的支持性文件；初步可行性研究报告通过审查后，向主管集团公司和地方省级发展改革委上报项目建议书，再由二者联合上报国家发展改革委。这里需要指出的是，在现行核准制条件下，项目建议书仅作为核电项目列入地方及国家核电发展规划的基础依据，地方省级及国家发展改革委已不再做出明确批复。

（2）可行性研究阶段。本阶段应根据初步可行性研究推荐的优先候选厂址开展外委专题工作，获得主管部门支持性文件，组织编写选址阶段环境影响报告书（Environmental Impact Report，EIR）、厂址安全分析报告、可行性研究报告和项目申请报告，并获得前三项报告的批复。业主单位应积极沟通上报，尽早取得国家发展改革委获准开展前期工作的"路条"，以便后续主管部门支持性文件的申请；另外，在可行性研究报告上报前，EIR（选址阶段）和厂址安全分析报告应获得批复。

（3）项目标准申请阶段。在本阶段的主要工作是项目申请报告通过评估，获得国务院核准；组织开展外委专题工作，编制并上报设计阶段 EIR、初步安全分析报告（Preliminary Safety AnalysisReport，PSAR）和质量保证大纲并获得批复，获得国家核安全局颁发的核电厂建造许可证。在核电项目现行核准制下，国家主管部门对核准申报材料深度要求越来越高，可参照国内其他核电项目执照申请的工作经验。为确保项目顺利通过核准，在本阶段应编制完成初步设计职业安全、职业卫生、实体保卫和消防设计四个与执照申请相关的专篇，并在项目核准前取得批复文件。

党的十八大以来，在深化行政审批制度改革、加快简政放权步伐的大环境下，新建核电项目核准阶段的行政审批流程相比于以往将会发生较大的变化，这就需要执照申请工作人员在日常工作中及时掌握相关行政审批制度的动态变化；同时，要深入研究行政审批程序的重点、目的、可简化的内容和各报审文件的上报对象等如《建设项目环境影响评价政府信息公开指南（试行）》中对环境影响报告书报送审批前建设单位的信息公开行为由"报送环境影响评价报告书的简本"改为"应主动公开建设项目环境影响报告书全本信息"。《政府核准投资项目管理办法》（中华人民共和国国家发展和改革委员会令第 11 号）调整了项目申请报告上报的条件和报送方式。《国家海洋局关于完善国家海洋局直接受理项目用海审查工作有关问题的通知》（国海管字〔2013〕9 号）规范项目用海预审制度，加强了省级海洋行政主管部门初审工作，进一步优化了项目用海申请审批程序。

思考题

1. 简要概括核能利用的物理学原理。
2. 与常规能源相比，核能发电有哪些优势？
3. 简述世界核电技术发展现状。中国核电技术处于什么水平？
4. 为何说核废料管理和处置是核能安全利用的极重要部分？
5. 中国对核电的重视程度如何？中国为什么要大力支持核电发展？
6. 核电政策的原则和目的是什么？列举近些年国家出台了哪些主要的政策和建设规定。

第8章 氢能

8.1 制氢技术

8.1.1 化石能源制氢技术

1. 传统煤制氢技术

第8章案例集

中国的化石能源主要是煤,因此煤气化制氢是中国的主要制氢方法。传统煤制氢是先将煤炭气化,得到以 H_2 和 CO 为主要成分的气态产品,然后经过净化、CO 变换和分离、提纯等处理而获得一定纯度的产品氢。

气化的主要反应如下:

(1) 水蒸气转化反应: $\quad C+H_2O \longrightarrow CO+H_2 \quad$ (8.1)

(2) 水煤气变换反应: $\quad CO+H_2O \longrightarrow CO_2+H_2 \quad$ (8.2)

(3) 部分氧化反应: $\quad C+0.5O_2 \longrightarrow CO \quad$ (8.3)

(4) 完全氧化反应: $\quad C+O_2 \longrightarrow CO_2 \quad$ (8.4)

(5) 甲烷化反应: $\quad CO_2+4H_2 \longrightarrow CH_4+2H_2O \quad$ (8.5)

(6) Boudouard 反应: $\quad C+CO_2 \longrightarrow 2CO \quad$ (8.6)

从这里面可以看出,制氢的主要反应是式 (8.1) 和式 (8.2),但是这两个反应是吸热的,因此在实际生产过程中,需要引入式 (8.3) 和式 (8.4) 这两个放热反应提供热量。煤制氢的工艺流程如图 8.1 所示。

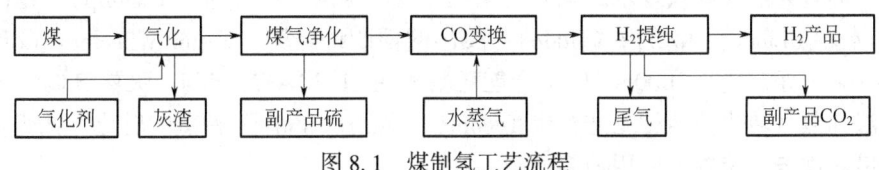

图 8.1 煤制氢工艺流程

煤气化制氢是工业大规模制氢的首选方式之一。虽然传统煤气化制氢工艺成熟,但其投资成本大、需用纯氧、气体分离成本高、产氢效率偏低、CO_2 排放量大。降低煤气化制氢工艺 CO_2 排放的关键在于提高过程热效率、避免复杂的气体分离过程。借助氧载体的传递作用,化学链制氢技术可实现氧和热在燃料反应器、蒸汽反应器和空气反应器之间的转移,从而使 CO_2、H_2、N_2 内在分离,既直接利用空气,也能获得高浓度的 CO_2 和 H_2。

2. 天然气制氢技术

天然气的主要成分是 CH_4，储氢量 25%，在天然气储量丰富的国家，天然气制氢技术已经成为主要的制氢方法。甲烷蒸气转化反应为一复杂的反应体系，但主要是蒸气转化反应和一氧化碳的变换反应。

主反应：

$$CH_4 + H_2O \longrightarrow CO + 3H_2 \tag{8.7}$$

$$CH_4 + 2H_2O \longrightarrow CO_2 + 4H_2 \tag{8.8}$$

$$CH_4 + CO_2 \longrightarrow 2CO + 2H_2 \tag{8.9}$$

$$CH_4 + 2CO_2 \longrightarrow 3CO + H_2 + H_2O \tag{8.10}$$

$$CH_4 + 3CO_2 \longrightarrow 4CO + 2H_2O \tag{8.11}$$

$$CO + H_2O \longrightarrow CO_2 + H_2 \tag{8.12}$$

副反应：

$$CH_4 \longrightarrow C + 2H_2 \tag{8.13}$$

$$2CO \longrightarrow C + CO_2 \tag{8.14}$$

$$CO + H_2 \longrightarrow C + H_2O \tag{8.15}$$

副反应消耗了原料，并且析出的炭黑沉积在催化剂表面将使催化剂失活，因此必须抑制副反应的发生。反应的特点如下：

（1）可逆反应。在一定的条件下，反应可以向右进行生成 CO 和 H_2，称为正反应；随着生成物浓度的增加，反应也可以向左进行，生成甲烷和水蒸气，称为逆反应。因此生产中必须控制好工艺条件，使反应向右进行，生成尽可能多的 CO 和 H_2。

（2）气体体积增大反应。一分子甲烷和一分子水蒸气反应后，可以生成一分子 CO 和三分子 H_2，因此当其他条件确定时，降低压力有利于正反应的进行，从而降低转化气中甲烷的含量。

（3）吸热反应。甲烷的蒸气转化反应是强吸热反应，为了使正反应进行得更快、更彻底，就必须由外界提供大量的热量，以保持较高的反应温度。

（4）气—固相催化反应。甲烷的蒸气转化反应，在无催化剂的参与的条件下，反应的速度缓慢。只有在合适的催化剂镍作用下，才使得转化的反应实现工业化成为可能。

目前，拥有天然气制氢技术的国外公司主要有法国的德希尼布（Technip）、德国的鲁奇（Lurgi）、林德（Linde）和伍德（Uhde），英国的福斯特惠勒（Foster Wheeler）及丹麦的托普索（Topsoe）等，生产 $1000m^3 H_2$ 综合能耗基本在 11.30~12.56GJ。天然气制氢主要采用自热转化法和蒸气转化法两种工艺，以 Technip、Linde、Uhde 三种蒸气转化工艺为代表的蒸气转化法最具优势，装置上应用最多。

国内现有的大型、特大型天然气制氢装置多为国外引进技术，核心技术蒸气转化工序仍需要采用国外的先进工艺技术，但在变换和 PSA 工艺技术方面，西南化工研究设计院开发的 PSA 技术已具有工业应用的条件。中、小型规模的天然气制氢装置也建有不少，主要采用自主开发的间歇式天然气蒸气转化制氢工艺、加压蒸气转化工艺和换热式两段蒸气转化工艺。其中，加压蒸气转化工艺在该领域内占有相当的优势，工艺成熟可靠，并在国内有各种规模（大、中、小型）多套工业化装置运行；换热转化工艺是一种节约天然气原料的技术，但受换热转化反应器设计的限制，目前国内仅在中、小型装置中使用。

传统的天然气蒸气转化法或部分氧化法制氢技术在制得氢气的同时,要伴随着大量的CO_2排放,不仅造成能源浪费,更重要的是CO_2对全球气候的负面影响已经引起了国际社会的普遍关注。近年来,利用天然气制氢同时副产炭黑的方法引起了人们的重视,特别是等离子体法制氢的技术。挪威的Kvaerner Oil&Gas公司开发了等离子体法分解天然气制成氢气和炭黑的工艺,即所谓的"CB&HProcess"。

3. 石油制氢技术

通常不直接用石油制氢,而用石油初步裂解后的产品,如石脑油、重油、石油焦以及炼厂干气制氢。

石脑油(naphtha)是石油产品之一,又叫化工轻油、粗汽油,是以原油或其他原料加工生产的用于化工原料的轻质油,主要用作化工原料,因用途不同有各种不同的馏程。作为生产乙烯的裂解原料时,采用70~145℃馏分,称轻石脑油;当以生产芳烃或高辛烷值汽油为目的时,采用70~180℃馏分,称重石脑油;用作溶剂时,则称溶剂石脑油;来自煤焦油的芳香族溶剂也称重石脑油或溶剂石脑油。

重油是原油提取汽油、柴油后的剩余重质油,其特点是分子量大、黏度高。重油的相对密度一般在0.82~0.95,热值在10000~11000kcal/kg,其成分主要是碳氢化合物,另外含有部分的硫黄及微量的无机化合物。

减压渣油经焦化装置在500~550℃下裂解焦化而生成的黑色固体为石油焦。一般认为它是无定形碳,或是一种高度芳构化的高分子碳化物中、含有微小石墨结晶的针状或粒状构造的炭体物,碳氢比很高(18~24),相对密度为0.9~1.1,灰分为0.1%~1.2%,挥发物为3%~16%。

炼厂干气主要来自原油的二次加工过程,如重油催化裂化、热裂化、延迟焦化等,其中催化裂化(FCC)产生的干气量较大,一般占原油加工量的4%~5%。FCC干气的主要成分是氢气(占25%~40%)和乙烯(占10%~20%),延迟焦化干气的主要成分是甲烷和乙烷。

石油制氢技术主要的反应如下:

$$C_nH_m + \frac{n}{2}O_2 \longrightarrow nCO + \frac{m}{2}H_2 \tag{8.16}$$

$$C_nH_m + nH_2O \longrightarrow nCO + (n+\frac{m}{2})H_2 \tag{8.17}$$

$$H_2O + CO \longrightarrow CO_2 + H_2 \tag{8.18}$$

8.1.2 水电解制氢技术

水电解制氢是一种较为方便的制取氢气的方法。在充满电解液的电解槽中通入直流电,水分子在电极上发生电化学反应,分解成氢气和氧气。水电解制氢的优点:产品纯度高、操作简便、无污染、可循环利用等。水电解制氢目前主要包括碱性水溶液电解制氢和固体聚合物电解质水电解制氢。

1. 碱性水溶液电解制氢

碱性水溶液电解技术是以KOH、NaOH水溶液为电解质,采用石棉布等作为隔膜,在直流电的作用下,将水电解,生成氢气和氧气。产出的气体需要进行脱碱雾处理。碱性水溶液电解于20世纪中期就实现了工业化。该技术较成熟,设备运行寿命可达15年。碱性电解槽以含液态电解质和多孔隔板为结构特征,如图8.2所示。

碱性水溶液(KOH溶液)电解的电化学原理:

阳极： $4OH^- \longrightarrow 2H_2O+O_2(g)+4e^-$ (8.19)

阴极： $4H_2O+4e^- \longrightarrow 2H_2(g)+4OH^-$ (8.20)

总反应： $2H_2O \longrightarrow 2H_2(g)+O_2(g)$ (8.21)

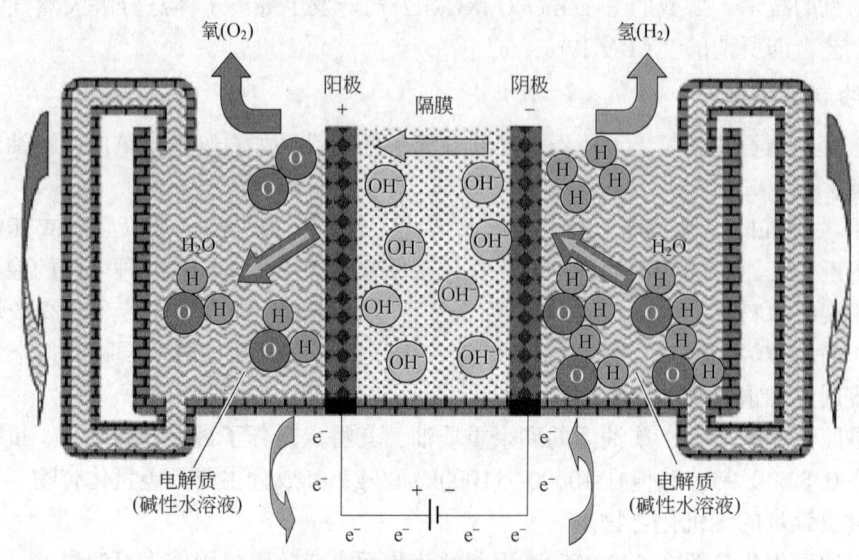

图 8.2　碱性水溶液电解制氢装置

电解槽是碱性水溶液电解制氢装置的主体设备，由若干小电解室组成，每个电解室包括电极（含阳极和阴极）、电解质和隔膜。需要电极是优良导体、有效去除气泡、催化性能高、不易腐蚀。对电解质的要求是离子导电性强、腐蚀性小、抗 pH 值变化能力强、挥发性低。对隔膜的要求是允许电解质溶液（离子）通过、隔膜的小孔必须能充满电解液、耐腐蚀。

通常，碱性水溶解电解质电解槽的工作电流密度约为 $0.25A/cm^2$，能源效率通常在 60%左右。在电解质体系中，所用的碱性水溶液（如 KOH）会与空气中的 CO_2 反应，形成在碱性条件下不溶的碳酸盐，如 K_2CO_3。这些不溶性的碳酸盐会阻塞多孔的催化层，阻碍产物和反应物的传递，大大降低电解槽的性能。另一方面，电解质电解槽也难以快速关闭或者启动，制氢的速度也难以快速调节，因为必须时刻保持电解池的阳极和阴极两侧上的压力均衡，防止氢气、氧气等气体穿过多孔的石棉膜混合，进而引起爆炸。因此，电解槽就难以与具有快速波动特性的可再生能源配合。

电解槽的工作电压可由能斯特方程得出：

$$\Delta G_0 = -nFE^0 \quad (8.22)$$

式中　n——反应中电子转移数；

F——法拉第常数，96500C/mol；

E^0——标准状态下反应的标准电动势，V。

根据 $2H_2(g)+O_2(g) \Longrightarrow 2H_2O$（$\Delta G_0 = -474.4kJ/mol$）可得电解水的理论工作电压是 1.23V，电解水的实际电压如下：

$$E = E^0 + IR + \eta_{H_2} + \eta_{O_2} \quad (8.23)$$

式中　E^0——水分解理论电势；

I——电解电流，A；

R——电解池总电阻，Ω；

η_{H_2}——氢过电位，V；

η_{O_2}——氧过电位，V。

电解池电阻包括溶液电阻、隔膜电阻、电极电阻和接触电阻，其中前两者为主要因素。电解液的导电率越高，压降越小。

目前电解 $1m^3$ 的氢气实际需要的电量约 $4.5kW \cdot h$，实际工作电压约在 $1.9V$，可提升空间很大。

目前，碱性水溶液电解制氢在国内已经工业化，中国水电解制氢装置的安装总量在 1500~2000 套左右，碱性水溶液制氢技术占绝对主导地位。在碱性水溶液制氢设备方面，目前国内设备的水平最大可达 $1000m^3/h$，代表企业有苏州竞立制氢设备有限公司、天津市大陆制氢设备有限公司等。由于产品需进行脱碱等处理，不仅设备体积大，而且有污染。

2. 固体聚合物电解质水电解制氢

由于碱性水溶液电解制氢电解槽仍存在着诸多问题需要改进，促使固体聚合物电解质（SPE）水电解技术快速发展。首先实际应用的 SPE 为质子交换膜（PEM），因而也称为 PEM 电解。以质子交换膜替代石棉膜传导质子，并隔绝电极两侧的气体，这就避免了碱性水溶液电解制氢电解槽使用强碱性液体电解质所带来的缺点。同时，PEM 水电解池采用零间隙结构，电解池体积更为紧凑、精简，降低了电解池的电阻，大幅提高了电解池的整体性能。PEM 电解槽的运行电流密度通常高于 $1A/cm^2$，至少是碱性水溶液电解槽的四倍，具有效率高、气体纯度高、绿色环保、能耗低、无碱液、体积小、安全可靠、可实现更高的产气压力等优点，被公认为制氢领域极具发展前景的技术之一。

典型的 PEM 水电解池主要部件包括阴阳极端板、阴阳极气体扩散层、阴阳极催化层和质子交换膜等。其中，端板起固定电解池组件，引导电的传递与水、气分配等作用；扩散层起集流、促进气液的传递等作用；催化层的核心是由催化剂、电子传导介质、质子传导介质构成的三相界面，是电化学反应发生的核心场所；质子交换膜作为固体电解质，一般使用全氟磺酸膜，起到隔绝阴阳极生成气、阻止电子的传递、传递质子的作用。目前，常用的质子交换膜有 Nafion（DuPont）、Dowmembrane（Dow Chemical）、Flemion（Asahi Glass）、Aciplex-S（Asahi Chemical Industry）与 Neosepta-F（Tokuyama）等。与碱性水溶液电解相比，PEM 水电解系统无须脱碱，压力调控裕度更大。在商业化初期，PEM 的成本主要集中在 PEM 电解池本身。在 PEM 水电解池中，由扩散层、催化层与质子交换膜组成的膜电极是水电解反应发生的场所，是电解池的核心部件。提高运行的电流密度，可以降低电解的设备投资，而且宽范围的运行电流密度更有利于配合可再生能源的波动性。

由于极化的存在，电解池的实际电解电压超过了热力学所获得的理论电解电压 E_{rev}。电解池的极化包括活化极化、欧姆极化与浓差极化。PEM 水电解电极反应中阳极析氧反应极化远高于阴极析氢反应的极化，是影响电解效率的重要因素。电化学极化主要与电催化剂的活性相关，选择高活性的催化剂、改善电极反应的三相界面有利于降低电化学极化。水电解反应析氢、析氧，特别是析出的原子氧具有强氧化性，对阳极侧的催化剂载体与电解池材料的抗氧化与耐腐蚀要求较高。理想的析氧电催化剂应具有高的比表面积与孔隙率、高的电子传导率、良好的电催化性能、长期的机械与电化学稳定性、小的气泡效应、高选择性、便宜可用与无毒性等。满足上述条件的析氧催化剂主要是 Ir、Ru 等贵金属、氧化物以及以它们为基的二元、三元合金或混合氧化物。因为 Ir、Ru 的价格昂贵且资源稀缺，而目前的 PEM 电解槽的 Ir 用量往往超过 $2mg/cm^2$，迫切需要减少 IrO_2 在 PEM 水电解池中的用量。商业化的 Pt 基催化剂可直接用于 PEM 水电解阴极的析氢反应，现阶段 PEM 水电解阴极的 Pt 载量约为 $0.4 \sim 0.6mg/cm^2$。

PEM 水电解的欧姆极化主要来源为电极电阻、膜电阻和集流体电阻，膜电阻是欧姆极化损失的主要来源，膜电阻随着膜厚度的增加而增加。为降低膜电阻，可选择较薄的膜以降低欧姆极化，同时需综合考虑气体的渗透与膜的降解因素，且生成气体在膜内的渗透随着电解时间与温度的增加而增加，并且反比于膜的厚度。选用导电性能优良的材料来制备电极和集流体，提高催化层和膜内的质子传导率、降低各组件的接触电阻、减小催化层的厚度有利于降低欧姆极化。而浓差极化与水的供给及产出气体的排出直接相关，受扩散层亲水、憎水特性以及流场设计的影响。PEM 水电解的扩散层多采用 Ti 基材料并进行耐腐蚀表面处理，以抵抗析氢、析氧条件下的腐蚀问题。扩散层材料本身既涉及欧姆极化，扩散层结构又与扩散极化相关，需要综合考虑。

国内的 PEM 水电解技术研究起步于 20 世纪 90 年代，尚处于从研发走向工业化的前期阶段，针对特殊领域制氢、制氧的需求，主要研发单位有中国科学院大连化学物理研究所、中国船舶集团有限公司第七一八研究所、北京航天科技医学工程研究所。目前市场上小批量销售的 PEM 电解产品主要是国外产品的代理，产氢量范围为 $0.3 \sim 2.0 m^3/h$。

8.1.3 氢气提纯技术

水电解制氢的纯度较高，但是化石能源制氢含有大量杂质，比如 CO、CO_2 等，因此需要提纯后才能使用。氢气提纯技术是将各种工业气体原料气，经催化除氧、吸附干燥和过滤除尘而获得高纯氢气。氢气提纯技术所采用的装置是一种催化型纯化（净化）装置，采用特制的催化剂，具有较高的活性，能使工业气体中杂质氧降到 1×10^{-8} 以下，并可长期使用，无须再生处理。氢气提纯技术可分为变压吸附工艺（PSA）、膜分离工艺及深冷分离工艺。

（1）变压吸附工艺是一种新型气体吸附分离技术，它有如下优点：一般可在室温和不高的压力下工作，床层再生时不用加热，产品纯度高；设备简单，操作、维护简便；连续循环操作，可完全达到自动化。变压吸附工艺的基本原理是利用吸附剂对吸附质在不同分压下有不同的吸附容量，并且在一定的吸附压力下，对被分离的气体混合物的各组分有选择性的特性来提纯氢气，其纯度一般为 $99\% \sim 99.999\%$。

（2）膜分离工艺以选择性透过膜为介质，在电位差、压力差、浓度差等推动力下，有选择地透过膜，从而达到分离提纯的目的，可分为钯膜扩散法和有机中空纤维膜扩散法。

① 钯膜扩散法。在一定温度下，氢分子在钯膜一侧离解成氢原子，溶于钯并扩散到另一侧，然后结合成分子，经一级分离可得到 $99.99\% \sim 99.9999\%$ 纯度的氢。该技术对原料气中的氧、水、重烃、硫化氢、烯烃等的含量要求很严，氧会在钯合金膜表面发生氢氧催化反应，反应产生的大量热使扩散室中钯合金膜局部过热受损，水、硫化氢、烯烃、重烃会使钯合金表面中毒，氢气进入钯膜之前，氧降至 0.1×10^{-6}，水和其他杂质量降到 1×10^{-6} 以下。钯膜的渗透压力，通常膜前为 $1.4 \sim 3.45 MPa$，膜后压力为 $448 \sim 690 kPa$。由于钯属于贵金属，本法只适于较小规模且对氢气纯度要求很高的场合使用。

② 有机中空纤维膜扩散法。采用有机中空纤维膜分离工艺，可以利用放空尾气的自身压力，以膜两侧的分压差为推动力。

(3) 深冷分离工艺是利用原料组分的沸点差实现分离。由于氢气的挥发度比烃类和一般组分高，因此最简单和最常用的深冷分离工艺是采用分级部分冷凝法，根据冷凝液的特性可采用二级或三级部分冷凝。但该方法获得的氢气纯度相对偏低，一般可达 95% 纯度。

8.2 氢能的储运技术

氢气的质量能量密度约为 120MJ/kg，约为汽油、柴油、天然气的 2.7 倍，但单位体积能量密度仅为天然气的 1/3，如何保持高能量密度储存是储氢技术的关键。根据用于制氢和用氢的条件、供应区域和需求区域之间的距离等因素，储氢有不同的应用方法。

8.2.1 液化储氢技术

液化氢气密度为常温下的 845 倍，氢气液化储存需要达到超低温（-253℃），但氢气液化成本高，能量损失大，也仅在一些特殊领域有所运用，如航天领域。当前也在研究运用合金储存或者芳烃类有机物进行储存，但储存的氢气质量分数都在 10% 以下，还需要配套催化加氢脱氢设备，相对于储气罐储存仍没有优势。

为了保证低温、高压条件，不仅对储罐材质有要求，而且需要有配套的严格的绝热方案与冷却设备。因此，低温液化储氢的储罐容积一般较小，氢气质量密度为 10% 左右。目前，低温液化储氢技术还须解决以下几个问题：(1) 为了提高保温效率，须增加保温层或保温设备，如何克服保温与储氢密度之间的矛盾？(2) 如何减少储氢过程中氢气气化所造成的 1% 左右的氢气损失？(3) 如何降低保温过程所耗费的相当于液氢质量能量 30% 的能量？

8.2.2 高压气态储氢技术

高压气态储氢技术将氢气压缩，以高密度气态形式储存，具有成本较低、充放氢速度快等特点，是发展较成熟的储氢技术。该技术的储氢密度受压力影响较大，压力又受储罐材质限制。因此，目前研究热点在于储罐材质的改进。Zuttel 等发现氢气质量密度随压力增加而增加，在 30~40MPa 时增加较快，当压力大于 70MPa 时变化很小。因此，储罐工作压力须在 35~70MPa。目前，高压储氢储罐主要包括金属储罐、金属内衬纤维缠绕储罐和全复合轻质纤维缠绕储罐。

1. 金属储罐

金属储罐采用性能较好的金属材料（如钢）制成，受其耐压性限制，早期钢瓶的储存压力为 12~15MPa，氢气质量密度低于 1.6%。近年来，通过增加储罐厚度，能一定程度地提高储氢压力，但会导致储罐容积降低，70MPa 时的最大容积仅 300L，氢气质量密度较低。对于移动储氢系统，必将导致运输成本增加。由于储罐多采用高强度无缝钢管旋压收口而成，随着材料强度提高，对氢脆的敏感性增强，失效的风险有所增加。同时，由于金属储氢钢瓶为单层结构，无法对容器安全状态进行实时在线监测。因此，这类储罐仅适用于固定式、小储量的氢气储存，远不能满足车载系统要求。

2. 金属内衬纤维缠绕储罐

1940年,美国科学家发现部分纤维材料(如酚醛树脂)具有轻质、高强度、高模量、耐疲劳、稳定性强的特点,并将其用于制造飞机金属零件。随着氢能的发展,高压储氢技术对容器的承载能力要求增加,郑津洋等创造性地设计了一种金属内衬纤维缠绕储罐,利用不锈钢或铝合金制成金属内衬,用于密封氢气,利用纤维增强层作为承压层,储氢压力可达40MPa。由于不用承压,金属内衬的厚度较薄,大大降低了储罐质量。

目前,常用的纤维增强层材料为高强度玻璃纤维、碳纤维、凯夫拉纤维等,缠绕方案主要包括层板理论与网格理论。多层式金属内衬纤维缠绕储罐结构不仅可防止内部金属层受侵蚀,还可在各层间形成密闭空间,以实现对储罐安全状态的在线监控。加拿大的Dynetek公司开发的金属内胆储氢罐,已能满足70MPa的储氢要求,并已实现商业化。由于金属内衬纤维缠绕储罐成本相对较低,储氢密度相对较大,也常被用作大容积的氢气储罐。

3. 全复合轻质纤维缠绕储罐

为了进一步降低储罐质量,人们利用具有一定刚度的塑料代替金属,制成了全复合轻质纤维缠绕储罐。这类储罐的筒体一般包括3层:塑料内胆、纤维增强层、保护层。塑料内胆不仅能保持储罐的形态,还能兼作纤维缠绕的模具。同时,塑料内胆的冲击韧性优于金属内胆,具有优良的气密性、耐腐蚀性、耐高温和高强度、高韧性等特点。

由于全复合轻质纤维缠绕储罐的质量更低,约为相同储量钢瓶的50%,因此,其在车载氢气储存系统中的竞争力较大。日本丰田公司推出的碳纤维复合材料新型轻质耐压储氢容器就是全复合轻质纤维缠绕储罐,储存压力高达70MPa,氢气质量密度约为5.7%,容积为122.4L,储氢总量为5kg。同时,为了将储罐进一步轻质化,该公司提出了3种优化的缠绕方法:强化筒部的环向缠绕、强化边缘的高角度螺旋缠绕和强化底部的低角度螺旋缠绕,能减少缠绕圈数,减少纤维用量40%。

8.2.3　化学储氢技术

化学储氢技术是利用储氢介质在一定条件下能与氢气反应生成稳定化合物,再通过改变条件实现脱氢的技术,主要包括有机液体储氢、液氨储氢、配位氢化物储氢、无机物储氢与甲醇储氢。

(1)有机液体储氢。有机液体储氢技术基于不饱和液体有机物在催化剂作用下进行加氢反应,生成稳定化合物,当需要氢气时再进行脱氢反应。有机液体储氢技术具有较高储氢密度,通过加氢、脱氢过程可实现有机液体的循环利用,成本相对较低。同时,常用材料(如环己烷和甲基环己烷等)在常温常压下即可实现储氢,安全性较高。然而,有机液体储氢也存在很多缺点,如需配备相应的加氢、脱氢装置,成本较高;脱氢反应效率较低,且易发生副反应,氢气纯度不高;脱氢反应常在高温下进行,催化剂易结焦失活等。

(2)液氨储氢。液氨储氢技术是指将氢气与氮气反应生成液氨,作为氢能的载体进行利用。液氨在常压、400℃条件下即可得到H_2,常用的催化剂包括钌系、铁系、钴系与镍系,其中钌系的活性最高。基于此,小岛由继等提出将液氨直接用作氢能燃料电池的燃料。但有报告称,体积分数仅1×10^{-6}未被分解的液氨混入氢气中,也会造成氢能燃料电池的严重恶化。同时,液氨燃烧产物为氮气和水,不产生对环境有害的气体。2015年7月,作为氢能载体的液氨首次作为直接燃料用于燃料电池中。通过对比，发现液氨燃烧涡轮发电系统的效率（69%）与液氢系统效率（70%）近似。然而液氨的储存条件远比液氢缓和，与丙烷类似，可直接利用丙烷的技术基础设施，大大降低了设备投入。因此，液氨储氢技术被视为最具前景的储氢技术之一。

（3）配位氢化物储氢。配位氢化物储氢利用碱金属与氢气反应生成离子型氢化物，在一定条件下，再分解出氢气。最初的配位氢化物是由日本研发的氢化硼钠（$NaBH_4$）和氢化硼钾（KBH_4）等。但其存在脱氢过程温度较高等问题，因此，人们研发了以氢化铝络合物为代表的新一代配合物储氢材料，储氢质量密度可达到7.4%，同时，添加少量的 Ti^{4+} 或 Fe^{3+} 可将脱氢温度降低100℃左右。这类储氢材料的代表有 $NaAlH_4$、$LiAlH_4$、$KAlH_4$、$Mg(AlH_4)_2$ 等，储氢质量密度可达10.6%。目前，作为一种极具前景的储氢材料，研究人员还在努力探索改善其低温脱氢性能的方法，同时，也在针对这类材料的回收、循环、再利用做进一步深入研究。

（4）无机物储氢。无机物储氢材料基于碳酸氢盐与甲酸盐之间相互转化，实现储氢、脱氢。反应一般以 Pd 或 PdO 作为催化剂，以吸湿性强的活性炭为载体。以 $KHCO_3$ 或 $NaHCO_3$ 为储氢材料时，氢气质量密度可达2%。该方法便于大量储存和运输，安全性好，但储氢量和可逆性都不是很理想。

（5）甲醇储氢。甲醇储氢技术是指将一氧化碳与氢气在一定条件下反应生成液体甲醇，作为氢能的载体进行利用。在一定条件下，甲醇可分解得到氢气，用于氢燃料电池，同时，甲醇还可直接用作燃料。2017年，北京大学的科研团队研发了一种铂—碳化钼双功能催化剂，让甲醇与水反应，不仅能释放出甲醇中的氢，还可以活化水中的氢，最终得到更多的氢气。同时，甲醇的储存条件为常温常压，且没有刺激性气味。

8.3 氢能的应用技术

8.3.1 氢燃料电池技术

氢燃料电池是将氢气和氧气的化学能直接转换成电能的发电装置，其基本原理是水电解的逆反应，把氢和氧分别供给阳极和阴极，氢通过阳极向外扩散和电解质发生反应后，放出电子通过外部的负载到达阴极。

氢燃料电池技术的特点主要有：（1）对环境无污染，只会产生水和热。如果氢是通过可再生能源产生的（光伏电池板、风能发电等），整个循环就是彻底不产生有害物质排放的过程。（2）无噪声。氢燃料电池运行安静，噪声大约只有55dB，相当于人们正常交谈的水平，这使得氢燃料电池适合于室内安装，或是在室外对噪声有限制的地方。（3）高效率。氢燃料电池的发电效率可以达到50%以上，这是由氢燃料电池的转换性质决定的，直接将化学能转换为电能，不需要经过热能和机械能（发电机）的中间变换。

氢燃料电池主要应用于航天及汽车（公共交通）领域。往返于太空和地球之间的"阿波罗"飞船就安装了这种体积小、容量大的装置。进入20世纪70年代以后，随着人们不断地掌握多种先进的制氢技术，氢燃料电池很快就被运用于发电和汽车。

作为真正意义上"零排放"的清洁能源，氢燃料电池在发达国家的应用正在提速。中国首辆氢燃料电池电动机车历时四年终于研制成功，可以用于工业领域，比如矿山牵引车。另外，2008年奥运会期间中国自主研制的20辆氢燃料电池轿车投入运营，为首批获得国家上路许可证的氢燃料电池汽车，同济大学参与研制。2022年北京冬奥会的开幕式上，主火炬是在冬奥会历史上首次采用氢能作为火炬燃料。此外，北京冬奥会期间，还首次实现了氢能汽车的大规模示范应用。

8.3.2 化工用氢

现阶段氢气主要用于化工领域，少部分用于交通运输领域，其中用量最大的是作为一种重要的石油化工原料，用于生产合成氨、甲醇以及石油炼制过程的加氢反应。此外，氢在电子工业、冶金工业、食品加工、浮法玻璃、精细化工合成、航空航天工业等领域也有应用。在我国，氢气主要是作为化工合成的中间产品和原料。

（1）合成氨工业的氢能应用。中国工业制氢50%~60%用在了合成氨工业，理论上生产1t合成氨需要1976m^3的氢气。

（2）石油化工氢能利用。石油催化加氢是石油馏分（包括渣油）在氢气存在下催化加工过程的通称。中国加氢装置年加工能力已超过$5000×10^4$t，占原油总蒸馏能力的18.6%，但仍低于世界平均水平50.1%，从而制约了产品模式和产品质量的提高。加氢过程按照生产目的不同可分为以下四种：

① 加氢精制。加氢精制的目的是除去油品中的硫、氮、氧等杂原子及金属杂质，并对部分芳烃或烯烃加氢饱和，改善油品的使用性能。

② 加氢裂化。加氢裂化包括烷烃加氢裂化反应制烯烃、烷烃加氢异构化使分子结构重整、烯烃加氢生成饱和烷烃、进行重整异构化、芳香烃加氢。

③ 渣油加氢处理。渣油加氢处理技术指较重的原料油在较苛刻条件下，发生一定转化反应的加氢工艺过程。

④ 润滑油加氢。润滑油加氢指使润滑油的组分发生加氢精制和加氢裂化等反应，使一些非理想组分结构发生变化，以脱除杂原子并改善润滑油的使用性能。

8.4 氢能发展现状

8.4.1 国外氢能发展现状

1. 美国氢能发展现状

美国是氢能经济的倡导者，也是推动氢能发展的重要国家之一。美国对氢能源的发展非常重视，一是基于"全方位"能源战略，实现在氢能前沿技术上的研发和储备；二是将氢视为具备统一国家能源资源潜力的载体，用氢气整合其丰富的化石能源，加强能源独立；三是通过氢能产业链带动包括运输、建筑、钢铁、石油炼制等工业部门发展，实现推动国内经济发展的目标。

美国的氢能产业起步早，且后期发展也较为稳定。美国政府颁布了一系列政策并启动了大型科研计划，以积极引导并努力实现化石能源经济逐渐向氢能经济过渡。Freedom CAR and Fuel Initiative是其中之一，该计划于2003年开始实施，总投入为17亿美元，其中7.2

亿美元用于氢的制备、储运和转换以及相关基础设施的研发,以满足氢燃料电池车和发电的需求。

2. 日本氢能发展现状

日本氢能发展较早,代表了亚洲氢能发展的先进水平。其中,日本氢能和氢燃料电池技术拥有专利数居全球第一。日本政府层面高度重视氢能产业的发展,提出"成为全球第一个实现氢能社会的国家"的目标。日本发展氢能一方面着眼于减少对海外油气的依赖,实现能源多元化并缓解碳减排压力;另一方面旨在通过氢能及氢燃料电池的技术储备重新掌握全球新能源汽车发展的主导权,培育具有国际竞争力的战略新兴产业。为此,日本先后发布了《日本复兴战略》《能源战略计划》《氢能源基本战略》《氢能及燃料电池战略路线图》,规划了实现氢能社会战略的技术路线。其中,2017年日本政府发布了《氢能源基本战略》,为全球首例。在过去的30多年里,日本政府先后投入数千亿日元用于氢能及氢燃料电池技术的研究和推广,并对加氢基础设施建设和终端应用进行补贴。目前,日本已实现氢燃料电池车和家用热电联供系统的大规模商业化推广。产业化则从氢燃料电池车和家用热电联供系统实现重点突破。2018年,日本在神户建立1.7MW的氢能发电机组示范运行。为解决氢气的持续供给问题,日本经济产业省下属的新能源与产业技术综合开发机构(NEDO)出资300亿日元支持国内企业在文莱和澳大利亚探索化石能源制氢并液化海运至本土。截至2018年底,日本在营的加氢站有113座,计划2025年建成320座,2030年达到900座;氢燃料电池车数量达到2839辆,计划2025年保有量达20万辆,2030年达80万辆,2040年实现氢燃料电池车的普及。

3. 韩国氢能发展现状

韩国政府计划将氢能打造为继显示器、半导体之后第三大具备战略竞争优势的产业,为实现该目标,在执行层面与现代汽车集团紧密协同,重点发展以车辆为中心的运输领域和电、热、氢协同领域,以提高能源自给率。在氢能利用方面,韩国大力推动氢能发电,推动以清洁能源取代化石燃料发电。在具体实施过程中,韩国对用于发电、建筑、交通等方面的氢能源产业给予创业支持,并强化生产力量,构建氢燃料电池产业生态圈,增设相关产业园,保障氢燃料电池供应。韩国完备的天然气基础设施支持了氢燃料电池项目的迅速普及,2018年,排名前6的氢燃料电池公司已经部署了近300MW装机,并计划2040年燃料电池产量将扩大至15GW。同年,韩国现代汽车正式发布"下一代燃料电池车"Nexo。韩国氢燃料电池汽车销量跃居全球第一。截至2019年底,韩国氢燃料电池汽车累计出口达1724辆,同比几近翻番;韩国国内普及率也同比增加6倍,首次突破5000辆关口。在氢能储备方面,截至2018年底,韩国在营加氢站14座,计划2025年达到210座,2030年达到520座;氢燃料电池车保有量约300辆,计划2025年达到15万辆,2030年达到63万辆。

4. 欧盟氢能发展现状

为了改善全球气候,减少碳排放量,欧盟将氢能作为重要的低碳能源。欧盟委员会将氢能作为发展可再生能源的一部分,在颁发的促进可再生能源发展的政策文件中均提及支持氢能与氢燃料电池。在能源战略层面,欧盟制定了《2005欧洲氢能研发与示范战略》《2020气候和能源一揽子计划》《2030气候和能源框架》《2050低碳经济战略》等文件。在能源转型层面,欧盟发布了《可再生能源指令》《新电力市场设计指令和规范》《气候行动和可再生能源》《所有欧盟人的清洁能源》等文件（游双矫等，2019）。欧盟将氢能视为能源安全和能源转型的保障，注重与可再生能源协同发展，以加快氢能产业链布局，在应用场景和产业化布局方面全球领先。目前，欧洲在建和运营的可再生能源发电制氢技术示范项目已超过50处，最高规模达100MW；在氢燃料电池列车、船舶、重型卡车等交通领域，以及氢能冶金、泛欧加氢网络等方面均有示范项目持续推进。截至2018年底，欧盟在运加氢站152座，部署氢燃料电池乘用车约1080辆，大巴及列车59辆（列）；发电装机28.8MW。欧盟计划在2025年部署加氢站770座，2030年达到1500座。

德国是欧盟发展氢能最具代表性的国家，氢能与可再生能源融合发展是其可持续能源系统和低碳经济的重要组成部分。德国专门成立了国家氢能与氢燃料电池技术组织推进相关领域工作。2006年，氢能和氢燃料电池技术国家创新计划（NIP）正式启动，从2007年至2016年共投资14亿欧元，资助了超过240家企业、50家科研和教育机构以及公共部门；2017—2019年开展第二阶段的工作，投资2.5亿欧元。基于此，德国确立了在氢能及氢燃料电池领域的技术领先地位，可再生能源制氢规模排名全球第一，氢燃料电池的供应和制造方面排名全球第三。在加氢基础设施方面，德国运营着世界第二大加氢网络，在营加氢站60座，仅次于日本。

8.4.2　国内氢能发展现状

中国高度重视氢能开发和利用。自2011年以来，政府部门在《"十三五"国家战略性新兴产业发展规划》《能源技术革命创新行动计划（2016—2030年）》《节能与新能源汽车产业发展规划（2012—2020年）》《中国制造2025》等顶层规划中均引导并鼓励氢能及氢燃料电池产业发展。截至2022年，中国氢气产能约4100×10^4t/a，产量约3342×10^4t/a，其中60%以上的氢气源自煤制氢。在技术积累方面，中国已初步掌握了氢气制备、储运、加注，以及氢燃料电池电堆与关键材料、动力系统与核心部件、整车集成等核心技术。水电解制氢和天然气重整制氢技术具有一定优势，氢燃料电池膜电极、双极板、质子交换膜已实现国产化，氢燃料电池商用车具有较强的研发制造能力。在产业基础方面，中国产氢规模全球第一，已建及在建加氢站超过30座，全球最大质子交换膜氢燃料电池发电项目投入示范运营。

为抢占氢能产业制高点，20多个省市发布了氢能产业发展规划与支持政策，加快布局氢能产业。上海形成了较为完善的氢燃料电池汽车产业链，如皋是联合国开发计划署在中国启动"氢经济示范城市"项目的首个城市，佛山、云浮打造了国内领先的氢燃料电池汽车核心部件研发生产基地。此外，山东、北京、武汉等省市也将氢能产业作为重点予以推进。目前，中国已初步形成长三角、珠三角、京津冀等主要氢能产业集群。具体呈现以下两个显著特点：

（1）能源制造业大型骨干企业加速布局。中国氢能及氢燃料电池产业发展初期以中小企业、民营企业为主，能源与制造业大型骨干企业的介入程度有限。随着中国氢能源及氢燃料电池产业创新战略联盟的成立，大型骨干企业加速布局氢能产业。截至2020年，中国氢能产业投融资规模712亿元，在氢燃料电池产业链的投融资金额达515亿元，部分先发地区产业集聚效应初步形成，汇聚产值规模突破千亿元。

（2）区域产业集聚效应显著。近年来，北京、上海、广东、江苏、山东、河北等地纷纷依托自身资源禀赋发布地方氢能发展规划，并先行先试推动氢能及氢燃料电池产业化进程。截至2018年，上述六省市产业链相关企业合计占全国规模以上企业总数的51%。2018年，仅广东、北京、河北三地的氢燃料电池车销售量占比就高达79.56%。

虽然中国制氢能力居世界前列，但生产主要依赖化石能源，消费主要作为工业原料，清洁能源制氢和氢能的能源化利用规模较小。国内由煤、天然气、石油等化石燃料生产的氢气占了将近70%，工业副产气体制得的氢气约占30%，水电解制氢占不到1%。氢能储运和加注产业化整体滞后。压缩氢气主要通过氢气拖车和氢气管道两种方式运输。氢气拖车以压缩氢气运输为主，液态、固态和有机液体储氢技术相对落后。氢气管道建设距离较短，仅有300~400km，最长的输氢管线为"巴陵—长岭"氢气管道，全长约42km、压力为4MPa，而美国、欧洲已分别建成2400km、1500km的输氢管道。

8.5 促进氢能发展的主要政策

8.5.1 氢能政策的原则和目的

煤、石油、天然气等化石能源赋存量随着人类的使用而不断减少，寻求可再生能源成为全球的普遍共识。氢能作为一种二次能源，是公认的绿色能源，是完全清洁的新能源和可再生能源，也是重要的化工原料，而氢能源的利用尚处于起步阶段。要把期望变成现实，尚需解决氢能源的大量廉价制取、储运和应用等难题，因此，氢能发展需要遵循以下原则与目的：

（1）坚持持续稳定的氢能发展策略。实现氢能的大规模制备、储运，仍需坚持氢能作为未来重点发展方向不动摇，做好长期、持续投入的准备，把氢能纳入能源体系来发展。加强技术研发投入，突破技术瓶颈，把握高端价值链。同时，坚持对氢能产业的扶持和补贴政策。

（2）坚持"经济、环境、社会"共赢发展。科学把握未来能源转型的方向，坚持经济可持续发展与绿色低碳发展相结合，充分发挥氢能在绿色低碳发展中的重要作用，实现能源转型与经济转型的协同。

（3）坚持开放发展与国际合作。氢能发展面临重重困难，单靠一个国家难以快速实现氢能规模化量产和能源化利用。应以开放包容的理念，多元、互利共赢的合作方式，充分开展国际合作，实现优势互补，不断发展完善产业链条，在更大范围内扩展氢能领域的合作与交流，加快实现氢能对化石能源的替代。

（4）坚持创新驱动，示范引领。氢能产业作为新兴产业，坚持探索创新机制和发展模式，注重技术创新和机制创新双轮驱动，以机制创新促进技术创新、应用创新、管理创新、模式创新，突出企业创新主体地位，形成政、产、学、研、用联合推进的创新发展机制，以创新驱动氢能发展。探索建设氢能产业园、氢能小镇、氢能港口、氢能社区等创新要素，以规模示范引领产业发展。

（5）坚持统筹规划、分步实施。准确把握国内外氢能产业发展趋势，遵循氢能产业发展规律，结合各区市发展基础和特点，制定差异化、互补化的发展策略。以高起点、高站位、高标准编制氢能产业发展规划，科学布局氢能基础设施，设定阶段性目标，分步实施，适时调整，保障氢能产业高质量发展。

8.5.2 国外促进氢能发展的主要政策

1. 欧盟的氢能发展政策

随着国际能源转型的不断推进,推进气候变化治理日益成为全世界共同关注和努力的话题,以各种路径推进绿色、低碳、高效的可再生能源利用成为各国普遍关注的前沿产业领域,在储存便利性和能量密度方面具有独特优势的氢能也成为各国争相加大投入的方向。欧盟作为全球能源和低碳转型进展较为领先,以及应对气候变化最为积极的倡导者,不仅将氢能看作实现其"碳中和"目标,还将其视作实现经济结构性转型、增强自身竞争力的重要手段,为此,欧盟从宏观层面推出了一揽子政策规划,以推动氢能产业快速发展。

一是制定了欧盟发展氢能的路线图。欧盟委员会发布了《欧盟氢能战略》和《欧盟能源系统整合策略》,希望借此为欧盟设置新的清洁能源投资议程,以达成在2050年实现气候中和的目标,同时在相关领域创造就业,进一步刺激欧盟在后疫情时代的经济复苏。欧盟计划分"三步走"来推进氢能发展:在第一阶段,即2020年至2024年,战略目标是在欧盟安装至少6GW的可再生氢能电解槽,并生产多达100×10^4t的可再生氢能,对现有氢气生产进行脱碳处理;在第二阶段,即2025年至2030年,氢能成为综合能源系统的重要组成部分,欧盟安装至少40GW的可再生氢能电解槽,生产多达1000×10^4t的可再生氢能,电解槽的投资可能在(240~420)亿欧元之间;在第三阶段,即2030年至2050年,可再生氢能技术成熟并大规模部署,以覆盖所有难以脱碳的领域。

二是建立了产业发展联盟。在欧盟推进气候和能源转型的政策框架中,在产业层面建立由企业、成员国和地区政府、非政府组织、学界等多方利益相关者所组成的产业联盟,是其发展推动相关产业的重要平台。欧盟氢能产业联盟将共同规划一批"欧洲共同利益重要项目",带动产业发展和产业链整合和强化,拟推动280家企业参与制氢电解槽的相关产业链,并推进1GW规模的电解槽项目发展。

三是加大了政策扶植力度。欧盟制定了成熟的氢能市场监管框架,通过规则和碳交易配额等市场手段,帮助绿氢与化石能源制氢之间缩小成本差距;同时,欧盟的多项公共投资机制,包括欧盟在新冠肺炎疫情后推动经济发展的"恢复基金"、欧盟多年期预算框架下的促进区域发展基金、"团结基金"以及欧盟的"投资欧盟"公共投资机制等均将加大对氢能项目的支持力度,支持依赖化石能源产业进行经济社会转型的"公正过渡机制"投资计划,也将氢能作为重点支持领域。此外,欧盟还将在氢能配套基础设施以及氢能贸易规则和国际合作方面加大投入,在科研方面也将加大相应支持力度。

2. 日本的氢能发展政策

日本能源存在对外依存度高(一次能源对外依存度高达94%)、核电重启阻力大、可再生能源计划进展缓慢等问题。日本承诺2030年、2050年将温室气体排放量相较2013年分别削减26%、80%。在以上背景下,2003年10月,日本在《第一次能源基本计划》中首次提出建设未来"氢能源社会"的目标,通过进口海外氢气资源、利用氢燃料电池进行终端利用领域革命等措施,改变日本能源供需结构和消费方式。日本政府对内将氢能作为核心二次能源,利用氢能提升能源安全,与可再生能源协同发展建设零碳社会;对外开拓业务市场,振兴产业经济,力图引领全球氢能与氢燃料电池技术发展。在以上战略目标下,日本推出了一系列政策措施。

在战略规划方面，2013 年 5 月推出的《日本再复兴战略》中把发展氢能提升为国策，并启动加氢站建设的前期工作。同年，研究制定日本《氢能与燃料电池战略路线图》，全面阐述了日本氢能源政策、技术和发展方向，并制定出氢能源研发推广时间表。2014 年第四期《能源基本计划》将氢能定位为与电力和热能并列的核心二次能源，提出建设"氢能社会"。2017 年 12 月提出的"氢能源基本战略"中为建立无碳"氢能社会"提出具体发展目标和实施路径。2018 年 7 月第五期《能源基本计划》提出了面向 2030 年及 2050 年的能源中长期发展战略。2019 年 3 月日本对《氢能与燃料电池发展战略路线图》进行第二次修订，制定了"三步走"发展计划：第一步是到 2025 年，快速扩大氢能的使用范围；第二步是到 2030 年，全面引入氢发电和建立大规模氢能供应系统；第三步是到 2040 年，全面实现零排放制氢、运氢、储氢。

在政策引导方面，日本政府出台配套财税政策，主要包括技术研发资助、商业化推广补贴和税收优惠，对日本氢能与氢燃料电池的技术进步和产业化推广进行补贴和支持。随着氢燃料电池关键技术的突破，日本政府设立了"清洁能源汽车补助金"和"氢燃料电池汽车加氢站建设补助金"，开始对车用、家用、商业及工业用氢燃料电池以及加氢基础设施建设给予持续全面补贴，同时对氢燃料电池车主提供免缴汽车重量税和购置税等税收优惠政策。

3. 美国的氢能发展政策

与其他国家不同，随着美国页岩油气革命相关技术的逐步成熟，美国能源结构和能源安全等问题并不突出，但美国重视对战略性新兴技术的占领，各届政府将氢能与氢燃料电池作为先进技术进行战略投资，确保其技术经济领先地位。美国的氢能与氢燃料电池相关政策受制于不断变化的外部利益，计划缺乏一致性，其支持政策根据每届政府的优先发展领域而变化（游双矫等，2019）。

在战略规划方面，美国早在 1970 年便提出"氢经济"概念，并出台《国家氢能发展路线图》等顶层设计文件。在 1996 年，美国国会通过了未来氢能法规（Hydrogen Future Act），批准 1.645 亿美元用于 1996 年至 2001 年期间的氢生产、储存、运输和利用相关研究、开发与示范。2001 年美国发布《美国向氢经济过渡的 2030 年远景展望》，提出要大力发展氢能。2004 年美国能源部发布《氢能技术研究、开发与示范行动计划》对各类方法的制氢成本作了相应规定。近年来，美国政府出台相关规划政策逐渐减少，但持续保持对氢能和氢燃料电池技术的研发支持，构建了完备的氢能与氢燃料电池研发体系，确保美国在相关技术的领先地位。2002 年 1 月，美国能源部发布了《美国向氢经济过渡的国家观点》，阐述了氢能替代化石燃料的必要性以及向氢能社会过渡的驱动力，并制定了国家实现向氢能经济过渡的路线图。2002 年 11 月美国能源部颁布了《国家氢能路线图》，对氢的制备、储运、转换以及应用等氢能技术进行了全面系统的阐述。2020 年发布的《美国氢能经济路线图》提出，通过氢能产业加强美国的能源领导力并促进经济，到 2030 年，氢能产业将创造 70 万个工作岗位和 1400 亿美元的利润；到 2050 年，氢能产业将创造 340 万个工作岗位和 7500 亿美元的利润。

4. 韩国的氢能政策

韩国能源安全、能源结构、经济发展状况等内外部环境与日本类似，近年来，韩国密集出台政策追赶领先国家。

在战略规划方面，2018年，韩国发布《氢燃料电池汽车产业生态战略路线图》，政策中提出了尽快布局包括氢能燃料电池汽车、加氢站、氢能源在内的产业生态系统，把健全完善氢经济相关的法律制度、创造多样的氢能商业模式、提前实现氢经济时代的内容编入国家能源规划。同年，韩国发布《创新发展战略投资计划》，将氢能产业列为三大战略投资方向之一，计划未来5年投入2.5万亿韩元。2019年，韩国工业部联合其他部门发布《氢能经济发展路线图》，提出氢经济"准备期、发展期和领导期"三步走战略，明确了氢气生产与储运、加氢站建设、氢能利用和安全等领域在不同发展阶段的目标和任务，提出在2030年进入氢能社会，率先成为世界氢经济领导者。同年，韩国发布《活用氢能源经济路线图》，旨在发展氢能源相关新兴产业，力求在2030年时，韩国氢燃料电池和氢燃料电池汽车的世界市场占有率均达到世界第一的水平。2020年，韩国率先发布全球首个《促进氢经济和氢安全管理法》，以促进基于安全的氢经济建设。

在政策引导方面，韩国政府出台财税补贴政策、放宽标准、修订法规等系列鼓励措施，重点在交通运输和固定式发电领域，加速氢燃料电池商业化推广。其中，在交通运输领域，韩国为每辆现代品牌氢燃料电池车提供购置补贴。此外，韩国政府还通过车辆购置税、高速公路费、公共停车场停车费等税费减免政策培育消费者市场，提出了放宽氢燃料电池汽车登记标准、制定公交安全标准、推动氢燃料电池汽车租赁业务、加大公务用车等支持措施（游双矫等，2019）。

8.5.3 国内的氢能政策

1. 国家层面

为了推动氢燃料电池车的生产、应用及加氢站的建设，从2011年至今，中国提出了很多政策。2011年通过的《中华人民共和国车船税法》第四条规定：纯电动汽车、氢燃料电池汽车和插电式混合动力汽车免征车船税，其他混合动力汽车按照同类车辆使用税额减半征税。2014年出台了《关于免征新能源汽车车辆购置税的公告》，对购买的新能源汽车免征车辆购置税。财政部发布了《关于新能源汽车充电设施建设奖励的通知》，对符合国家技术标准且日加氢能力不少于200kg的新建氢燃料电池汽车加氢站每个奖励400万元。2015年《中国制造2025》规划纲要出台，其中明确提出将新能源汽车作为重点发展领域，未来国家将逐步实现关键材料零部件方面国产化。2016年国家发改委和国家能源局提出15项重点创新任务，其中包括氢能与氢燃料电池技术创新。2018年发布的《四部委关于调整完善新能源汽车推广应用财政补贴政策的通知》提出，氢燃料电池补贴政策基本不变，力度不减。

近年来，国家对氢能的支持政策稳步推进，鼓励加氢站等基础设施建设首次写入了2019年《政府工作报告》，并明确了具体负责部门。截至2019年6月，国家层面提及"氢燃料电池"和"氢能"的规划文件共21个，发布相关财税补贴政策14个。但是，中国目前尚未出台国家层面氢能规划，相关支持政策分散于鼓励科技创新、新能源汽车和节能环保的措施中；财税政策集中在消费端的车辆购置补贴上，对氢燃料电池核心技术研发和产业链上游实际资金支持较少，支持政策尚未形成体系。

2. 省市层面

中国目前主要呈现"自下而上"方式推动氢能产业发展，多个省市在各类规划中均提及了氢能发展，并制定了较多政策措施以推动氢能产业发展，具体如表8.1所示。

表 8.1 省级氢能领域相关政策及主要内容

省（市）	发布时间	政策	摘要
浙江	2019年1月	浙江省汽车产业高质量发展行动计划（2019—2022）	加快培育氢燃料电池汽车产业链，支持氢燃料电池电堆等关键核心技术攻关，鼓励有能力的企业加快研制氢燃料电池汽车等，并将氢燃料电池系统包括高可靠性膜、催化剂及双极板、高压储氢产品等技术，以及高安全、高比能、长寿命动力电池系统等技术，作为十大关键核心技术研究工程。到2022年打造成为世界级汽车产业集群业；还将严格执行动力电池回收利用管理办法，推进动力电池梯级利用
广东	2019年1月	广东省打赢蓝天保卫战实施方案（2018—2020）	加快新能源汽车推广应用，2018年起，各地级以上市每年更新或新增公交车全面使用电动汽车（含氢燃料电池汽车），其中纯电动车型占比超过85%。2020年底前，珠三角地区实现全部公交电动化，等等
广东	2019年2月	广东省发展改革委关于进一步明确我省优先发展产业的通知	在绿色低碳方面包含纯电动汽车、固态电池、空气电池、钠硫电池等新体系动力电池研发与制造，氢燃料电池、氢能设备及其关键零部件制造等
山东	2019年1月	山东省装备制造业转型升级实施方案	以智能输变电装备、储能设备、分布式电源、微网控制为重点，加快发展特高压交流/直流输电成套设备、柔性直流输电成套设备、特高压高效变压器、智能高/低压成套开关、全封闭组合电器等。到2022年，电力装备产品系列更加丰富，配套能力更加完备，数字化、智能化水平显著提高，全省主营业务收入达到2000亿元，成为全国智能电力装备重要生产基地，等等
山东	2019年8月	山东省人民政府关于大力拓展消费市场，加快塑造内需驱动型经济新优势的意见	在"巩固提升住房、汽车传统消费"一项当中提出鼓励有条件的市开展燃料电池汽车示范运行，配套建设加氢站
山东	2019年9月	大力拓展消费市场加快塑造内需驱动型经济新优势重点任务细化落实分工方案的通知	鼓励有条件的市开展燃料电池汽车示范运行。由山东省工业和信息化厅牵头，积极争取国家支持，在济南、潍坊、聊城等3市推广燃料电池公交车。完成时限定为长期
山东	2020年1月	山东省人民政府关于加快胶东经济圈一体化发展的指导意见	在"基础设施互联互通"部分提出要统筹加氢站布局建设，建设胶东氢能源示范推广区
海南	2019年3月	海南省清洁能源汽车发展规划	部署燃料电池汽车综合应用生态建设，超前部署省内燃料电池汽车发展，面向氢能的全生命周期应用，引导建设商业化运营综合示范区，推动省内氢能产业发展；氢能源科学有序供给布局，等等
山西	2019年4月	山西省新能源汽车产业2019年行动计划	依托太原市、大同市、长治市等城市现有氢燃料电池汽车相关产业开展试点示范；借鉴上海、广东、武汉等省市推广经验，研究制定氢燃料电池汽车有关财政补贴扶持政策。在氢燃料电池汽车补贴政策不退坡的前提下，按照中央财政补助1:1的比例给予省级财政补助，并对加氢站和氢燃料加注进行适度补贴

续表

省（市）	发布时间	政策	摘要
山西	2019年10月	关于印发山西省企业技术创新发展三年行动计划的通知	大力推动氢能技术等新能源技术实现突破；重点推动氢燃料电池等100个高技术水平、高产出效益的技术改造标杆项目实施；制定山西省关于加快氢燃料电池汽车产业发展的实施意见，推进加氢站、氢燃料电池、氢燃料电池汽车同步发展等
河南	2019年5月	河南省加快新能源汽车推广应用若干政策	扩大氢燃料电池汽车市场应用范围，实施新能源汽车配套设施建设奖励（对燃料电池加氢站，省财政按照主要设备投资总额的30%给予奖励）
四川	2019年7月	关于落实精准电价政策支持特色产业发展有关事项的通知	对符合国家产业政策、环保政策和节能减排政策的电解铝、多晶硅、大数据、新型电池、电解氢纳入精准电价政策支持范围。新型电池、大数据及电解氢以2017年用电量为基数，2018年1月1日起的增量用电量输配电价执行单一制0.105元/（kW·h）
河北	2019年6月	关于调整化工建设项目备案权限的通知	除风力发电配套制氢、海水提溴等不适合入园项目外，园区外不得新建、扩建化工项目
江苏	2019年8月	关于促进新能源汽车产业高质量发展的意见	加快布局燃料电池汽车产业。支持燃料电池研究成果的工程化和产业化，促进催化剂、质子交换膜等关键材料、先进储氢运氢等制造设备的国产化。支持南京、无锡、苏州、南通、盐城等地开展氢燃料电池汽车试点示范运营，加快加氢站等基础设施建设，以示范应用促产业发展
北京	2019年6月	关于调整《北京市推广应用新能源汽车管理办法》相关内容的通知	燃料电池汽车按照中央与地方1∶0.5比例安排市级财政补助。如中央政策调整，本市相应政策按照中央政策另行制定
重庆	2019年7月	关于印发重庆市2019年度新能源汽车推广应用财政补贴政策的通知	鼓励各区县（自治县）制定和完善有关政策，配套支持新能源公交车、燃料电池汽车的推广应用，但不得再对新能源汽车（新能源公交车和燃料电池汽车除外）给予地方购置补贴。规定了加氢站建设补贴标准

资料来源：北极星氢能网。

8.6 氢能项目投资建设规定

8.6.1 氢能制备项目投资建设规定

1. 技术方面

如表8.2所示，我国氢气制备技术方面出台了较多标准，对相关技术、系统、设备都有明确要求，包括通体要求、单体要求等。

表8.2 氢能制备相关文件一览表

标准号	标准名	发布日期
GB/T 19773—2005	《变压吸附提纯氢系统技术要求》	2005年5月25日

续表

标准号	标准名	发布日期
GB/T 19774—2005	《水电解制氢系统技术要求》	2005 年 5 月 25 日
GB/T 29411—2012	《水电解氢氧发生器技术要求》	2012 年 12 月 31 日
GB/T 29729—2013	《氢系统安全的基本要求》	2013 年 9 月 18 日
GB/T 16942—2009	《电子工业用气体　氢》	2009 年 10 月 30 日
GB 4962—2008	《氢气使用安全技术规程》	2008 年 12 月 11 日
GB/T 29412—2012	《变压吸附提纯氢用吸附器》	2012 年 12 月 31 日
GB 32311—2015	《水电解制氢系统能效限定值及能效等级》	2015 年 12 月 10 日
GB/T 34540—2017	《甲醇转化变压吸附制氢系统技术要求》	2017 年 10 月 14 日
GB/T 34539—2017	《氢氧发生器安全技术要求》	2017 年 10 月 14 日
GB/T 37562—2019	《压力型水电解制氢系统技术条件》	2019 年 6 月 4 日

除氢气相关政策规定外，因目前氢气属于危险品，还应遵守相关危险品规定。根据《危险化学品安全管理条例》要求，危险化学品生产、储存企业必须具备下列条件：（1）有符合国家标准的生产工艺、设备或者储存方式、设施；（2）工厂、仓库的周边防护距离符合国家标准或者国家有关规定；（3）有符合生产或者储存需要的管理人员和技术人员；（4）有健全的安全管理制度；（5）符合法律、法规规定和国家标准要求的其他条件。

2. 选址方面

项目企业选址可以参照《危险化学品安全管理条例》条例第二章第十九条内容，即除运输工具加油站、加气站外，危险化学品的生产装置和储存数量构成重大危险源的储存设施，与下列场所、区域的距离必须符合国家标准或者国家有关规定：（1）居民区、商业中心、公园等人口密集区域；（2）学校、医院、影剧院、体育场（馆）等公共设施；（3）供水水源、水厂及水源保护区；（4）车站、码头（依法经许可从事危险化学品装卸作业的除外）、机场、通信干线、通信枢纽、铁路线路、水路交通干线、地铁风亭以及地铁站出入口；（5）基本农田保护区、基本草原、畜禽遗传资源保护区、畜禽规模化养殖场（养殖小区）、渔业水域以及种子、种畜、水产苗种生产基地；（6）河流、湖泊、风景名胜区、自然保护区；（7）军事禁区、军事管理区；（8）法律、行政法规规定予以保护的其他场所、设施、区域。

已建的危险化学品生产装置或者储存数量构成重大危险源的危险化学品储存设施不符合前款规定的，由所在地设区的市级人民政府安全生产监督部门会同有关部门监督其在规定期限内进行整改；需要转产、停产、搬迁、关闭的，由本级人民政府决定并组织实施。其中，重大危险源是指生产、储存、使用或者搬运危险化学品，且危险化学品的数量等于或者超过临界量的单元（包括场所和设施）。

3. 项目申请审批方面

氢气项目的申请审批可以参照《危险化学品安全管理条例》内容，相关内容如下：设立剧毒化学品生产、储存企业和其他危险化学品生产、储存企业，应当分别向省、自治区、直辖市人民政府经济贸易管理部门和设区的市级人民政府负责危险化学品安全监督管理综合工作的部门提出申请,并提交下列文件:(1)可行性研究报告;(2)原料、中间产品、最终产品或者储存的危险化学品的燃点、自燃点、闪点、爆炸极限、毒性等理化性能指标;(3)包装、储存、运输的技术要求;(4)安全评价报告;(5)事故应急救援措施;(6)符合本条例第八条规定条件的证明文件。

省、自治区、直辖市人民政府经济贸易管理部门或者设区的市级人民政府负责危险化学品安全监督管理综合工作的部门收到申请和提交的文件后,应当组织有关专家进行审查,提出审查意见后,报本级人民政府作出批准或者不予批准的决定。依据本级人民政府的决定,予以批准的,由省、自治区、直辖市人民政府经济贸易管理部门或者设区的市级人民政府负责危险化学品安全监督管理综合工作的部门颁发批准书;不予批准的,书面通知申请人。申请人凭批准书向工商行政管理部门办理登记注册手续。

8.6.2 氢能储运项目投资建设规定

1. 氢能储运相关规定

《固定式高压储氢用钢带错绕式容器》《车用压缩氢气铝内胆碳纤维全缠绕气瓶》对各部分所用材料、各部分设计参数、各部分合格标准等进行了规定。《燃料电池备用电源用金属氢化物储氢系统》提出燃料电池备用电源用金属氢化物储氢系统的单体设备应根据储氢系统的规模、储氢特性、脱氢特性及氢气品质要求,进行合理配置。单体设备的技术要求和性能参数应满足上述要求。《氢气储存输送系统》对氢气储存输送系统总体要求、基本设计、安全附件和仪表、安装调试、运行管理、风险评估进行了要求。

氢能储运相关标准见表8.3。

表8.3 氢能储运相关标准

标准号	标准名	发布日期
GB/T 26466—2011	《固定式高压储氢用钢带错绕式容器》	2011年5月12日
GB/T 33292—2016	《燃料电池备用电源用金属氢化物储氢系统》	2016年12月13日
GB/T 34542.1—2017	《氢气储存输送系统 第1部分:通用要求》	2017年10月14日
GB/T 34544—2017	《小型燃料电池车用低压储氢装置安全试验方法》	2017年10月14日
GB/T 35544—2017	《车用压缩氢气铝内胆碳纤维全缠绕气瓶》	2017年12月29日
GB/T 34542.2—2018	《氢气储存输送系统 第2部分:金属材料与氢环境相容性试验方法》	2018年5月14日
GB/T 34542.3—2018	《氢气储存输送系统 第3部分:金属材料氢脆敏感度试验方法》	2018年5月14日

2. 氢能加注相关规定

《氢气站设计规范》对加氢站的总平面布置、工艺系统、设备选址、工艺布置、建筑结构等方面提出了要求。《加氢站技术规范》也对总平面布置、工艺、设施、相关配套设施提出了规定。《移动式加氢设施安全技术规范》《加氢站安全技术规范》《加氢站用储氢装置安全技术要求》对技术、设备、装置进行了规定。《压缩氢气车辆加注连接装置》《液氢车辆燃料加注系统接口》《加氢机》提出相应设备装置等的要求。《氢能车辆加氢设施安全运行管理规程》主要规定设备、人员等的安全问题。具体标准如表8.4所示。

表 8.4　氢能加注相关标准

标准号	标准名	发布日期
GB 50177—2005	《氢气站设计规范》	2005 年 4 月 15 日
GB 50516—2010	《加氢站技术规范》	2010 年 5 月 31 日
GB/T 30718—2014	《压缩氢气车辆加注连接装置》	2014 年 6 月 9 日
GB/T 30719—2014	《液氢车辆燃料加注系统接口》	2014 年 3 月 27 日
GB/T 31138—2022	《加氢机》	2022 年 10 月 12 日
GB/T 31139—2014	《移动式加氢设施安全技术规范》	2014 年 9 月 3 日
GB/T 34583—2017	《加氢站用储氢装置安全技术要求》	2017 年 10 月 14 日
GB/T 34584—2017	《加氢站安全技术规范》	2017 年 10 月 14 日
GB/Z 34541—2017	《氢能车辆加氢设施安全运行管理规程》	2017 年 10 月 14 日

3. 项目审批相关规定

武汉市为全国首个出台加氢站审批及监管地方管理办法的城市，2018 年 3 月 22 日出台了《武汉经济技术开发区（汉南区）加氢站审批及管理暂行办法》。目前没有全国性相关政策，现以武汉市政策为例进行介绍，项目报建流程如下。

（1）规划方案审批。办理用地手续后，项目建设单位即可向区行政审批局申请建筑规划方案审批。区行政审批局对在规划设计阶段的项目，在规定时限内组织开展联合审查（可同步开展以下四项审查），审查完成后，核发《建设工程规划许可证》。

（2）消防审批。由区消防大队协助项目建设单位向市公安消防局申请消防设计审核许可。

（3）防雷装置设计核准。由区气象局进行防雷装置设计审核，并出具《防雷装置设计核准意见书》。

（4）环评、能评的审查。项目建设单位在环境影响评价文件、节能报告编制完成后向区行政审批局申请环境影响评价文件审查和节能审查（或备案），由区行政审批局出具环评批复文件、节能审查意见书。

（5）安全条件及安全设施设计的审查。加氢站项目参照城镇燃气项目按照《建设项目安全设施"三同时"监督管理办法》由项目建设单位委托具有相应资质的安全评价机构，对其建设项目进行安全预评价，并编制安全预评价报告，委托有相应资质的设计单位对建设项目安全设施同时进行设计，编制安全设施设计文件。安全预评价报告及安全设施设计文件报区安监局备案。

（6）施工报建。由区建设局负责受理加氢站工程报建、施工图审查及施工合同备案。

（7）施工许可。区行政审批局在取得审批要件后根据相关规定核发《建筑工程施工许可证》。

（8）特种设备监督检验。由取得资质的特种设备施工单位将拟进行的特种设备安装情况书面告知区市场监管局，并向市特种设备监督检验所申请对施工过程进行监督检验（不需要安装监督检验的设备由施工单位出具施工质量证明书）。

8.6.3　氢能利用项目投资建设规定

氢燃料电池是一种把燃料所具有的化学能直接转换成电能的化学装置，又称电化学发电器。它是继水力发电、热能发电和原子能发电之后的第四种发电技术。由于氢燃料电池是通过电化学反应把燃料化学能中的吉布斯自由能部分转换成电能，不受卡诺循环效应的限制，因此效率高；另外，氢燃料电池用燃料和氧气作为原料；同时没有机械传动部件，故没有噪声污染，排放出的有害气体极少。由此可见，从节约能源和保护生态环境的角度来看，氢燃料电池是最有发展前途的发电技术。当前氢能利用的主要方向为氢燃料电池，因此，主要对氢燃料电池项目的相关规定进行阐述。

氢燃料电池的制造要严格遵守《汽车用燃料电池发电系统 技术条件》的相关要求，电池发电系统中使用诸如易燃物质、加压介质、电能机械能等部分应符合相关标准要求；保证燃料供应、燃料排放、燃料泄漏方面的安全；保障电路系统安全性；氢燃料电池的氢气，应符合相应的标准；各子系统的设备零部件应符合相应标准；启动时间要符合制造商的规定；动态响应规定最大功率与制造商标定的额定功率比率不小于80%；此外，防水防尘、电磁兼容性也要符合相应标准。目前国内没有针对氢燃料电池这种燃料电池单独作出规定，建设规定可以综合以下相关政策文件规定进行考量。

《质子交换膜燃料电池 电池堆通用技术条件》中提出设计要求：燃料电池堆制造商应根据风险评估进行设计。风险评估应符合 GB/T 7826、GB/T 7829 和 IEC 61508-1 的规定。对所有零部件规定，要适合于预期使用时的温度、压力、流速、电压及电流范围；在预期使用中，能耐受燃料电池堆所处环境的各种作用、各种运行过程和其他条件的不良影响。如果燃料电池堆带有外壳，则外壳防护应根据燃料电池堆的不同使用环境，并按 GB/T 4208 的要求选择适当的防护等级并予以标志。

《燃料电池 模块》设计要求中的通用要求：燃料电池模块应按照燃料电池模块制造商风险评估进行设计。燃料电池模块封装应满足 GB/T 4208 规定要求以适应系统应用。燃料电池模块应执行相应的 IP 代码。

《质子交换膜燃料电池备用电源系统 安全》相关内容指出：设计和制造 PEMFC 备用电源系统及其保护性装置时，应使其能够在制造商规定的物理环境和运行条件下达到设定的功能。

《工业起升车辆用燃料电池发电系统 第 1 部分：安全》在通用安全要求中提到，发电系统的尺寸设计应充分考虑工业起升车辆的使用环境，确保工业起升车辆静止及运行时的平衡及稳定性，在设计、安装整合式发电系统时，还需考虑安装在工业起升车辆上后，车辆的整体重心。制造商应根据发电系统在工业起升车辆上的安装位置或各个部件分布情况，设计发电系统的操作界面、散热界面、充氢接口及废气排放口（氢气、空气、水蒸气等），确保运行发电系统时的安全性及便利性，对材料选择、管路系统及配件也作出了明确规定。

《工业起升车辆用燃料电池发电系统 第 2 部分：技术条件》中发电系统完整性要求概述明确发电系统的设计应能满足设定功能的需要，其组成可能包括燃料电池模块、燃料储存系统、燃料供应系统、氧化剂供应系统、热管理系统、增湿系统、水处理系统、控制系统、功率调节系统、通风系统等，且发电系统中采用的所有部件应符合相应国家标准。

《道路车辆用质子交换膜燃料电池模块》规定，模块要符合《燃料电池 模块》中的相关要求。

《质子交换膜燃料电池供氢系统技术要求》中的技术要求部分提到：燃料电池供氢系统应满足燃料电池用氢气规模、对氢气品质的技术要求，合理配置。使用的单体设备或装置、管件材料等的设计、制造、检验和验收应符合相关标准规定。

《燃料电池电动汽车 燃料电池堆安全要求》规定：车用燃料电池堆应有外壳进行必要防护，防止其部件与外部高温部件或环境接触。燃料电池站外先应避免容易对人体产生危害的结构，还对人员相关装备安全提出了要求。

思考题

1. 制氢技术主要有哪几种？不同制氢技术的优点和缺点是什么？
2. 氢气的储运技术有哪几种？不同类型氢气储运技术的特点是什么？
3. 氢能的应用技术及其特点是什么？
4. 中国与西方发达国家在氢能扶持政策方面存在哪些差距？
5. 氢能项目投资建设方面的规定有哪些？
6. 氢能项目在选址方面有哪些要求？
7. 对比分析中国与西方发达国家氢能利用的方向差异。

第9章 储能

9.1 化学电源储能技术

9.1.1 二次电池

1. 二次电池及其工作原理

第9章案例集

一次电池、二次电池和燃料电池均属于电化学电源。一次电池,也可认为是一次性电源,在放电后就不可能再恢复到初始状态的一类电池,其所能释放的电能在其制造过程中就已经被确定了。二次电池,又称为充电电池或蓄电池,它与一次电池最主要的区别就在于:二次电池可在放电后,在提供外部电能的情况下可进行可逆反应,通过充电恢复到初始状态(Winter, Brodd, 2004)。二次电池是一种"可逆"的电源,放电时将化学能转变为电能,充电时将电能转变为化学能并储存于电池中,能量转换效率高且影响电池循环寿命的物理变化较小(Dunn et al., 2011)。二次电池具有电压平稳、安全可靠、价格低廉、适用范围广、原材料丰富和回收再生利用率高等优点,是世界上各类电池中产量最大、用途最广的一种电池(Armand, Tarascon, 2008)。

二次电池有三个重要的性能指标(Brunet et al., 2013):比能量、比功率和循环寿命。比能量(单位为 W·h/kg)表示单位质量电池所能储存的能量。比功率(单位为 W/kg)表示单位质量电池单位时间所能提供的电能。循环寿命,单位为充放电循环次数,表示电池的寿命。随着应用的不同,对电池上述性能指标的要求也有所不同。

2. 常见的几种二次电池

现阶段,市场上常见的几种二次电池包括铅酸电池、镍镉电池、镍氢电池、锂电池、钠硫电池、锌—空气电池等。下面具体介绍前四种二次电池。

1) 铅酸电池

铅酸电池由 G. Plante 于 1859 年发明,是目前应用最为广泛的电能储存技术,而且自诞生之日起已获得了显著进步,具有价格低廉、安全可靠、电压高且稳定、电容量较大等优点,每个单元电压为 2.0V 左右(Zou et al., 2018)。铅酸电池由两组栅状极板交替排列而成,正极板填充 PbO_2,负极板填充 Pb(灰铅),电解液是 30% 的 H_2SO_4 溶液(密度是 1.2kg/L)。由于硫酸电解液浓度较高,因此参加电极反应的是 HSO_4^- 而不是 SO_4^{2-},放电时,电极和电池反应为:

负极： $Pb+HSO_4^- \rightleftharpoons PbSO_4+H^++2e^-$

正极： $PbO_2+HSO_4^-+3H^++2e^- \rightleftharpoons PbSO_4+2H_2O$

电池反应： $Pb+PbO_2+2H_2SO_4 \rightleftharpoons 2PbSO_4+2H_2O$

电极反应和电池反应表达式中正向过程表示放电,逆向过程表示充电。

铅酸电池在放电开始时,经常发现电压有所下降,这与电极反应产生的 Pb 形成新相 $PbSO_4$ 有关,因形成新相时一般存在结晶过电势;放电过程中,开路电位与放电电压差值增大,这与活性物料孔隙度减小和电极反应从表相深入体相有关。充电开始时,有时也会出现电压极大值,这与紧密少孔的 $PbSO_4$ 层中电解液的内阻增加有关;充电结束时,$PbSO_4$ 主要部分转化为活性物质,电压急剧增大,然后达到稳定。

老型号的铅酸电池主要缺点是笨重、携带不便、防震性能差、容易溢出酸雾、进出酸液等。20 世纪 80 年代后生产的新型铅酸电池多采用玻璃纤维作为隔膜,利用负极过量、贫液等方法,实现了少维护或免维护。

2) 镍镉电池

镍镉电池是一种常见的碱性电池,具有体积小、质量轻、使用寿命长等优势,已广泛应用于航天、通信、仪器仪表以及家用电器的电源 (Lacerda et al., 2009)。镍镉电池是以金属镉为负极,羟基氧化镍为正极,浓碱溶液作为电解液。由于海绵状的金属镉被电解液润湿以后,很容易被电极周围的氧气所氧化,因此镍镉电池现大多采用密封式。其电池反应为:

负极： $Cd+2OH^- \rightleftharpoons Cd(OH)_2+2e^-$

正极： $NiOOH+H_2O+e^- \rightleftharpoons Ni(OH)_2+OH^-$

电池反应： $Cd+2NiOOH+2H_2O \rightleftharpoons Cd(OH)_2+2Ni(OH)_2$

密封式镍镉电池是一种不漏电解液、不需要补充水和电解液、使用时可任意放置的电池。与铅酸电池相比,镍镉电池更牢固,循环寿命(高达 2000 次)和使用寿命(8~10 年)更长。同时该电池工作间隙时易储存,安全方便自放电小,可在任意状态下储存,长期储存应置于放电状态,且耐过充能力强,低温性能好,目前已得到了较为广泛的使用。然而,镍镉电池也存在一些不足之处,其价格较昂贵(约为铅酸电池的 5 倍),循环充放电的效率较低(法拉第效率为 70%),且自放电率较高(大于 15%)。由于镉会造成环境污染,因此这种电池技术将被逐渐淘汰,如今,镍镉电池已被镍氢电池取代。

3) 镍氢电池

镍氢电池是一种新型的碱性电池,其能量密度高,其容量是同型号镍镉电池的 50%~100%,无镉污染,可大电流充放电,电压为 1.2V (唐有根,2007)。镍氢电池的正极是 $Ni(OH)_2$,负极材料为储氢合金(通常为 $LaNi_5$ 型混合稀土合金,用 M 表示),电解液为 KOH 溶液 (Ovshinsky et al., 1993)。电池反应为:

负极： $MH_x+xOH^- \rightleftharpoons M+xH_2O+xe^-$

正极： $NiOOH+H_2O+e^- \rightleftharpoons Ni(OH)_2+OH^-$

电池反应： $MH_x+xNiOOH \rightleftharpoons xNi(OH)_2+M$

镍氢电池的反应机理是,充电时氢由正极到负极,放电时氢由负极到正极,电解液没有增减现象。镍氢电池设计与镍镉电池相似,其负极容量比正极容量大,过充电时正极产生的氧气在储氢负极上还原,电池可实现密封设计。此外,镍氢电池还具有导电导热性能好、充放电循环寿命长、耐过充过放电能力强等优点。中国研制的高能密封镍氢电池用于电动轿车。

4) 锂电池和锂离子电池

锂是金属中密度最小的，Li^+/Li 标准电极电势为 $-3.04V$，是金属中电极电势代数值最小的，所以锂电池一直是化学电源领域中备受关注的一类二次电池。金属锂电池和锂离子电池在技术上有很大不同，金属锂电池的负极由金属锂组成，锂离子电池因在负极和正极中添加了插层化学物（通常是石墨）而使锂处于离子状态。锂离子电池是在金属锂电池的基础上发展起来的一种全新二次电池，该电池以人造石墨或天然石墨等作为负极，正极和电解液仍与锂电池相同，不仅保持了锂电池的优点，而且较好地克服了锂电池的缺点，循环寿命长、电池容量高、安全性好，是一类极具开发价值的电池体系（Guo et al., 2017）。

锂离子电池采用两种电极材料以保证锂离子可以进行可逆反应，其负极材料通常采用碳材料，其优点是比容量较高、电极电势较低、循环寿命长且安全性高（Goodenough, Park, 2013）。目前，研究较多且较为成功的碳负极材料有石墨、乙炔黑、微珠碳、石油焦、碳纤维、裂解聚合物和裂解碳等。与负极材料相比，锂离子电池正极材料的发展稍显缓慢，主要是基于含锂金属氧化物的材料，包括磷酸铁锂、钴酸锂、锰酸锂、镍酸锂等（Bruce et al., 2008）。其原因是尽管理论上能脱嵌锂离子的物质很多，但要将其制备成能实际应用的材料却并非易事，制备过程中的微小变化都可能导致样品结构和性质的巨大差异，因而对现有材料的改性（碳包覆、纳米结构、三元化等改性手段）仍然是正极材料的研究重点。

以钴酸锂为例，锂离子电池的充放电过程反应式为：

$$LiCoO_2 + C_6 \rightleftharpoons CoO_2 + LiC_6$$

锂离子电池具有高工作电压（平均工作电压 $3.6\sim3.7V$）、高比能量（大于 $100Wh/kg$）、循环寿命长（1000 次以上）及无污染等优点，是目前应用最成功的一类电池，已成功用于便携式计算机、移动电话等小型电器中，也已经成功运用于混合动力汽车和新能源汽车等交通运输领域中，相信在未来科技领域中将会发挥越来越大的作用。

3. 市场现状与发展趋势

随着社会科技的飞速发展、人类生活质量的不断提高，石油资源面临危机、地球生态环境日益恶化，形成了新型二次电池及相关材料领域的科技和产业快速发展的双重社会背景。市场的迫切需求，使得全球电池行业有望实现中高速增长，二次电池行业将持续回暖。具体来说，在大型二次电池方面，由于环保、资源问题已成为 21 世纪全球共性话题，电动汽车、摩托车、自行车产业对二次电池的需求虽然尚处于百事待兴的萌芽阶段，但各国都看好未来的市场潜力（Grey, Tarascon, 2017）。在小型二次电池方面，随着全球电信市场的自由化，通信市场的快速增长，便携式通信产品的产量大增，都将促使各类小型二次电池的需求量大幅扩张。预测未来，镍氢电池因环保问题，使用率将逐年减少，而锂离子电池则因通信产品轻、薄、短、小的发展趋势，需求量将不断增长（Larcher, Tarascon, 2015）。

9.1.2 超级电容器

超级电容器（supercapacitors 或 ultracapacitors），也称为电化学电容器（electrochemical capacitors），是一种介于传统电容器和充电电池之间的新型储能装置。超级电容器具有较高的能量密度和功率密度，适用于中、大功率的储能应用场合。与传统电容器相比，超级电容器具有较高的比容量；而与化学电源相比较，超级电容器拥有更高的比功率，能在极短的时间内释放出化学电源难以达到的大电流，利用这一性质，超级电容器很好地满足了某些用电设备对瞬时大电流的应用需求。超级电容器不仅具备传统电容器的快速充放电特性，同时又具有电池的储能特性，其存储电荷的能力比传统电容器高出近3~4个数量级（Gonzalez et al.，2016）。

1. 超级电容器简介

1）组成部件

与电池类似，超级电容器结构包括正极、负极、电解液和隔膜，其中正负极电极材料和电解液是超级电容器性能的决定因素。

电极材料对超级电容器的电容大小影响很大，是影响超级电容器性能的关键因素，主要是产生双电层和积累电荷，一般对电极材料的要求是应具备表面积大、不与电解液反应、导电性高等性质（Zhong et al.，2015）。

电解液决定着超级电容器的工作电压窗口，一般由电解质、溶剂和添加剂构成，与电极材料一起决定着电容器的储能性能（Zhong et al.，2015）。电解质的作用是确保内部离子向电极的迁移率，阴离子应能自由地向正极迁移，而阳离子也应能自由地向负极迁移。超级电容器的电解液主要分为水系、有机系、离子液体和固态电解质四类。其中，水系电解液是最早应用的，具有较高的电导率、容易与电极材料浸润、价格便宜等特点，然而电解液的工作电压窗口偏低（通常≤1V），因而能量密度较低。有机系电解液的工作电压较高（通常2~3V）、腐蚀性较弱且工作温度范围较宽，但其电导率较低、内阻较大，导致大倍率充放电性能较差。相比有机电解液，离子液体具有较高的电化学稳定性和工作电压，但成本很高，其高黏度和低导电性也增加了器件电阻。固态电解质是将电解液和隔离膜整合到同一种材料中，在应用过程中具有很好的安全性和可靠性，然而由于固态电解质存在机械性较差、电解质易析出等问题而仍达不到实际应用的标准。

隔膜也是超级电容器中重要的组成部分，位于两电极之间，浸在电解液中，起到阻止两电极之间的电子传导、防止内部短路的作用，同时还需使电解液中离子尽量自由地通过。为了起到良好的隔离效果，隔膜材料的孔径要尽量小，一般要小于电极材料活性物质的粒径，但又不能影响电容器中电解液的流通性能。如何控制好隔膜的孔径尺寸以解决上述矛盾是相关隔膜研究的关键。

2）工作原理和分类

根据储能机理不同，超级电容器可分为双电层电容器、法拉第赝电容器以及混合电容器（Wang et al.，2017）。

双电层电容器（electrical double layer capacitors）的储能机理是依据普通物理电容器储能方式提出的，即溶剂化离子在电极/溶液界面处通过定向排列形成双电层来产生电容。充电时，电解液中阴阳离子分别向正负极迁移，在电极表面形成稳定双电层；放电时，正负极上电荷往外电路发生迁移而产生电流。从双电层产生的机理可见，其关键在于离子电导，在充放电过程中，电解质离子不断在正负极上进行吸附和脱附，因此其反应速度快、电阻小。该类电容器的电极材料主要以活性炭、模版炭、碳纳米管等多孔碳材料为主。

法拉第赝电容器（pseudocapacitors）是电极活性物质，如金属氧化物或导电聚合物，在电极表面或体相中通过欠电位沉积、高度可逆的化学吸脱附或氧化还原反应产生与电极充电电位有关的法拉第电容，常见的电极材料有RuO_2、MnO_2、NiO等金属氧化物和聚吡咯、聚苯胺等导电聚合物。混合型超级电容器泛指一极采用双电层机理、另一极采用赝电容机理储能的电容器。

此外,根据电极材料的不同,超级电容器可分为碳基电极电容器、金属氧化物电极电容器、导电聚合物电容器和复合电极电容器;根据电解液不同,超级电容器可分为液态电解液超级电容器和固态电解液超级电容器;依据正、负极构成与电极上发生反应的不同,超级电容器可分为对称型超级电容器和非对称型超级电容器(Shao et al., 2018)。如果电容器两个电极的组成相同且电极反应相同,反应方向相反,则称为对称型超级电容器;如果不同,则称为非对称型超级电容器。

3) 主要性能指标

比电容:超级电容器中,每一个电极都是一个电容,所以超级电容器的总电容由正负极两个电容器串联而得。比电容是超级电容器性能测试中的一个重要指标,包括质量比电容 C_g(单位质量电容值)和体积比电容 C_v(单位体积电容值)两种。

能量密度与功率密度:能量密度与功率密度也是表征超级电容器性能的主要指标之一,能量密度越大,代表超级电容器能够储存的电量越多;功率密度越大,代表电容器在单位时间释放的能量越多。从能量密度 E 的计算公式 $E=CV^2/2$ 可以看出,超级电容器的能量密度与比电容 C 和工作电压窗口 V 的平方成正比。因此,提高电极材料的比电容、扩大工作电压窗口是提升电容器性能的两个重要方向(Yan et al., 2014)。

内阻:超级电容器的内阻指的是正极电容与负极电容间的串联电阻,它与电极材料、电解液、隔膜和组装方式等都有很大关系。一般来说,较小的内阻对于超级电容器性能的提升是有利的。

循环稳定性:循环稳定性是指超级电容器在多次充放电后保持电学性能的能力,主要表现在多次充放电后电容值的衰减程度是否过大。由于电解液对电极材料有一定的侵蚀作用,尤其是法拉第赝电容器,因此超级电容器的电容值在循环一段周期后会有一定衰减。尽管如此,超级电容器的循环寿命仍然遥遥领先于一次电池和二次电池,这也是超级电容器的明显优势。

4) 超级电容器的特性

根据上述储能机理可知,超级电容器主要通过双电层或电极界面上快速可逆的吸/脱附或氧化还原反应来储存能量,具有其他储能器件不可比拟的优势:

第一,电容量高。传统电容器的电容量较小,而超级电容器的电容量高达6000F,是钽、铝等电解电容器的数千倍,可满足复杂设备的运行要求。

第二,循环寿命长。超级电容器是基于离子的高度可逆吸/脱附机理,不易出现活性物质晶型转变、脱落等影响使用寿命的现象,碳基电容器的理论循环寿命为无穷,实际可达10万次以上,比化学电池高百倍。

第三,充电速度快、充放电效率高。超级电容器的内阻小,充放电是物理过程或电极表面快速可逆的化学过程,在大电流充放电制度下,能在几十秒内完成充电过程,充放电效率最高可达98%,明显优于化学电池。

第四,功率密度高。超级电容器的高电容量、低等效电阻和快速充电性能,使得其具有高比功率。

第五,使用温度范围宽。超级电容器的电荷转移过程一般在电极表面进行,其正常使用受环境温度影响不大,温度范围一般为-40~70℃。

第六,环境友好。超级电容器的包装材料中不涉及重金属,所用电极材料安全性能良好且环境友好,质量轻,免维护,污染小,安全环保,是一种绿色储能元件。

2. 超级电容器的电极材料

电极材料是超级电容器的核心组成部分,常见的电极材料主要包括多孔碳材料、金属氧化物和导电聚合物等。

1) 多孔碳材料

多孔碳材料是目前超级电容器中使用最多并且商业化应用最成功的一类电极材料。多孔碳材料具有较高的比表面积、电子传导性和化学稳定性,同时具有易于加工、价格低廉、无毒性和资源丰富等优势,其电化学性能已得到广泛研究(Jiang et al., 2013)。迄今为止,已报道的多孔碳材料包括活性炭、碳纤维、炭黑、炭气凝胶、碳纳米管以及石墨烯等电极材料。碳材料性能比较详见表9.1(刘义波等,2015)。然而,目前基于多孔碳材料的超级电容器性能并不十分理想,由于其低质量密度,得到电容器质量比电容仅40~200F/g(Wang G et al., 2012)。影响碳基超级电容器性能的重要因素包括比表面积、孔径分布、表面官能团及电导率等因素,目前提高碳材料比电容的方法以活化改性为主,增大碳材料的比表面积或在碳材料表面引入含有氧、氮、硫等杂原子的官能团(Wen et al., 2016)。

表9.1 超级电容器各类碳电极材料的性能比较(据刘义波等,2015)

电极材料	比表面积 m^2/g	比电容 F/g	电解液体
活性炭	1000~2000	100~120	有机电解液
		150~300	水基电解液
		15~60	离子液体
碳气溶胶	400~1100	70~150	水基电解液
		20~30	有机电解液
单壁碳纳米管	>1600	~180	水基电解液
多壁碳纳米管	<430	49~113	水基电解液
石墨烯	<2630	80~99	有机电解液
		100~236	水基电解液
		276	离子液体

2) 金属氧化物

一般来说,金属氧化物(通常是过渡金属氧化物)具有比传统碳材料更高的能量密度、比导电高分子更稳定的电化学性能。它不仅可以像碳材料一样产生双电层储存电荷,还能与电解液离子发生法拉第反应从而产生赝电容。这类电极材料以钌、钴、镍、锰、锌、铁等元素的氧化物为代表,其中,氧化钌的研究最多、性能最优。氧化钌具有优异的氧化还原可逆性、高的导电性和较宽的工作电压窗口,其用于电极材料表现出极高的能量密度和功率密度,然而,氧化钌高昂的成本和较高毒性限制了其在商业超级电容器中的应用。近年来,相对价格廉价、环境友好的"绿色"金属氧化物(包括MnO_2、NiO、Co_3O_4和Fe_3O_4等)受到越来越多的关注(Ren et al., 2021)。此外,利用石墨烯、碳纳米管等纳米碳材料高导电性和高比表面积，如何构筑具有高性能的金属氧化物/纳米碳复合结构已成为该领域的研究热点。

3）导电聚合物

与前两类电极材料相比，导电聚合物是一类具有本征导电特性的高分子材料，具有成本低、电导率高、工作电压窗口宽及理论容量高等特点，其比电容通常是碳材料的几倍到几十倍。目前，常见的导电聚合物电极材料包括聚吡咯（PPy）、聚噻吩（PTH）、聚苯胺（PANI）等具有共轭结构的聚合物及其衍生物。导电聚合物是通过氧化还原反应来实现能量的储存，即发生氧化反应时电解液离子转移到聚合物的骨架中，当发生还原反应时离子从聚合物骨架中返回到电解液溶液中。由于在电解液离子嵌入和脱嵌的过程中，导电聚合物体积会发生膨胀和收缩，造成比电容下降，因此限制了导电聚合物作为超级电容器电极材料的商业化应用。通过优化导电聚合物的结构与形态，例如制备纳米线、纳米棒和纳米管等结构可以有效降低在循环过程中产生的体积膨胀。另外，将其与碳材料或金属氧化物制备复合电极材料，能够有效地改善其链结构、电导率、机械稳定性、可加工性以及分散应力等性能，从而提高其电化学稳定性。

4）新型电极材料

除上述几种常见电极材料以外，近年来也报道了几种新型电极材料，也具有非常好的发展潜力，以 MXene 电极材料为例。MXene 是一类新型的二维过渡金属碳/氮化物，只有几个原子层厚度，2011 年由 Drexel 大学 Gogotsi 教授和 Barsoum 教授发现（Naguib et al., 2011）。MXene 由层状化合物 MAX 在含 HF 溶液中选择性刻蚀而制得，其化学组成通式为 $M_{n+1}X_nT_x$。其中，M 为 Ti、Mo、Nb、V、Ta 等过渡金属元素，X 为 C 或 N 元素，T 为 —OH、—O 或—F 等表面基团。MXene 具有导电性高、机械和化学稳定性好、表面亲水等优异性能（Ghidiu et al., 2014），而且制备方法简单、价格低廉。相比传统的碳材料，MXene 具有更好的电子导电能力、更高的堆积密度、更强的单位体积存储电荷能力，是一类极具应用潜力的超级电容器电极材料（Wen et al., 2017）。

3. 超级电容器的应用

鉴于超级电容器以上诸多显著的优异特性，其在工业、军工和民用等领域都有广泛应用（魏颖，2018；刘义波等，2015）。

1）电动汽车及混合动力汽车

超级电容器的主要应用是交通运输领域。例如，电动汽车在启动或加速时对能量的需求差异较大，传统动力电池的快速充放电效率和循环寿命均远不如超级电容器，其瞬时大电流放电时还会出现电池性能的快速衰退。因此，将超级电容器与传统动力电池配合使用，不仅能满足瞬时大电流放电的需求，还能够将瞬时能量回收于超级电容器中，从而提高经济效益。美国 Maxwell 公司开发的超级电容器已在各种类型的电动车上得到良好应用。本田公司也在第三代和第四代燃料电池电动车 FCX V3 和 FCX V4 中分别使用了超级电容器来取代二次电池。2006 年，上海奥威科技开发有限公司与上海巴士电车等合作开发的超级电容器电车已在上海实现了商业化运营，上海 11 路超级电容公交车成为世界上最早的商业化运营的超级电容器公交线路。

2）新能源发电装置的辅助电源

风能、太阳能等清洁能源虽然具有可再生和环境无污染等优点，但同时也具有不稳定性和不可控性，它们容易随天气、气候、时辰变化等环境因素而发生变化，导致风力和太阳能所产生的电力不能直接并入电网。超级电容器可作为风能或太阳能发电装置的辅助电源，将发电装置产生的多余电量暂时储存起来，并按照设计要求释放，从而大大增加电网工作稳定性。

3）通信领域

超级电容器作为移动通信设备的电源，不仅能输出幅值很大的脉冲电流，还具有响应速度快、循环使用寿命长、温度范围宽等特点。另外，GSM 和 GPRS 等无线通信便携设备、芯片等大功率脉冲领域均可以采用超级电容器，在保证电源波动和停电时继续工作的同时还能延长电池寿命。

4）军工领域

超级电容器在军事装备领域也有很多应用，激光武器、离子束武器、航天飞行器、导弹等在启动时需要高功率脉冲电源，此时传统电池须与超级电容器组合使用才能满足超高能量供应的要求。此外，超级电容器还可用于舰船、潜艇等设备的主辅电源，以及坦克、装甲车上的低温启动电源。

4. 分析与展望

目前，国内外都投入了大量的资金大力发展超级电容器，其研究目标是将超级电容器作为单一动力电源，或与其他储能器件如蓄电池、燃料电池等联用，构成混合动力电源，取代传统的汽油或柴油发动机，降低汽车尾气排放量。由于超级电容器特有的大电流和快速充放电特性，以其作为单一能源的电动汽车非常适合在短距离、线路固定的区域运行，如飞机场的摆渡车、公园游览车及城市公交车等。以公交车为例，由于公交线路固定，所以公交车进站时利用乘客上下车的时间即可充电，大大节省时间成本，提高运营效率。

尽管超级电容器超高功率密度可满足电动汽车在启动、加速、爬坡时对功率的需求，但由于其能量密度较为一般，无法为电动汽车远距离行驶续航提供足够能量，因此其可与高能量储能元件组合成混合动力电源，替代一些成本高昂、维护难度大的高功率电车。另外，超级电容器具有很高的能量回收率，这是由于它能瞬间提供大功率，可避免发动机频繁启动，并对制动能量进行回收利用，可大大节约能源，并减少尾气排放。因此混合动力电源不仅成本低廉，而且具有非常广阔的市场前景。

9.2 其他储能技术

9.2.1 抽水蓄能技术

抽水蓄能电站是通过把低处的水抽到高处来蓄集能量，待电力系统需要时再发电的水电站（图9.1）。常规抽水蓄能电站多利用高低位水库条件较好的江河湖泊建设，海水蓄能电站由于其容量较大，发展前景优于内陆，可以用来平衡沿海建设的大型核电、风电设施供电平衡问题。相比于其他储能方式，抽水蓄能以其资金投入少、设备寿命长、储能规模大、转换效率高、技术成熟、运行条件简便、清洁环保等特点，得到了快速发展和广泛应用，是目前电力系统中最成熟、最实用的大规模储能方式。

图 9.1　湖北白莲河抽水蓄能电站全景图

抽水蓄能电站具有多种作用、多重效益。在电网负荷低谷时，它可将多余的电能转化为水的势能储存起来，在负荷高峰时将水的势能转化为电能，实现电能在时间上的重新配置，有效调节电力系统生产、供应、使用之间的供求平衡；同时它以水为介质，运行过程无污染，启停迅速、运行灵活可靠、可快速响应负荷变化，适合承担系统调频及快速跟踪负荷、备用、无功调节和黑启动等辅助服务。抽水蓄能电站一般与火电、核电和大规模风电、光伏电站配合运行，可大大减少火电机组开停机次数、节约燃料，保障核电站平稳运行，提高风电、太阳能发电设施运行效率；此外，抽水蓄能电站还可改善系统运行状态，促进电网节能减排，减少系统无功补偿设备配置，有利于降低电网建设投资。

截止到 2020 年底，中国抽水蓄能电站在运规模 2849×10^4 kW，在建规模达 3871×10^4 kW，在建和在运装机容量均居世界第一。世界十大抽水蓄能电站第一名是位于中国河北省承德市的丰宁抽水蓄能电站，2018 年建成，装机总容量 360×10^4 kW。

国家能源局《抽水蓄能中长期发展规划（2021—2035 年）》要求到 2030 年，抽水蓄能电站投产总规模达到 1.2×10^8 kW，提出抽水蓄能储备项目 247 个，总装机规模约 3.05×10^8 kW。随着中国能源转型进程不断加快，电力系统"双高""双峰"特征凸显，系统的物理基础、功能形态发生深刻变化，电网安全稳定运行面临挑战。抽水蓄能具有启动迅速、运行灵活等优势，可有效应对电力系统各种复杂变化，快速提供大容量应急出力，确保电网运行安全和电力可靠供应，保障能源安全，加快发展抽水蓄能是保障电力安全和能源安全的必然选择。

构建以新能源为主体的新型电力系统，是能源电力行业在实现"双碳"目标进程中肩负的责任使命。实现碳中和的核心是控制碳排放。化石燃料是中国主要的二氧化碳排放源，占全部二氧化碳排放的 88% 左右，其中电力行业排放约占能源行业排放的 41%，减排任务艰巨。推进能源清洁低碳转型，关键是加快发展新能源。2030 年，中国新能源装机将达到 12×10^8 kW 以上，成为碳达峰转入碳中和阶段的能源保障。抽水蓄能是构建以新能源为主体的新型电力系统的重要组成部分，对提升新能源利用水平、服务碳达峰碳中和具有重要的促进作用。

抽水蓄能电站作为能源基础设施，具有投资规模大、产业带动力强等特点，可带动社会投资、上下游产业整体发展，提供各类就业岗位。加快发展抽水蓄能可带动相关产业链发展，抽水蓄能电站工程建设周期较长，对当地生态环境和居民生活方式影响很大，可带动当地商业、旅游业发展，改善生态环境，促进地区经济社会发展。

9.2.2　压缩空气储能技术

从储能系统的输出功率、系统效率、运行次数、运行成本、使用寿命、储能周期等方面综合考虑，压缩空气储能（compressed air energy storage，CAES）是目前适用于大规模商业系统运行储能技术之一，主要应用于主要适用于电力系统调频、调峰填谷、能量管理、备用等领域。

CAES 是指利用压缩机将低谷电、不稳定的弃风和弃光电等电能转化为空气介质压力内能和换热介质热能，并分别存储于储气单元和能量存储单元中，在用电需求时释放高压空气经涡轮机膨胀做功后发电的一种储能方式。主要包括传统压缩空气储能、先进绝热压缩空气储能、蓄热式压缩空气储能、等温压缩空气储能、液态空气储能、超临界压缩空气储能、水下压缩空气储能和外部热源耦合额压缩空气储能等。

CAES 基本原理及其组成如图 9.2 所示。

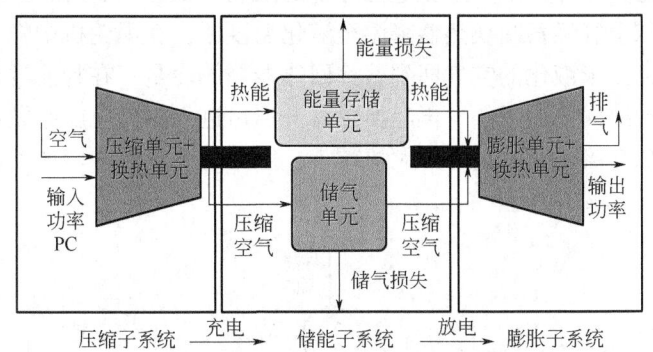

图 9.2　CAES 基本原理及其组成示意图

CAES 的基本原理与燃气轮机技术相同，但 CAES 运行时压缩机和涡轮机不同时工作，涡轮机的输出功全部用于发电，相比于消耗同样燃料的燃气轮机系统，CAES 可以多产生 1 倍以上的电力。在储能时，CAES 耗用低谷电或低品位电将空气压缩并存于储气室中；在释能时，高压空气从储气室释放，经高温热源换热或与燃料一同燃烧后，驱动涡轮机发电。CAES 系统主要包括压缩子系统、储能子系统和膨胀子系统，其主要构成部件如下：（1）压缩机，为多级压缩机带中间冷却装置；（2）涡轮机，为多级涡轮机机带级间再热设备；（3）燃烧室及换热器，用于燃料燃烧和回收余热等；（4）储气装置，地下或者地上洞穴、煤坑或压力容器；（5）电动机/发电机，通过离合器分别和压缩机以及涡轮机连接；（6）控制系统和辅助设备，包括控制系统、机械传动系统、管路和配件等。CAES 系统中压缩机和涡轮机是最主要的核心部件，其性能直接影响整个储能系统的效率。

传统压缩空气储能又称补燃式压缩空气储能，压缩过程可采用多级压缩机，级间以及最后一级后配置有冷却器；膨胀过程同样可采用多级涡轮机，级间带中间再热结构，这样可以提高系统的效率。

先进绝热压缩空气储能（advanced adiabatic compressed air energy storage，AA-CAES）系统是将压缩过程产生大量的压缩热进行存储，并在释能过程中，利用存储的压缩热加热压缩空气，然后驱动涡轮机做功。相比于补燃式的传统压缩空气储能系统，由于回收了空气介质压缩过程的压缩热，系统的储能效率可达70%；同时，由于用压缩热代替燃料燃烧，系统去除了燃烧室，实现了零排放的要求。

等温压缩空气储能（isothermal compressed air energy storage，I-CAES）系统是采用特定控温手段（如液体活塞、喷雾等），使得在压缩/膨胀过程中空气的温度变化在一个很小的范围内，实现近等温压缩/膨胀过程。I CAES 系统效率可高达80%，且无燃烧室和储热装置。但该系统的主要缺点是在压缩过程中，部分空气溶解于水中，导致部分能量损失。

蓄热式压缩空气储能（thermal storage compressed air energy storage，TS-CAES）系统是一种可同时利用压缩热、工业余热、排气废热以及由可再生能源转化来的热量的改进型先进绝热压缩空气储能系统。该系统基于多温区高效回热技术储存压缩热并用其加热涡轮机进口高压空气，实现储能发电全过程的高效转换和零排放。目前 TS-CAES 系统大多与可再生能源进行耦合，可利用储热装置存储太阳能，利用压缩空气储存风电，提高可再生能源的利用率及压缩空气储能系统效率。

液态空气储能（liquid air energy storage，LAES）系统将能量以液态空气介质进行存储，可极大程度地提高能量储存密度，避免地理环境的限制。如图9.3所示，液态空气储能系统在储能过程中，高压空气经蓄冷换热器降温至液化温度后，在涡轮机中降压液化，经分离得到的液态空气被储存，未液化的空气回到蓄冷回热器释放冷量；在释能过程中，液态空气经低温泵加压后进入蓄冷回热器吸热，再经换热器升温后进入涡轮机膨胀做功。因空气液态密度较气态密度大约700倍，存储空间可大幅减小，但同时系统额外增加了相关设备，增加了系统损耗。

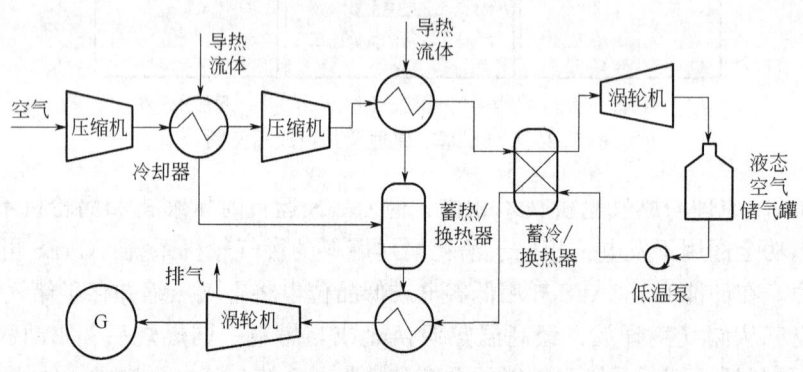

图9.3 液态空气储能

超临界压缩空气储能（supercritical compressed air energy storage，SC-CAES）系统是将空气压缩到超临界状态（$T>132K$，$p>3.79MPa$），经换热回收压缩热后以液态存储在低温储气罐中；释能时，液态空气加压至超临界压力并将其冷量储存在蓄冷回热器中，进一步吸收储存的压缩热后进入涡轮机膨胀做功。超临界压缩空气储能系统兼具了AA-CAES 和 LAES 的优势，具有能量密度大、热效率高、环境友好等优点。该系统最高效率可达70%。

水下压缩空气储能系统将储气装置安装在水下（湖底或者海底），利用水的静压维持系统定压运行，避免了压缩机和涡轮机因压力变化导致偏离设计工况运行，提高了系统效率；同时，储气室无须维持系统运行所需的最小压力，提高了压缩能的利用率，系统安全性较高。

外部热源系统耦合的压缩空气储能。压缩空气储能系统可通过提高涡轮机进口空气温度增加系统出力，提高系统整体效率。可利用的外部热源主要包括太阳能热、工业余热废热（如冶金、化工、水泥、玻璃等行业）、电厂（核电）的余热，生物质制取的沼气和合成气等，系统结构示意如图 9.4 所示。

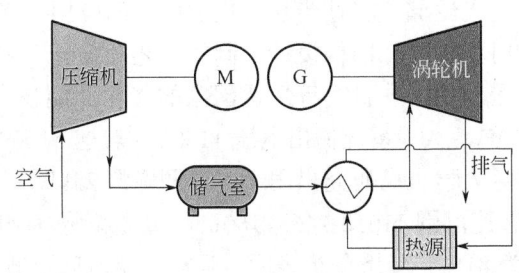

图 9.4　外部热源系统耦合的压缩空气储能

压缩空气储能系统主要具有以下特点：（1）输出功率大，持续时间长；（2）单位建设成本低，具有较好的经济性；（3）运行寿命长，可循环上万次，寿命可达 40 年；（4）环境友好，零排放；（5）可再生能源消纳能力强；（6）负荷变化适应性强；（7）系统型式多样，可满足不同储能场合的需求。

压缩空气储能技术正朝着不依赖化石燃料、不依赖大型储气室、提高系统效率方向发展，主要通过提高关键部件技术性能、优化系统集成与控制技术等手段来实现，具体关键技术包括宽负荷压缩机技术、高负荷膨胀机技术、高效蓄热技术、储气技术、系统集成与控制技术等。

9.2.3　飞轮储能技术

飞轮储能是可以将电能、风能、太阳能等能源转化成飞轮的旋转动能加以储存的一种高效的新型机械储能技术。飞轮储能是一种研究价值高、应用前景广阔的新型储能技术，具有大储能容量、高效率、无污染、适用广、无噪声、长寿命、维护简单及可实现连续工作等优点，为解决目前广泛关注的能源问题提供了新途径。目前全球机械储能装机容量约为 1.57GW，与快速增长的储热和电化学储能相比，增长较为缓慢。

飞轮储能又称飞轮电池，是一种机—电能量转换与储存装置（图 9.5），其工作原理为：电力—电子变换装置从外部输入电能驱动电动机旋转，电动机带动飞轮旋转，飞轮储存动能（机械

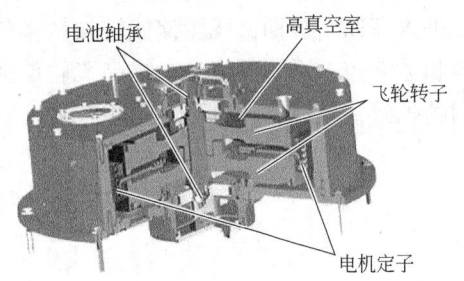

图 9.5　飞轮储能装置

能）；当外部负载需要能量时，用飞轮带动发电机旋转，将动能转化为电能，再通过电力电子变换装置变成负载所需要的各种频率、电压等级的电能，以满足不同的需求。

飞轮储能的主要特点为：（1）储能密度高，功率密度大，因而在短时间内可以输出更大的能量，这非常有利于电磁炮的发射和电动汽车的快速启动；（2）能量转换效率高，一般可达 85%~95%；（3）对温度不敏感，对环境友好；（4）使用寿命和储能密度不会因过充电或过放电而受到影响，只取决于飞轮电池中电子元器件的寿命，一般可达 20 年

左右；（5）容易测量放电深度和剩余"电量"；（6）充电时间短，属于分钟级别；（7）与某些其他装置组合使用时，如与其他动力装置一起混合用于电动汽车上，与卫星姿态控制装置结合用于卫星上，与传统的发电机组混合用于分布式发电系统中，它的优势更加明显。

  作为新一代储能装置，飞轮储能将逐步获得更加广泛的应用。飞轮储能关键技术的发展方向主要包括飞轮转子的材料选择、结构设计、制作工艺及装配工艺四个方面的改进，无轴承电机及其控制系统。美国、德国、日本等发达国家的飞轮储能技术的发展处于领先地位。日本已经制造出容量26.5MV·A、系统输出电压1100V、转速510690r/min的变频调速飞轮储能发电系统。美国马里兰大学也已研究出用于电力调峰的24kW·h的电磁悬浮飞轮系统，其飞轮重172.8kg，工作转速范围11610~46345r/min，破坏转速为48784r/min，系统输出恒压110~240V，全程效率为81%，经济分析表明，运行3年时间可收回全部成本。法国国家科研中心、德国的物理高技术研究所、意大利的SISE均正开展高温超导磁悬浮轴承的飞轮储能系统研究。

  中国飞轮储能技术的现状是：与国外研究进展差距较大。清华大学、中国科学院等一批科研机构在小容量飞轮储能有一定成果，北京航空航天大学针对航天领域研制的"姿控/储能两用磁悬浮飞轮"曾获得2007年国家技术发明一等奖。2010年前后，国内也出现了一批飞轮储能系统商业推广示范应用的技术开发公司，UPS系统飞轮与蓄电池投资造价及运营费用比较，20年的总所有成本（TCO）可节省24%，具有较高的经济性。存在的主要问题是高速飞轮储能系统技术门槛较高，复合材料结构技术、磁轴承技术、真空中的高速高效电机技术仍然有一些亟待解决的课题，如复合材料的使用寿命评估、电磁轴承和高温超导磁轴承的工程化应用问题、大功率高速电机转子材料和结构设计问题，以及高速轴系的机电耦合转子动力学问题。随着国内电力—电子技术与设备的突飞猛进，全数字化集成电动机/发电机伺服系统的可靠性要远远高于模拟系统，数字系统的控制逻辑由软件来实现，增加了系统使用与设计的灵活性；另外，数字系统在速度和精度方面也要明显优于模拟系统，因此集成电动机/发电机伺服系统的全数字化是发展的必然趋势。在新时期"双碳"背景下新能源发展进入高速增长期，飞轮储能转换效率较高，储存密度逐渐增高，飞轮转速越来越高，新材料和数字控制系统可以大大提高飞轮储能系统的安全性，作为机动车能源系统也重新进入人们的视野，其应用场景正在逐步扩展。

9.3 储能发展现状

9.3.1 储能对于新能源产业发展的重要意义

  近40年来，全球工业化、城镇化进程大大推高了能源消费，人口巨大的发展中国家煤炭、石油等化石燃料消费量迅猛增加，从资源的可用储量和环境承载能力两个方面都直接威胁到人类可持续发展目标。以现有开采利用技术和预计化石燃料消耗速率来推算，煤、天然气和石油的可使用有效年限分别为100~120年、30~50年和18~30年，必须减少对化石燃料的依赖。国际社会形成的另一个基本共识是化石燃料使用时会产生大量温室气体，是造成气候变迁的重要因素。以太阳能、风能、生物质能为代表的新能源具有可再生、无排放的特征,开发利用技术逐步成熟,许多国家和地区规划在2050年前后新能源利用比例达到50%以上。然而,新能源具有天然的波动属性,能源密度低、投入强度高,新能源电力生产随机性波动比例较高,可用时段和负荷可控性低,一直依赖政策性补贴和优惠政策得以发展,电网企业为了接纳新能源电力也需要增加调峰能力,但随着需求侧波动增加,弃光弃风乃至弃水现象比较普遍,急需扩大中间调蓄功能加以平衡。

能源行业的储能概念,指的是在发电端和用电端不一致时,利用化学或者物理的方法将已经产生的能量储存起来,并在需要时释放。在新能源供给比例逐步增加、能源互联网架构基本形成的过程中,当一定区域内储能设施容量大于多种能源交互响应的最小供求平衡容量时,储能可以充当起能量的聚合器,集中起产能端和用能端的资源,与能源转换装置相互配合,共同维持系统和能源市场灵敏高效运行,也可为终端能源系统提供辅助服务、能源备用、能源协调互补等服务,实现终端系统内能源生产与消费的平衡,是终端能源系统安全稳定运行的重要保障。储能可有效提升能源利用的整体效率,成为综合能源系统中必不可少的灵活性资源,正在成为一种相对独立的新兴产业,其通过电能与其他能源之间单向转换和存储技术,以及其他多种能源之间的单向或者双向转换和存储技术发展,可促进多种能源在时间、空间维度上的完全结合,构成多能源子系统的综合纽带,是未来综合能源系统的心脏。

促进储能技术和储能产业的发展对于电力乃至整个能源行业具有重大的意义。首先是可以大大提升新能源利用水平。随着可再生能源发电装机容量的迅猛增长,风力、太阳能发电出力的随机性和波动性给电力系统运行带来了新的挑战。此外,由于可再生能源出力的预测误差相对较大,可再生能源发电场站的经济效益在含高比例可再生能源接入的电力系统中将会受到明显的影响。电池、超级电容器、飞轮、新型压缩空气等储能系统具有快速调节的性能,可以安装在可再生能源发电场站侧,起到平滑可再生能源发电出力、提高发电出力的可控性、增强可再生能源市场竞争力等作用,有效解决新能源弃风、弃光问题,提高上网电量。其次是提升电力系统灵活性与稳定性。储能系统作为输电网投资升级的替代方案(延缓输电网的升级与增容),可以提高关键输电通道、断面的输送容量或提高电网运行的稳定水平,降低对输变电设备的投资。与传统机组相比,电池储能、飞轮储能等新兴储能资源具有爬坡能力强、响应速度快的优势,可以快速跟随系统负荷与间歇性可再生能源出力的变化,在调频服务市场中具有一定竞争力,有助于缓解可再生能源发电大规模接入电网带来的调频压力。分布在配网中的储能也可以在相关政策和市场规则允许的条件下为大电网提供调频、备用等辅助服务。除此之外,储能的配置还可提高配电网运行的安全性、经济性、可靠性和接纳分布式电源的能力等。再次是可提升需求侧用能智能化水平。大力发展用户侧储能,可以提高供电可靠性,降低用电成本(价格套利),提高新能源发电的消纳比例,参与需求侧响应,提高电能质量等。工商业及居民用户还可通过投资储能提升可再生能源发电的可控性,发挥自建可再生能源发电装置的作用,减小其向电网购电的成本甚至向电网卖电。居民和部分商户可以更多地利用光伏发电,甚至实现电能的自给自足,在配电网故障的情况下,通过储能继续提供电力,从而有效地降低电网停电的影响,提高供电的可靠性。

总之,储能能够为电网运行提供调峰、调频、备用、黑启动、需求响应支撑等多种服务,提升电力系统灵活性、经济性和安全性;在新能源与多能协同方面,储能技术能够有效提高风、光等可再生能源的消纳,支撑分布式电源与微网的安全运行,并促进能源生产消费开放共享和灵活交易。储能技术可以说是新能源产业革命的核心,储能产业发展潜力巨大,市场竞争日益激烈,中国新能源和储能产业将成为具有重要影响的新兴战略性产业。

9.3.2 国际储能产业发展现状

储能是伴随人类历史发展进程的重要产业,与粮食、房屋一样,构成人们生活的基本保障。欧美发达国家由于居住的分散性,以家庭为单位的储能形式多样,生活电气化催生了储电的需求。在极端条件下,储电更具有安全保障价值,如家电和通信设施的正常使用。20世纪末新能源产业快速发展对储能提出了新的要求,家用新能源发电系统和风光一体化用能装置只有配置储能设备才可以正常使用,新能源装机容量快速提升对电网带来的冲击暴露出电力系统灵活性的不足,亟须部署相应容量的储能系统以平衡电网功率,稳定电价。美国、欧洲和日本等先后出台了储能产业发展计划,在沿袭抽水蓄能基本功能的基础上,大力开发机械类储能、电化学类储能、电器类储能、热储能、化学类储能等形式,由于电化学储能不受自然条件影响,且锂离子电池能量密度高、工作电压大、循环寿命长、充电速度快、放电功率高、自放电率小、记忆效应小,发展潜力更大,是未来的重点发展方向,目前正处于新一轮高速增长前的预备期。根据 CNESA 全球储能项目库的不完全统计,截至 2019 年底,全球已投运储能项目累计装机规模 184.6GW,同比增长 1.9%。中国已投运储能项目累计装机规模 32.4GW,占全球市场总规模的 17.6%,同比增长 3.6%。

在美国,受政策激励,公用事业公司可以对各自的系统进行自上而下的评估,进而购买最便宜、最实用的储能系统,这使得美国的储能项目部署迅速增长。欧盟储能协会(EASE)联合市场研究机构 Delta EE 发布的报告指出,欧洲储能市场目前形势较为复杂,储能设施被视为发电资产,不能归电网运营商所有,而是由各储能厂商部署,这虽然有利于降低终端消费者的电价,但是却导致储能项目建设缺乏统一规划,且推进缓慢。英国、德国等能源体系相对发达的国家大型储能装机已较为饱和,储能市场增长空间有限,因此增速大幅降低。目前欧洲储能市场在规模上虽不足以满足能源转型的需求,但要实现欧洲 2050 年的"零碳目标",储能仍是不可或缺的。欧盟委员会在清洁能源一揽子计划中提出,让储能更公平地参与电力辅助服务市场,这为储能技术提供了立法支持,有利于储能"快速充分地发挥其潜力"。与此同时,欧洲各国也在持续努力创造长期可行的储能部署机会。其中,意大利电网运营商 Terna 正在寻求购买 230MW 的储能设备;在法国,大规模的储能试点项目正在进行;西班牙也宣布了 2030 年 2.5GW 的储能目标;葡萄牙也举办了太阳能招标,并把储能作为重要的附加选项。欧洲地缘政治变局带来欧洲乃至世界能源格局的新变化,能源价格大幅度飙升和区域性能源缺乏,对储能行业提出了新的要求,不仅是常规能源供应保障要面对严峻挑战,电网应对波动的适应能力、电网效率以及供电成本控制都会推进储能行业大的发展。

9.3.3 中国储能产业发展现状

改革开放以来,我国新能源产业开发建设规模逐步壮大、关键技术进步显著,国际竞争力不断增强,对减轻环境污染和碳减排贡献巨大,已经成为世界最大新能源装备制造和新能源利用大国。据国家能源局资料,截至 2020 年底,全国发电装机容量超过 22×10^8kW,其中水电装机容量占比 16.7%;风电装机容量占比为 12.8%,新能源发电 0.9×10^{12}kW·h,约占全社会发电量的 13%。风电装机容量 1.84×10^8kW,累计装机和新增装机连续九年位居世界第一;光伏发电装机容量增加至 1.75×10^8kW,连续四年位居世界第一;生物质发电装

机 $1781×10^4kW$，规模居全球第二；核电装机 $4466×10^4kW$。2017 年底，中国地源热泵装机容量达 $2×10^4MW$，位居世界第一。水热型地热能利用以年均 10%的速度持续增长，已连续多年位居世界首位。风电、光伏发电技术和装备制造进入世界先进行列，生物质能利用技术日趋成熟，地热能勘探技术快速发展，产业国际竞争力增强。我国目前已经形成了涵盖研发、制造、设计、施工、运行等各环节的新能源全产业链。

新能源产业的发展不仅带动了经济增长，推动能源转型，而且在提供清洁电力的同时，为应对国际气候变化、降低碳排放作出了贡献。初步估算，截至 2020 年，我国新能源累计发电量约为 $4.5×10^{12}kW·h$，相当于替代 $16×10^8t$ 标准煤，减少排放二氧化碳 $39×10^8t$、二氧化硫 $1700×10^4t$、氮氧化物 $1300×10^4t$，对减少温室气体排放、降低大气污染发挥了巨大作用。

由于我国风、光资源富集区远离负荷中心，当地电网无法全部消纳；伴随着我国用电结构的变化，特别是电动汽车应用的日渐普及，充电问题也将日渐受到关注，采用直接接入大电网的电动车充电桩，其快速充电势必会对电网造成大电流冲击，从而影响区域内的用电安全；城市民用负荷中夏季空调和冬季电热采暖负荷急剧增加，屋顶光伏设施并不能缓解供应，加上产业用电间歇负荷波动，担任调峰/调频电站的压力很大，直接驱动了储能产业的迅速崛起，大大改善了弃风弃光以及装备制造业产能过剩现象。

储能产业作为电力系统的组成部分，用来平衡电能在时间上的供需关系，在电力系统的发输配用的各环节皆有作用。在我国大电网模式下，储能产业电网侧、电源侧、用户侧、集中式新能源并网以及辅助服务五大环节都有渗透，不可或缺。

目前储能热点应用集中体现在光伏电站配置储能、风力发电配置储能、电网辅助服务（调频）、无电地区微电网、商业楼宇增容、电动汽车充电站等领域。储能在风电场、光伏电站、分布式发电与微电网、电力输配等多个领域得到了成功应用，如国网张北风光储输示范工程 $6MW/16MW·h$ 的磷酸铁锂储能系统和 $2MW$ 钛酸锂调频系统建设，成为国内海拔最高、规模最大的光储离网和光伏配储能电站。2015 年青海时代新能源建设的 $15MW/18MW·h$ 的储能系统作为格尔木大型光伏储能电站的重要组成部分，为光伏电站配置了 30%功率容量，配置 $1.2~1.5$ 小时锂电池储能系统，以综合实现提高光伏电站接入量、调峰、平抑波动以及跟踪计划出力等功能。光储一体化电站具备调峰/调频能力，在电网输送电力的高峰期，或阳光照射充分、自身负荷较低的情况下，可将光伏发电电力储存在储能系统，在适当的时间，供应自用或输送电网，减少调度压力，降低光伏电站发电对电网产生的冲击。储能系统的成功应用，为解决我国日趋严峻的"弃光限发"问题提供了有益探索，为我国探索和创新荒漠化治理开辟了新途径，也使得储能成为当地电力供需不平衡最有效的解决方式。

青海省杂多县 $3MW$ 大型离网光储微电网项目是财政部、科技部、国家能源局 2012 年"金太阳工程"的重点项目，电站由 $3MW$ 光伏、$3MW/12MW·h$ 的双向储能设施组成，系统不含任何火电或水电机组，仅以光伏发电为能量来源，完全由储能变流器作为电网支撑，向杂多县新县城配电系统供电；系统运用 6 台储能变流器离网并联，实现了在无大电网支撑下多台储能变流器并联、光储互补协调控制的技术创新；储能系统在保障供电功率平稳和夜间正常供电的同时，也避免了独立光储系统的弃光、断电等问题，实现了系统的高可靠性和高发电效率。该项目的建成，使电站年平均发电能力超过 $500×10^4kW·h$，基本能够满足新城区公共及居民用电需求，对进一步改善县城多年来用电吃紧的局面、完善该县供电网络、改善民计民生、保护生态环境、推动杂多县的经济社会跨越发展具有里程碑式的意义。

基于产业内生动力和外部政策及碳中和目标等利好因素多重驱动，储能装机逆势大幅增长，如期步入规模化高速发展的快车道。国家能源局公布的数据显示，截止到2020年底，我国已投运的电力储能项目累计装机容量达到33.4GW，2020年新增投运容量2.7GW。电化学储能系统成本也突破1500元/(kW·h)的关键拐点，储能已从"商业化初期"迈入了"规模化发展"的新阶段。

整体来看，我国"新能源+储能"产业融合发展已成大势。在高比例可再生能源消纳压力下，20个省的地方政府和电网企业提出集中式"新能源+储能"配套发展鼓励政策，储能技术对新能源规模化应用的重要价值已形成共识。国家发展改革委、国家能源局联合发布的"两个一体化"指导意见，明确了在电源侧和负荷侧的基地建设中增加储能以实现系统灵活坚强发展的目标。多家央企与相关省市签署了"一体化"示范项目协议，随着项目的规划及落地实施，将有助于因地制宜地探索储能不同场景下的发展路径和商业模式。

储能跨界融合应用进一步提升了其产业价值。储能对电力系统安全稳定运行的重要作用愈发凸显，储能在提升发电侧黑启动和重要电力用户应急备用能力方面已经开启探索与应用。随着5G通信、数据中心、新能源汽车充电站等新基础设施建设加速，各地利用价格政策和财政支持政策引导"综合能源站"建设，储能在用户侧的跨领域应用形式得到延展。

随着新能源特别是光伏的大规模接入，依净负荷确定峰谷电价的思路得到普及，以往白日尖高峰时段转为平段和谷段，部分地区拉大峰谷价差，用户侧储能经济性得到提升，储能项目充放电策略将由此进行调整。各区域和地方电力市场规则明确了第三方主体和用户资源参与辅助服务的基本条件，提出了辅助服务成本逐步向用户传导的长效发展思路。合同能源管理、共享储能、租赁模式等新模式应用于可再生能源侧储能，以分摊各个主体的投资风险。还有第三方公司通过一个中央控制室将分散式储能系统、充电桩集合起来参与电网服务获取应用收益的代理运营商模式也开始崭露头角，同时打通电源、电网、用户各环节，以实现储能价值衔接。

多种模式的探索和实践，将极大地促进储能多重应用价值的叠加和项目的盈利能力。新技术不断突破，成本持续下降，多种储能技术本体性能取得突破。锂离子电池继续向大容量、长寿命方向发展，其他储能技术如全钒液流电池、压缩空气等长时储能技术也取得突破，储能系统更加注重实际应用效果及安全性，锂离子电池储能系统向高电压方向发展；储能用电池热管理液冷技术开启"渗透战"，国内储能厂商纷纷推出液冷储能系统解决方案，储能系统成本持续下降。

新势力异军突起，加速布局储能。资本市场持续加码储能产业投资，多家金融机构参与储能企业投资，各方加码进军储能产业，储能企业与其他产业深度融合，以宁德时代为例参股投资了电力工程设计服务企业、与国家电网综合能源服务公司开展深度合作等；比亚迪与阿特斯、金风科技、华润、正泰等"合纵连横"深度布局国内外储能市场；除此之外一些矿产、能源及电力企业也加强了储能产业的布局。

总体而言，我国储能产业还处于市场初期，各项技术、应用和市场机制都有待进一步的创新与突破，要实现规模化、产业化、商业化应用还有很长的路要走。在具体项目应用中，储能系统的经济性、稳定性与安全性，政策环境不健全导致的投资回报不确定性，以及工业接受程度等问题仍然是目前储能规模化应用的难题和挑战。如何实现储能系统在应用中的技术创新、提高储能技术稳定性、延长储能系统的使用寿命、提高储能转换效率等仍然是企业目前努力的重点和关键。

9.4 促进储能发展的主要政策

9.4.1 国内外储能政策法规概述

储能在美国、欧洲、澳大利亚、日本等区域中应用较为活跃，这些国家和地区除了具有较高的终端用户电价、合理的峰谷电价差等比较有利于储能应用的电价制度外，还纷纷出台分布式储能补贴或激励政策，支持本地光储混合系统或独立户用储能系统的发展，以达到帮助用户降低电价、提高可再生能源利用比例、提升电能质量或灾备能力等目的。在分布式储能补贴和激励政策的推动下，分布式储能的安装呈现"星罗棋布"之势，不仅满足了终端用户的需求，同时也给负荷聚合商留出将分布式储能纳入其"资源组合"中提供更多服务并获得收益的市场空间。因此，目前多个国家在激励措施方面，开始考虑通过修改相关市场规则，为分布式储能参与电力市场交易提供便利与支持。

美国储能产业政策历经多年发展，美国电化学储能已建大量兆瓦级电化学储能项目，形成了较为清晰的技术路线和有效的商业模式，基本实现商业化运营。为推动行业发展，美国国家层面出台涉及战略规划、市场机制、技术研发、财税补贴等方面的配套政策；各州层面，由于资源禀赋、负荷特点及电力市场规则不同，电化学储能支持政策与行业发展态势有所差异。美国2011年发布《2011—2015储能计划》，共47个州处于储能部署和实施的各阶段。各州也纷纷出台储能装机容量目标。2007年890号令和2008年719号令为储能进入电能批发市场提供制度保障；2011年745法案则要求电力公司和零售商支付大客户利用储能来替代电网调峰的费用，755号法令制定电力零售市场调频辅助服务按效果付费补偿机制；2013年784号法令提出输电网运营商可以选择从第三方直接购买辅助服务以及电储能提供辅助服务的结算机制。792法案解决储能并网的程序问题，首次将储能定义为小型的发电设备；2018年美国联邦能源管理委员会（FERC）发布了841法令（FERC Order 841），要求美国电力市场创建一个储能参与模式，允许储能系统为批发能源市场提供其全部能力，FERC将储能资源定义为"能够从电网接收电能，并将其存储以供后期将电能注入电网的资源……无论其储能的介质如何"，互联和参与独立系统运营商/区域传输组织（ISO/RTO）需要制定出一套适用于储能参与其运营的电力批发市场的市场规则。2009年通过的复苏与再投资法案利用1.85亿美元资助16个储能示范项目；2019年纽约州推出批量储能和零售储能补贴措施，批量储能激励初始价格为110美元/(kW·h)，零售储能激励初始价格为350美元/(kW·h)；美国《可再生与绿色能源存储技术方案》，给电网规模储能投资提供15亿美元的税收优惠。投资税收抵减和五年期加速折旧政策，投资税收抵免覆盖与可再生能源进行配套的储能容量（30%投资税收抵免），允许储能项目按5~7年的折旧期加速折旧。2019年4月国会发布《储能税收激励与部署法案》，允许为独立储能系统提供类似的投资税收抵减。

在国际市场中发挥重要影响的另一个分布式储能补贴类政策出自德国。德国的分布式光储补贴政策历时 6 年，共分为两个阶段。第一个阶段是 2013—2015 年底，在这个阶段，光储补贴政策主要为户用储能设备提供投资额 30%的补贴，并通过德国复兴信贷银行对购买光伏储能设备的单位或个人提供低息贷款，对于新安装的光伏储能系统给予最高 600 欧元/kW 的补贴，而对于进行储能改造的光伏系统最多可给予 660 欧元/kW 补贴。

表 9.2 德国光储补贴政策一览

发布时间	补贴对象	条件要求	补贴标准
2013 年 3 月	与户用光伏配套的储能系统	光伏的峰值功率在 30kW 以下；只能将最高 60%的光伏发电送入电网；储能系统具备 7 年以上质保	30%的储能系统安装补贴；德国复兴信贷银行的"275 计划"对购买光伏储能设备的单位或个人提供低息贷款；新安装光伏和储能系统的用户，补贴金额最高可达 600 欧元/kW；对于在原有光伏系统基础上安装储能系统的用户，补贴金额最高可达 660 欧元/kW
2016 年 3 月	资助对象为与光伏设备配套的固定式电池储能系统（而非光伏设备），并且只能有一个与光伏设备配套的电池储能系统可以获得补贴	储能电池搭配的光伏系统必须于 2012 年 12 月之安装，且峰值功率不能超过 30kW；光伏系统回馈到电网的功率不得超过峰值功率的 50%；系统服役年限至少为 20 年；电池系统必须具有 10 年质保期；安装商必须具有相关资质	依据申请年份的不同，银行提供的补助比例也不同；2016 年 3 月 1 日—2016 年 6 月 30 日，借贷补助比例 25%；2016 年 7 月 1 日—2016 年 12 月 31 日，借贷补助比例 22%；2017 年 1 月 1 日—2017 年 6 月 30 日，借贷补助比例 19%；2017 年 7 月 1 日—2017 年 9 月 30 日，借贷补助比例 16%；2017 年 10 月 1 日—2016 年 12 月 31 日，借贷补助比例 13%；2018 年 1 月 1 日—2018 年 12 月 31 日（申请截止日），借贷补助比例 10%

9.4.2　中国储能产业支持政策

当前，政策和市场环境是促进中国储能产业发展的关键。在进入"十四五"发展的新阶段，配合新能源规模化开发和利用，储能迎来了新的发展机遇与挑战。在"十四五"规划布局中，已有近 20 个省市在规划意见中提及支持储能发展。2022 年 6 月，江苏省发展改革委印发《江苏省"十四五"可再生能源发展专项规划》，正式提出利用储能技术助力可再生能源发电方式创新转型。《内蒙古自治区可再生能源电力消纳保障实施方案》再次认可了储能对新能源规模化开发和利用的关键价值。储能在未来中国能源体系建设中的关键地位越发突显。

2020 年以来，国家层面多次提到支持储能发展，目前越来越多的省份考虑到新能源大规模并网对系统调节能力的挑战，要求新能源项目配置储能，以满足新能源并网要求，提高整个电力系统的调节能力。在当前电力市场仍不够完善的情况下，这可能成为一种趋势或过渡方式，虽然在一定程度上增加了新能源投资商的成本，但也推动了储能产业的发展。

内蒙古、新疆、辽宁、湖北、江西、山东等地均建议或鼓励新建的风电光伏项目配置相应的储能以配合电网调度。青海省《关于印发支持储能产业发展若干措施（试行）的通知》对"新能源+储能""水电+新能源+储能"项目中自发自储设施所发售的省内电网电量，给予每千瓦时 0.10 元运营补贴，同时，经青海省工业和信息化厅认定使用青海省产储能电池 60%以上的项目，在上述补贴基础上，再增加每千瓦时 0.05 元补贴。

宁夏推出《自治区发展改革委关于加快促进储能健康有序发展的通知》，将宁夏归入鼓励"新能源+储能"配置省份名单，明确提出"10%，2 小时"的储能配置要求，且新增项目储能设施要与新能源项目同步投运，存量项目要在 2021 年底前完成储能设施投运。"健康有序发展"是"十四五"储能发展的核心，鼓励和强制要求新能源配置储能还需兼顾经济性；"鼓励储能以独立身份参与市场交易，将电储能交易纳入现行宁夏电力辅助服务市场运营规则"可以扫清储能参与市场阻力，规范交易品种和明确价格机制，成为储能实现商业化应用的关键。

湖南、内蒙古、山西、山东也再次修订了辅助服务市场规则。湖南将储能深度调峰补偿标准由征求意见稿中的 200 元/(MW·h) 调回 500 元/(MW·h)；内蒙古、山西在补偿结算中对 K 值作开根号处理并调整归一化调节系数，且设置调节速率上限；山东将自动发电控制（AGC）出清价最高上限调整至 6 元/MW。在电力市场长效机制未建立前，储能参与市场增加了资金支付风险，但频繁变动的规则又给储能投资制造了风险，储能的商业化发展急需一个稳定、长效的市场机制予以支撑。

当前储能尚处于发展初期，制约可再生能源配置储能的主要因素是储能的成本没有合理的市场机制进行传导，储能的收益无法得到体现。有些政策虽然明确了储能的利用小时数和补贴标准，但后续还需要有配套的实施细则去保障政策落地和储能的收益。

9.5 储能项目投资建设规定

9.5.1 储能项目投资指南

储能是能源产业版图的要塞，也是当前最为薄弱的一环。储能兴，新能源电力系统繁荣可期。新能源配套储能虽不能改变新能源的基因，但可以改良新能源的功率输出秉性。新能源配储能的症结在于技术是否安全无虞，成本是否能快速下降，商业模式如何构建，如何严控储能投资边界。从经济学的维度讲，新能源投资储能也是为给电力系统带来的负外部性买单。快速下降，新能源企业如何创新产业形态、构建新的商业模式，如何界定储能投资的边界。

国内新能源规模化发展以来，财政补贴、国家规划等政策红利是行业发展的主要驱动力，另一方面电网系统、火电企业、终端消费者也为新能源发展作出利益让步。然而在平价新生态下，储能项目投资需要探索可行的商业模式，寻求价值创造路径，比如参与调峰、调频等辅助服务，获得辅助服务补偿；减少弃风、弃光电量，增加电费收入；减少电网费用考核；参与电力市场交易获得电价收益，等等。其中，新能源配储能参与电力系统辅助服务是收益最为确定的模式。当前，已有 16 个省区发布了调峰辅助服务补偿机制，储能电站可以为电力系统运行提供调频、调峰、调压、备用、黑启动等辅助服务，并获得相应补偿收益，补偿收益在 0.5 元/(kW·h)。

2019 年 6 月，国家能源局西北监管局发布《青海电力辅助服务市场运营规则（试行）》，明确在电网需要调峰资源的情况下，储能调峰价格暂定 0.7 元/(kW·h)，优先消纳风电、太阳能发电。2020 年 5 月 26 日，新疆维吾尔自治区发展改革委印发《新疆电网发电侧储能管理暂行规则》，对根据电力调度机构指令进入充电状态的电储能设施所充电的电量进行补偿，补偿标准为 0.55 元/(kW·h)。

从储能电站的应用看，青海共享储能项目鲁能海西 50MW/100MW·h 储能电站是一个样本，该项目 2019 年 6 月 18 日正式试运行，至 2020 年 7 月，累计充电电量 $2815×10^4$kW·h，获得调峰费用 1564 万元，单价 0.56 元/(kW·h)。按照储能电池全生命周期充放电次数至少 6000 次估算，储能电站需要与电网公司协调，保证每天至少两次满充满放。但在实际运行过程中，存在新能源储能调度权被电网公司管理，无法与新能源电站联合调度的状况，新能源开发商无法获得辅助服务收入，产生收益不稳定隐忧。

新能源配储能的另一商业模式，是通过储能减少弃风电量，在非限电时段放电，或者就地消纳。这种模式适用于上网电价较高、弃风弃光率高的区域，随着新能源平价上网进程加速，依靠弃电获得投资收益的难度越来越大。

电网考核费用的减少是储能的新价值体现。目前，根据电网企业《发电厂并网运行管理实施细则》《并网发电厂辅助服务管理实施细则》的要求，新增对风电场、光伏电站一次调频、虚拟惯量响应功能考核标准。新能源通过配置储能，可以相应减少电网考核费用。

此外，新能源配储能可以通过电力市场交易获得电价收益，但此种模式下电价波动、电量需求大，项目收益不确定性也增加。新能源储能电站也可以探索与用户服务、充电桩、绿证交易等模式融合，向下游应用端延伸。但是，需要注意的是储能系统在同一运行时刻，商业模式只能取其一，二者不能兼得。故此，项目投资经济测算需要兼顾不同运行模式，项目现金流流入需要根据不同场景进行测算。

在现有的商业模式下，新能源配储能的经济性对投资成本的敏感程度更高。储能项目的成本高低取决于两个方面，一是新能源储能配比，二是储能工程系统造价。对于能源基础设施而言，项目投资回收周期在 7 年之内，则具有较好投资价值，可以满足 8% 左右的项目内部收益要求。

对于新能源配储能的合理比例，中国电建集团西北勘测设计研究院认为，从经济角度考虑，为平抑新能源出力的短时波动，储能容量可按新能源装机规模 10%，储能时长可按 0.5~1.0 小时设计。

目前，从各地对新能源储能项目的要求看，储能配比在 10%~20% 之间，储能时长为 1~2 小时，高比例储能配比加大了投资回收的压力。

从储能成本构成看，储能电站主要由三部分构成：储能电池系统、储能功率变换（PCS）及升压系统。其中，储能电池投资占比最高，在 60% 左右。储能成本下降的重心仍在储能电池，降低储能电池成本则需要在电芯低衰减、长寿命（1 万次以上）、高存储效率（>98%）等技术维度进行攻关，同时减少项目用地成本和运维成本。理想的储能成本下降路线是，到 2025 年储能电池系统规模翻倍，储能系统成本下降至 0.8 元/(W·h) 左右。在技术进步的驱动下，成本下降的斜率或许会加速，大规模储能电站的推进，也将有效降低储能成本水平。

9.5.2 储能项目建设运营与监管

电化学储能主要是通过电池正负极的氧化还原反应来进行充放电，根据所使用化学物质的不同，电化学储能电池可以分为铅酸电池、镍镉电池、镍氢电池、锂离子电池等。储能电池具有工作电压高、体积小、储能密度高、无污染、循环寿命长等优点。随着储能技术的不断发展，电化学储能应用越来越广泛，在源—网—荷（用户）侧均发挥着重要的作用。

在电源侧，与传统机组相比，储能电站转换效率高且动作迅速，可以快速跟随系统负荷与间歇性可再生能源出力的变化，及时提供功率支撑，平滑可再生能源出力，消除可再生能源出力波动性大、出力不稳定等问题，促进可再生能源消纳，提高可再生能源发电预测的准确度和经济性。

在电网侧，电化学储能可以有效地实现需求侧管理，发挥削峰填谷的作用，消除昼夜峰谷差，改善电力系统的日负荷率，降低供电成本；实现高效的有功功率调节和无功功率控制，快速平衡系统中由各种因素产生的不平衡功率，调整频率，补偿负荷，减少扰动对电网的冲击，提高系统运行的稳定性，改善电能质量，提高供电可靠性。

在用户侧，储能系统可改善用户电能质量，使需求侧更加灵活地参与市场调节，实现移峰填谷，通过灵活使用储能参与需求侧响应也可为用户带来可观的经济效益。

在容量补偿力度适当或合理制定峰谷价差的情况下，通过参与源—网—荷各侧市场中电力辅助服务、需求响应等多种电力服务，储能电站运营是可以实现盈利运营的。但目前中国储能技术仍处于发展前期，峰谷电价差额较小，相对容量补贴政策也还没有出台，实现盈利较困难，储能的实际价值还难以得到合理体现。电化学储能电站运营模式不同，储能充放电价格及补偿价格不同，直接影响电化学储能电站的经济效益。

目前储能主要的商业运营模式是峰谷电价差套利，通过电化学储能电站在负荷低谷、电价便宜时充电，在负荷高峰、电价高时放电，以充放电电价差为变量，利用储能充放电价不同出现的差额作为储能经营盈利的条件进行分析计算：

运营期年净收入＝放电收入－充电支出－投资回报分摊额－运维成本－税收

由于一般储能设施作为新能源电站的配套装置，需根据其承担的调峰综合收益进行核算；对单独建设的储能电站，需要依据投资者对峰谷电价套利预期，与电网企业或直供用户协商决定。

也有学者提出储能运营可借鉴抽水蓄能两部制电价运营模式，即按照电站的额定容量及上网的发电量分别计付电费的电价制度，包括容量电价和电量电价。分析时容量补偿电价也作为收益的一部分，参照抽水蓄能电站实行的两部制电价（发改价格〔2014〕1763号）的相关规定进行充放电定价。分析计算设计电站的成本构成及费用，并按满足合理补偿成本、偿还贷款及电站经营期有一定盈利能力的要求测算上网电价。

(1) 容量价格测算。储能电站的容量价格 P_r 应为容量收入 R_c 和电站上网容量 N 的比值，即

$$P_r = R_c / N$$

其中

$$R_c = C_d + f_d + R$$

式中　C_d——发电固定成本（包括运行固定成本与财务费用）；

　　　f_d——税金（包括所得税、销售税金及销售税金附加）；

　　　R——税后利润（包括还贷利润和三项基金）。

(2) 电量价格测算。储能电站因有容量收入作为基本收入，故电量价格只与电站本身的变动成本有关：

$$P_d = P_L / Q$$

式中　P_d——电量价格；

　　　P_L——放电变动成本（含运行变动成本、充电费、维修费、材料费、人工费、流动资金利息等）；

Q——计划上网电量。

电价按照合理成本加准许收益的原则核定。其中，成本包括建设成本和运行成本；准许收益按无风险收益率（长期国债利率）加 1%~3% 的风险收益率核定。放电电价为标杆上网电价 0.3731 元/(kW·h)。

目前储能行业的补贴和税收激励措施还远远不够；储能电站能否盈利与峰谷电价以及政府的补贴力度密切相关，在现有的电价基础上，根据各地区政策情况，单独制定储能电站运营充/放电电价以及容量补贴电价，以进一步拉大电价峰谷差，或增大政府对容量补贴的力度，为储能电站商业运营创造更多的经济效益。根据不同地区实际情况，合理规划集中式储能电站的布局，开拓创新，因地制宜开展"储能+"各种创新方式相融合，促进可再生能源进一步消纳。

根据电网企业"两个细则"（《发电厂并网运行管理实施细则》《并网发电厂辅助服务管理实施细则》）要求，新增对风电场、光伏电站的一次调频、虚拟惯量响应功能考核标准。新能源通过配置储能，可以相应减少电网考核费用。除此之外，新能源配储能可以通过电力市场交易获得电价收益，但此种模式下电价波动、电量需求大，项目收益不确定性也增加。此外，新能源储能电站可以探索与用户服务、充电桩、绿证交易等模式融合，向下游应用端延伸。但是，需要注意的是储能系统在同一运行时刻，商业模式只能取其一，二者不能兼得。故此，项目投资经济测算需要兼顾不同运行模式，项目现金流流入需要根据不同场景进行测算。

鼓励大用户新装储能设备利用峰谷电价差。用户可以在电价较低的谷期利用储能装置存储电能，在电高峰期使用存储好的电能，避免直接大规模使用高价的电网电能，降低用户的电力使用成本，实现峰谷期电价差的套利。储能系统也可为用户降低停电发生风险、提高用电质量、降低基本电费、参与需求侧应急响应等。

支持配售电公司在工业园区集中建设大规模储能设施，弥补电源调峰能力不足的短板，在一个区域电网内削峰填谷，提高园区电能供给的稳定性和电网的安全性。支持风电、充电桩+储能，提高土地资源综合利用效率，这些储能充电设施可以有效解决在片区进行大规模的电力充电时出现电力的平均用量和电效率平衡差的问题。

完善促进储能产业发展的政策机制，加大扶持力度。目前储能产业与新能源产业同属政策驱动性行业，建议国家和地方加大对储能产业发展的支持力度，营造有利于储能产业发展的电力市场机制，尽快在全国明确储能应用的市场准入条件和主体地位，完善储能相关市场价格机制，进一步明确和优化项目备案和管理工作流程，尽快出台安全、环保等方面的监管政策。

推动储能关键技术研发和系统集成。重点加强锂电储能基础技术创新研究，围绕低成本、长寿命、高安全性、高效率的总体目标，开展储能关键材料、单元、模块、系统和回收技术研究，发展储能材料与器件测试分析和模拟仿真技术；鼓励储能产品生产企业采用先进制造技术和理念提质增效，开发应用先进的储能系统集成、能量管理系统与智能控制技术，实现电池、储能变流器（PCS）、电池管理系统（BMS）、能源管理系统（EMS）等各个单元完美组合，以及与电力系统深度融合、协调优化运行。构建储能科技创新与技术储备体系，推动储能先进技术创新中心、重点企业研发中心等创新载体建设。

强化储能标准体系建设和项目管理。完善储能项目准入及评价标准，重点推进安全、质量与环保等标准的研制；积极参与储能国际标准化活动，牵头或参与研制储能的重要国际标准，形成一批与国际接轨的技术规范和标准；开展储能适应性检测技术研究，开发高精度、高可靠性的测试技术和专用测试设备，提升检测设备的智能化水平和测试效率；加快建立全流程、全要素的精细化与系统化管理，构建储能项目全生命周期管理体系，保障储能系统长期安全稳定运行和环保回收再生。

思考题

1. 什么是一次电池和二次电池？二者有什么区别？
2. 充电电池是如何实现能量转换的？
3. 二次电池有何共同特点？
4. 对电池发展不利的因素有哪些？
5. 超级电容器的工作原理是什么？具有高功率密度的超级电容器的关键因素是什么？
6. 用于超级电容器电极的多孔碳材料有哪些？各自的优缺点是什么？影响这些碳材料电容性能的主要因素有哪些？
7. 储能对新能源系统效率有哪些影响？
8. 机械储能主要有哪些类型？可用于较大规模储能设施？
9. 如何看待氢能在储能体系中的发展前景？
10. 家用储能系统对民用电能供给的意义何在？
11. 如何把储能激励政策同新能源汽车储能潜力相结合？

参 考 文 献

白云生，2020. 核电"十四五"及中长期发展建议［J］. 电力设备管理（8）：20-22.
Brunet Y，2013. 储能技术［M］. 唐西胜，等译. 北京：机械工业出版社.
曹忠耀，张守玉，黄小河，等，2019. 生物质预处理制成型燃料研究进展［J］. 洁净煤技术，25
　　（1）：12-20.
陈汉平，杨世关，2018. 生物质能转化原理与技术［M］. 北京：中国水利水电出版社.
陈建华，郭菊娥，席酉民，等，2009. 秸秆替代煤发电的外部效应测算分析［J］. 中国人口资源
　　与环境，19（4）：161-167.
陈晓安，2013. 森林抚育剩余物的利用与发展［J］. 绿色科技（6）：33-34.
崔和瑞，艾宁，2010. 秸秆气化发电系统的生命周期评价研究［J］. 技术经济，29（11）：70-74.
戴婷婷，张曙光，2018. 生物质热电联产的相关问题分析［J］. 电工技术，4（16）：100-101.
德切柯·巴普洛夫，2021. 铅酸蓄电池科学与技术［M］. 段喜春，苑松，译. 北京：机械工业出
　　版社.
樊瑛，龙惟定，2009. 生物质热电联产发展现状［J］. 建筑科学，25（12）：1-6.
傅银银，2013. 中国多晶硅光伏系统生命周期评价［D］. 南京：南京大学.
高利红，程芳，2011. 中国能源安全环境保障法律体系：理念与制度［J］. 中南财经政法大学研
　　究生学报（3）：10-15.
郜晔昕，2012. 中国煤炭发电的外部成本研究［D］. 广州：华南理工大学.
郭丹，朴在林，胡博，等，2016. 风电场运行数据分析. 电网与清洁能源，32（4）：93-98.
郭敏晓，2011. 风力、光伏及生物质发电的生命周期 CO_2 排放核算［D］. 北京：清华大学.
郭仲伟，1987. 风险分析与决策［M］. 北京：机械工业出版社.
国家发展和改革委员会能源局，能源研究所，中华人民共和国可再生能源法立法研究课题组，
　　2004. 可再生能源立法研究报告［R/OL］. http：//www.doc88.com/p-401269128227.html.
国家能源局，2012，生物质能发展"十二五"规划［Z/OL］. www.nea.gov.cn/2013-01/28/c_
　　132132808.htm.
韩小霞，胡从川，韦古强，等，2016. 生物质气化热电联产发展概述［J］. 建设科技，2（13）：
　　79-81.
何亮，2022. 中国风力发电正在"走向深海"［N］. 科技日报.
贺家欣，2019. 中国生物质发电发展效率与前景［D］. 厦门：厦门大学.
黄建初，2010. 中华人民共和国可再生能源法释义［M］. 北京：法律出版社.
黄瑞荣，盛宣才，任开磊，等，2021. 生物能源发展现状与战略思考［J］. 林业机械与木工设备，
　　49（6）：15-20.
黄少中，等，2012. 大规模可再生能源跨区（省）送出辅助服务成本补偿机制研究［M］. 北京：
　　中国致公出版社.
黄英超，李文哲，张波，2007. 生物质能发电技术现状与展望［J］. 东北农业大学学报（2）：
　　270-274.
黄子果，2019. 海上风电机组机型发展的技术路线对比［J］. 中外能源，24（8）：29-35.

焦耀华, 2020. 中国生物质能源产业的发展前景探究 [J]. 经济研究导刊, 3 (25): 44-45.
李陆杨, 朱林峰, 漆新华, 2017. 生物质及其衍生糖类制备乳酸的研究进展 [J]. 农业资源与环境学报, 34 (4): 309-318.
李全林, 2008. 新能源与可再生能源 [M]. 南京: 东南大学出版社.
李仁贵, 2022. 生物质气化技术工业化应用与气化炉选择 [J]. 石油和化工设备, 25 (1): 42-44.
李蓉, 2014. 中国风机制造业产业政策研究 [D]. 北京: 中国石油大学 (北京).
李小冬, 王帅, 孔详勤, 等, 2011. 预拌混凝土生命周期环境影响评价 [J]. 土木工程学报, 44 (1): 132-138.
李彦军, 2021. 生物质燃料成型技术发展现状研究 [J]. 现代商贸工业 (28): 162-163.
李艳芳, 等, 2015. 新能源与可再生能源法律与政策研究 [M]. 北京. 经济科学出版社.
李颖, 2015. 光电何时"平价上网"? [N/OL]. https://www.china5e.com/news/news_914881-1.html.
李叶青, 景张牧, 江皓, 等, 2021. 微生物组学及其在厌氧消化中的研究进展 [J]. 生物技术通报, 37 (1): 90-101.
李至, 闵山山, 胡敏, 2020. 中国生物质气化发电现状简述 [J]. 电站系统工程, 36 (6): 11-13, 16.
栗宝卿, 2010. 促进可再生能源发展的财税政策研究 [M]. 北京. 中国税务出版社.
廖夏伟, 计军平, 马晓明, 2013. 2020 年中国发电行业碳减排目标规划相符性分析 [J]. 中国环境科学, 33 (3): 553-559.
林卫斌, 谢丽娜, 杨春艳, 2014. 欧洲新能源发展政策及对中国的启示 [J]. 学术交流 (1): 72-77.
刘江华, 丁晓明, 2008. 核电经济性分析有关问题探讨 [J]. 电力技术经济, 20 (1): 47-51.
刘喜梅, 白恺, 邓春, 等, 2016. 大型风电项目平准化成本模型研究 [J]. 可再生能源 (12).
刘义波, 李峰, 胡静, 2015. 超级电容器研究进展及应用分析 [J]. 电源技术, 39 (9): 2028-2030.
刘运思, 张睿哲, 闵渝, 等, 2018. 新型集成生物质炼制技术 [J]. 造纸科学与技术, 37 (6): 51-55.
刘韵, 2008. 火电厂烟气脱硫技术概述 [J]. 湖南科技学院学报 (12): 32-34.
卢有杰, 卢家仪, 2002. 项目风险管理 [M]. 北京: 清华大学出版社.
马杰, 2014. 促进我国清洁能源发展的财税政策研究 [M]. 北京: 经济科学出版社.
马婷, 2021. 生物质纳米碳基材料的制备及其在电化学中的应用 [D]. 哈尔滨: 东北林业大学.
单明, 刘彦青, 孙涛, 等, 2020. 北方农村清洁取暖区域性典型案例实施方案及经验总结 [J]. 环境与可持续发展, 45 (3): 50-56.
上官小英, 常海青, 梅华强, 2019. 太阳能发电技术及其发展趋势和展望 [J]. 能源与节能 (3): 60-64.
上海市环境科学研究院, 2012. 上海天马生活垃圾末端处置综合利用中心工程环境影响报告书简本 [R/OL]. https://jz.docin.com/p-1851072866.html.
石元春, 2011. 中国生物质原料资源 [J]. 中国工程科学, 13 (2): 16-23.

史丹，等，2015. 新能源定价机制、补贴与成本研究［M］. 北京：经济管理出版社.

孙永明，袁振宏，孙振钧，2006. 中国生物质能源与生物质利用现状与展望［J］. 可再生能源（2）：78-82.

唐有根，2007. 镍氢电池［M］. 北京：化学工业出版社.

田宜水，单明，孔庚，等，2021. 中国生物质经济发展战略研究［J］. 中国工程科学，23（1）：133-140.

童家麟，吕洪坤，李汝萍，等，2019. 国内光热发电现状及应用前景综述［J］. 浙江电力（12）：25-30.

王勃华，2021. 中国光伏行业2020年回顾与2021年展望［R/OL］. https：//www.sohu.com/a/448444487_465917.

王海龙，赵光洲，2007. 循环经济对资源环境外部性的作用及问题探讨［J］. 经济问题探索（2）：22-26.

王腊芳，张莉沙，2012. 钢铁生产过程环境影响的全生命周期评价［J］. 中国人口·资源与环境，22（S2）：239-244.

王圣，徐静馨，2018. 中国农林生物质发电现状及相关问题思考［J］. 环境保护，46（23）：61-63.

王斯一，张彩虹，米锋，2018. 资源价值流视角下发电企业碳足迹与经济成本评价：燃煤发电与生物质发电比较研究［J］. 工业技术经济，37（12）：78-85.

王文，万显君，别如山，2016. 试论生物质直燃发电现状及发展趋势［J］. 农技服务，33（14）：151.

王小琴，2016. 能源安全系统构建与评价研究［D］. 北京：中国地质大学（北京）.

王彦哲，周胜，王宇，等，2021. 中国核电和其他电力技术环境影响综合评价［J］. 清华大学学报（自然科学版）（4）：1-8.

王子华，常春，李攀，等，2020. 生物质基乙酰丙酸及乙酰丙酸酯的研究进展［J］. 高校化学工程学报，34（2）：290-301.

魏颖，2018. 超级电容器：关键材料制备及应用［M］. 北京：化学工业出版社.

吴创之，刘华财，阴秀丽，2013. 生物质气化技术发展分析［J］. 燃料化学学报，41（7）：798-804.

伍浩松，戴定，李颖涵，等，2021. 福岛核事故十年后 全球核电逐步走出阴影［J］. 国外核新闻（3）：17-19.

肖康，鲍正洪，齐行振，2013. 合成气制混合醇双功能催化研究进展［J］. 催化学报，34（1）：116-129.

肖陆飞，哈云，孟飞，等，2020. 生物质气化技术研究与应用进展［J］. 现代化工，40（12）：68-72，76.

徐国锋，2019. 生物质热解技术制备生物油研究现状及展望［J］. 云南化工，46（4）：148-149.

薛桁，朱瑞兆，杨振斌，等，2001. 中国风能资源贮量估算［J］. 太阳能学报，22（2）：4.

闫风光，赵晓丽，2016. 基于环境外部性的风电经济性评价［J］. 现代电力，33（4）：79-86.

闫强，王安建，王高尚，等，2011. 铀矿资源概况与2030年需求预测［J］. 中国矿业，20（2）：1-5.

尹芳, 张无敌, 徐玲, 2017. 生物质资源综合利用 [M]. 北京: 化学工业出版社.

雍学勇, 2020. 生物基小分子构筑功能高分子材料: 制备、性能与应用研究 [D]. 北京: 北京化工大学.

由蓝, 2021. 生物质燃烧技术发展现状与未来趋势 [J]. 应用能源技术 (4): 16-18.

游双矫, 张震, 周颖, 等, 2019. 氢能先发国家的产业政策及启示 [J]. 石油科技论坛, 38 (5): 57-66.

于文轩, 2019. 可再生能源政策与法律 [M]. 北京: 中国政法大学出版社.

张东旺, 范浩东, 赵冰, 等, 2021. 国内外生物质能源发电技术应用进展 [J]. 华电技术, 43 (3): 70-75.

张宁, 和芹, 刘爽, 等, 2015. 离子液体协同固体超强酸催化花生壳制备乙酰丙酸 [J]. 化学通报, 78 (3): 226-230.

张世红, 廖新杰, 张雄, 等, 2019. 生物质燃料转化利用技术的现状、发展与锅炉行业的选择 [J]. 工业锅炉 (2): 1-8.

张涛, 聂庆, 等, 2008. 生物质及其发电技术 [M]. 北京: 中国电力出版社.

张伟豪, 陈晓夫, 刘晓英, 等, 2009. 中国生物质炉灶技术和应用进展 [J]. 化工进展, 28 (1): 516-520.

张学铭, 2019. 太阳能发电技术综合评价及应用前景探析 [J]. 中国设备工程 (23): 219-220.

张雅洁, 赵强, 褚温家, 2018. 海洋能发电技术发展现状及发展路线图 [J]. 中国电力, 51 (3): 94-99.

郑国香, 刘瑞娜, 李永峰, 2013. 能源微生物学 [M]. 哈尔滨: 哈尔滨工业大学出版社.

郑美灵, 2013. 生物质发电项目商业化可行性及政策支持研究 [D]. 杭州: 杭州电子科技大学.

郑哲, 2020. 太阳能光伏发电与光热发电技术现状及发展前景综述 [J]. 科学与技术 (25).

智研瞻产业研究院, 2020. 中国核电行业市场前瞻与投资战略规划分析报告 [R/OL]. https://zhiyanzhan.cn/report/6892.html.

周建斌, 周秉亮, 马欢欢, 等, 2016. 生物质气化多联产技术的集成创新与应用 [J]. 林业工程学报, 1 (2): 1-8.

周艳荣, 张巍, 宋强, 2011. 国内外海上风电发展现状及海域使用中的有关问题分析 [J]. 海洋开发与管理, 28 (7): 6-10.

周中仁, 吴文良, 2005. 生物质能研究现状及展望 [J]. 农业工程学报 (12): 12-15.

邹树梁, 邱文林, 刘文君, 2013. 核电项目投资风险评价指标体系构建 [J]. 中外能源, 12: 4.

Armand M J, Tarascon M, 2008. Building better batteries [J]. Nature, 451: 652-657.

Bassam N E, 1998. Energy Plant Species, Their Use and Impact on Environment and Development [M]. London: James and James (Science Publishers) Ltd.

Bennett J, Russel B, 2001. The Choice Modelling Approach to Environmental Valuation [M]. Cheltenhan: Edward Elgar Publishing.

Bruce P G, Scrosati B, Tarascon J M, 2008. Conducting polymers: advanced materials for new design, rechargeable lithium batteries [J]. Angewandte Chemie International Edition, 47 (16).

Chaudhary S, Manisha Kumari, Pooja Chauhan, et al, 2021. Upcycling of plastic waste into fluorescent carbon dots: An environmentally viable transformation to biocompatible C-dots with potential prospective in analytical applications [J]. Waste Management, 120 (2-3): 675-686.

Dunn B, Kamath H, Tarascon J M, 2011. Electrical energy storage for the grid: a battery of choices [J]. Science, 334: 928-935.

Fernando K A S, Sahu S, Liu Y, et al, 2015. Carbon quantum dots and applications in photocatalytic energy conversion [J]. ACS Applied Materials & Interfaces, 121 (4-5): 8363-8376.

Ghidiu M, Lukatskaya M R, Zhao M, et al, 2014. Conductive two-dimensional titanium carbide 'clay' with high volumetric capacitance [J]. Nature, 516: 78-U171.

Gonzalez A, Goikolea E, Andoni Barrena J, et al, 2016. Review on supercapacitors: Technologies and materials [J]. Renewable & Sustainable Energy Reviews, 58: 1189-1206.

Goodenough J B, Park K S, 2013. The Li-ion rechargeable battery: A perspective [J]. Journal of the American Chemical Society, 135: 1167-1176.

Grey C P, Tarascon J M, 2017. Sustainability and in situ monitoring in battery development [J]. Nature Materials, 16: 45-56.

Guo Y, Li H, Zhai T, 2017. Reviving lithium-metal anodes for next-generation high-energy batteries [J]. Advanced Materials, 29.

Henderson R, Newell R G, 2010. Accelerating Energy Innovation: Insights from Multiple Sectors [J]. NBER Working Paper, 11 (3).

IRENA, 2020. Renewable Energy Statistics 2020 [R/OL]. https://www.irena.org/publications/2020/Jul/Renewable-energy-statistics-2020.

Jiang H, Lee P S, Li C, 2013. 3D carbon based nanostructures for advanced supercapacitors [J]. Energy & Environmental Science, 6: 41-53.

Jibran K, Arsalan M H, 2016. Solar power technologies for sustainable electricity generation a review [J]. Renewable and sustainable energy reviews (55): 414-425.

Lacerda V G, Mageste A B, Boggione Santos I J, et al, 2009. Separation of Cd and Ni from Ni-Cd batteries by an environmentally safe methodology employing aqueous two-phase systems [J]. Journal of Power Sources, 193: 908-913.

Larcher D, Tarascon J M, 2015. Towards greener and more sustainable batteries for electrical energy storage [J]. Nature Chemistry, 7: 19-29.

Li X, Feng K S, Siu Y L, et al, 2012. Energy-water nexus of wind power in China: The balancing act between CO_2 emissions and water consumption [J]. Energy Policy, 45: 440-448.

Liang Jialin, Liwen Luo, Dongyi Li, et al, 2022. Conductive materials supplement alters digestate dewaterability during anaerobic co-digestion of food waste and sewage sludge and promotes follow-up indigenous peroxides activation [J]. Chemical Engineering Journal, 133875.

Liu C J, Zhang P, Zhai X Y, et al, 2012. Nano-carrier for gene delivery and bioimaging based on carbon dots with PEI passivation enhanced fluorescence [J]. Biomaterials, 134 (2-3): 3604-3613.

Liu F, Rotaru A E, Shrestha P M, et al, 2019. Promoting direct interspecies electron transfer with activated carbon [J]. Energy & Environmental Science, 5: 8982-8989.

Luo P G, Sahu S, Yang S T, et al, 2013. Carbon quantum dots for optical bioimaging [J]. Journal of Materials Chemistry B, 101 (3-4): 2116-2127.

Manousos E Kambouris, 2022. Chapter 2: The concept of humanome and the microbiomic dimension [J]//Manousos E Kambouris. Translational and Applied Genomics, Genomics in Biosecurity, 2: 15-28.

Naguib M, Kurtoglu M, Presser V, et al, 2011. Two-dimensional nanocrystals produced by exfoliation of Ti_3AlC_2 [J]. Advanced Materials, 23: 4248-4253.

Ovshinsky S R, Fetcenko M A, Ross J, 1993. A nickel metal hydride battery for electric vehicles [J]. Science, 260: 176-181.

Qu Y N, Xu X J, Huang R L, et al, 2020. Enhanced photocatalytic degradation of antibiotics in water over functionalized N, S-doped carbon quantum dots embedded ZnO nanoflowers under sunlight irradiation [J]. Chemical Engineering Journal, 382 (4-5): 123016.

Ren K, Liu Z, Wei T, et al, 2021. Recent developments of transition metal compounds-carbon hybrid electrodes for high energy/power supercapacitors [J]. Nano-Micro Letters, 13: 129.

Robson A, Turnot W J, 1993. Proceedings of the Institution of mechanical Engineers [J]. Journal of power and energy, 208 (3): 179-190.

Selvaraj P, Baig H, Mallick T K, et al, 2018. Enhancing the efficiency of transparent dye-sensitized solar cells using concentrated light [J]. Solar Energy Materials and Solar Cells, 175: 29-34.

Shao Y, El-Kady M F, Sun J, et al, 2018. Design and mechanisms of asymmetric supercapacitors [J]. Chemical Reviews, 118: 9233-9280.

Sikarwar V S, Zhao M, Clough P, et al, 2019. An overview of advances in biomass gasification [J]. Energy & environmental science, 6 (3): 2939-2977.

Stams A J M, Plugge C M, 2009. Electron transfer in syntrophic communities of anaerobic bacteria and archaea [J]. Nat Rev Microbiol, 7: 568-577.

Summers Z M, Fogarty H E, Leang C, et al, 2010. Direct exchange of electrons within aggregates of an evolved syntrophic coculture of anaerobic bacteria [J]. Science, 330: 1413-1415.

Wang F, Wu X, Yuan X, et al, 2017. Latest advances in supercapacitors: from new electrode materials to novel device designs [J]. Chemical Society Reviews, 46: 6816-6854.

Wang G, Zhang L, Zhang J, 2012. A review of electrode materials for electrochemical supercapacitors [J]. Chemical Society Reviews, 41: 797-828.

Wang Y X, Sun T Y, 2012. Life cycle assessment of CO_2 emissions from wind power plants: Methodology and case studies [J]. Renewable Energy, 43: 30-36.

Wen Y, Rufford T E, Chen X, et al, 2017. Nitrogen-doped $Ti_3C_2T_x$ MXene electrodes for high-performance supercapacitors [J]. Nano Energy, 38: 368-376.

Wen Y, Rufford T E, Hulicova-Jurcakova D, et al, 2016. Nitrogen and phosphorous co-doped graphene monolith for supercapacitors [J]. Chem Sus Chem, 9: 513-520.

Winter M, Brodd R J, 2004. What are batteries, fuel cells, and supercapacitors? [J]. Chemical Reviews, 104: 4245-4269.

Yan J, Wang Q, Wei T, et al, 2014. Supercapacitors: Recent advances in design and fabrication of electrochemical supercapacitors with high energy densities [J]. Advanced Energy Materials, 4: 1300816.

Ye M, Wen X, Wang M, et al, 2015. Recent advances in dye-sensitized solar cells: from photoanodes, sensitizers and electrolytes to counter electrodes [J]. Materials Today, 18 (3): 155-162.

Yuan M, Zhong R B, Gao H Y, et al, 2015. One-step green and economic synthesis of water-soluble photoluminescent carbon dots by hydrothermal treatment of wheat straw, and their bio-applications in labeling, imaging, and sensing [J]. Applied Surface Science, 33 (45-46): 1136-1144.

Zhao X L, Wang F, Wang M, 2012. Large-Scale Utilization of Wind Power in China: Obstacles of Conflict between Market and Planning [J]. Energy Policy, 48: 222-232.

Zhao X L, Cai Q, Ma C B, et al, 2017. Economic evaluation of environmental externalities in China's coal-fired power generation [J]. Energy Policy, 102: 307-317.

Zhao X L, Cai Q, Li S J, et al, 2018. Public preferences for biomass electricity in China [J]. Renewable and Sustainable Energy Reviews, 95: 242-253.

Zhong C, Deng Y, Hu W, Qiao J, et al, 2015. A review of electrolyte materials and compositions for electrochemical supercapacitors [J]. Chemical Society Reviews, 44: 7484-7539.

Zou C, Zhang L, Hu X, et al, 2018. A review of fractional-order techniques applied to lithium-ion batteries, lead-acid batteries, and supercapacitors [J]. Journal of Power Sources, 390: 286-296.